国家社科基金
GUOJIA SHEKE JIJIN HOUQI ZIZHU XIANGMU
后期资助项目

俄国工业化研究
（1861～1917）

Research on
Russian Industrialization (1861-1917)

邓沛勇　著

社会科学文献出版社
SOCIAL SCIENCES ACADEMIC PRESS (CHINA)

国家社科基金后期资助项目
出版说明

　　后期资助项目是国家社科基金设立的一类重要项目，旨在鼓励广大社科研究者潜心治学，支持基础研究多出优秀成果。它是经过严格评审，从接近完成的科研成果中遴选立项的。为扩大后期资助项目的影响，更好地推动学术发展，促进成果转化，全国哲学社会科学工作办公室按照"统一设计、统一标识、统一版式、形成系列"的总体要求，组织出版国家社科基金后期资助项目成果。

全国哲学社会科学工作办公室

目　录

绪　论

一　俄国工业化的兴起

工业化是现代化的核心内容之一，亦是衡量一个国家经济发展水平的重要指标。19世纪初，英国率先完成工业革命，成为工业化的先驱，此后工业化浪潮迅速波及全球。如果说西欧部分国家的工业化是资本主义经济发展的必然结果，那么俄国的工业化则是被迫进行的，具有外延性特征。同时期看，俄国的工业化水平明显落后于西方国家，不仅工业化的深度和广度远逊于英美等国，而且因其独特的政治和经济体制，两次工业革命交叉进行，工业化的后遗症也十分明显。

俄国工业化究竟起源于何时，国内外学者的分歧较大，主要观点有三，一是工业化始于彼得一世时期，二是始于19世纪三四十年代，三是1861年农奴制改革之后工业化才真正开启，本书倾向于采纳第三种观点。彼得一世时期俄国虽建立起诸多大型手工工场，开始学习西欧的先进技术和经验，但其主要目的是巩固专制制度和维系皇权，国内资本主义仅仅处于萌芽阶段，生产力水平亦十分落后，农奴制更是经济发展的桎梏。因此，彼得一世时期并未开启真正意义上的工业化，即便此时大工业已初具规模，西欧的经济模式也开始传入，但从整体上看，俄国仍处于原始工业化阶段。

18世纪，俄国仍采用传统的、前资本主义的雇佣方式，利用强制性劳动资源、封建特权和垄断权力保障必要的生产，经济发展水平严重落后于西欧，其人均国民生产总值远落后于比利时、法国、瑞士和英国等国家，西欧各国的人均国民生产总值为209美元，而俄国仅为170美元。[①]虽然俄国的经济发展规模远落后于西欧各国，但其经济仍获得一

---

① Pollard, S., *Peaceful Conquest—The Industrialization of Europe 1760－1970*, Oxford University Press, 1995, p. 185.

定成就，18 世纪末，乌拉尔地区已有近 200 家冶金手工工场。1800 年，乌拉尔的生铁和铜产量分别占全俄总产量的 80% 和 95%，而 18 世纪 60 年代至 19 世纪初，俄国的黑色金属产量一直稳居世界榜首。[①]

19 世纪上半叶，封建生产关系仍在俄国占主导地位，但其解体趋势已凸显，具体表现如下：商品货币关系快速发展、国内外贸易蓬勃发展、农奴制经济危机显现、工业中资本主义生产关系开始普及、以农奴制为主导的封建生产关系逐渐衰落。19 世纪上半叶，虽然工场手工业迅速发展、社会分工日趋专业化、西方的先进技术不断传入，但只有部分工业部门引进先进机器设备，生产力发展水平仍十分滞后，且并未引起生产关系和社会阶层结构的变革，农奴制仍掣肘工业发展。由此可以得出，俄国的工业化始于 1861 年农奴制改革。值得一提的是，农奴制改革前交通运输业快速发展、生产技术不断革新、国内外贸易蓬勃发展等因素为俄国工业化的开启提供了重要保障。1861 年工业化开启之后，即便农奴制残余犹在、资本主义生产关系仍显薄弱，但俄国经济取得骄人成绩是不争的事实。与西方诸多国家一样，俄国工业化始于轻工业部门，以纺织工业为先导，以商品性农业为辅助，俄国农产品很早就在世界市场上出售，农奴制改革后农业开始由小农经济向商品经济转变，农业现代化也随之开启。

1861 年工业化开启后，不仅传统工业部门蓬勃发展，新兴工业部门也快速崛起，与 1893 年相比，1900 年俄国重工业品的数量增加 1 倍，轻工业品的数量增加 0.6 倍。[②] 1869～1913 年，俄国工业品产量增加 7.5 倍，劳动生产率提高 1.2 倍，同期美国的数据分别为 6.5 倍和 0.8 倍，俄国工业化的成就可见一斑。[③] 19 世纪末 20 世纪初，世界工业品总产量

① Адамов В. В. Об оригинальном строе и некоторых особенностях развития горнозаводской промышленности Урала//Вопросы истории капиталистической России. Проблема многоукладности. Свердловск.，Изд-во Уральского гос. унив.，1972. С. 225－243；Алексеев В. В.，Гаврилов Д. В. Металлургия Урала с древнейших времен до наших дней. М.，Наука，2008. С. 352.

② Федоров В. А. История России 1861－1917. М.，Высшая школа，1998. С. 187.

③ Лященко П. И. История народного хозяйства СССР. Т. I. М.，Государственное издательство политической литературы，1956. С. 531；Кендрик Д. Тенденции производительности в США. М.，Статистика，1967. С. 278－279.

中俄国的比重已由 1881～1885 年的 3.4% 增长至 1896～1900 年的 5% 和
1913 年的 5.3%，仅次于美国。1883～1913 年，俄国国民生产总值的年
均增长率为 3.4%，高于西欧国家 2.7% 的年均增长率。[①]与此同时，农
业、金融业和贸易也开始与世界市场接轨。随着工商业的快速发展，俄
国工业的地理分布也发生变化，中部、波罗的海和乌拉尔等工业区虽仍
发挥重要作用，但南俄和高加索等新工业区迅速崛起，经济重心逐渐
南移。

本书将研究时段确定为 1861～1917 年，着重阐述俄国工业化的前
提、特征和成就，力求梳理十月革命前俄国工业化的发展脉络，在探究
其工业化特征的同时，分析与西方各国的异同，以此总结俄国工业化的
成就以及比较落后的原因。

二　国内外相关研究综述

（一）国内研究状况

国内尚无直接研究俄国工业化问题的专著，大多数研究成果主要是
在论述工业发展状况及其特征时对工业化问题有所叙述[②]，也有部分译
著在分析工业发展成就、垄断集团和外资作用等问题时论及俄国工业化

---

① Петров Ю. А. Российская экономика в начале XX в. //Россия в начале XX в. М.，РОСС-
ПЭН，1997. С. 168－223；Предпринимателство и предприниатели России от истоков до
начала XX века. М.，РОССПЭН，1997. С. 140，142.
② 孙成木、刘祖熙、李建主编《俄国通史简编》，人民出版社，1986；姚海、刘长江：《当
代俄国——强者的自我否定与超越》，贵州人民出版社，2000；张建华：《俄国史》（修
订本），人民出版社，2004；张建华：《激荡百年的俄罗斯——20 世纪俄国史读本》，
人民出版社，2010；白建才：《俄罗斯帝国》，三秦出版社，2000；陶惠芬：《俄国近代
改革史》，中国社会科学出版社，2007；徐景学编著《俄国征服西伯利亚纪略》，黑龙
江人民出版社，1984；孙成木：《俄罗斯文化一千年》，东方出版社，1995；姚海：《俄
罗斯文化之路》，浙江人民出版社，1992；李迈先：《俄国史》，台湾：正中书局，1969；
曹维安：《俄国史新论》，中国社会科学出版社，2002；赵士国、杨可：《俄国沙皇传
略》，湖南师范大学出版社，2001；贺允宜：《俄国史》，台湾：三民书局，2004；何汉
文：《俄国史》，东方出版社，2013；张广翔：《18～19 世纪俄国城市化研究》，吉林人
民出版社，2006；王晓菊：《俄国东部移民开发问题研究》，中国社会科学出版社，
2003；曹维安、郭响宏：《俄国史新论》，科学出版社，2016。

的成就和不足。① 借助这些成果可简单了解俄国工业化的研究状况，以及其工业化特征和成就，这些成果亦为本书的研究提供了重要参考，但并未对俄国工业化进行系统化阐释，因此研究空间还很大。

研究俄国工业化会涉及工业、外资、交通、农业、金融业和市场等内容，下文从上述几方面进行梳理。

第一，俄国现代化和工业革命研究。刘祖熙的《改革和革命——俄国现代化研究（1861—1917）》对俄国现代化进程进行了详细阐述。② 张建华的《俄国现代化道路研究》也对俄国工业化问题进行了较多阐述，参考价值较大。③ 吉林大学东北亚研究院张广翔教授的诸多著译文章也较多涉及俄国现代化和工业化问题，如《俄中两国早期工业化比较：先决条件与启动模式》④《关于俄罗斯现代化的若干问题》⑤《关于 20 世纪俄国现代化问题的若干思考》⑥《亚历山大二世改革与俄国现代化》⑦《19 世纪俄国工业革命的特点——俄国工业化道路研究之三》⑧《19 世纪俄国工业革命的发端——俄国工业化道路研究之二》⑨《19 世纪俄国工业革命的前提——俄

① 〔苏〕B.T. 琼图洛夫：《苏联经济史》，郑彪等译，吉林大学出版社，1988；《苏联社会主义经济史》（第一卷），复旦大学经济系译，生活·读书·新知三联书店，1979；〔苏〕波克罗夫斯基：《俄国历史概要》，贝璋衡、叶林、葆煦译，生活·读书·新知三联书店，1978；〔苏〕潘克拉托娃：《苏联通史》，山东大学翻译组译，生活·读书·新知三联书店，1980；〔苏〕诺索夫：《苏联简史》（第一卷），武汉大学外文系译，生活·读书·新知三联书店，1977；〔美〕尼古拉·梁赞诺夫斯基、马克·斯坦伯格：《俄罗斯史》，杨烨、卿文辉等译，上海人民出版社，2007；〔美〕沃尔特·G. 莫斯：《俄国史（1855～1996）》，张冰译，海南出版社，2008；〔美〕西里尔·布莱克等：《日本和俄国的现代化》，周师铭等译，商务印书馆，1992。

② 刘祖熙：《改革和革命——俄国现代化研究（1861—1917）》，北京大学出版社，2001。

③ 张建华：《俄国现代化道路研究》，北京师范大学出版社，2002。

④ 张广翔、王子晖：《俄中两国早期工业化比较：先决条件与启动模式》，《吉林大学社会科学学报》2011 年第 6 期。

⑤ 〔俄〕尼·米·阿尔辛季耶夫、季·弗·多连克：《关于俄罗斯现代化的若干问题》，张广翔译，《吉林大学社会科学学报》2008 年第 6 期。

⑥ 〔俄〕B.B. 阿列克谢耶夫：《关于 20 世纪俄国现代化问题的若干思考》，张广翔译，《吉林大学社会科学学报》2005 年第 4 期。

⑦ 张广翔：《亚历山大二世改革与俄国现代化》，《吉林大学社会科学学报》2000 年第 1 期。

⑧ 张广翔：《19 世纪俄国工业革命的特点——俄国工业化道路研究之三》，《吉林大学社会科学学报》1996 年第 2 期。

⑨ 张广翔：《19 世纪俄国工业革命的发端——俄国工业化道路研究之二》，《吉林大学社会科学学报》1995 年第 2 期。

国工业化道路研究之一》①《19 世纪俄国工业革命的影响》②《论 19 世纪俄国工业蒸汽动力发展历程及其工业革命特点》③《俄国历史上的改革与反改革》④ 等对俄国工业革命的特征进行分析，分别论及俄国工业革命的前提、影响和内容。此外，杨翠红的《俄国早期工业化进程解析》⑤、赵士国和刘自强的《中俄两国早期工业化道路比较》⑥、万长松的《论彼得一世改革与俄国工业化的肇始》⑦、詹方瑶的《试论俄国产业革命的道路》⑧、陶慧芬的《俄国工业革命中的对外经济关系》⑨、张恩博的《俄国工业革命刍议》⑩、叶同丰的《试论彼得一世改革的性质》⑪、李显荣的《试论彼得一世改革及其评价》⑫、赵士国的《近代俄国资本主义的困窘》⑬、贾文华的《彼得一世改革与俄国近代化》⑭、孙成木的《19 世纪中叶后俄国资本主义迅速发展的原因》⑮、宋华的《十九世纪九十年代俄国发展工业的措施述评》⑯ 和邓沛勇的《19 世纪下半叶至 20 世纪俄国工业发展特征》⑰ 等研究成果，也或多或少地涉猎俄国工业化问题。⑱

---

① 张广翔：《19 世纪俄国工业革命的前提——俄国工业化道路研究之一》，《吉林大学社会科学学报》1994 年第 2 期。

② 张广翔：《19 世纪俄国工业革命的影响》，《吉林大学社会科学学报》1993 年第 2 期。

③ 张广翔：《论 19 世纪俄国工业蒸汽动力发展历程及其工业革命特点》，《求是学刊》1990 年第 4 期。

④ 张广翔：《俄国历史上的改革与反改革》，《史学集刊》1991 年第 4 期。

⑤ 杨翠红：《俄国早期工业化进程解析》，《贵州社会科学》2013 年第 9 期。

⑥ 赵士国、刘自强：《中俄两国早期工业化道路比较》，《史学月刊》2005 年第 8 期。

⑦ 万长松：《论彼得一世改革与俄国工业化的肇始》，《自然辩证法研究》2013 年第 9 期。

⑧ 詹方瑶：《试论俄国产业革命的道路》，《郑州大学学报》（哲学社会科学版）1984 年第 1 期。

⑨ 陶慧芬：《俄国工业革命中的对外经济关系》，《世界历史》1994 年第 3 期。

⑩ 张恩博：《俄国工业革命刍议》，《沈阳师院学报》（社会科学版）1984 年第 2 期。

⑪ 叶同丰：《试论彼得一世改革的性质》，《福建师大学报》（哲学社会科学版）1987 年第 3 期。

⑫ 李显荣：《试论彼得一世改革及其评价》，《史学月刊》1985 年第 1 期。

⑬ 赵士国：《近代俄国资本主义的困窘》，《史学月刊》1991 年第 6 期。

⑭ 贾文华：《彼得一世改革与俄国近代化》，《商丘师专学报》（社会科学版）1988 年第 4 期。

⑮ 孙成木：《19 世纪中叶后俄国资本主义迅速发展的原因》，《世界历史》1987 年第 1 期。

⑯ 宋华：《十九世纪九十年代俄国发展工业的措施述评》，《河南大学学报》（社会科学版）1985 年第 1 期。

⑰ 邓沛勇：《19 世纪下半叶至 20 世纪俄国工业发展特征》，《俄罗斯研究》2017 年第 6 期。

⑱ 谭建华：《叶卡特琳娜二世的"开明专制"新论》，《浙江师大学报》2000 年第 4 期；肖步升：《关于叶卡特琳娜二世"开明专制"的几个问题》，《兰州大学学报》1993 年第 1 期；徐云霞：《叶卡捷琳娜二世的政治思想》，《河南大学学报》（哲学社会科学版）1990 年第 1 期；刘祖熙：《叶卡特林娜二世和沙皇俄国》，《北京大学 （转下页注）

第二，俄国工业研究。国内研究俄国工业的成果较多，其中对石油、煤炭和冶金等工业部门的研究最多。

（接上页注⑱）学报》（哲学社会科学版）1980年第1期；王觉非：《叶卡特琳娜二世统治时期沙皇政府的国内外政策》，《南京大学学报》（哲学·人文科学·社会科学版）1979年第3期；陈东：《试析塑造俄国女皇叶卡特琳娜二世的历史因素》，《四川教育学院学报》2007年第3期；徐炳兴：《论叶卡特琳娜二世对法国大革命的态度》，《上饶师专学报》1993年第1期；陈利今：《叶卡特琳娜二世的开明专制异议》，《湖南师范大学社会科学学报》1992年第2期；孔繁蕴：《试论俄国开明专制产生的背景》，《黑龙江史志》2014年第23期；谭建华：《试论叶卡特琳娜二世的人才策略》，《湖南第一师范学报》2001年第1期；计秋枫：《"开明专制"辨析》，《世界历史》1999年第3期；万安中：《评俄国女皇叶卡特琳娜二世》，《史学月刊》1995年第3期；车维汉、茆健：《对彼得一世改革的再诠释——"财政压力假说"的经验检验》，《中国社会科学院研究生院学报》2012年第2期；陈金田：《浅议沙皇彼得一世改革成功的主要原因》，《经济与社会发展》2004年第11期；赵士国、谭建华：《彼得一世改革和反腐败的斗争》，《湖南师范大学社会科学学报》1996年第6期；杜立克：《论俄皇彼得一世改革的"欧化"与"专制化"》，《内蒙古大学学报》（哲学社会科学版）2009年第4期；李俊英：《试析彼得一世改革成功的原因》，《河北师范大学学报》（社会科学版）1989年第4期；陶惠芬：《彼得一世改革及其实质》，《历史教学》1982年第7期；李朋、谢景芳：《彼得一世改革特质与俄国现代化方向》，《求是学刊》1996年第6期；齐哲：《伊凡雷帝与彼得一世改革比较》，《西伯利亚研究》2012年第5期；谭静、廖政华：《彼得一世改革中的国内阻力问题探究》，《西伯利亚研究》2008年第1期；孙国军：《论彼得一世宗教改革的背景、内容和历史作用》，《赤峰学院学报》（汉文哲学社会科学版）2006年第3期；张宗华：《传统与现代的较量——彼得大帝改革的双重效应》，《湖北大学学报》（哲学社会科学版）2004年第2期；赵虹：《俄国近代社会转型的先行者——彼得一世》，《云南师范大学学报》（哲学社会科学版）2000年第4期；徐云霞：《彼得一世的改革思想》，《辽宁大学学报》（哲学社会科学版）1991年第1期；于春苓：《俄国彼得一世改革与北方战争关系新探》，《北方论丛》2000年第5期；李俊英：《试析彼得一世改革成功的原因》，《河北师范大学学报》（社会科学版）1989年第4期；吴贺：《彼得一世改革》，北京师范大学出版社，2018；曹维安：《评亚历山大二世的俄国大改革》，《兰州大学学报》2000年第5期；曹维安：《俄国农村公社的土地重分问题》，《陕西师范大学学报》（哲学社会科学版）1987年第3期；郭永胜、姚雅锐：《俄国农奴制改革和日本明治维新的历史启示》，《内蒙古师大学报》（哲学社会科学版）2001年第5期；陶惠芬：《俄国工业革命中的对外经济关系》，《世界历史》1994年第3期；吴清修、王玲：《俄国废除农奴制原因的再思考》，《历史教学》2000年第7期；徐景学：《俄罗斯吸收外国资本的历史与现状》，《学习与探索》1995年第5期；张广翔、丁卫平：《俄罗斯史学界关于从封建社会向资本主义社会过渡问题述评》，《东北亚论坛》2000年第4期；张广翔：《1861年改革后俄国国家资本主义的几个问题》，《东北亚论坛》1995年第2期；张广翔：《俄国学者关于1861年改革研究述评》，《世界历史》2000年第4期；张广翔：《亚历山大二世改革与俄国现代化》，《吉林大学社会科学学报》2000年第1期；张广翔：《俄国1861年改革新论》，《社会科学战线》1996年第4期；张桂荣：《1861年俄国农奴制改革的再思考》，《潍坊教育学院学报》2002年（转下页注）

首先，俄国石油工业。主要涉及的成果如下：张建华的《俄国近代石油工业的发展及其特点》①、张广翔的《19 世纪 60—90 年代俄国石油工业发展及其影响》②、张丁育的《19 世纪 90 年代至 20 世纪初俄国与欧洲的石油贸易》③、王然的《阿塞拜疆石油工业史述略》④、邓沛勇的《俄国能源工业发展的影响因素》⑤和《1917 年前俄国石油工业中外资垄断集团及其影响》⑥等文章对俄国石油工业的发展特征进行阐述；邓沛勇的《俄国能源工业研究（1861—1917）》⑦对俄国石油工业的起源、发展历程和作用进行分析；王绍章的《俄国石油业的发展与外国资本》⑧、张广翔和白胜洁的《论 19 世纪末 20 世纪初俄国的石油工业垄断》⑨、白胜洁的《19 世纪末 20 世纪初俄国的工业垄断研究——以石油、冶金和纺织工业部门为例》⑩、李非的《19 世纪末—20 世纪初俄国石油工业中的垄断资本》⑪等文章涉猎石油工业中的外资状况。

（接上页注⑱）第 3 期；张建华：《亚历山大二世和农奴制改革》，《俄罗斯文艺》2001年第 3 期；赵士国、杨兰英：《亚历山大二世与林肯之比较》，《湖南师范大学社会科学学报》2004 年第 2 期；赵士国：《近代晚期俄国改革述论》，《湖南师范大学社会科学学报》2004 年第 2 期；张广翔：《俄国村社制度述论》，《吉林大学社会科学学报》1997 年第 4 期；李桂英：《亚历山大二世 1861 年农民改革研究》，博士学位论文，吉林大学，2008；唐艳凤：《俄国 1861 年改革后农民经济研究》，博士学位论文，东北师范大学，2011；周嘉滢：《冷战以来西方学者有关俄国“大改革”的研究》，博士学位论文，吉林大学，2018。

① 张建华：《俄国近代石油工业的发展及其特点》，《齐齐哈尔师范学院学报》（哲学社会科学版）1994 年第 6 期。

② 张广翔：《19 世纪 60—90 年代俄国石油工业发展及其影响》，《吉林大学社会科学学报》2012 年第 6 期。

③ 张丁育：《19 世纪 90 年代至 20 世纪初俄国与欧洲的石油贸易》，《西伯利亚研究》2009年第 1 期。

④ 王然：《阿塞拜疆石油工业史述略》，《西安石油大学学报》2013 年第 6 期。

⑤ 邓沛勇：《俄国能源工业发展的影响因素》，《西伯利亚研究》2017 年第 1 期。

⑥ 邓沛勇：《1917 年前俄国石油工业中外资垄断集团及其影响》，《俄罗斯研究》2017 年第 3 期。

⑦ 邓沛勇：《俄国能源工业研究（1861—1917）》，科学出版社，2019。

⑧ 王绍章：《俄国石油业的发展与外国资本》，《东北亚论坛》2007 年第 6 期。

⑨ 张广翔、白胜洁：《论 19 世纪末 20 世纪初俄国的石油工业垄断》，《求是学刊》2014年第 3 期。

⑩ 白胜洁：《19 世纪末 20 世纪初俄国的工业垄断研究——以石油、冶金和纺织工业部门为例》，博士学位论文，吉林大学，2015。

⑪ 李非：《19 世纪末—20 世纪初俄国石油工业中的垄断资本》，硕士学位论文，吉林大学，2008。

其次，俄国煤炭工业研究。国内研究俄国煤炭工业的文献较少，主要有张广翔的《19世纪末至20世纪初欧洲煤炭市场整合与俄国煤炭进口》①、邓沛勇的《19世纪下半期至20世纪初俄国能源工业研究——以石油和煤炭工业为例》②、尚巍的《19世纪下半期俄国煤炭业和黑色冶金业发展述略》③、张广翔和邓沛勇的《19世纪下半期至20世纪初俄国煤炭工业的发展》④、邓沛勇的《俄国能源工业研究（1861—1917）》等。⑤

最后，俄国冶金工业研究。主要有张广翔和回云崎的《18至19世纪俄国乌拉尔黑色冶金业的技术变革》⑥、回云崎的《18世纪初至20世纪初俄国乌拉尔冶金业研究——以黑色冶金业为例》⑦等。

第三，俄国外资研究状况。主要有董小川的《俄国的外国资本问题》⑧、张广翔的《外国资本与俄国工业化》⑨、刘爽的《19世纪末俄国的工业高涨与外国资本》⑩《19世纪俄国西伯利亚采金业与外国资本》⑪、邓沛勇的《1917年前俄国石油工业中外资垄断集团及其影响》⑫、梁红刚的《18世纪俄国税收制度改革研究》⑬《19世纪俄国税收制度研究》⑭《19世纪60—90年代俄国国家干预与重工业发展》⑮等，这些成果也论

---

① 张广翔：《19世纪末至20世纪初欧洲煤炭市场整合与俄国煤炭进口》，《北方论丛》2004年第1期。

② 邓沛勇：《19世纪下半期至20世纪初俄国能源工业研究——以石油和煤炭工业为例》，博士学位论文，吉林大学，2016。

③ 尚巍：《19世纪下半期俄国煤炭业和黑色冶金业发展述略》，硕士学位论文，吉林大学，2009。

④ 张广翔、邓沛勇：《19世纪下半期至20世纪初俄国煤炭工业的发展》，《史学月刊》2016年第3期。

⑤ 邓沛勇：《俄国能源工业研究（1861—1917）》，科学出版社，2019。

⑥ 张广翔、回云崎：《18至19世纪俄国乌拉尔黑色冶金业的技术变革》，《社会科学战线》2017年第3期。

⑦ 回云崎：《18世纪初至20世纪初俄国乌拉尔冶金业研究——以黑色冶金业为例》，博士学位论文，吉林大学，2017。

⑧ 董小川：《俄国的外国资本问题》，《东北师大学报》1989年第3期。

⑨ 张广翔：《外国资本与俄国工业化》，《历史研究》1995年第6期。

⑩ 刘爽：《19世纪末俄国的工业高涨与外国资本》，《社会科学战线》1996年第4期。

⑪ 刘爽：《19世纪俄国西伯利亚采金业与外国资本》，《学习与探索》1999年第2期。

⑫ 邓沛勇：《1917年前俄国石油工业中外资垄断集团及其影响》，《俄罗斯研究》2017年第3期。

⑬ 梁红刚：《18世纪俄国税收制度改革研究》，《江汉论坛》2019年第6期。

⑭ 梁红刚：《19世纪俄国税收制度研究》，《史学月刊》2019年第5期。

⑮ 梁红刚：《19世纪60—90年代俄国国家干预与重工业发展》，《江汉论坛》2018年第4期。

及俄国工业中的外资状况。

第四，俄国交通运输状况研究。国内学者对俄国交通运输状况的研究主要分为两大领域，一些学者对俄国水路运输状况研究较为深入，另一部分学者对俄国铁路运输的发展历程进行分析，借助这些文章①，可简单了解俄国交通运输概况及其对俄国工业化的影响。

第五，俄国农业研究状况。国内诸多译著和文章对俄国农业状况有所阐释，除涉及农业发展的一般性问题外，还对一些专门性的问题进行阐释，如农业发展道路的争论、地租和农业市场等，这些研究成果对分析农业与工业化的关系经济具有重要作用。② 因本书对农业问题涉猎有

① 张广翔：《伏尔加河大宗商品运输与近代俄国经济发展（1850～1913）》，《历史研究》2017 年第 3 期；张广翔、范璐祎：《19 世纪上半期欧俄河运、商品流通和经济发展》，《俄罗斯东欧中亚研究》2012 年第 2 期；张广翔：《19 世纪至 20 世纪初俄国的交通运输与经济发展》，《社会科学战线》2014 年第 12 期；张广翔、范璐祎：《18 世纪下半期至 19 世纪初欧俄水运与经济发展——以伏尔加河—卡马河水路为个案》，《贵州社会科学》2012 年第 4 期；范璐祎：《18 世纪下半期—19 世纪上半期的俄国水路运输》，博士学位论文，吉林大学，2014，张广翔、逯红梅：《论 19 世纪俄国两次铁路修建热潮及其对经济发展的影响》，《江汉论坛》2016 年第 12 期；张广翔、逯红梅：《19 世纪下半期俄国私有铁路建设及政府的相关政策》，《贵州社会科学》2016 年第 6 期；李宝仁：《从近代俄国铁路史看铁路建设在国家工业化进程中的地位和作用》，《铁道经济研究》2008 年第 2 期；白述礼：《试论近代俄国铁路网的发展》，《世界历史》1993 年第 1 期；陈秋杰：《西伯利亚大铁路修建及其影响研究（1917 年前）》，博士学位论文，东北师范大学，2011；陈秋杰：《西伯利亚大铁路对俄国东部地区开发的意义》，《西伯利亚研究》2011 年第 2 期；陈秋杰：《西伯利亚大铁路修建中的外国因素》，《西伯利亚研究》2011 年第 6 期；陈秋杰：《西伯利亚大铁路修建中机车供应状况述评》，《西伯利亚研究》2013 年第 5 期。
② 〔苏〕梁士琴科：《苏联国民经济史》（第二卷），李廷栋等译，人民出版社，1954；〔苏〕涅奇金娜：《苏联史》（第二卷），关其侗等译，生活·读书·新知三联书店，1959；张广翔、王学礼：《19 世纪末—20 世纪初俄国农业发展道路之争》，《吉林大学社会科学学报》2010 年第 6 期；张福顺：《资本主义时期俄国农民租地活动述评》，《西伯利亚研究》2007 年第 4 期；唐艳凤：《1861 年改革后俄国农民土地使用状况探析》，《北方论丛》2011 年第 1 期；李青：《论 1865～1913 年俄国地方自治机构的民生活动》，博士学位论文，吉林大学，2012；钟建平：《俄国国内粮食市场研究（1861～1914）》，博士学位论文，吉林大学，2015；曹维安：《俄国 1861 年农民改革与农村公社》，《陕西师范大学学报》（哲学社会科学版）1996 年第 4 期；曹维安：《评亚历山大二世的俄国大改革》，《兰州大学学报》2000 年第 5 期；楚汉：《近代德、俄农业发展之比较》，《郑州大学学报》（哲学社会科学版）1996 年第 6 期；付世明：《论帝俄时期村社的发展变化》，《广西师范大学学报》（哲学社会科学版）2006 年第 4 期；金雁：《俄国农民研究史概述及前景展望》，《俄罗斯研究》2002 年第 2 期；（转下页注）

限，仅对涉猎内容的研究状况进行分析。

第六，俄国金融业研究状况。国内研究十月革命前俄国金融业发展状况的成果相对较少，只有部分学者对金融业的发展脉络进行梳理，主要涉及俄国银行业的发展、债券市场和股票市场的兴起，填补了俄国金融业研究的空白。①工业化开启后俄国金融业蓬勃发展，工业化与金融业间的关系也值得深究。

（二）国外研究状况

俄国学者历来关注本国工业化问题，19 世纪开始诸多学者和历史学

（接上页注②）唐艳凤：《俄国1861年改革后农民赋役负担探析》，《史学集刊》2011年第3期；王茜：《论俄国资本主义时期的农业经济》，《西伯利亚研究》2002年第6期；张爱东：《俄国农业资本主义的发展和村社的历史命运》，《北京大学学报》（哲学社会科学版）2001年第S1期；张福顺：《资本主义时期俄国农民土地问题症结何在》，《黑龙江社会科学》2008年第1期；张广翔、齐山德：《18世纪末—20世纪初俄国农业现代化的阶段及其特征》，《吉林大学社会科学学报》2009年第6期；张广翔：《俄国资本主义农业关系起源的特点》，《河南师范大学学报》（哲学社会科学版）2001年第6期；张广翔：《十月革命前的俄国地主经济》，《史学集刊》1990年第4期；张建华：《亚历山大二世和农奴制改革》，《俄罗斯文艺》2001年第3期；张敬德：《论农奴制改革后俄国经济政策的性质》，《江西社会科学》2002年第12期；张福顺：《20世纪初俄国土地改革研究》，博士学位论文，吉林大学，2008；袁丽丽：《十月革命前俄国合作社的思想和实践》，博士学位论文，吉林大学，2011；周晓辉：《18世纪中叶—19世纪中叶欧俄农民经济研究》，博士学位论文，东北师范大学，2009；钟建平：《19～20世纪初俄国粮食运输问题研究》，《俄罗斯东欧中亚研究》2014年第3期；钟建平：《19～20世纪初俄国农业协会的兴农实践探析》，《贵州社会科学》2015年第3期。

① 王钺：《罗斯法典译注》，兰州大学出版社，1987；徐向梅：《俄罗斯银行制度转轨研究》，中国金融出版社，2005；罗爱林：《维特货币改革评述》，《西伯利亚研究》1999年第5期；张广翔：《19世纪俄国政府工商业政策基本趋势》，《西伯利亚研究》2000年第4期；张广翔、齐山德：《革命前俄国商业银行运行的若干问题——列别杰夫博士吉林大学讲学侧记》，《世界历史》2006年第1期；钟建平：《俄国农民土地银行的运作模式》，《西伯利亚研究》2008年第4期；钟建平：《俄国贵族土地银行运行机制初探》，《黑龙江教育学院学报》2007年第6期；张广翔、刘玮：《1864～1917年俄国股份商业银行研究》，《西伯利亚研究》2011年第2期；张广翔、李旭：《19世纪末至20世纪初俄国的证券市场——Л. И. 鲍罗特金吉林大学讲学综述》，《世界历史》2012年第4期；张广翔、李旭：《十月革命前俄国的银行业与经济发展》，《俄罗斯东欧中亚研究》2013年第2期；刘玮：《试论19世纪俄国币制改革》，《西伯利亚研究》2011年第1期；张广翔、刘玮：《1864～1917年俄国股份商业银行研究》，《西伯利亚研究》2011年第2期；刘玮：《1860～1917年的俄国金融业与国家经济发展》，博士学位论文，吉林大学，2011；李旭：《1861～1914年俄国证券市场》，博士学位论文，吉林大学，2016。

家就已涉猎本问题，为阐述俄国学者的工业化研究成果，梳理他们对工业化与各工业部门间的关系，以及工业化的影响研究，本部分从工业、交通运输、外资、农业、金融业、市场和工业化理论等几方面进行分析。

俄国工业的研究状况。为更好地阐述俄国工业研究状况，与国内研究状况一样，也分别分析石油、煤炭和冶金等工业部门的发展状况。

就石油工业而言，C. 佩尔什科的《俄国石油工业起源、发展和现代状况》，① C. M. 利西奇金的《革命前俄国石油工业发展史》②、И. A. 季娅科诺娃的《沙皇俄国能源中石油和煤炭的国际比较》③、A. A. 马特维伊丘克的《俄国石油起源》④、И. Г. 富克斯的《俄罗斯油气业务简史》⑤、B. П. 卡尔波夫的《俄国石油和天然气工业简史》⑥、M. Ф. 米尔 - 巴巴耶夫的《阿塞拜疆石油简史》⑦ 和 A. A. 富尔先科等的《洛克菲勒王国与 19 世纪末至 20 世纪初石油战争》等⑧对俄国石油工业的起源、发展、国内外市场、石油开采和钻探技术提高、石油垄断组织、石油工业外资等问题进行阐释。档案文献《1883～1914 年俄国石油工业中垄断资本》⑨和《1914～1917 年俄国石油工业中垄断资本》⑩ 也是极其重要的史料。此外，诸多著作具有重要的参考价值，如 H. Л. 纳尼塔什维利的《19 世纪

① Першке С. и Л. Русская нефтяная промышленность, ее развитие и современное положение в статистических данных. Тифлис., Тип. К. П. Козловского, 1913.

② Лисичкин С. М. Очерки по истории развития отечественной нефтяной промышленности (дореволюционный период). М., Государственное научно-техническое издательство, 1954.

③ Дьяконова И. А. Нефть и уголь в энергетике царской России в международных сопоставлениях. М., РОССПЭН, 1999.

④ Матвейчук А. А., Фукс И. Г. Истоки российской нефти. Исторические очерки. М., Древлехранилище, 2008.

⑤ Мавейчук А. А., Фукс И. Г. Иллюстрированные очерки по истории российского нефтегазового дела. Часть 2. М., Газоил пресс, 2002.

⑥ Карпов В. П., Гаврилова Н. Ю. Курс истории отечественной нефтяной и газовой промышленности. Тюмень., ТюмГНГУ, 2011.

⑦ Мир-Бабаев М. Ф. Краткая история Азербайджанской нефти. Баку., Азернешр, 2009.

⑧ Фурсенко А. А. Династия Рокфеллеров. Нефтяные войны (конец XIX – начало XX века). М., Издательский дом Дело, 2015.

⑨ Монополистический капитал в нефтяной промышленности России 1883 – 1914. Документы и материалы. М., Изд-во Академии наук СССР, 1961.

⑩ Монополистический капитал в нефтяной промышленности России 1914 – 1917. Документы и материалы. Л., Наука, 1973.

末 20 世纪初高加索地区外国资本扩张》①、В. Н. 谢伊多夫的《19～20 世纪初巴库石油公司档案》②、Р. И. 别尔津的《世界石油战争》③、Б. 奥斯布尼克的《诺贝尔帝国》《1879～1909 年诺贝尔兄弟集团业务活动》、И. А. 季娅科诺娃的《俄国诺贝尔集团》④、Б. Ю. 阿洪多夫的《革命前巴库石油工业中的垄断资本》⑤、В. А. 萨梅多夫的《19 世纪 80～90 年代俄国经济与石油》⑥、Д. И. 门捷列夫的《俄国经济发展问题》⑦ 等，因成果众多，就不再逐一阐述，仅选择代表性书籍加以论述。⑧

就煤炭工业而言，俄国学者的研究最为详尽，如 Б. Ф. 布拉特切尼科的《俄国煤炭开采史》⑨、П. И. 福明的《南俄采矿工业》（两卷

① Наниташвили Н. Л. Экспансия иностранного капитала в Закавказье（конец XIX – начало XX вв.）. Тбилисск., Издательство Тбилисского университета, 1988. С. 248.

② Сеидов В. Н. Архивы бакинских нефтяных фирм（XIX – начало XX века）. М., Модест колеров, 2009.

③ Берзин Р. И. Мировая борьба за нефть. М., Типография Профгортоп, 1922.

④ Осбрник Б. Империя Нобелей. История о знаменитых шведах, бакинской нефти и революции в России. М., Алгоритм, 2014；Тридцать лет деятельности товарищества нефтяного производства Бр. Нобеля 1879 – 1909. СПб., Типография И. Н. Скороходова, 1910；Дьяконова И. А. Нобелевская корпорация в России. М., Мысль, 1980.

⑤ Ахундов Б. Ю. Монополистический капитал в дореволюционной бакинской нефтяной промышленности. М., Изд-во социально-экономической литературы, 1959.

⑥ Самедов. В. А. Нефть и экономика России（80 – 90 – е годы XIX века）. Баку., Элм, 1988.

⑦ Менделеев Д. И. Проблемы экономического развития России. М., Изд-во социально-экономической литературы, 1960.

⑧ Нардова В. А. Монополистические тенденция в нефтяной промышленности и 80 – х годах XIX в. и проблема транспортировки нефтяных грузов//Монополии и иностранный капитал в России. М-Л., Изд-во Академии наук СССР, 1962；Фурсенко А. А. Первый нефтяной экспертный синдикат в России（1893 – 1897）//Монополии и иностранный капитал в России. М-Л., Изд-во Академии наук СССР, 1962；Нардова В. А. Начало монополизации бакинской нефтяной промышленности//Очерки по истории экономики и классовых отношений в России конца XIX – начала XX в. М-Л., Наука, 1964；Дьяконова И. А. Исторические очерки. За кулисами нобелевской монополии//Вопросы истории, 1975. № 9；Фурсенко А. А. Парижские Ротшильдыи русская нефть//Вопросы истории, 1962. №8；Потолов С. И. Начало моноплизации грозненской нефтяной промышленности（1893 – 1903）//Монополии и иностранный капитал в России. М-Л., Издво Академии наук СССР, 1962.

⑨ Братченко Б. Ф. История угледобычи в России. М., ФГУП «Производственно-издательский комбинат ВИНИТИ», 2003.

本）①、С. А. 巴卡诺夫的《乌拉尔煤炭工业兴衰史》②、Е. И. 加戈津的
《南俄煤炭和铁》③《欧俄和乌拉尔地区矿区简史》④、С. В. 库什尼鲁克
的《20 世纪初南俄煤炭工业的垄断和竞争》⑤、Д. И. 什波里亚尼斯基的
《20 世纪初南俄煤炭—冶金工业垄断》⑥、Б. В. 季霍诺夫的《19 世纪下
半叶俄国采煤业和黑色冶金业》⑦、Г. Д. 巴库列夫的《南俄黑色冶金
业》⑧、С. Г. 斯特卢米林的《俄国和苏联的黑色冶金业》⑨、Д. И. 门捷
列夫的《俄国经济发展问题》⑩、Л. Б. 卡芬加乌兹的《19 世纪 70 年代 ~
20 世纪 30 年代俄国工业史》⑪，等等，这些成果都为研究俄国煤炭工业
提供了依据。

就冶金工业而言，乌拉尔和南俄冶金业一直是俄国学者关注的重点，
乌拉尔冶金业的发展除了成为俄国工业化开启的重要前提之一，也是俄国
技术革新的重要内容之一。19 世纪下半叶，俄国冶金中心从乌拉尔转移至
南俄地区，南俄成为俄国重要的工业基地和原材料产地。因篇幅有限，仅

---

① Фомин П. И. Горная и горнозаводская промышленность Юга России. Том I. Харьков. , Типография Б. Сумская, 1915; Фомин П. И. Горная и горнозаводская промышленность Юга России. Том II. Харьков. , Хозяйство Донбасса, 1924.

② Баканов С. А. Угольная промышленность Урала: жизненный цикл отрасли от зарождения до упадка. Челябинск. , Издательство ООО«Энциклопедия», 2012.

③ Гагозин Е. И. Железо и уголь на юге России. СПб. , Типография Исидора Гольдберга, 1895.

④ Очерк месторождения полезных ископаемых в Евройской России и на Урале. СПб. , Типография В. О. Деаков, 1881.

⑤ Кушнирук С. В. Монополия и конкуренция в угольной промышленности юга России в начале XX века. М. , УНИКУМ-ЦЕНТР, 1997.

⑥ Шполянский Д. И. Монополии угольно-металлургической промышленности юга России в начале XX века. М. , Изд-во академии наук СССР, 1953.

⑦ Тихонов Б. В. Каменноугольная промышленность и черная металлургия России во второй половине XIX в. (историко-географические очерки). М. , Наука, 1988.

⑧ Бакулев Г. Д. Черная металлургия Юга России. М. , Изд-во Гос. техники, 1953.

⑨ Струмилин С. Г. Черная металлургия в России и в СССР. М-Л. , Изд-во Академии наук СССР, 1935.

⑩ Менделеев Д. И. Проблемы экономического развития России. М. , Изд-во социально-экономической литературы, 1960.

⑪ Кафенгауз Л. Б. Эволюция промышленного производства России (последняя треть XIX в. –30 – е годы XX в.). М. , Эпифания, 1994.

做简单阐述。^① 俄国工业化开启后，轻重工业都获得一定发展，很多著作也论述了轻工业的发展成就，上述研究成果都是重要的参考资料。^②

① Алексеев В. В. , Гаврилов Д. В. Металлургия Урала с древнейших времен до наших дней. М. , Наука, 2008; История Урала с древнейших времен до 1861 г. М. , Наука, 1989; Струмилин С. Г. История черной металлургии в СССР. Феодальный период (1500 – 1860 гг.). М-Л. , Изд-во АН СССР, 1954; Гаврилов Д. В. Горнозаводский Урал ⅩⅧ – ⅩⅩ вв. Екатеринбург. , УрО РАН, 2005; Вяткин М. П. Горнозаводский Урал в 1900 – 1917 гг. М-Л. , Наука, 1965; Кафенгауз Б. Б. История хозяйства Демидовых в ⅩⅧ – ⅩⅨ вв. М-Л. , АН СССР, 1949; Алапаевский металлургический завод//Уральская советская энциклопндия. Свердловск. , Издательство Уралоблисполкома, 1933; Фельдман М. А. Рабочие крупной промышленности Урала в 1914 – 1941 гг. Екатеринбург. , Уральский государственный университет им. А. М. Горького, 2001; Скальковский К. А. Очерки современного положения горного дела в разных государствах//Горный журнал. 1868, №3; Мильман Э. М. История первой железнодорожной магистрали Урала (70 – 90 – е годы ⅩⅨ в.). Пермь. , Пермское книжное издательство, 1975; Рагозин Е. И. Железо и уголь в Урале. СПб. , Типография Исидора Гольдберга, 1902; Сигов С. П. Очерки по истории горнозаводской промышленности Урала. Свердловск. , Свердлгиз, 1936.

② Гусейнов Р. История экономики России. М. , Изд-во ЮКЭА, 1999; Грегори П. Экономический рост Российской империи (конец ⅩⅨ – начало ⅩⅩ в.). М. , РОССПЭН, 2003; Дулов А. В. Географеческая среда и история России. Конец ⅩⅤ – середина ⅩⅨ вв. М. , Наука, 1983; Ковнир В. Н. История экономики России: Учеб. пособие. М. , Логос, 2005; Кондратьев Н. Д. Мирное хозяйство и его конъюнктуры во время и после войны. Вологда. , Обл. отделение Гос. издательства, 1922; Конотопов М. В. , Сметанин М. В. История экономики России. М. , Логос, 2004; Лаверычев В. Я. Военный государственно-монополистический капитализм в России. М. , Наука, 1988; Лившин Я. И. Монополии в экономике России. М. , Изд-во Социально экономической литературы, 1961; Маевский И. В. Экономика русской промышленности в условиях первой мировой войны. М. , Изд-во Дело, 2003; Межлаука В. И. Транспорт и топливо. М. , Транспечать, 1925; Обухов Н. П. Внешнеторговая, таможенно-тарифная и промышленно-финансовая политика России в ⅩⅨ – первой половине ⅩⅩ вв. (1800 – 1945). М. , Бухгалтерский учет, 2007; Очерк месторождения полезных ископаемых в Евройской России и на Урале. СПб. , Типография В. О. Деаков, 1881; Погребинский А. П. Государственно-монополистический капитализмв России. М. , Издво социально-экономической литературы, 1959; Пажитнов К. А. Очерки истории текстильной промышленности дореволюционной Россиии. М. , Изд-во академии наук СССР, 1958; Рязанов В. Т. Экономическое развитие России. Реформы и российское хозяйство в ⅩⅨ – ⅩⅩ вв. СПб. , Наука, 1999; Тарновский К. Н. Формирование государственно-монополистического капитализма в России в годы первой мировой войны. М. , Изд-во МГУ, 1958; Туган-Барановский М. И. Русская фабрика в прошлом и настоящем: Ист-орико-экономическое исследование. Т. 1. Историческое развитие русской фабрики в ⅩⅨ веке. М. , Кооперативное из-　（转下页注）

就交通运输状况而言，铁路产生之前水路是俄国运输业的主角，水路的蓬勃发展也是工业化迅速发展的前提之一，俄国学者对俄国水路运输的研究成果较多，其中以 Э. Г. 伊斯托米娜、В. Ф. 马鲁昕、А. А. 哈林、А. М. 索洛维耶娃、О. В. 古德格娃、А. А. 戈尔布诺夫等[①]学者的成果最有代表性，俄文原始资料也有非常大的参考价值。[②]铁路是俄国工业化的杠杆，对俄国工业化的作用毋庸置疑，俄国学者的著作也为本书

（接上页注②）дательство《Московский рабочий》，1922；Федоров В. А. История России 1861 – 1917. М.，Высшая школа，1998；Хромов П. А. Экономическое развитие России. Очерки экономики России с древнейшихвремен до Великой Октябрьской революции. М.，Наука，1976；Хромов П. А. Экономика России периода промышленного капитализма. М.，Изд-во ВПШ и АОН при ЦК КПСС，1963；Хромов П. А. Экономическая история СССР. М.，Высшая школа，1982；Чунтулов В. Т.，Кривцова Н. С.，Чунтулов А. В.，Тюшев В. А. Экономическая история СССР. М.，Высшая школа，1987.

① Истомина Э. Г. Водные пути России во второй половине XVIII – начале XIX века. М.，Наука，1982；Истомина Э. Г. Водный транспорт России в дореформенный период. М.，Наука，1991；Марухин. В. Ф. История речного судоходства в России. М.，Орехово-Зуевский педагогический институт，1996；Халин А. А. Система путей сообщения нижегородского поволжья и ее роль в социально-экономическом развитим региона（30 – 90 гг. XIX в.）. Нижний Новгород.，Изд-во Волго-вятекой академии государственной службы，2011；Соловьева А. М. Железнодорожный транспорт России во второй половине XIX в. М.，Наука，1975；Соловьева А. М. Промышленная революция в России в XIX в. М.，Наука，1990；Гудкова О. В. Строительство северной железной дороги и ее роль в развитии северного региона（1858 – 1917）. Вологда.，Древности Севера，2002；Горбунов А. А. Политика развития железнодорожного транспорта в XIX – начале XX вв：компартивно-ретроспективный анализ отечественного опыта. М.，МИИТ，2012.

② Виды внутреннего судоходства в России в 1837 году. СПб.，Печатано в типография 9 дуарда Праца и Ко，1838；Сучков Н. Н. Внутрение пути сообщения России//Федоров В. П. Россия в ее прошлом и настоящем（1613 – 1913）. М.，Типография В. М. Саблина，1914；Борковский И. Торговое движение по Волжско- маринскому водной пути. СПб.，Типография Бр. Пантелевых，1874；Прокофеьев М. Наше судоходство. СПб.，Типография министерства Путей Сообщения，Выпуск 6. 1884. Прокофеьев М. Наше судоходство. СПб.，Типография А. М. Котомина，Выпуск 5. 1877；Прокофеьев М. Наше судоходство. СПб.，Типография Глазунова，Выпуск 4. 1872；Прокофеьев М. Наше судоходство. СПб.，Типография П. И. Глазунова，Выпуск 3. 1870；Прокофеьев М. Наше судоходство. СПб.，Типография П. И. Глазунова，Выпуск 2. 1870；Прокофеьев М. Наше судоходство. СПб.，Типография П. И. Глазунова，Выпуск 1. 1870.

研究交通运输与工业化关系提供了基础性材料。[①]

　　研究俄国十月革命前外资问题的学者众多，主要著作为 Н. П. 伊奥尼切夫的《18—20 世纪初俄国经济中的外资》[②]、A. Г. 东尼加罗夫的

①　Верховский В. М. Исторический очерк развития железных дорог России с их начала по 1897 г. СПБ. , Типография Министерства путей сообщения, 1897 – 1899. Вып. 1 – 2; Блиох И. С. Влияние железных дорог на экономическое состояние России, СПб. , Типография М. С. Вольфа, 1878. Т. 1 – 5; Рихтер И. Личный состав русских железных дорог. СПб. , Типография Штаба Отдельного Корпуса Жандармов, 1900; Бубликов А. А. Современное положение России и железнодорожный вопрос. СПб. , Тип. М-ва пут. Сообщ, 1906; Георгиевский П. Финансовые отношения государства и частных железнодорожных обществ в России и западноевропейских государствах. СПб. , Тип. М-ва пут. Сообщ, 1887; Гронский П. Е. Единственный выгодный способ развития сети русских железных дорог. М. , Типо-лит. Н. И. Куманина, 1889; Кульжинский С. Н. О развитии русской железнодорожнй сети. СПб. , Невская Лито-Типография, 1910; Рихтер И. Десять лет железнодорожной ревизии. СПб. , Тип. бр. Пантелеевых, 1900; Соболев А. Н. Железные дороги в России и участие земств в их постройке. СПб. , Тип. Л. Н. Соболев, 1868; Шаров Н. О безотлагательной необходимостипостройки железнодорожных линий в интересах самостоятельного развития России. СПб. , Тип. В. С. Балашева, 1870; Шухтан Л. Ф. Наша железнодорожная политика, СПб. , Тип. Н. Я. Стойков, 1914; Салов В. В. Некоторые данные к вопросу о финансовых результатах эксплуатации железных дорог в России, СПб. , Тип. М-ва пут. сообщ. , 1908; Витте С. Ю. Принципы железнодорожных тарифов по перевозке грузов, СПб. , Типография Акц. Общ. Брокгауз-Ефрон, 1910; Упорядочение железных тарифов по перевозке хлебных грузов. М. , Тип. Министерства внутренних дел, 1890; История Железнодорожного транспорта России. 1836 – 1917. СПб-М. , Изд-во Иван Федоров, 1994; Виргинский В. С. Возникновение железных дорог в России до начала 40 – х годов XIX века. М. , Государственное транспортное железнодорожное издво, 1949; Погребинский А. П. Строительство железных дорог в пореформенной России и финансовая политика царизма（60 – 90 – е годы XIX в. ）. //Исторические записки. Т. 47. М. , Изд-во. АН СССР, 1954; Горбунов А. А. Политика развития железнодорожного транспорта в XIX – начале XX вв. : компаративно-ретроспективный анализ отечественного опыта, М. , Изд-во МИИТ, 2012; Степанов В. Л. Контрольно-финансовые мероприятия на частных железных дорогах России（конец XIX – начало XX в. ）.//Экономическая история. Ежегодник. М. , РОССПЭП, 2004; Виргинский В. С. История техники железнодорожного транспорта М. , Трансжелдоризда, 1938; Завгорский К. Я. Экономика транспорта. М-Л. , Изд. Госиздат, 1930; Пушин В. М. Главные мастерские железных дорог. М-Л. , Государственное изд-во, 1927; Шадур Л. А. Развитие отечественного вагонного парка, М. , Транспорт, 1988.

②　Ионичев Н. П. Иностранный капитал в экономике России（XVIII – начало XX в. ）. М. , МГУП, 2002.

《俄国和苏联的外国资本》①、П. В. 奥里的《一战前俄国外资》②、В. И. 鲍维金的《俄国外国企业家和在俄投资活动》③《19 世纪末至 1908 年俄国金融资本形成》④《俄国向市场经济过渡之路上资本主义企业活动的发展和演变》《俄国境内的外国企业家》，以及 И. Ф. 根金的《19 世纪~20 世纪初俄国银行和经济政策》⑤ 等，上述研究成果的参考价值都很高。

就农业问题研究而言，俄国学者的研究涉及方方面面，如农业发展状况、农民问题、村社、地主和农民关系、1861 年农奴制改革对农业的影响，以及俄国粮食市场和粮食出口问题等。本书仅涉及俄国粮食生产状况、粮食市场和粮食出口等问题，所以仅对上述问题的研究状况进行简单阐释。⑥

---

① Доннгаров А. Г. Иностранный капитал в России и СССР. М. , Международные отношения, 1990.

② Оль П. В. Иностранные капиталы в народном хозяйстве Довоенной России. Л. , Изд-во академии СССР, 1925.

③ Бовыкин В. И. Иностранное предпринимательство и заграничные инвестиции в России. М. , РОССПЭН, 1997.

④ Бовыкин В. И. Формирование финансового капитала в России конец XIX в. – 1908г. М. , Наука, 1984.

⑤ Бовыкин В. И. , Сорокин А. К. , Петров Ю. А. , Журавлев В. В. Эволюция хозяйства и развитие капиталистического предпринимательства на путях перехода России к рыночной экономике//Предпринимательство и предприниматели России от истоков до начала XX века. М. , РОССПЭН, 1997; Бовыкин В. И. Иностранное предпринимательство в России//История предпринимательства в России. М. , РОССПЭН, 2002. Бовыкин В. И. Финансовый капитал в России накануне первой мировой войны. М. , РОССПЭН, 2001; Бовыкин В. И. Зарождение финансового капитала в России. М. , Изд-во МГУ, 1967; Бовыкин В. И. Французкие банки в России: конец XIX – начало XX в. М. , РОССПЭН, 1999; Дякин В. С. Германские капиталы в России. электроиндустрия и электрический транспорт. Л. , Наука, 1971; Гиндин И. Ф. Банки и экономическая политика в России XIX – начало XX в. М. , Наука, 1997.

⑥ Милов Л. В. Если говорить серьезно о частной собственности на землю//Свободная мысль, 1993. №2; Рындзюнский П. Г. Крестьянская промышленность пореформенной России. М. , Наука, 1966; Дубровский С. М. Сельское хозяйство и крестьянство России в период Империализма. М. , Наука, 1975 ; Рубакин Н. А. Россия в цифрах. СПб. , Вестник знания, 1912; Рашин А. Г. Население России за 100 лет (1813 – 1913 гг). Статистические очерки. М. , Государственное статистическое издательство, 1956; Ямзин И. Л. , Вощинин В. П. Учение о колонизации и переселениях. М-Л. , Государственное издательство, 1926; Дубровский С. М. Сельское хозяйство и крестьянство России в период Империализма. М. , Наука, 1975; Корелин А. П. Аграрный сектор в народнохозяйственной системе пореформенной России (1861 – 1914)//Российская （转下页注）

　　就俄国金融问题研究而言，十月革命前金融业发展状况一直是诸多
学者关注的对象，金融问题涉及范围较广，本书仅分析工业化与银行业
和证券市场间的关系，以期探析工业化对金融业发展的影响。[①]市场是国
民经济的重要组成部分，随着交通运输的不断完善，工商业快速发展，
全俄市场的范围、规模和容量不断扩大，19世纪末，俄国工业革命基本

（接上页注⑥）история, 2001. №1；Китанина Т. М. Хлебная торговля России в конце
XIX - начале XX века. СПб., Дмитрий Буланин, 2011；Карнаухава Е. С. Размещение сел-
ьского хозяйства России в период капитализма (1860 - 1914). М., Изд-во Акад. на- ук
СССР, 1951；Рямтчников В. Г., Дерюгина И. В. Урожайность хлебов в России 1795 -
2007. М., ИВ РАН, 2009；Нифонтов А. С. Зерновное производство России во второй
половине 19 века. М., Наука, 1974；Кондратьев Н. Д. Рынок хлебов и его регулирова-
ние во время войны и революции. М., Наука, 1991；Давыдов М. А. Всероссийский
рынок в конце XIX - начале XX вв. и железнодорожная статистика. СПб., Алетейя, 2010；
Ковальченко И. Д. Аграрный сторой России второй половины XIX - начала XX в. М.,
РОССПЭН, 2004；Пайпс Р. Россия при старом режиме. М., Независимая Газета, 1993；
Милов Л. В. Великорусский пахарь и особенности российского исторического процесса.
М., РОССПЭН, 1998.

① Витте С. Ю. Собрание сочинений и документальных материалов. Т. 3. М., Наука, 2006；
Ананьич Б. В., Беляев С. Г., Лебедев С. К. Кредит и банки в России до начала XX
в. СПб. Изд-во Спетербурского университета, 2005；Грегори П. Экономическая история
России, что мы о ней знаем и чего не знаем. Оценка экономиста//Экономическая исто-
рия. Ежегодник. М., РОССПЭН, 2001；Грегори П. Поиск истины в исторических дан-
ных//Экономическая история. Ежегодник. М., РОССПЭН, 1999；Саломатина С. А. Ко-
ммерческие банки в России：динамика и структура операций. 1864 - 1917 гг. М., РОСС-
ПЭН, 2004；Беляев С. Г. Барк и финансовая политика России. 1914 - 1917 гг. СПб.,
Изд-во СПбГУ, 2002；Ананьич Б. В. Российское самодержавие и вывоз капитала. 1895 -
1914 гг. (По материалам Учетно-ссудного банка Персии). Л., Наука, 1975；Родригес А.
М. История стран Азии и Африки в Новейшее время：учебник. М., Проспект, 2010；Яго
К. Русско-Китайский банк в 1896 - 1910 гг.：международный финансовый посредник в
России и Азии//Экономическая история. Ежегодник. М., РОССПЭН, 2012；Бовыкин
В. И., Петров Ю. А. Коммерческие банки Российской империи. М., Перспектива, 1994；
Проскурякова Н. А. Земельные банки Российской империи. М., РОССПЭН, 2012；Ли-
зунов П. В. Биржи в России и экономическая политика правительства (XVIII - XX в.). Ар-
хангельск., Поморский государственный университет, 2002；Таранков В. И. Ценные
бумаги государства российского. М., Автовазбанк, 1992；Хейфец Б. А. Кредитная ист-
ория России-Характеристика сувернного заемщика. М., Экономика, 2003；Эдмон Тери.
Экономическое преобразование России. М., РОССПЭП, 2008；Бородкин Л. И., Кон-
овалова А. В. Российский фондовый рынок в начале XX века. СПб., Алетейя, 2010.

完成之际，全俄市场最终形成。①

　　农奴制改革对工业化的影响十分巨大，改革之后农民获得自由，为工业发展提供了充足的劳动力，亦推动了俄国农业现代化的进程。农奴制改革后，农民的收入普遍增加，购买力水平不断提高，因此，对于农奴制改革及其与工业革命的关系的研究也十分重要。②

①　Миронов Б. Н. Внутренний рынок России во второй половине XVIII – XIX в. СП6. ，Наука，1981；Миронов Б. Н. Хлебные цены в России за два столетия，XVIII，XIX в. СП6. ，Наука，1985；Лукьянов П. М. Истории химической промыслов и химической промышленности России до конца XIX в. Т 5. М-Л. ，АНСССР，1955；Бессолицын А. А. Поволжский региона на рубеже XIX – XX вв. (основны тенденции и особенности экономического развития) //Экономическая история России：проблемы，поиск，решения：Ежегодник. Вып 5. Волгоград. ，Изд-во ВолГУ. 2003；Кабузан В. М. Изменения в размещении насления России в XVIII – первой половине XIX в. М. ，Наука，1971；Цветков М. А. Уменьшение лесистости Европейской России с конца XVII столетия по 1914 год. М. ，Из-во АН СССР，1957；Лившиц Р. С. Размещение промышленности в дореволюционной России. М. ，АН СССР，1955；Тагирова Н. Ф. Рынок поволжья (вторая половина XIX – начало XX вв.). М. ，ООО «издательский центр научных и учебных программ»，1999；Кафенгауз Б. Б. Очерки внутреннего рынка России первой половины XVIII века. М. ，Изд-во Академии наук СССР，1958；Мизис Ю. А. Формирование рынка Центрального Черноземья во второй половине XVII – первой половине XVIII вв. Тамбов. ，ООО«Издательство Юлис»，2006.

②　Захарова Л. Г. ，Эклоф Б. ，Бушнелл Д. Великие реформы в России，1856 – 1874. М. ，Изд-во МГУ Год，1992；Коновалов В. С. Реформа 1861 г. в истории России：к 150-летию отмены крепостного права. М. ，РАН ИНИОН，2011；Захарова Л. Г. Отечественная историография о подготовке крестьянской реформы 1861 года//История СССР，1976. №4；Захарова Л. Г. Редакционные комиссии 1859 – 1860 годов：учреждение，деятельность//История СССР，1983. № 3；Захарова Л. Г. Крестьянская община в реформе 1861 г. //Вестн. Моск. ун-та，сер. 8. История. 1986. №5；Захарова Л. Г. Самодержавие，бюрократия и реформы 60 – х годов XIX в. в России//Вопросы истории，1989. №10. Захарова Л. Г. Великие реформы 1860 – 1870 – х годов：поворотный пункт российской истории//Отечественная история，2005. № 4；Литвак Б. Г. Советская историография реформы 19 февраля 1861 г. //История СССР，1960. №6；Литвак Б. Г. Реформы и революции в России//История СССР，1991. №2；Милоголова И. Н. О праве собственности в пореформенной крестьянской семье. 1861 – 1900 гг. //Вест. Моск. ут-та，Сер. 8. История. 1995. № 1；Милоголова И. Н. Семейные разделы в русской пореформенной деревне//Вестн. Моск. Ун-та，Сер. 8. История. 1987. №6；Дружинин Н. М. Ликвидация феодальной системы в русской помещичьей деревне (1862 – 1882 гг.)//Вопросы истории，1968. № 12；Дружинин Н. М. Влияние аграрных реформ 1860 – х годов на экономику русской деревни//История СССР，1975. №5；Дружинин Н. М. Влияние аграрных реформ 1860 – х годов на экономику русской деревни. История СССР，1975，（转下页注）

就工业化的理论研究而言，俄国学者的研究也最为详尽，诸多学者
对俄国工业化、现代化和城市化等理论进行探究，因篇幅有限，此处仅
做简要分析。①由于笔者水平有限，还有诸多有价值的国内外资料未被挖

（接上页注②）№6；Топчий А. Т. Крестьянские реформы в Сибири（1861 – 1899 гг.）//
Томск., изд-во. Томского университета, 1979；Анфимов А. М. крестьянское хозяйство
Европейской России（1881 – 1904）. М., Наука, 1980；Еферина Т. В. Социальные пр-
облемы крестьянства и модели социальной поддержки населения（вторая половина
XIX – конец XX в.）. Саранск., Изд-во Мордовского университета, 2003；Плеханова
Л. А. Реформы Александр II. М., Юридическая литература, 1998；Захарова Л. Г. Рос-
сия на переломе（самодержавие и реформы 1861 – 1874 гг.）//История отечества:
люди, идеи, решения. Очерки истории России XIX – начала XX вв. М., Изд-во МГУ,
1984；Захарова Л. Г. Великие Реформы в России 1856 – 1874. М., Изд-во МГУ, 1992；
Литвак Б. Г. Русская деревня в реформе 1861 года. Черноземный Центр. 1861 – 1895
гг. М., Наука, 1972；Дружинин Н. М. Русская деревня на переломе. 1861 – 1880 гг. М.,
Наука, 1978；Анисимов Е. В. Податная реформа Петра I. М., Наука, 1982；Богослов-
ский М. М. Областная реформа Петра Великого. М, Университетская типография,
1902；Казимир Валишевский. Петр Великий. М., АСТ, 2002；Молчанов Н. Н. Дипло-
матия Петра Первого. М., Международные отношения, 1984；Павленко Н. Петр Пе-
рвый, Жизнь замечательных людей. М., Молодая гвардия, 1976；Троицкий С. М. Ру-
сский абсолютизм и дворянство в XVIII в.: Формирование бюрократии. М., Наука, 1974；
Нефедов С. А. Демографически-структурный анализ социально-экономической истории
России. конец XV – начало XX века. Екатеринбург., Издательство УГГУ, 2005；Большако-
ва О. В. Власть и политика в России, XIX – начала XX века: американская историогра-
фия. М., Наука, 2008；Зайончковский П. А. Правительственный аппарат самодержав-
ной России в XIX в. М., Мысль, 1978.
① Алексеев Е. В., Алексеева Е. В., Зубков К. И. Опыт российских модернизации XVIII – XX
вв.: взаимодействие макро-имикропроцессов. Екатеринбург., Банк культурной инфо-
рмации, 2001；Алексеев Е. В., Алексеева Е. В., Артёмов Е. Т. Цивилизационное
своеобразие российских модернизаций XVIII – XX вв.: пространственно-временной
аспект. Екатеринбург., Институт истории и археологии УрО РАН, 2001；Жиромская
В. Б. Пережила ли Россия «демографическую модернизацию»? //Российская история,
2011. №1. С. 169；Алексеева Е. В. Диффузия европейских инновации в России（XVIII –
начало XX вв.）. М., РОССПЭН, 2007；Побержников И. В. Переход от традиционного
к индустриальному обществу: теоретико-методологические проблемы модернизации. М.,
Наука, 2006；Хантингтон С. Столкновение цивилизации? //Полис., 1994. № 1；Ера-
сов Б. С. Цивилизации: универсалии и самобытность. М., Наука, 2002；Хорос В. Г.
Мировые цивилизации и современность（к методологии анализа）//Восток-запад-Россия.
М., Прогресс-Традиция, 2002；Земсков В. Б. Латинская Америка и Россия（проблема
культурного синтеза в пограничных цивилизациях）//Общественные науки и современ-
ность, 2000. № 5.

掘，将在以后的研究中不断完善。

三　主要研究内容

本书包括绪论及正文两部分。绪论部分主要梳理国内外研究现状，同时简单阐述本书的研究内容。

正文为第一章至第五章。第一章主要分析自然环境与俄国经济间的关系，因自然环境、资源禀赋、地理位置和气候等因素的影响，俄国工业发展不是很平衡，全俄划分为九大工业区，各工业区既有独特性又相互配合，共同保障俄国经济的稳健发展；自然环境影响社会生活的各个方面，俄国农业、工业和交通运输业的发展轨迹中无一不留有自然气候因素的烙印。第二章阐释俄国工业化的前提条件，因篇幅有限，仅从1861年农奴制改革对俄国工业化的影响、工业化开启前俄国工商业发展状况、贸易规模、交通运输潜力、生产技术革新等几方面进行阐释，上述因素都是俄国工业化顺利开启的有力保障。第三章分析俄国工业化的主要特征，俄国工业的发展既有资本主义工业发展过程中的共性，又有其独特性。就共性而言，如工业发展的循环性和周期性、垄断组织诞生、政府政策保驾护航等；就特殊性而言，如俄国工业化外资依赖程度高、工业布局不平衡、经济重心逐渐南移和大小工业部门的博弈等。第四章论述俄国工业化的主要成就，分别从工业、贸易、金融、铁路、市场、农业，以及其政治和文化影响等方面展开，以期完整地论述俄国工业化成就，进而探究其落后性和不足之处。第五章为俄国与西方工业化的对比研究，分别从各国工业化模式、俄国与西方国家工业化模式的差异和共性等角度分析各国工业化的成就和不足。

第一章　自然环境与俄国经济发展

社会经济发展与自然环境密切相关，各国的历史发展进程和所属的文明模式亦受自然环境影响，自然地理环境、气候特征、资源禀赋和土壤水文等因素都制约农业、工商业和交通运输业的发展。俄国领土广袤，横跨欧亚大陆，气候差异较大，自然环境对经济的影响尤甚，恶劣的自然条件成为农业发展的桎梏，但丰富的自然资源又是工业发展的有力保障。俄国农业、工商业和交通运输业无一不与自然环境息息相关。在分析俄国工业化前提和特征之前有必要探究自然地理环境对社会经济的影响，借此分析自然环境的双重作用，本章主要从俄国经济区划、自然环境与农业、工商业和交通运输业的关系等方面展开。

第一节　俄国的经济区划

十月革命前俄国经济区划既受自然气候、资源禀赋和工农业发展模式影响，亦受燃料动力体系结构、劳动力地区差异和交通运输等因素的制约。十月革命前俄国学者就根据工业类型和模式将全国分为九大工业区，即中部工业区、南俄工业区、伏尔加河流域工业区、乌拉尔工业区、高加索工业区、西北部工业区、北部工业区、西伯利亚工业区和中亚工业区。苏联学者也十分关注经济区划问题，1982 年苏联国家计划委员会将苏联划分为十一大工业区，即北部工业区、西北部工业区、中部工业区、伏尔加河上游工业区、中部黑土区、伏尔加河中下游工业区、北高加索工业区、乌拉尔工业区、西西伯利亚工业区、东西伯利亚工业区和远东工业区。为更好地梳理俄国经济发展脉络和突出其工业化特征，本书综合上述观点，将俄国划分为九大工业区，分别为西北部工业区、中部工业区、乌拉尔工业区、伏尔加河流域工业区、高加索工业区、南俄工业区、北部工业区、西伯利亚工业区和中亚工业区，其中，中部工业区、西北部工业区、乌拉尔工业区、北部工业区和伏尔加河流域工业区为传统工业区；西伯利亚工业区、高加索工业区、南俄工业区和中亚工业区为新兴工业区。为更好地探究自然因素对俄国经济区划的影响，本部分主要从各工业区的范围、工商业发展规模和交通运输条件等方面展开分析。

一　西北部工业区

西北部工业区是俄国最小的工业区，与波罗的海相连，亦有学者将之称为波罗的海工业区。西北部工业区空气相对湿润，因邻近海洋，水资源充足，物产也十分丰富，又因森林覆盖率较高，盛产木材。西北部工业区主要包括圣彼得堡、诺夫哥罗德、普斯科夫和斯摩棱斯克等省份，其面积分别为 3.9 万平方俄里、10.4 万平方俄里、3.8 万平方俄里和 4.9 万平方俄里，森林覆盖率分别为 39%、55%、32% 和 39%，耕地的比重分别为 16.5%、12%、26% 和 31%。[①] 西北部工业区的主要特征如下：一是耕地面积较小，农业欠发达，粮食长期不能自给；二是因临近海洋，适合远洋运输，国际贸易相对发达；三是对外贸易发达，从国外进口机器和原材料方便，工业发展水平名列前茅；四是交通便利，通过三条运河与伏尔加河流域相通，铁路修建后成为全俄第二大铁路枢纽。西北部工业区中圣彼得堡的作用最突出，本部分以其为例探究该工业区的发展状况。

（一）贸易

圣彼得堡为彼得一世于 1703 年下令建立，18 世纪初就已是俄国重要的政治和经济中心，也是俄国通往欧洲的窗口。圣彼得堡与国内市场联系十分紧密，俄国主要商品，如粮食、木材、呢绒和铁制品等都运至此地，部分商品也经此转运国际市场。彼得一世迁都之后，以前唯一出海口阿尔汉格尔斯克的外贸额迅速下滑，贸易额由 300 万卢布降至 30 万卢布，其地位迅速被圣彼得堡取代。18 世纪 20 年代，圣彼得堡的贸易额已达 400 万卢布，港口经常停泊数百艘外国船只。19 世纪初，波罗的海

---

① Водарский Я. Е., Истомина Э. Г. Сельские кустарные промыслы европейской России на-рубеже XIX – XX столетий. М., Институт российской истории РАН, 2004. C. 46, 49, 52, 54.

沿岸各港口贸易额占俄国远洋贸易总额的 88.5%，而圣彼得堡的成就最为突出。[①] 西北部工业区的货流主要集中于圣彼得堡、纳尔瓦和列维尔等地，其中圣彼得堡货流量最大。18 世纪，亚麻、大麻、皮革和鱼产品经水路从普斯科夫运往纳尔瓦和列维尔等地，但大部分货物运往圣彼得堡；诺夫哥罗德运往圣彼得堡的货物主要为木材、燕麦、大麻、皮革和干草等；大卢科运往圣彼得堡的货物主要是大麻、红色皮革、亚麻、烟草、大麻油等；索利齐运往圣彼得堡的货物主要是亚麻；斯摩棱斯克等城市大多向圣彼得堡运输粮食。18 世纪，西北部各省的贸易已初具规模，与国内市场的联系日趋紧密。

18 世纪下半叶，货物主要通过上沃洛茨克水路和拉多加湖运往圣彼得堡，年均货物运输量达 1500 万～1700 万普特。经水路运往圣彼得堡的货物种类繁多，以 1768 年为例，主要货物构成如下：一是纺织品的数量最多，其中呢绒数量为 3665 块（9.2 万米）、拉马麻布 6110 块（21.4 万米）；二是金属制品，生铁、铸铁和白铁等货物数量最多，货物主要源自乌拉尔工业区；三是木材及其相关制品，其中锯材数量约 8.8 万块、松木原木 20 万根、橡木约 4 万根；四是建筑材料，大理石和石灰石的数量达 130 万普特；五是麻纺织原料，大麻数量为 130 万普特，亚麻数量为 11.7 万普特。18 世纪末，运至圣彼得堡的货物逐年增加，1783 年，仅运往圣彼得堡的粮食就达 1160 万普特，乌拉尔运至圣彼得堡的铁制品数量达 300 万普特。[②]

19 世纪，俄国国内贸易中圣彼得堡的作用更是不容忽视，仅举一两个例子加以说明。就粮食贸易而言，圣彼得堡的粮食主要源自伏尔加河流域的雷宾斯克码头，但不同时期该码头向圣彼得堡输送粮食的路线略有差异，1810 年前，雷宾斯克码头的粮食经上沃洛茨克和拉多加湖运往圣彼得堡，特维尔省的粮食也运至圣彼得堡；1810 年后，雷宾斯克码头的粮食主要经上沃洛茨克、马林斯基和季赫温运河运往圣彼得堡。18 世纪，圣彼得堡就仰赖雷宾斯克的粮食，运至该码头的粮食绝大多数又运往圣彼得堡，如 1784 年，经水路和陆路运至雷宾斯克码头的粮食为 450

① Глинка М. С. Ветер Балтики. Л., Лениздат, 1980. С. 76, 98.

② Милов Л. В. По следам шедших эпох: статьи и заетки. М., Наука, 2006. С. 449.

万普特。① 19 世纪，运至雷宾斯克码头的粮食数量更多，雷宾斯克码头
因此闻名遐迩，粮食所占比例最高。② 雷宾斯克码头运往莫斯科的粮食
数量不多，主要沿西北部运河运至圣彼得堡，一部分粮食用于当地居民
消费，另一部分出口国外。19 世纪下半叶，雷宾斯克码头的货物种类逐
渐增多，石油、棉花和工业品等货物占比较大，该码头的石油和棉花等
产品主要沿马林斯基水路运至圣彼得堡。圣彼得堡逐渐成为俄国重要的
粮食贸易港口，伏尔加河流域各省的粮食经由圣彼得堡出口至国际市场，
仅 1901 年国内各省运至圣彼得堡的小麦、小麦粉、黑麦、黑麦粉、燕麦
和大麦的数量就达 1.1 亿普特。③ 1909～1913 年，伏尔加河水路和铁路
运至圣彼得堡的粮食数量分别为 1.1 亿普特和 1.4 亿普特④，如此庞大的
粮食运输量为圣彼得堡粮食供应提供了后盾。

　　就木材贸易而言，西北部地区虽森林资源丰富，但采伐十分困难，
圣彼得堡所需的木材主要来源于伏尔加河流域。伏尔加河水路的木材多
沿拉多加湖、上沃洛茨克、马林斯基和季赫温运河运往圣彼得堡，除部
分出口国外，大部分木材留作自用。19 世纪 20 年代开始，木材多沿马
林斯基运河运至圣彼得堡，此后该运河的木材货运量逐渐加大。因数据
较为零散，不能逐一阐述各时期圣彼得堡的木材贸易状况，仅能选择有
代表性的数据加以分析，其中 1762～1810 年和 19 世纪四五十年代的数
据最具代表性，1762～1810 年经过拉多加湖年均驶入圣彼得堡的木排数
量为 6464 个⑤，此后拉多加湖的木排数量逐年增加，19 世纪 20 年代和
50 年代年均航行木排的数量分别为 8600 个和 1.2 万个。⑥

　　季赫温和马林斯基运河的木材运输量也较大。1829 年，仅季赫温运

①　Истомина Э. Г. Водные пути России во второй половине XVIII – начале XIX века. С. 113.

②　Марухин В. Ф. История речного судоходства в России. С. 314.

③　Давыдов М. А. Всероссийский рынок в конце XIX – начале XX вв. и железнодорожная статистика. СПб., Алетейя, 2010. С. 53.

④　Тагирова Н. Ф. Рынок Поволжья (вторая половина XIX – начало XX вв.). М., ООО «издательский центр научных и учебных программ», 1999. С. 195；Истомина Э. Г. Водные пути России во второй половине XVIII – начале XIX века. С. 129. Экономическая история России с древнейших времен до 1917 г. Том первой. М., РОССПЭН, 2009. С. 410.

⑤　Истомина Э. Г. Водные путиРоссии во второй половине XVIII – начале XIX века. С. 145.

⑥　Марухин В. Ф. История речного судоходства в России. С. 369.

河夏西河河段驶入圣彼得堡的木排数量就达 743 个，所载木材等货物的价值为 3770 万卢布。[1] 19 世纪四五十年代，因季赫温水路中高价值货物的比重逐年提升，木材的运输数量有所下降，年均沿该运河航行运输木材的木筏和木排数量为 250 个，运输木板的数量达 30 万块。19 世纪 50 年代末至 60 年代初，季赫温运河共浮运原木 15 万根、木材 7 万立方俄丈。[2] 马林斯基运河的货物以粮食为主，但木材运输量也十分巨大，19 世纪 40 年代该运河年均航行的木排数量为 3000 个。[3] 20 世纪初，马林斯基运河的木材、柴薪和建筑用材运输量远超粮食，1913 年此类产品的运送量达 3.8 亿普特。[4]

（二）工业

虽然圣彼得堡资源相对贫乏，但交通便利，易于从国外进口原料和纺织机器，棉纺织工业十分发达。1798 年，圣彼得堡成立俄国第一家大型纺纱企业亚历山大洛夫国有手工工场。19 世纪中叶，圣彼得堡的纱锭数量已经非常多，13 家大工厂的纱锭数量达 60.5 万个，莫斯科紧随圣彼得堡之后，企业和纱锭数量分别为 18 家和 37 万个，处于第三位的是弗拉基米尔省，企业和纱锭数量分别为 9 家和 21 万个。[5] 随着纺织工业的不断发展，19 世纪 50 年代，俄国的纺锤数量已位居世界第五，其数量为 11 万个，居前四位的分别是英国、法国、美国与奥地利，其纺锤数量分别为 2097.7 万个、420 万个、250 万个和 14 万个。[6]

19 世纪 50 年代，圣彼得堡的纺织工业更为发达，俄国半数以上的机器织布机集中于圣彼得堡[7]，其棉纱产值为全俄棉纱总产值的 39%，

① Истомина Э. Г. Водный транспорт России в дореформенный период（Историко-геогр-афическое）. С. 185.

② Марухин В. Ф. История речного судоходства в России. С. 338.

③ Истомина Э. Г. Водный транспорт России в дореформенный период（Историко-геогр-афическое）. С. 187.

④ Россия 1913 год. Статистико-документальный справочник. СПб., Блиц, 1995. С. 132.

⑤ Пажитнов К. А. Очерки истории текстильной промышленности дореволюционной Рос-сии. М., Издательство академии науки СССР, 1958. С. 19.

⑥ Туган-Барановский М. И. Русская фабрика в прошлом и настоящем: Историко-эконом-ическое исследование. Т. 1. Историческое развитие русской фабрики в XIX веке. М., Ко-оперативное издательство «Московский рабочий», 1922. С. 58.

⑦ Соловьева А. М. Промышленная революция в России в XIX в. М., Наука, 1990. С. 72.

棉纺织工人数量为全俄棉纺织工人总数的 22%。[①] 工业化开启后圣彼得堡的大工业发展迅速,新建工厂的数量不断增加,1860 年初圣彼得堡已有 140 家工厂,该年度新建 70 家工厂,1870 年新建工厂数量超过 100 家,1880 年达 120 家。[②] 圣彼得堡还是俄国最大的机器制造中心,该地机器制造厂内的工人数量为该部门工人总数的 70%,生产全俄 2/3 的机器制造品。[③] 下文在分析俄国工业发展状况时还会涉及圣彼得堡的工业规模,此处不再赘述。

(三) 交通运输

涅瓦河为西北部工业区最主要的运输航线,其范围囊括伊尔门湖、奥涅加湖、拉多加湖、斯维里河、涅瓦河及其支流;西北部地区还可通过上沃洛茨克、季赫温和马林斯基水路与伏尔加河流域相通。上沃洛茨克水路运行已久,而马林斯基水路于 1799 年开始建设,1810 年通航,同年季赫温水路也投入使用,上述三条水路成为伏尔加河流域与圣彼得堡间联系的桥梁,伏尔加河流域的原材料由其运往圣彼得堡,进口货物和工业制品也经此处运往伏尔加河流域。19 世纪下半叶,随着大型蒸汽动力船只的广泛使用,季赫温和上沃洛茨克运河的地位下滑,圣彼得堡和俄国内地间的联系主要靠河运线路马林斯基运河,据统计,该运河年航行 1.6 万艘蒸汽船只和 8000 条木筏。1880 年初,圣彼得堡仍为俄国最大河运码头之一,并且装卸全俄内河 1/3 的货物,马林斯基的货流量虽然也较大,但不及圣彼得堡的 10%。[④]

铁路通行后圣彼得堡交通运输业更加发达,与中部工业区等地的联系日趋紧密。西北部地区的铁路枢纽主要包括 8 条长度为 3300 俄里的铁路线路[⑤],圣彼得堡的主要铁路线路共有 7 条,分别为圣彼得堡—雷瓦尔(塔林的旧称)、圣彼得堡—普斯科夫—里加、圣彼得堡—维尔诺—华

① Обзор различных отраслей мануфактурной промышленности России. , Т. 2. СПб. , Типография Иосафата Огризко, 1863. С. 522.

② Даринский А. В. , Старцев В. И. История Санкт-Петербурга. XVIII – XIX вв. Изд. 2 – е. СПб. , Филма «Глагол», 1999. С. 141.

③ Лившиц Р. С. Размещение промышленности в дореволюционной России. М. , Государственное издательство политической литературы, 1955. С. 107 – 108.

④ Даринский А. В. , Старцев В. И. История Санкт-Петербурга. XVIII – XIX вв. С. 140.

⑤ Соловьева А. М. Промышленная революция в России в XIX в. С. 138.

沙、圣彼得堡—维杰布斯克、圣彼得堡—莫斯科、圣彼得堡—维亚特卡和圣彼得堡—维堡铁路。十月革命前圣彼得堡一直是俄国的政治、经济和文化中心，虽然其面积较小，但作用毋庸置疑。

二　中部工业区

19世纪上半叶，中部工业区的工业发展水平明显高于其他工业区，因地理位置优越、资源丰富和交通便利，该工业区的工商业十分发达。中部工业区包含诸多省份，以莫斯科、弗拉基米尔、卡卢加、科斯特罗马、下诺夫哥罗德、特维尔、雅罗斯拉夫省最为著名。这些省份的面积分别为2.9万平方俄里、4.3万平方俄里、2.7万平方俄里、7.4万平方俄里、4.5万平方俄里、5.7万平方俄里和3.1万平方俄里，森林覆盖率分别为39%、20%、29%、60%、38%、34%和37%，其耕地所占的比重分别为32%、36%、44%、19%、43%、28%和27%。[①] 中部工业区的主要特征如下：一是该工业区紧邻伏尔加河流域，交通便利；二是诸多省份森林覆盖率较高，燃料充足；三是部分省份土壤肥沃，农业相对发达，粮食供应充足；四是下诺夫哥罗德和莫斯科是该工业区重要的商业中心，贸易繁荣；五是凭借充足的燃料和丰富的矿产资源，中部工业区工业十分发达。为更好地探究中部工业区的作用，本部分仅以莫斯科的工业和运输业、下诺夫哥罗德的商业为例探究其重要意义。

（一）贸易

凭借便利的交通运输，莫斯科成为联系欧俄各省、高加索、南俄、俄国北部和西伯利亚等地的交通枢纽。莫斯科是伏尔加河流域中游最大的工商业中心，18世纪贸易就已十分发达，各地货物云集于此。莫斯科人口众多，各类商品的需求量都很大，比如莫斯科附近城市所产的皮革，喀什基尔的肉、蜂蜡、印花布和陶瓷等货物，北部省份的大量木材和木制品等货物都纷纷运至莫斯科。伏尔加河上游城市与莫斯科的贸易联系十分紧密，乌格里奇主要生产粗布和农产品，主要供应莫斯科，部分商

---

① Водарский Я. Е., Истомина Э. Г. Сельские кустарные промыслы европейской России на рубеже XIX – XX столетий. С. 56, 60, 64, 66, 70, 76.

品也运往雅罗斯拉夫、特维尔、下诺夫哥罗德和喀山等城市。书伊是中部工业区重要的制革和纺织中心，其皮革不仅运往莫斯科，还运往圣彼得堡、阿斯特拉罕和西伯利亚等地，衬衫、麻布裤以及头巾等货物还通过水路和陆路运输至顿河流域城市以及乌克兰、阿斯特拉罕和西伯利亚等地。

作为俄国最大的商业中心之一，莫斯科汇集各地的商品，比如乌克兰的农产品，西伯利亚的皮货，伏尔加河流域的粮食、毛线、皮革、鱼产品，诺夫哥罗德等省的呢绒，卡卢加省的大麻和大麻油，中部省份的纺织品、餐具和铁制品，乌拉尔地区的盐和铁，等等。

中部工业区商业最为繁荣的省份是下诺夫哥罗德，该省商业发达，主要依靠下诺夫哥罗德展销会，其前身为马卡里耶夫展销会。马卡里耶夫展销会产生于16世纪，十月革命前的几百年间都是俄国乃至欧洲重要的贸易场所。15~16世纪，马卡里耶夫展销会只是地方性的农村集市，因地理位置优越，贸易规模迅速扩大。17世纪末18世纪初，马卡里耶夫展销会已闻名遐迩，成为大型的国际贸易基地之一。1816年，马卡里耶夫展销会发生火灾，1817年7月俄国政府于下诺夫哥罗德举办试行展销会，成功后马卡里耶夫展销会迁移至下诺夫哥罗德举办。俄国政府选择下诺夫哥罗德举办展销会的主要原因如下：一是下诺夫哥罗德码头交通方便，便于大型船舶停靠；二是该码头地势平坦，可容纳百万辆马车，便于商品交易；三是下诺夫哥罗德码头位于伏尔加河和奥卡河交汇处，便于货物的输入和输出。1817年，下诺夫哥罗德展销会共有1200多个摊位，建立了18个哨所维护展销会治安，贸易额近3000万卢布，展销会大获成功。此后，下诺夫哥罗德展销会于每年的7月中旬至8月中旬定期举行，日参观展销会的人数超20万人。[①]

（二）工业

中部工业区是俄国重要的经济、金融和文化中心，该工业区的居民较多，莫斯科的人口最为集中，1811年莫斯科的居民数量仅为27万人，

---

① Российская реальность конца XVI – первой половины XIX в. : экономика, общественный строй, культура. М. , Институт российской истории РАН, 2007. С. 87.

19 世纪中叶和 1917 年，其人口分别为 40 万和 240 万。[①] 莫斯科纺织工业发达，17 世纪莫斯科周边农民就已从事织布业，18 世纪下半叶，纺织手工业已颇具规模，农民手工作坊也逐渐转换为大型手工工场。以 1781 年为例，莫斯科共有 204 家手工工场，大型纺织手工工场数量最多，其次为皮革和面粉手工工场。纺织工业于 18 世纪下半叶开始快速发展，1799 年，已有 29 家呢绒手工工场、113 家丝织手工工场，占俄国境内数量（158 家和 367 家）的大多数，由此可见莫斯科纺织工业的规模。[②]

弗拉基米尔省农民纺织业历史悠久，以麻纺织手工业为主。16～17 世纪，农民所织的麻布和粗布既自用，部分也在集市上出售。到 19 世纪上半叶，弗拉基米尔省农民织布手工业已遍及全省，部分手工工场开始使用机器织布。1844 年，弗拉基米尔省 95.5% 的织工居家生产，仅有 4.5% 的织工在工厂工作。弗拉基米尔省农民还善于加工建筑石材、画圣像，制作大车、爬犁、木桶、筛子和球棒等，因手工业发达，居民生活水平较高。特维尔省和卡卢加省交通运输发达，诸多农民充当纤夫，从事运输业和造船业。

（三）交通运输

中部工业区各省交通发达，本部分以莫斯科为例阐述该工业区的交通运输状况。莫斯科所傍的莫斯科河是奥卡河支流，奥卡河为伏尔加河最重要的支流之一，通过该河莫斯科与东部各省和伏尔加河流域的联系日趋密切。莫斯科还与顿河流域相通，通过顿河其工业品远销亚速海和黑海流域。19 世纪下半叶，中部工业区的产品运输以铁路为主，莫斯科成为俄国最重要的铁路枢纽，共有 18 条长度为 8800 俄里的铁路线路[③]，主要铁路线路如下：莫斯科—库尔斯克、莫斯科—基辅、莫斯科—下诺夫哥罗德、莫斯科—尼古拉耶夫、莫斯科—梁赞、莫斯科—雅罗斯拉夫—伏尔

① Водарский Я. Е. Исследования по истории русского города （факты, обобщение, аспекты）. М., Институт российской истории РАН, 2006. С. 232; Веселовский Н. А. От Волги до Балтики. Исторический очерк о водных путях и судоходстве. С-Петербургский гос. университет водных коммуникаций. С. 38; Сахаров А. Н. История России с начала XVIII до конца XIX века. М., АСТ, 2001. С. 302.

② Клокман Ю. Р. Социально-экономическая история русского города. вторая половина XVIII века. М., Наука, 1967. С. 210.

③ Соловьева А. М. Промышленная революция в России в XIX в. С. 137.

加格勒等。便利的交通运输条件、丰富的自然和劳动力资源为中部工业区工商业的蓬勃发展奠定了基础，弗拉基米尔和莫斯科等大型工业城市以及商业发达的下诺夫哥罗德展销会也位于该区域，因此其在俄国经济中的地位不容小觑。

三　乌拉尔工业区

早在 18 世纪，乌拉尔工业区就凭借丰富的矿藏资源和便利的交通闻名遐迩，成为俄国最大的冶金基地。乌拉尔工业区主要涵盖彼尔姆、维亚特卡、喀山和乌法等省份，其面积分别为 29 万平方俄里、13.5 万平方俄里、5.6 万平方俄里和 10.8 万平方俄里，森林覆盖率分别为 56%、52%、33% 和 45%，其耕地的比例分别为 12%、34%、50% 和 35%。[①] 乌拉尔工业区西邻中部工业区，东与西伯利亚地区相连，北接北部工业区，南通伏尔加河流域工业区，是俄国东西部地区沟通的桥梁。乌拉尔工业区的主要特征如下：一是水资源丰富，交通便利；二是矿产资源丰富，冶金业发达；三是森林覆盖率较高，燃料充足；四是部分省份农业发达，粮食大量外运。乌拉尔工业区冶金业最为发达，亦是俄国重要的产盐基地和木材输出基地。

（一）冶金业

乌拉尔是俄国著名的冶金中心，南俄冶金业崛起之前，乌拉尔铁制品产量一度独占鳌头。俄国采矿业快速发展于 17 世纪，1631 年，乌拉尔地区建立第一家冶金手工工场，17 世纪 90 年代，该地已有 10 家大型冶金手工工场，生铁和铸铁产量分别为 15 万普特和 5 万普特[②]，1720 年乌拉尔的铸铁产量已占全俄铸铁总产量的 50%，1725 年其比例达 73%。18 世纪下半叶，乌拉尔冶金工业的发展速度更快，1750～1800 年该地的生铁产量增长 25 倍。[③] 乌拉尔金属产品质量优良，其柔韧性可与貂毛相

① Водарский Я. Е., Истомина Э. Г. Сельские кустарные промыслы европейской России на рубеже XIX – XX столетий. С. 45, 36, 98, 106.

② Струмилин С. Г. История черной металлургии в СССР. М-Л., Изд-во Академии наук СССР, 1935. С. 94.

③ Сметанин С. И., Конотопов М. В. Развитие промышленности в крепостной России. М., Из-во АН СССР, 1955. С. 221.

媲美，被称为"黑貂"，"黑貂"品牌享誉全球，其中杰米多夫手工工场的金属产品备受国内外消费者的青睐。1772 年，巴黎国际博览会上下塔吉尔手工工场的冶金产品获得金奖，1778 年国际博览会上"黑貂"品牌荣获最高奖项，在业内拥有良好的口碑。

18 世纪下半叶至 19 世纪初，乌拉尔冶金工业飞速发展，生铁和铸铁产量无人能及，曾跃居世界第一位，1800 年乌拉尔生铁产量约占全俄生铁总产量的 81.1%。[①] 19 世纪上半叶，乌拉尔冶金业逐渐衰落，究其原因有二：一是西欧各国的工业革命陆续开启，英国率先完成工业革命，冶金业迅速发展；二是因使用农奴劳动，乌拉尔冶金工业的生产技术十分落后，1860 年乌拉尔地区仅有 7% 的冶金工厂使用蒸汽机。[②] 19 世纪下半叶，乌拉尔仍是俄国重要的冶金中心，但全俄金属产品市场上乌拉尔冶金产品的比例逐年下滑，1869 年，全俄铸铁产量中乌拉尔铸铁的比例为 70.7%，1900 年下降至 27%，同期生铁的比例由 78.5% 下降至 27%。[③] 因下文还将详细阐述乌拉尔冶金工业发展情况，此处不再赘述。

（二）贸易

因长期向国内市场供应铁制品，乌拉尔地区的铁制品贸易最为发达，主要贸易港口为喀山和彼尔姆等地。铁路兴修之前，乌拉尔地区的金属制品主要通过水路运出，春季金属产品先浮运至河运码头，然后经由丘索瓦亚河、卡马河、白河、乌法河和维亚特卡河运至喀山码头，由喀山码头再转运至伏尔加河流域。货物在喀山发生分流，大部分货物运往伏尔加河上游各省，经奥卡河运往莫斯科，经北部水路和拉多加湖运往圣彼得堡；还有一部分货物运往伏尔加河下游的辛比尔斯克、萨马拉、萨拉托夫和阿斯特拉罕等省份，也有部分铁制品经杜博夫卡码头转运至顿河流域。18 世纪末，乌拉尔地区 70% 的生铁、48% 的铁和 5% 的铜先沿

① Алексеев В. В. , Гаврилов Д. В. Металлургия Урала с древнейших времен до наших дней. М. , Наука, 2008. С. 352.

② Алексеев В. В. , Алексеева Е. В. , Зубков К. И. , Побережников И. В. Азиатская Россия в геополитической и цивилизационной динамике XIX – XX века. М. , Наука, 2004. С. 500.

③ Алексеев В. В. , Алексеева Е. В. , Зубков К. И. , Побережников И. В. Азиатская Россия в геополитической и цивилизационной динамике XIX – XX века. С. 501.

丘索瓦亚河运至卡马河流域，再沿伏尔加河运至莫斯科和圣彼得堡。[1]
19 世纪 50 年代，每年由卡马河运至伏尔加河流域的铁制品近 800 万普特。[2] 因喀山的码头货流量最大，下文仅以其为例说明乌拉尔工业区的贸易规模。

喀山码头位于伏尔加河和卡马河的交汇处，乌拉尔地区的大量货物都由该码头运至伏尔加河流域；喀山还是西伯利亚商品的汇集地，西伯利亚商品一般于冬季运至此地，春季经水路转运至国内各港口。喀山码头的货物种类繁多，主要有西伯利亚的粮食、食品和皮货，中国茶叶，中亚棉花等。喀山的货物主要运至下诺夫哥罗德展销会，主要货物如下：一是粮食、酒、油脂、鱼产品、石油、盐、亚麻籽和大麻籽；二是金属和金属制品；三是纺织品和皮革加工品，如棉布、皮革、毛制品和皮毛等；四是玻璃、陶瓷、箱子、煤油和河运船只等；五是茶叶和中国商品。

喀山码头运出的粮食主要是黑麦和燕麦；其次是小麦、荞麦和大麦，上述粮食一部分源自喀山省，其余来自辛比尔斯克省、奥伦堡省和维亚茨基省等省份。上述省份的黑麦先用马车运到马德什，然后转至喀山；喀山的黑麦主要运往雷宾斯克，部分也运至伏尔加河下游的阿斯特拉罕等省份，以满足当地哥萨克部队的需求。喀山不但粮食贸易发达，而且工业也开始起步。喀山还是俄国的蜡烛生产中心，每年沿伏尔加河向圣彼得堡运输蜡烛 10 万 ~ 14 万普特。[3] 喀山是卡马河流域最大的运粮码头，粮食的运输方向有三：一是沿伏尔加河水路向上游运至下诺夫哥罗德、雷宾斯克和圣彼得堡；二是沿卡马河运至乌拉尔地区，为本地冶金企业和哥萨克供应粮食；三是运至伏尔加河下游诸码头。1811 年，喀山码头逆伏尔加河而上的粮食价值为 189 万卢布，此后粮食的运出量逐年增加。[4] 一战前夕喀山省水路的货流量为 1.6 亿普特，粮食所占的比重过半。[5]

喀山码头还是西伯利亚商品的汇集地，西伯利亚商品多于冬季时运

---

① Струмилин С. Г. История черной металлургии в СССР. Т. 1. С. 201 – 206，479 – 484.

② Марухин В. Ф. История речного судоходства в России. С. 259.

③ Марухин В. Ф. История речного судоходства в России. С. 256.

④ Истомина Э. Г. Водные пути России во второй половине XVIII – начале XIX века. С. 103.

⑤ Тагирова Н. Ф. Рынок Поволжья （вторая половина XIX – начало XX вв. ）. С. 73.

至此。19 世纪 50 年代上半期，喀山还是俄国重要的茶叶仓储地，茶叶主要来自中国。茶叶先经恰克图运输到伊尔库茨克，然后通过水路运至托木斯克和秋明，之后转运至喀山。19 世纪末，随着恰克图市场的逐渐衰落，喀山码头的茶叶运输规模明显缩小，铁路逐渐成为运输茶叶的主要工具。伏尔加河流域大部分茶叶来自中国，而西伯利亚大铁路修建之前中国茶叶几乎源自恰克图市场。1843 年，托木斯克码头上中国商品的数量为 20 万普特，价值为 656.1 万卢布，茶叶所占比重最大，货物主要经喀山运往伏尔加河流域。①

（三）交通运输

便利的交通运输条件是乌拉尔地区工商业发展的有力保障。19 世纪上半叶，乌拉尔铁制品主要通过水路外运，卡马河为乌拉尔铁制品的主要输出河道，货物先由卡马河各口岸转运至上游的下诺夫哥罗德、雅罗斯拉夫和雷宾斯克等港口，再经马林斯基和季赫温等运河运往圣彼得堡。19 世纪下半叶，乌拉尔地区大规模修建铁路之后，河运的产品运输量逐年下降，但 70 年代卡马河支流丘索瓦亚河的年均货流量仍达 500 万普特。②

俄国铁路萌芽于乌拉尔矿山铁路，该矿山铁路的修建为铁路建设奠定了技术基础。俄国矿山铁路发展历经如下几个阶段：第一阶段为 18 世纪 60 年代，该阶段建成俄国最早的矿山轨道，即兹梅伊诺戈尔斯克矿山铁路，该铁路归科雷沃—沃斯克列先斯克国有工厂所有；第二阶段为 18 世纪 80 年代，其标志为亚历山大冶铁和炮弹加工厂建成俄国第一条马拉工厂铁路；第三阶段为 1806～1810 年，在兹梅伊诺戈尔斯克矿山和科雷沃—沃斯克列先斯克国有工厂间建成第一条全长 2.1 俄里的铁路，同时配备桥梁、高架桥、高路堤和矿山运输设施等装置，而且该路段造价较低，成本为同期英国马拉铁路的 1/5；第四阶段的标志为 1834 年俄国第一条蒸汽动力铁路正式开通，该线路长 854 米，建于塔吉斯克冶金工厂内，后期不断扩展，长达 2.7 俄里；第五阶段为火车机车用于铁路，运行速度明显加快。

---

①　Бойко В. П. Томское купечество конца 18 – 19 веков. Томск. ，Водолей，1996. C. 230.

②　Алексеев В. В.，Гаврилов Д. В. Металлургия Урала с древнейших времен до наших дней. C. 439.

19世纪下半叶，乌拉尔地区铁路的建设规模不断扩大，主要铁路线路为矿区内部铁路（1878年）、奥伦堡—萨马拉铁路（1876年）、叶卡捷琳堡—秋明铁路（1885年）、萨马拉—车里雅宾斯克铁路（1889年、1892年）、车里雅宾斯克—叶卡捷琳堡铁路（1896年）和彼尔姆—科特拉斯（1899年）铁路等。19世纪末，乌拉尔铁路不仅将乌拉尔地区连为一体，而且将该地区与全俄铁路网络紧密连在一起，从此乌拉尔地区逐渐改变了闭塞状态，与俄国中部地区和其他工业区的联系亦日趋紧密。1905年，乌拉尔地区的运输线路已经较为成熟，交通线路总长度约为3.0万俄里，其中铁路长3568俄里、水路长1.1万俄里、土路长1.5万俄里，三种运输方式运输货物的比例分别为11.7%、39%和49.3%。虽然铁路作用仍逊色于畜力和水路，但其货运量比重逐年提高，1905年彼尔姆省、维亚特卡省、乌法省和奥伦堡省的铁路长度分别为1505俄里、825俄里、646俄里和592俄里。1905年，乌拉尔铁路的货流总量为4.8亿普特，水路货流总量为3.1亿普特，水路货流总量逐年下降，铁路的作用日益突出。[①] 便利的交通运输和丰富的自然资源为乌拉尔工业区发展奠定了基础，即使19世纪初该地冶金工业开始衰落，但作为俄国著名的老工业基地其地位仍不容忽视。

四 伏尔加河流域工业区

为便于梳理，本部分将伏尔加河中下游流域全部省份划入该工业区，伏尔加河流域工业区包含省份诸多，主要有沃罗涅日、库尔斯克、奥廖尔、奔萨、梁赞、唐波夫、土拉、萨马拉、萨拉托夫、辛比尔斯克和阿斯特拉罕等省份。因资料有限，不能对所有省份的面积、森林覆盖率和耕地面积进行阐释，仅举例说明，如沃罗涅日、库尔斯克、奥廖尔、奔萨、唐波夫、土拉的面积分别为5.8万平方俄里、4.1万平方俄里、4.1万平方俄里、3.4万平方俄里、5.9万平方俄里，森林覆盖率分别为8%、9%、21%、22%、17%和9%，耕地的比例分别为70%、73%、61%、62%、64%、74%，萨马拉、萨拉托夫和辛比尔斯克省的总面积为24.4

---

① Гаврилов Д. В. Горнозаводский Урал XVII – XX вв. Избранные труды. Екатеригнбург., УрО РАН, 2005. С. 210.

万平方俄里，森林覆盖率为 13%，耕地面积为 53%。[①] 与其他工业区相比，伏尔加河流域工业区农业发达，工业相对薄弱，造船业和农产品加工业最有代表性，下文主要对造船业和农产品加工业进行分析。

（一）工业

伏尔加河流域水路四通八达，诸多城市是重要的水路枢纽，因此造船业十分发达。18 世纪初，伏尔加河流域的沃罗涅日、下诺夫哥罗德、喀山和阿斯特拉罕等城市就建有造船厂。伏尔加河流域造船业发达的主要原因如下：一是随着工商业和交通运输业的发展船只需求量激增；二是造船厂多选择在交通便利的港口，可轻易地获取原料和销售产品；三是伏尔加河流域居民从事造船业历史悠久，造船经验十分丰富，拥有大量优秀的工人；四是伏尔加河流域诸多省份森林资源丰富，可提供造船业所需的木材。伏尔加河流域著名造船点为雷宾斯克、特维尔、科斯特罗马、巴拉赫纳、下诺夫哥罗德、阿斯特拉罕、彼尔姆和叶卡捷琳堡等地。下诺夫哥罗德省巴拉赫纳县和戈尔巴托夫卡县城造船业历史悠久，如 1845 年巴拉赫纳县内的造船厂已经制作 2 艘轮船和 5 艘拖船，同时期，俄国国内河流中航行的轮船数量超 40 艘，到 19 世纪 50 年代仅伏尔加河流域轮船数量就达 200 艘，伏尔加河流域造船厂规模不断扩大。[②] 即便伏尔加河流域造船业发达，但仍以手工造船业为主。造船业推动了伏尔加河流域各省份木材加工业的发展，沃罗涅日、库尔斯克、奥廖尔、奔萨、梁赞、唐波夫、土拉、萨马拉和萨拉托夫等省份从事木材加工手工业的人数分别占上述省份手工业总人数的 26%、19%、16%、53%、21%、34%、18%、25% 和 25%，虽然造船业不是该地居民的主导产业，但规模仍较大。[③] 下文在阐述俄国造船业发展状况时还会涉及该地区，此处不再赘述。

① Водарский Я. Е., Истомина Э. Г. Сельские кустарные промыслы европейской России на рубеже XIX – XX столетий. C. 80, 82, 84, 85, 87, 91, 95, 102.

② Халин А. А. Система путей сообщения нижегородского поволжья и ее роль в социально-экономическом развитим региона (30 – 90 гг. XIX в.). C. 106; Чунтулов В. Т., Кривцова Н. С., Чунтулов А. В., Тюшев В. А., Экономическая история СССР. М., Высшая школа, 1987. C. 75 – 76.

③ Водарский Я. Е., Истомина Э. Г. Сельские кустарные промыслы Европейской России на рубеже XIX – XX столетий. C. 80, 82, 84, 85, 87, 91, 95, 102.

伏尔加河流域经济以农业为主导，因此工业的主导方向之一为农产品加工业。19 世纪下半叶至 20 世纪初，伏尔加河流域的商品粮总产量由 1860 年的 2.6 亿普特增至 1910～1911 年的 4.6 亿普特，增长 76.9%①，粮食产量大增推动了各省农产品加工业的发展。萨马拉省面粉加工业发展最早，小型面粉厂和磨面作坊不计其数，到 19 世纪中叶，萨马拉省成立了伏尔加河流域第一家大型面粉厂，此后本省小麦已不能满足其需求，还要从外省大量运进小麦。1887 年，萨马拉省已有 6 家大型面粉厂，日产面粉 1.7 万普特，年产值达 500 万卢布。② 20 世纪初，仅萨马拉和萨拉托夫省的面粉加工量就占俄国面粉加工总量的 8%，伏尔加河流域面粉交易额已达 1.1 亿～1.3 亿普特③，可见，伏尔加河流域面粉加工业的规模较大。

（二）贸易

伏尔加河流域工业区诸多省份都是产粮大省，粮食贸易最为发达。以辛比尔斯克省为例，该省为伏尔加河流域的产粮大省，粮食主要运输到雷宾斯克码头和喀山码头。1802 年，俄国粮食歉收，但该省运往苏拉河的船只数量仍为 170 艘，共运粮食 34 万袋。④ 19 世纪下半叶，辛比尔斯克省粮食外运量大增，1857～1861 年该省年均向伏尔加河流域输出的粮食数量为 434.9 万普特，运至苏拉河的粮食数量为 385.9 万普特。到 1909 年，该省外运粮食总量为 1094.9 万普特，水路运输粮食的比例为 86.9%。⑤

萨拉托夫省和萨马拉省输出的商品中粮食占比最大，上述两省份的粮食主要运往阿斯特拉罕、喀山、雷宾斯克和顿河流域。萨拉托夫码头

---

① Бессолицын А. А. Поволжский регион на рубеже XIX – XX вв. //Экономическая история России：проблемы，поиск，решения：Ежегодник. Вып 5. Волгоград.，Изд-во ВолГУ，2003. С. 192.

② Целиков С. А. Строительство и эксплуатация Самаро-Златоустовской железной дороги и ее влияние на развитие экономики самарской，оренбургской и уфимской губерний（вторая половина XIX в. – 1917 г.）. Диссертация. Самара.，2006. С. 110 – 111.

③ Бессолицын А. А. Поволжский регион на рубеже XIX – XX вв. С. 193.

④ Истомина Э. Г. Водные пути России во второй половине XVIII – начале XIX века. С. 106.

⑤ Тагирова Н. Ф. Рынок Поволжья（вторая половина XIX – начало XX вв.）. С. 72.

因粮食贸易而繁荣，19 世纪初，该码头的年均货流价值就超 500 万卢布[①]，粮食占比最大。1811 年，该码头共运出粮食 13.8 万俄担[②]，大部分粮食运至伏尔加河下游的阿斯特拉罕和杜勃夫卡。20 世纪初，萨拉托夫省粮食外运数量更多，1909～1913 年该省年均外运粮食数量达 1120 万普特。[③] 萨拉托夫省外运的粮食中小麦数量最多，为满足本地面粉加工业的需求，该省每年还从奥伦堡省和乌拉尔等地运进大量小麦。萨马拉省粮食主要运往圣彼得堡等地。1857 年，萨马拉省和萨马拉码头小麦的外运量分别为 1200 万普特和 753 万普特[④]，1870 年萨马拉省仅向伏尔加河上游就输送 2000 万普特小麦。1909～1913 年，萨马拉省年均外运粮食的数量为 3840 万普特[⑤]，小麦的数量仍最多，1913 年萨马拉码头的货运量为 7311 万普特[⑥]，粮食占比仍最大。20 世纪初，萨马拉省共有 9 个大型码头，各码头的粮食外运量均超百万普特。[⑦] 萨马拉铁路通行后，粮食的运送量逐年增加，以 1901 年为例，铁路车站和水路码头的粮食发送量分别为 1860 万普特和 2987 万普特，两种运输方式相互配合共同带动该省农业的发展。[⑧] 20 世纪初，俄国主要的粮食出口基地为顿河流域各省以及萨马拉、库班和萨拉托夫等省，其中萨马拉省的农产品外运量最多，1901～1903 年和 1908～1911 年该省的粮食外运量占国内市场粮食需求总量的 28.2% 和 29.3%。萨拉托夫省紧随其后，其比例分别为 12.9% 和 9.3%。[⑨]

　　阿斯特拉罕是伏尔加河下游最重要的港口，渔业和煮盐业发达，虽然手工业欠发达，但手工业者数量众多。18 世纪上半叶，阿斯特拉罕已成为俄国重要的商业中心，除国内商品外，国外产品的比重也较高。

---

① Истомина Э. Г. Водные пути России во второй половине XVIII – начале XIX века. С. 116.

② Истомина Э. Г. Водные пути России во второй половине XVIII – начале XIX века. С. 106.

③ Тагирова Н. Ф. Рынок Поволжья（вторая половина XIX – начало XX вв.）. С. 190.

④ Марухин В. Ф. История речного судоходства в России. С. 253，254.

⑤ Тагирова Н. Ф. Рынок Поволжья（вторая половина XIX – начало XX вв.）. С. 190.

⑥ Россия 1913 год. Статистико-документальный справочник. С. 133.

⑦ Тагирова Н. Ф. Рынок Поволжья（вторая половина XIX – начало XX вв.）. С. 73.

⑧ Давыдов М. А. Всероссийский рынок в конце XIX – начале XX вв. и железнодорожная статистика. С. 50.

⑨ Давыдов М. А. Всероссийский рынок в конце XIX – начале XX вв. и железнодорожная статистика. С. 193.

18 世纪阿斯特拉罕贸易规模不断扩大。1720 年，阿斯特拉罕销售至马里卡耶夫集市的货物价值为 8.5 万卢布，占该展销会商品价值的 1/3。运至马里卡耶夫集市的主要是鱼产品，其价值为 3.6 万卢布。此外，纺织品商品价值为 1.8 万卢布，皮革等货物价值为 1.8 万卢布；日用百货、粮食和其他商品的价值分别为 1411 卢布、2149 卢布和 7242 卢布。[①] 1724 年，阿斯特拉罕运往上游城市货物的总值达 48.2 万卢布，1720 ~ 1723 年阿斯特拉罕仅海关收入就达 5.1 万卢布。阿斯特拉罕煮盐业发达，最大的制盐手工工场有 300 名工人，小型煮盐手工作坊工人数量为 10 ~ 20 名，盐产量为 2000 ~ 6000 普特，大型手工工场年均盐产量达 1.8 万 ~ 3 万普特。[②]

五 高加索工业区

凭借丰富的石油资源、优惠的政府政策、技术革新和外资的注入，高加索石油工业蓬勃发展，盛极之时巴库煤油不仅垄断国内市场，而且在世界市场上与美国石油平分秋色。本部分主要研究高加索工业区的石油贸易和运输状况，借此分析高加索工业区在俄国经济中的地位。

高加索石油工业集中于巴库，而巴库石油工业于 1872 年开始发展。1872 年，俄国政府废除油田包税制度，促使巴库石油工业蓬勃发展。19 世纪末，巴库石油公司不仅数量大增，工人数量也快速增加，1873 年、1883 年、1890 年、1895 年、1900 年和 1901 年工人数量分别为 680 人、1254 人、5597 人、6188 人、2.5 万人和 2.7 万人，从中可以看出，1890 ~ 1901 年巴库油田工人数量增长近 4 倍。[③] 1870 年，俄国采油量仅为美国的 1/20[④]，1892 年已与美国持平。19 世纪 90 年代，高加索石油工业快速发展，世界石油市场上俄国采油量比例由 1890 年的 38% 上升至 1900 年的 51%，

---

① Кафенгауз Б. Б. Очерки внутреннего рынка России первой половины XVIII века. М., Изд – во Акад. наук СССР, 1958. С. 143，145，149 – 150.

② Голикова Н. Б. Очерки по истории городов России конца XVII – начала XVIII в. М., Изда-тельство Мос. Гос. Ун – та, 1982. С. 125，134，135.

③ Ахундов В. Ю. Монополистический капитал в дореволюционной бакинской нефтяной промышленности. С. 9；Лисичкин С. М. Очерки по истории развития отечественной нефтяной промышленности（дореволюционный период）. С. 360.

④ Наниташвили Н. Л. Экспансия иностранного капитала в Закавказье（конец XIX – начало XX вв.）. С. 47.

同期美国的采油量比例由 60.1% 降至 43%，1897 年俄国的采油量已超过美国，1898～1901 年巴库油田采油量稳居世界第一位。[1] 巴库采油工业发展的同时，石油加工业也快速崛起，因下文会详细分析十月革命前高加索石油工业的发展状况，此处不再赘述。

高加索地区的主要货物是石油，石油产品外运主要依靠水路、铁路和管道三种运输方式。三种运输方式中水路运输占主导地位，八成以上外运石油由伏尔加河—阿斯特拉罕—里海水路运往俄国各地。[2] 19 世纪末，高加索铁路与国内铁路线路连为一体后，输油量大幅度增加。石油产品一般先由巴库油田运至里海港口，然后使用高加索和弗拉季高加索铁路外运。[3] 管道运输亦是主要的输油方式之一，1901 年巴库地区共有 39 条石油管道，总长度为 394 俄里，其中 25 条管道泵送石油，至 1917 年俄国已建成 1322 俄里输油管道。[4] 高加索地区凭借丰富的石油资源一直在俄国经济中占有举足轻重的地位，加速了俄国经济重心的南移进程。

六　南俄工业区

南俄工业区快速发展主要依靠顿巴斯地区的采煤和冶金工业。顿巴斯煤田（亦称顿涅茨克煤田）横跨南俄诸多省份，位于哈尔科夫省南部、顿河军区西部、叶卡捷琳诺斯拉夫省和塔夫里省东部。顿巴斯煤田为从西至东不规则的三角形，长度和宽度分别为 350 俄里和 150 俄里。[5] 顿巴斯煤炭埋藏较浅，平均开采深度只有 0.75～1.25 俄丈，个别地区为 2～2.5 俄丈[6]，因岩层较为单一，煤炭蕴含量十分丰富，19 世纪下半叶，顿巴

① Ахундов В. Ю. Монополистический капитал в дореволюционной бакинской нефтяной промышленности. С. 13.

② Лисичкин С. М. Очерки по истории развития отечественной нефтяной промышленности（дореволюционный период）. С. 325；张广翔：《19 世纪至 20 世纪初俄国的交通运输与经济发展》，《社会科学战线》2014 年第 12 期，第 235 页。

③ 邓沛勇：《俄国能源工业研究（1861—1917）》，科学出版社，2019，第 98～109 页。

④ Чшиева М. Ч. Кавказская нефть и Нобелевская премия//Человек，Цивилизация，Культура，2005. №1. С. 35；Ахундов Б. Ю. Монополистический капитал в дореволюционной бакинской нефтяной промышленности. С. 19；Лисичкин С. М. Очерки по истории развития отечественной нефтяной промышленности. С. 342.

⑤ Братченко Б. Ф. История угледобычи в России. С. 102.

⑥ Тихонов Б. В. Каменноугольная промышленность и черная металлургия России во второй половине XIX в. С. 131.

斯煤田迅速崛起。顿巴斯煤田除蕴藏大量煤炭外，铁矿资源也十分丰富，19 世纪下半叶其金属产量跃居全俄首位。

18 世纪，南俄哥萨克就已在顿巴斯煤田采煤，但开采方式十分落后，煤炭多用于家庭取暖。1790 年，哥萨克德乌赫热诺夫在叶卡捷琳娜镇附近开采 3000 普特煤炭。[①] 19 世纪，顿巴斯煤炭开采量逐年增加，1796 ~ 1810 年，顿巴斯年均煤炭产量约为 15 万普特，1820 年、1830 年、1840 年、1850 年和 1860 年开采量分别达 25 万普特、59 万普特、85 万普特、350 万普特和 600 万普特。1861 年更是高达 1000 万普特，约占全俄煤炭开采总量的 50%。[②] 19 世纪中叶以前，顿巴斯煤田小煤矿占主导，19 世纪 60 ~ 80 年代，顿巴斯矿区先后修建格鲁什夫卡—顿巴斯铁路、格鲁什夫卡—叶卡捷琳诺斯拉夫、康斯坦金等铁路，70 ~ 80 年代顿巴斯煤田的采煤量已占全俄总采煤量的 40% ~ 50%，个别时期煤炭产量已超过50%。90 年代上半期，顿巴斯煤田的采煤量比例已超过 50%，1897 ~ 1900年达 60% 以上，此后数年其比重仍逐年增加，1898 年、1899 年和 1900 年其比例分别为 61.5%、66.0% 和 68.1%。[③]

19 世纪下半叶，顿巴斯煤田不但为南俄冶金工厂、黑海和亚速海蒸汽轮船提供燃料，其煤炭还外运至中部工业区和伏尔加河流域。总体而言，19 世纪下半叶，因石油燃料竞争，顿巴斯煤炭的外运量有限，20 世纪初经济危机过后俄国石油工业长期萧条，各工业部门和运输业纷纷开始使用煤炭充当燃料，促使顿巴斯煤炭的市场范围逐渐扩大，采煤量也逐年提高，俄国能源结构煤炭化趋势日益凸显。

南俄地区有丰富的煤炭、铁矿石、锰矿石、石灰岩和白云石等矿产资源，冶金历史悠久。[④] 18 世纪，乌拉尔是俄国重要的冶金中心，南俄

---

① Баканов С. А. Угольная промышленность Урала：жизненный цикл отрасли от зарождения до упадка. Челябинск. , Издательство ООО «Энциклопедия», 2012. С. 41.

② Баканов С. А. Угольная промышленность Урала：жизненный цикл отрасли от зарождения до упадка. С. 42；Тихонов Б. В. Каменноугольная промышленность и черная металлургия России во второй половине XIX в. С. 32, 126.

③ Тихонов Б. В. Каменноугольная промышленность и черная металлургия России во второй половине XIX в. С. 36.

④ Тихонов Б. В. Каменноугольная промышленность и черная металлургия России во второй половине XIX в. С. 40.

冶金业的规模有限。19世纪下半叶，南俄铁路大规模修建后冶金业开始
蓬勃发展。

随着煤炭和冶金工业的快速发展，南俄工业区的交通运输系统也日
趋完善，铁路建设蓬勃开展。19世纪60～80年代，南俄地区科兹洛夫—
沃罗涅日—罗斯托夫、顿巴斯、库尔斯克—哈尔科夫—亚速、康斯坦金、
哈尔科夫—尼古拉耶夫、罗斯托夫—弗拉基米尔和马里乌波里等铁路相
继通车。除省际线路外，顿巴斯煤田还有众多铁路支线和矿线。南俄地
区大规模铁路建设为南俄煤炭和冶金业的发展奠定了基础，采煤量多年
稳居榜首，冶金工业也超越传统的乌拉尔工业区，金属产量跃居全俄第
一位，因下文还会涉及南俄冶金和煤炭工业，此处不再赘述。

七　北部工业区

北部工业区主要包括阿尔汉格尔斯克、沃洛格达和奥洛涅茨省，其
面积分别为74.8万平方俄里、35.3万平方俄里和11.2万平方俄里，森
林覆盖率分别为63%、86%和61%，由于当地土地大多不适合农耕，其
耕地的比例分别为0.1%、2.3%和5%。[1] 因濒临巴伦支海、白海和伯朝
拉海，北部工业区的气候受海洋影响较大，多为温和性大陆气候。十月
革命前，北部工业区经济发展严重滞后，大量矿产和自然资源并未开发，
由于耕地有限，居民稀少，且主要从事手工业生产。北部工业区各省的
经济发展水平明显逊色于其他工业区，本部分仅做简要分析。

北部工业区自然资源丰富。首先，水资源丰富，该地水资源约占欧
俄地区水资源总量的40%[2]，当地居民的人均淡水量最高。因水资源丰
富，捕鱼业相对发达，鲑鳟鱼、大西洋鳕鱼和鲱鱼等珍贵鱼种都生长于
此，白海沿岸还有很多珍贵的海藻，医用和食用价值都很高；其次，森
林资源丰富，北部工业区各省的森林覆盖率较高，木材储备量高达数十
亿立方米，大量木材运往中部工业区等地；最后，北部工业区蕴藏着丰
富的矿产资源，黑色金属、有色金属、金刚石、石油和天然气等资源的

①　Сметанин С. И., Конотопов М. В. Развитие промышленности в крепостной России. Из-
дательство «Академический Проект», 2000. С. 30, 31, 33.

②　Глушкова В. Г., Винокуров А. А. Введение в экономическую географию и региональную
экономику России. Часть 2. М., Изд-во ВЛА-ДОС-ПРЕСС, 2004. С. 32.

储量巨大。

北部工业区因地处边陲、居民稀少和森林覆盖率高，大工业难以发展，工业以小手工业为主。因森林资源丰富，当地居民从事的手工业大多与木材相关。1900 年，阿尔汉格尔斯克省从事木材手工业的居民数量为 4300 人，约占该省手工业居民总量的 66%，主要从事木制品加工、焦油和木炭生产等；1900～1915 年，沃洛格达省从事木材加工手工业的居民数量达 2 万人，占该省手工业居民总量的 29%；1900～1903 年，奥洛涅茨省从事木材加工业居民的数量为 7500 人，占该省从事手工业居民总量的 50% 左右。① 除木材加工业外，北部工业区居民还从事纤维生产、皮革加工和金属冶炼等手工业，因其规模有限，此处不再赘述。

八　西伯利亚工业区

为便于梳理，本部分将俄国乌拉尔山以东地区纳入西伯利亚工业区。虽然西伯利亚地区开发较晚，但凭借丰富的自然资源，工商业发展十分迅速，19 世纪该工业区的政治和经济地位不断提升。因篇幅有限，本部分仅对西伯利亚地区的工商业和交通运输状况进行简要分析。

（一）工商业

19 世纪末至 20 世纪初，西伯利亚地区的工商业蓬勃发展。因资料有限，以毛皮贸易为例简要分析该地的贸易状况。远东地区历来就是俄国重要的毛皮供应基地，1744～1755 年该地毛皮贸易额就达 320 万卢布，1880～1892 年仅堪察加半岛就运出 58.3 万张毛皮，交易额达 100 万卢布。② 从工业角度而言，19 世纪下半叶，西伯利亚地区采金业和煤炭工业发展迅速，1827～1829 年该地区已有 3384 个金矿，其产量达 0.6 普特；③ 1830～1924 年西伯利亚地区的黄金开采量由 50 普特增至 2500 普特，占全俄总采金量的比重由 12.5% 上升至 78.1%。④ 远东地区的煤炭

① Сметанин С. И., Конотопов М. В. Развитие промышленности в крепостной России. С. 30, 31, 33.

② Мандрик А. Т. История рыбной промышленности Дальнего Востока. Владивосток., Дальнаука, 1994. С. 15 - 16.

③ Лукьянин В. Платина России. Екатеринбург., Пакрус, 2001. С. 12, 24, 28, 32.

④ Винокуров М. А. Суходолов А. П. Экономика Сибири. 1900 - 1928. Новосибирск., Наука, 1996. С. 187.

工业主要集中于乌苏里斯克边疆区，1858年该地建立第一个小型矿井，19世纪50年代，采煤量已达61.1万普特。[①] 20世纪初，因西伯利亚大铁路的修建和日俄战争，西伯利亚地区的采煤量大增。[②] 19世纪末，萨哈林地区的采煤量逐年提升，1887年、1894年、1897年和1900年该地采煤量分别为50万普特、100万普特、200万普特和300万普特。[③] 1910年，西伯利亚地区的采煤量已达1.2亿普特，该地采煤量在全俄总采煤量中的比重已达8%。[④]

（二）交通运输

西伯利亚地区西起乌拉尔山，东至太平洋，北邻北冰洋，南临哈萨克斯坦、中国、蒙古国和朝鲜，总面积达1280万平方公里。[⑤] 西伯利亚地区自西向东分布着三条主要河流，即鄂毕河、叶尼塞河、勒拿河。鄂毕河源于阿尔泰山，穿越西西伯利亚地区，经鄂毕湾注入北冰洋的喀拉海，左侧较大支流为卡通河、佩夏纳亚河、阿努伊河、恰雷什河、阿列伊河、舍加尔卡河、恰亚河、帕拉别利河、瓦休甘河、大尤甘河、大萨雷姆河、额尔齐斯河、北索西瓦河和休奇亚河；右侧较大支流为比亚河、丘梅什河、伊尼亚河、托木河、丘雷姆河、克季河、特姆河、瓦赫河、特罗姆约甘河、利亚明河、纳济姆河、卡济姆河和波卢伊河。叶尼塞河是俄国水量最大的河流，主要支流为安加拉河、中通古斯卡河、下通古斯卡河、库列依卡河和汉泰卡河等。勒拿河是世界第十长河流，主要支流为维季姆河、大波托姆河、奥廖克马河、阿尔丹河、钮亚河和维柳伊河等。鄂毕河—额尔齐斯河水系沟通乌拉尔山和东西伯利亚地区，水路涵盖土拉河、托博尔河、额尔齐斯河、鄂毕河及其支流克季河、丘雷姆河和托木河，其中托木河的货流量最大。除上述河流外，贝加尔湖也是西伯利亚地区重要的航运线路，但因19世纪上半叶贝加尔湖地区经济发

① Братченко Б. Ф. История угледобычи в России. С. 119.
② Кафенгауз Л. Б. Эволюция промышленного производства России（последняя треть XIX в. - 30 - е годы XX в.）. С. 76.
③ Тихонов Б. В. Каменноугольная промышленность и черная металлургия России во второй половине XIX в. С. 265.
④ Алексеев В. В., Алексеева Е. В., Зубков К. И., Побережников И. В. Азиатская Россия в геополитической и цивилизационной динамике XIX – XX века. С. 504.
⑤ 陈叔琪：《苏联地理》，上海外语教育出版社，1986，第10页。

展滞后，水路运输不发达，主要通过陆路运输货物。① 西伯利亚地区水路发展较早，其他交通运输方式也不断完善。18 世纪起俄国政府就在西伯利亚地区修建公路，欧俄地区通往西伯利亚地区的三条大道相继竣工，即伊尔比特道路、叶卡捷琳堡和沙德林斯克大道，三条道路会聚于秋明，被称为俄国第八大道。

19 世纪末，随着西伯利亚地区政治和经济意义的不断提升，该地区开始修建铁路。1880 年末，国务会议批准由叶卡捷琳堡到秋明的西伯利亚大铁路第一段建设方案。1882 年，萨马拉通向车里雅宾斯克和欧姆斯克的西伯利亚大铁路头段方案获批，该线路于 1892 年正式竣工；同年叶卡捷琳堡—秋明铁路及其通向卡缅斯克冶铁工厂和土拉河的支线铁路建设方案获批②，于 1885 年 12 月正式通行。1891 年 5 月，西伯利亚大铁路东段符拉迪沃斯托克至阿穆尔河沿岸的铁路线路正式开工，至 1900 年西伯利亚铁路的长度已达 5062 俄里。③ 19 世纪 90 年代，西伯利亚大铁路的诸多线路相继竣工，如 1891 年 5 月符拉迪沃斯托克至哈巴罗夫斯克的乌苏里斯克线路正式开工，于 1897 年 11 月竣工；1892 年 7 月，车里雅宾斯克至鄂毕河的西西伯利亚铁路（1328 俄里）开工，1896 年 10 月竣工；1893 年 5 月，鄂毕河河口新尼古拉耶夫斯克至伊尔库茨克的中西伯利亚铁路（1715 俄里）开工，1899 年竣工；1900 年，梅索夫斯克站至斯列坚斯克的后贝加尔斯克铁路（1036 俄里）竣工。环贝加尔湖铁路（246 俄里）是西伯利亚大铁路最艰难的路段，该线路于 1899 年沿贝加尔湖开建，1904 年竣工。1900 年，连接欧俄各省和远东地区的铁路正式通车，货物先由车里雅宾斯克运至斯列坚斯克（4143 俄里），然后换乘蒸汽轮渡穿过贝加尔湖（60 俄里）；接下来用轮船沿石勒喀河和阿穆尔河运至哈巴罗夫斯克（2164 俄里），最后借助乌苏里斯克铁路将货物从哈巴罗夫斯克运至符拉迪沃斯托克（718 俄里），1904 年环贝加尔湖铁路建成后，历时 15 年的西伯利亚大铁路全线通车。

西伯利亚大铁路建成后，货流量不断增加，1897 年，西伯利亚大铁

①　Истомина Э. Г. Водные пути России во второй половине XVIII – начале XIX века. С. 25.

②　Соловьева А. М. Железнодорожный транспорт России во второй половине XIX в. С. 198.

③　Соловьева А. М. Железнодорожный транспорт России во второй половине XIX в. С. 255.

路向西部地区运输粮食的数量为 1370 万普特，1906 年已达 3110 万普特。
1895 年，西伯利亚地区运至国外市场的黄油数量为 5000 普特，1905 年
已超过 200 万普特，主要通过铁路运至国内重要港口。矿物产品也是西
伯利亚大铁路的主要货物之一，1902 年，该铁路的煤炭运输总量达 750
万普特，1907 年，运输各种原材料的价值达 1.3 亿卢布，运进工业产品
价值为 2.1 亿卢布。西伯利亚大铁路建成后，乘客的运输量也不断增加，
1897 年，运输乘客的数量为 60.9 万人，1900 年、1905 年和 1912 年分别
为 125 万人、185 万人和 300 万人。[①] 西伯利亚大铁路的经济和战略意义
十分突出，该铁路将西伯利亚地区纳入全俄市场范畴，推动该地农业快
速发展的同时，也加快了东部地区工商业发展的步伐，亦是保持俄国在
远东地区经济优势的有力保障。

九　中亚工业区

19 世纪下半叶，俄国政府历经数十载彻底兼并中亚各汗国，中亚地
区与俄国的政治、经济和军事联系日趋紧密，中亚市场逐渐成为全俄市
场的有机组成部分。中亚纳入俄国版图之后工商业也蓬勃发展，因资料
有限，本部分仅简要分析 19 世纪末至 20 世纪初中亚工业区的工农业和
交通运输业发展状况。

（一）棉花种植业

19 世纪中叶，俄国纺织原料严重短缺，棉花价格迅速上涨，棉花价
格由 1861 年的 2 卢布 50 戈比/普特上涨至 1865 年的 22 卢布/普特[②]，纺
织工厂大量倒闭。为应对棉花危机，俄国政府采取措施发展本国棉花种
植业，中亚棉花种植业在此契机下迅速发展。19 世纪 80 年代之前，中
亚棉花种植面积十分有限，棉花品种也较为单一，主要为中亚本地品种，
产量长期停滞不前，扩大播种面积和引进新品种迫在眉睫。19 世纪 80
年代末，美国棉花在中亚地区快速普及，1886 年，其种植面积达 1.2 万

①　Иркутский историко-экономический ежегодник. Иркутск., Издательство ИГЭА, 2001.
С. 148.

②　Пажитнов К. А. Очерки истории текстильной промышленности дореволюционной Рос-
сии. Хлопчатобумажная, льно-пеньковая и шелковая промышленность. М., Изд-во ак-
адемии наук СССР, 1958. С. 98.

俄亩，1887 年、1888 年和 1893 年其种植面积分别为 1.4 万俄亩、6.8 万俄亩和 13.8 万俄亩。随着美国棉花种植面积的增加，运至国内市场的中亚棉花数量不断增加，1885～1890 年中亚地区棉花产量增加 9 倍，该地区棉花供应量已占俄国棉花需求总量的 24%。[①] 塔什干铁路建成后，中亚棉花种植业发展更为迅速，1899 年，中亚的棉花种植总面积为 30 万俄亩；1911 年，达 42.5 万俄亩。[②] 因美国棉花种子、劳动工具和耕作方式的传入，棉花的质量和产量都有所提高，1913 年，土尔克斯坦地区的棉花种植面积已达 51.2 万俄亩；1916 年，达 70.4 万俄亩。[③] 因中亚棉花种植业的发展，一战前夕俄国棉花实现自给。

（二）工业

19 世纪末，中亚采矿业快速发展，但采矿业一般由外资或银行所垄断。以石油工业为例，20 世纪初，中亚地区石油开采量激增，1911 年、1914 年和 1916 年仅切列肯地区采油量就分别达 1380 万普特、770 万普特和 286 万普特。1913～1916 年，费尔干纳省共有 6 个油田，多属于大型垄断集团，1913 年、1914 年和 1916 年垄断集团分别掌控费尔干纳地区采油量的 98%、93% 和 97%。20 世纪初，煤炭工业也快速发展，多由大型垄断集团掌控，1913 年、1914 年和 1916 年圣彼得堡商业银行控股股份公司的采煤量比例分别为 34%、36% 和 40%。[④]

中亚棉花产量提高后，为节省成本，众多纺织厂在中亚地区建厂，其中洗棉厂数量最多。俄国最大的纺织工业集团大雅罗斯拉夫手工工场在中亚地区共成立 16 家洗棉厂，1890～1897 年，该手工工场年均从中亚各地购买棉花数量达 112 万普特，产品清洗后供应至中部地区的纺织手工工场。[⑤]

① Вексельман М. И. Российский монополистический и иностранный капитал в средней Азии（Конец XIX – начало XX в.）. Ташкент., Изд-во Фан узбекской ССР, 1987. С. 14.

② Оглоблин В. Н. Промышленность и торговля Туркестана. М., Тип. Рус. т-ва печ. и изд. дела, 1914. С. 3.

③ Пажитнов К. А. Очерки истории текстильной промышленности дореволюционной России. С. 145, 147.

④ Вексельман М. И. Российский монополистический и иностранный капитал в топливной промышленности Средней Азии. С. 294, 299, 300.

⑤ Вексельман М. И. Российский монополистический и иностранный капитал в средней Азии（Конец XIX – начало XX в.）. С. 33.

除本国公司外，国外公司也关注中亚棉花加工业，德国克诺普公司在中亚地区创立分公司，1898 年，该公司在中亚各地采购棉花的数量为 35 万普特，1906 年，又与俄国企业主在中亚地区创立合资公司，公司主营业务是棉花采购和清洗，注册资本达 200 万卢布。[①] 工商业快速发展是中亚经济迅速崛起的内部原因，亦是该地区迅速纳入俄国市场的决定性因素。

（三）交通运输

中亚棉花播种面积不断扩大后，国内纺织工业对中亚棉花的依赖度逐步提高，但交通运输设施落后限制了中亚经济的发展。19 世纪末，环里海铁路和中亚铁路建设缩短了中亚与俄国内地市场的空间距离，使中亚加速纳入全俄市场进程。

19 世纪 90 年代，中亚地区建成外里海铁路的克拉斯诺沃茨克段和撒马尔罕—安集延段支线铁路。1899 年，外里海铁路和撒马尔罕—安集延新线路合并，统称中亚铁路，铁路总长度达 2354 俄里。[②] 1900 年，外高加索和里海以东地区建成波季—梯弗里斯、梯弗里斯—巴库和别斯兰—彼得罗夫斯克等铁路。1900 年，彼得罗夫斯克—巴库铁路开工，1900～1917 年，该地还相继修建通往土耳其的梯弗里斯—亚历山德罗波尔—卡尔斯铁路、通往波斯的亚历山德罗波尔—朱尔法—塔弗里斯铁路。[③] 环里海铁路的修建提升了俄国在中亚地区的影响力，使俄国和中亚地区的经济联系日趋紧密。

19 世纪末，俄国内陆仅有奥伦堡口岸与中亚相通。[④] 随着货运量和客运量的增加，环里海铁路已不能满足运输需求，1900 年，俄国政府开始进行奥伦堡—塔什干铁路的勘测和建设工作，该条铁路共分南北两段，北段为奥伦堡—库别克线路，南段为库别克—塔什干线路，奥伦堡—塔什干铁路北段于 1905 年 6 月正式运营，南段于 1906 年 1 月 1 日通车，塔

---

① Вексельман М. И. Российский монополистический и иностранный капитал в средней Азии（Конец XIX – начало XX в.）. С. 35.

② История железнодорожного транспорта России. Т. 1. 1836 – 1917. СПб.，Изд-во Иван Фёдорова，1994. С. 183.

③ Сагратян А. Т. История железных дорог Закавказья 1850 – 1921. Ереван.，Айастан，1970. С. 252.

④ Зензинов Н. А. От Петербурго-Московской до Байкало-Амурской магистрали. М.，Транспорт，1986. С. 216.

什干铁路运行长度达 2090 俄里。1906 年，奥伦堡至塔什干铁路全面运营。1909 年，阿斯特拉罕—红库特铁路开建，至 1915 年，中亚地区铁路的总长度约 4700 俄里。[①] 奥伦堡—塔什干铁路使中亚市场与俄国国内市场的联系日趋紧密，中亚成为俄国的原材料供应基地和产品销售市场。19 世纪下半叶，俄国兼并中亚诸汗国后，中亚市场逐渐成为全俄市场的有机组成部分，铁路修建后商品交换的时间和空间距离缩短，中亚地区在全俄市场中的作用更是举足轻重。

各工业区工业类型各异，在国民经济中的比重亦不同，但在俄国工业化进程中都具有重要作用。虽然乌拉尔和伏尔加河流域工业区工业相对落后，却是中部工业区和西北部工业区的原料和粮食供应基地；中部工业区和西北部工业区是俄国最大的工商业和贸易中心，但仍需依赖其他工业区，如乌拉尔和南俄的金属、巴库地区的石油产品，以及伏尔加河工业区的农产品等。俄国各工业区互通有无，共同促进社会经济发展。

第二节　自然环境与经济发展的关系

社会经济生活的各个方面都受自然地理环境的制约，自然因素对农业的影响最为显著，土壤和气候条件决定农业生产的规模和潜力；自然环境也同样影响工商业的发展，工厂的选址、产品交换和销售，以及市场的规模和容量都受制于自然环境；自然地理因素也影响交通运输，即水运、畜力和铁路运输都受自然地理条件的掣肘。

一　东欧平原的自然地理条件

俄国欧洲部分处于东欧平原，东欧独特的自然地理条件致使其历史发展轨迹和社会经济模式与西欧截然不同。本部分主要分析领土面积、自然气候、地理环境和土壤等对俄国经济社会产生的影响，并以西欧为参照。

与西欧相比，东欧平原的自然环境有其自身的特征。一是欧洲大陆

---

① История железнодорожного транспорта в России. Т. 1. 1836 – 1917. С. 183 – 184, 318 – 319.

的总面积约为 1160 万平方公里，而俄国欧洲部分的面积就达 560 万平方公里，约占整个欧洲的一半，俄国兼并上述领土历经数个世纪。二是西欧诸多国家的历史都与海洋息息相关，与海洋邻近的国家更容易造就海洋文明，成为现代工业文明的先锋。欧洲海岸线较长，海洋为各国社会经济的发展提供了便利，欧洲大陆上岛屿和半岛的面积约占 34%，但大部分岛屿和半岛分布于西欧。与西欧相比，早期俄国没有出海口，更没有海洋作为依靠，社会经济严重滞后。彼得一世之后俄国陆续获得波罗的海和黑海等出海口，才在世界贸易中赢得一席之地。三是东欧地势以平原为主，山地和丘陵较少，与西欧的岛屿国家形成鲜明对比，这也造就了俄国的历史发展模式与西欧国家截然不同。四是欧洲大部分地区处于温带，西欧各国气候湿润，除 12 月和 1 月外，其他时间均可从事农业生产，但俄国诸多地区自然环境相对恶劣，农作物生长周期较短，北部地区仅有 5 个月可从事农业生产。五是西欧地区常年降水，雨量充沛，东欧地区的降水则集中于夏季。俄国各地降水量较为均匀，年均降水量为 500～600 毫米，相对来讲，南部地区降水量较少，里海沿岸地区的年均降水量则不足 200 毫米。因远离海洋，东欧平原的南部地区时常受干旱困扰。六是就河流和水文条件而言，东欧共有 7 条长度超过 1000 俄里的河流，西欧境内此类河流仅有 5 条。东欧河流的补给多依靠雨水或冰雪融水，春季汛期时河流水量较大，夏秋时节河流水流相对平缓，冬季河流结冰期较长。相反，西欧各河流水源并不依靠冰雪融水，河流常年不结冰，因临近海洋，诸多国家远洋贸易发达。七是就土壤条件而言，欧俄地区以喀山—下诺夫哥罗德—卡卢加—基辅—卢茨克为界分为两部分，分界线以北地区的土壤质量较差，冻土、沼泽和灰化土较多，部分地区沼泽所占的比例达 20%～50%，不利于农业生产；分界线以南地区土壤肥沃，是俄国的粮仓，主要包括中部黑土区、乌克兰和高加索等地；里海沿岸地区因降雨量较少，砂土和盐碱土比重较高，畜牧业相对发达。西欧土壤带以卢茨克—卢布林—弗罗茨瓦—夫马格德堡—鹿特丹为界划为两部分：分界线以南地区的土壤多为生草灰化土，沿线法国、德国和波兰等地土壤较肥沃；分界线以北地区的土壤多为灰化土、褐色土壤和黑钙土，土壤肥力较差，农业相对落后，西欧土壤肥力最低的地区为斯堪的纳维亚半岛、大不列颠半岛和荷兰等地，因此，上述地区部分国家的粮食长期不能自给,粮食进口量较大。八是就自然资源而言,俄国自然资源丰富,乌拉尔等地蕴藏着丰富的磁铁矿,阿尔泰和西伯利亚等地有色金属的储量巨大,森林覆盖率也明显高于西欧国家,西欧各国的矿藏资源虽也十分丰富,但远逊于俄国。

二　自然条件与居民点分布

社会经济条件是影响城市和村落布局的首要因素,自然地理因素是另外一个重要的方面,近代以来自然环境对俄国居民点分布的影响力虽逐渐降低,但其影响也不容小觑。就土壤条件而言,欧俄北部地区森林覆盖率较高,有众多冻土带、沙漠和半沙漠地带,自然条件十分恶劣,不利于农业和手工业的发展,所以居民的数量较少。俄国早期居民点多分布于自然条件相对优越、适合工农业发展的平原和河口地带。为更好地分析自然条件对居民点分布的影响,本部分从农村和城市两个方面展开论述。

(一)　农业村镇

早在基辅罗斯时期居民点的分布就不均匀,人口主要集中于东欧平原,北部森林、沼泽和冻土区的居民数量较少。14 世纪下半叶至 15 世纪,基辅罗斯北方各公国所辖的森林草原地带还未产生城市或村镇,南部地区因土壤肥沃、森林稀少,村落数量较多。总体来看,基辅罗斯时期的居民点主要分布于第聂伯河中下游的苏兹达尔、佩列雅罗斯拉夫、罗斯托夫、德米特洛夫、科斯特罗马和乌格里奇等地,该时期大型城市较少。影响村镇选址的自然因素众多,其中水源尤为重要,因此下文主要探讨水源对村镇选址的影响。

俄国北部地区自然环境恶劣,村镇规模较小;南部地区土壤肥沃、地势低平,村镇规模相对较大。一般而言,河流可为附近居民提供生活用水和便捷的交通,因此村镇主要分布于河流或湖泊附近;河口三角洲地区土壤肥沃,适合农作物生长,村镇数量也较多;部分村落也分布于河流交汇处,此类村镇易守难攻,军事地位十分突出。村镇分布亦受地势影响,平原和高地因便于农业生产和建筑房屋,生活条件相对便利,因此村落数量较多。受自然环境的制约,各地区村镇规模迥异,19 世纪初,俄国北部地区的村落一般只有几户农户,如雅罗斯拉夫和特维尔省农村农户的平均数量分别为 13.8 户和 15 户，南部梁赞省和库尔斯克省农村农户的平均数量分别为 40 户和 55 户，自然条件相对优越的村落中居民数量也相对较多。[①]

水是居民生活的必需品，距河流较远的村镇大多挖井取水。据《往年纪事》记载，997 年白城居民就曾挖井取水，莫斯科地区也曾发现类似的水井。实际上，并不是所有地区都可挖井取水，水源充足的地区挖井容易，所以大部分居民点分布于河流附近。从水平规模来看，因生产力水平低下，加上地下水水位较深，挖掘水井困难，十月革命前，使用水井的村落数量并不多。中部非黑土区和西北部地区的村镇主要沿河流分布，主要在于土壤相对肥沃，有充足的水源用于灌溉，亦可保障生活用水。南部草原地带气候相对干燥，村镇多分布于河谷地区，主要仍是因为水源充沛，便于农业生产和生活。18 世纪下半叶至 19 世纪上半叶，一部分村镇在河流附近聚集的另一个原因是便于修建水利设施，为农业生产提供充足的水源。19 世纪中叶，欧俄 12.9% 的农村位于池塘附近，20.5% 的农村分布于水井周围，33.4% 的农村分布于水源充足、易于修建水利设施的河流旁[②]，由此可见，河流对村镇选址的影响不言而喻。

（二）城市

水源亦是城市选址的一个重要影响因素，早期许多城市傍水而建，随着社会经济的发展，水源的作用逐渐减弱。基辅罗斯时期大部分城市位于河流附近，如弗拉基米尔、佩列雅罗斯拉夫、卢茨克、诺夫哥罗德、普斯科夫、波罗茨克、瓦西里耶夫和普龙斯克等地。河流除供应城市所需的生活和生产用水外，还便于贸易交往。基辅罗斯各公国的建立和发展都与河流密切相关，如雅罗斯拉夫修建于科托罗斯利河与伏尔加河的交汇处，科斯特罗马修建于伏尔加河向南转弯处，下诺夫哥罗德修建于伏尔加河与奥卡河交汇处，罗斯托夫经过白湖—舍克斯纳河可与诺夫哥罗德相连。

以伏尔加河水路为例，伏尔加河流域的城市多傍水而建，如喀山、萨马拉、下诺夫哥罗德、莫斯科和圣彼得堡分别位于卡马河、萨马拉河、

---

① Дулов А. В. Географическая среда и история России. Конец XV – середина XIX вв. С. 36.

② Дулов А. В. Географическая среда и история России. Конец XV – середина XIX вв. С. 36.

奥卡河、莫斯科河和涅瓦河上。便利的水路运输是城市兴起和发展的最佳条件,阿斯特拉罕和雷宾斯克等码头都是由小渔村发展成为重要的交通枢纽和商业中心的。

伏尔加河沿岸城市人口的规模和结构直接受其影响。1860～1897年,伏尔加河流域 16 个城市的人口数量迅速增加,这些城市多为港口城市,如阿斯特拉罕、维亚特卡、喀山、科斯特罗马、莫斯科、下诺夫哥罗德、彼尔姆、雷宾斯克、萨马拉、萨拉托夫、察里津、瑟兹兰、特维尔、辛比尔斯克、乌法和雅罗斯拉夫的人口分别由 1860 年的 4.3万、1.5 万、6.3 万、2.1 万、35.1 万、4.1 万、1.2 万、1.1 万、3.4万、8.4 万、0.8 万、1.9 万、2.8 万、2.5 万、1.6 万和 4.2 万增至1897 年的 11.3 万、2.5 万、13.2 万、4.1 万、103.6 万、9.5 万、4.5万、2.5 万、9.3 万、13.7 万、5.6 万、3.2 万、5.3 万、4.3 万、5.0 万和 4.2 万。[①] 19 世纪末,伏尔加河流域各码头城市人口增长速度更快,阿斯特拉罕、萨拉托夫、萨马拉和下诺夫哥罗德四个城市总人口已经达75 万。[②]

部分城市的人口规模受季节因素和人口流动影响较大,以雷宾斯克为例,夏季该码头十分繁荣,河运工人、农民和商人云集于此,人口多的时候达 20 万,冬季却冷冷清清,人口数量不过万。[③] 莫斯科和圣彼得堡等大型城市吸引了大量外出务工农民,城市流动人口数量迅速增加,以圣彼得堡为例,19 世纪下半叶,工人数量增加 9 倍。[④] 其他城市同样如此,随着经济的发展和贸易的繁荣,大量农村人口涌入城市,城市人口规模不断扩大,流动人口数量不断增加。18 世纪,水运对莫斯科工商业的影响最为突出,城市贸易多依靠水路,城内商铺云集,很多农民在此进行贸易。全国各地商人也聚集于此,城内 300 多名大商人的流动资

① Марухин В. Ф. История речного судоходства в России. С. 373.

② Бессолицын А. А. Поволжский региона на рубеже XIX－XX вв. С. 191.

③ Истомина Э. Г. Водный транспорт России в дореформенный период (Историко-географическое). С. 142.

④ Водарский Я. Е. Исследования по истории русского города (факты, обобщение, аспекты). С. 235.

金达 300 万卢布[①]，大商人垄断了城市贸易。19 世纪下半叶，莫斯科成为俄国铁路枢纽，水运逐渐让位于铁路。尽管如此，直到 19 世纪末，在俄国各地的工商业中，水路仍是运进原材料和运出工业品的重要渠道，水源对城市兴起和发展的影响可见一斑。

三　气候因素与农业生产

农业生产受自然环境的影响尤甚，自然气候对农业生产的影响如下：一是俄国北部沼泽众多、森林覆盖率较高，不宜耕种的土地较多，农业生产十分落后；二是俄国大部分地区属温带大陆性气候，冬季漫长，农作物生长周期较短，北部居民只能种植早熟的蔬菜和农作物；三是诸多地区霜冻时间较长，农民工作强度大，无暇精耕细作，只能采用粗放型的耕作方式；四是俄国农业劳作周期较短，耕作一般于 5 月中旬开始，10 月中旬结束[②]，正因为如此，俄国农业一直落后于西欧国家；五是俄国农业粗放型特征明显，促进了村社集体生产模式的诞生，为土地集中和大封建土地所有制的出现创造了条件。

俄国大多数地区的农作物生长周期较短，加上土地贫瘠，不能精耕细作，粮食产量长期停滞不前，如 1801～1860 年，欧俄地区粮食投入和产出的平均比例为 1∶3.5，60 年间只有 4 年的粮食产量与世界平均产量相当，27 年低于世界平均产量，29 年略高于世界平均产量。俄国著名学者杜洛夫认为，农奴制改革前俄国农民投入和产出比为 1∶3 时可勉强维持温饱，投入产出比为 1∶2 时农民经常食不果腹，投入产出比为 1∶5 时才略有节余。[③] 由此可见，俄国农民生活十分贫困。

总体上看，俄国农民的粮食收获量仅能勉强维持温饱，若遇上灾年，农民苦不堪言。俄国农业以粗放型生产方式为主的主要原因如下。一是随着俄国人口数量的增加，耕地不足状况愈发明显，虽然大量草场被开垦，仍不能满足需求；二是因农忙季节和割草季节冲突，牲畜饲料严重不足，

---

①　Водарский Я. Е. Исследования по истории русского города（факты，обобщение，аспекты）. С. 230.

②　Милов Л. В. Если говоритъ серьезно о частной собственности на землю//Свободная мысль，1993. № 2. С. 77.

③　Дулов А. В. Географеческая среда и история России. Конец XV – середина XIX вв. С. 53，54.

需要开垦荒地来增加草场面积，加上俄国大部分地区牲畜的圈养时间为198～212天①，野外放牧时间短，为解决草料问题也需要扩大耕地面积；三是因气候条件恶劣，农作物生长周期短，农民无暇精耕细作；四是俄国国土广袤、耕地众多，农民可大肆开垦新土地。即便此时俄国农业粗放型特征明显，但也不断改进耕种技术和生产工艺，甚至开始使用肥料，俄国史料中已有16世纪土地使用肥料的记载，18世纪中叶，修道院施肥次数为6年一次，土拉省科希县耕地9年施肥一次，维亚特卡省奥尔洛夫县耕地36年施肥一次。② 从肥料使用状况中亦可看出俄国农业的粗放型特征。

自然环境也决定各地种植农作物的种类，20世纪初，中部农业区、南部草原地带和中部工业区多种植黑麦；欧俄中部省份主要种植黑麦、小麦和大麦等作物；伏尔加河流域中下游地区以种植小麦为主；南方草原地带则多种植大麦。以俄国南部地区为例，基辅和赫尔松主要种植冬小麦，波尔塔瓦、沃罗涅日、萨拉托夫、萨马拉和奥伦堡等省主要种植春小麦；爱斯特兰省主要种植大麦；契尔尼戈夫省主要种植荞麦；其余省份则多种植燕麦。

畜牧业也受自然环境的制约。俄国畜牧业较为发达的原因如下：一是俄国具有大量的草场，可为牲畜提供丰富的草料；二是河流众多，可为牲畜提供充足的水源；三是俄国幅员辽阔，地势平坦，地广人稀，适合放牧。俄国畜牧业最发达的地区为南部草原地带、西伯利亚、高加索和中亚等地。19世纪，俄国畜牧业成就显著，就养马业而言，俄国马匹数量约占世界总马匹量的一半，欧俄地区的马匹数量由1850年的1500万匹增加至1900年的1650万匹，西北部地区、伏尔加河中游地区增加最为明显。20世纪初，俄国畜牧业更为发达，马匹数量由1900年的1920万匹增长至1913年的2330万匹，大牲畜饲养量由3080万头增长到4700万头。1913年，俄国35%的大型有角牲畜集中于西伯利亚、中亚和哈萨克斯坦等地③，中亚、东南部和南部草原、高加索山前地带养羊业发达，波罗的海、白俄罗斯和乌克兰等地养猪业发展最为迅速。

① Милов Л. В. Если говоритъ серьезно о частной собственности на землю. С. 77.

② Рындзюнский П. Г. Крестьянская промышленность пореформенной России. М. ，Наука，1966. С. 49.

③ Федоров В. А. История России 1861 – 1917. С. 189.

莫斯科省的农业生产受自然因素的影响最大。莫斯科省农业耕作条件十分恶劣，其农作物播种期限仅为5个半月，即4月中旬到9月末，而西欧国家农作物生产期达8～9个月。[①] 3月下旬冰雪开始融化，天气变暖，春季开始，但气候十分恶劣，不宜耕作，5月中旬才开始春耕；莫斯科的夏天始于6月中旬，9月中旬结束，7月降雨较多，降水量占全年降水量的1/4，夏季最适合农作物生长；[②] 10月初天气开始转冷，霜冻来临，农民开始收割粮食。因自然环境的制约，莫斯科省农业生产仅持续5个月。

土壤对农业发展也至关重要，莫斯科省位于草原—灰化土地带，主要的土壤为砂质黏土，还含有大量沼泽土。莫斯科省大多数县城农作物收成率较低，收获量一般为播种量的4～5倍，好年景为7～8倍。[③] 恶劣的气候条件、低肥力的灰化和沼泽土壤导致庄稼的产量很低，这使莫斯科农民长期食不果腹，要更多地依靠其他手段谋生。

莫斯科省农民的人均份地数量远低于欧俄其他省份，1861年农奴制改革后，莫斯科省各县城中男性居民的份地数量明显降低，与1858年相较，博戈罗茨克和克林县份地数量减少1/3，谢尔普霍夫、兹韦尼哥罗德、莫斯科和德米特罗夫斯克县居民份地数量减少1/4，波多利斯克县居民份地数量减少1/5。与其他欧俄省份一样，农奴制改革后莫斯科省农民的份地数量减少，无份地家庭比重较高，这些家庭逐渐放弃农耕，开始从事手工业活动或外出务工。

四　自然资源与工业发展

18世纪是俄国工业发展的分水岭，此前工商业虽已粗具规模，但大工业并未诞生，彼得一世改革之后俄国大工业基础初步奠定。彼得一世改革之前，俄国金属产品长期不能自给，甚至连铸币所需的金属也要从国外进口。18世纪，俄国工业蓬勃发展，一是因为丰富的自然资源为部分工业部门崛起提供了有力保障，尤其是采矿、冶金和煮盐等工业部门；二是因为交通运输业的发展刺激了工业的广泛布局。

---

① Пайпс Р. Россия при старом режиме. М.，Независимая Газета，1993. С. 15.

② Пайпс Р. Россия при старом режиме. С. 16.

③ Милов Л. В. Великорусский пахарь и особенности российского исторического процесса. СПб.，РОССПЭН，2001. С162.

　　自然资源首先影响工业布局，俄国诸多工业部门的分布都与自然资源关系密切。工厂一般邻近原材料产地，如早期的呢绒手工工场分布于乌克兰东部各省、沃罗涅日和辛比尔斯克省，上述地区养羊业发达；亚麻和大麻纺织业主要集中于西部省份和伏尔加河上游地区，这些地区为亚麻种植区；因南俄等地区盛产甜菜，乌克兰和中部黑土区成为俄国最大的产糖基地；硝石工业主要分布于哈尔科夫和波尔塔瓦省，北部森林地带木材加工业则相对发达；金属加工业、棉纺织工业、丝织工业、机器制造业和皮革加工业因是劳动密集型产业，主要分布于人口稠密的中部工业区和圣彼得堡等地。俄国工业部门众多，本部分以冶金、采煤、石油和煮盐等部门为例分析自然资源与工业布局间的关系。

　　18 世纪，俄国对外扩张步伐加快，国土面积大增，丰富的自然资源成为俄国诸多工业部门发展的保障。冶金业是重要的工业部门，其中乌拉尔冶金工业最为突出。乌拉尔铁矿埋藏较浅，容易开采，铁制品柔韧性较好，质量较高，加上丰富的森林资源和便利的水路运输条件，乌拉尔迅速成为俄国最大的冶金基地。乌拉尔冶金业诞生之前俄国主要从国外进口铁制品，瑞典的数量最多。[①] 18 世纪下半叶是乌拉尔冶金业发展的黄金时期，到 1800 年，乌拉尔地区的生铁和熟铁产量分别为 780 万普特和 530 万普特。[②] 俄国金属产量超过瑞典和英国，跃居世界首位，乌拉尔地区金属产量占全俄金属总产量的 4/5，俄国 70% 的炼铁厂和 90% 的炼铜厂分布于乌拉尔地区。

　　南俄冶金工业发展亦受自然环境的影响。南俄地区具有丰富的煤炭、铁矿石、锰矿石、石灰岩和白云石等矿产资源（矿石中金属含量高达40% ~52%）。[③] 凭借丰富的矿藏资源和便利的运输条件，19 世纪八九十年代，南俄冶金工业飞速发展，一战前南俄地区铁矿石、煤炭、铸铁、

①　Русско-шведские экономические отношения в XVII веке: сб. документов. М-Л.，Изд-во Акад. наук СССР，1960. С. 554；Кафенгауз Б. Б. История хозяйства Демидовых в XVIII – XIX вв.：Опыт исследования по истории уральской металлургии. Т. 1. М-Л.，Издательство Академии наук СССР，1949. С. 55 – 56.

②　Преображенский А. А. История Урала с древнейщих времен до 1861 г. М.，Наука，1989. С. 269 – 270.

③　Тихонов Б. В. Каменноугольная промышленность и черная металлургия России во второй половине XIX в. С. 40.

焦炭、钢轨和蒸汽机车产量约占全俄总产量的 72.2%、86.9%、73.7%、99.4%、75% 和 40%。[①]

　　丰富的石油存储量也是巴库石油工业崛起的保障，本部分以自喷井的出油量为例加以说明。巴库油田位于阿普歇伦半岛，该地油层较浅，易开采，石油产量较高。自喷井是大自然对巴库的馈赠，十月革命前俄国 20% 的原油源自自喷井，个别年份自喷井采油量比例达 30% 以上。[②]巴库第一口自喷井出现于巴拉罕油田，"友谊" 喷油井最为著名。1887年、1888年、1892年、1893年、1895年、1896年、1897年、1898年、1899年、1900年和1901年自喷井产油量占巴库油田总采油量的比例分别为 42%、40%、26%、33.6%、33%、22.5%、21%、23%、15.3%、11.3% 和 14.6%。[③]虽然自喷井的产油量较高，但随着开采技术的提高，其采油量比例逐年下降。

　　丰富的煤炭资源亦是俄国煤炭工业崛起的基础。顿涅茨克煤田的煤炭储量巨大，还蕴藏着一级冶金焦炭，焦炭燃烧时间长，挥发性较好，适用于充当工业燃料。因煤炭埋藏较浅，平均开采深度为 0.8～1.3 俄丈[④]，加上岩层结构较为单一，煤炭含量丰富，顿涅茨克煤田于 19 世纪下半叶迅速崛起。莫斯科近郊煤田状况也是如此，煤炭蕴藏较浅，覆盖岩石较软，挖掘成本较低。因此，巨大的煤炭蕴藏量成为南俄和莫斯科近郊煤炭工业发展的保障。

　　煮盐业发展更仰赖自然资源。伏尔加河流域自古就是俄国重要的产盐基地，阿斯特拉罕的湖盐、卡马河流域的井盐闻名遐迩，盐产地大多靠近河流和盐矿。埃利通盐湖位于伏尔加河沿岸的伏尔加格勒州，自古就是俄国主要的产盐基地，19 世纪初，埃利通盐湖的盐产量已达 800 万～1000 万

①　Бакулев Г. Д. Черная металлургия Юга России. С. 9.

②　Дьяконова И. А. Нефть и уголь в энергетике царской России в международных сопоставлениях. С. 73.

③　Першке С. и Л. Руссская нефтяная промышленность, ее развитие и современное положение в статистических данных. С. 56; Кафенгауз Л. Б. Эволюция прошмышленного производства России (последняя треть XIX в. – 30 - е годы XX в.). С. 28; Хромов П. А. Экономика России периода промышленного капитализма. М., Изд-во ВПШ и АОН при ЦК КПСС, 1963. С. 138.

④　Тихонов Б. В. Каменноугольная промышленность и черная металлургия России во второй половине XIX в. С. 131.

普特，占全俄盐产量的半数以上。① 卡马河流域也是俄国重要的产盐基地，18 世纪下半叶，仅彼尔姆省的年均盐产量就达 500 万普特。② 1812 年，彼尔姆省盐产量为 470 万普特，1815～1826 年均采盐量为 560 万普特。③

化学工业中硫酸工业发展较为迅速。早期硫酸多从国外进口，因利润较高很多大公司从国外进口设备在俄国建立硫酸工厂。巴库地区石油存储量丰富，可从石油残渣中提取硫酸，19 世纪末，巴库已建立四家大型硫酸厂，分别是诺贝尔兄弟集团硫酸厂、希巴耶夫硫酸厂、杜巴耶夫硫酸厂和加里德留斯特硫酸厂，1894 年上述四家工厂的硫酸产量分别为 25 万普特、18 万普特、3 万普特和 2 万普特。④ 1895 年巴库地区已有 6 家硫酸工厂，至 1909 年巴库地区共有 7 家大型专业硫酸工厂，年产量达 100 万普特，同时还有 4 家苛性钠生产厂家，年产量为 20 万普特。⑤

虽然俄国矿藏资源的存储量远高于西欧国家，但因生产力水平较低，自然资源的利用率远逊于其他国家，长期从国外进口原材料和工业品，农奴制改革前，国内 81.3% 的煤炭、69.8% 的化学产品、50% 的钢、46% 的亚麻产品都依赖进口，铅更是长期依赖进口，甚至帆布和棉花等产品也需大量进口。⑥

五　自然环境与交通运输

与工业相较，交通运输与自然环境的关系更为密切。因俄国地域辽阔，土路铺设困难，加上春夏道路泥泞不堪，关卡众多，畜力运输发展缓慢。19 世纪中叶以前，俄国商品运输主要依靠水路，并不是所有季节都是水路唱主角，冬季河流封冻，陆路运输则成为主要的运输方式。

① Сметанин С. И. , Конотопов М. В. Развитие промышленности в крепостной России. С. 196.

② Ястребов Е. В. Из истории освоения рассолов Прикамья//Природные ресурсы и вопросы их рационального исполнения. СПб. , МОПИ, 1976. С. 102.

③ Введенский Р. М. Экономическая политика самодержавия в конце XVIII – первой половины XIX в. М. , МГПИ, 1983. С. 73.

④ Наниташвили Н. Л. Экспансия иностранного капитала в Закавказье （конец XIX – начало XX вв.）. С. 68.

⑤ Ахундов Б. Ю. Монополистический капитал в дореволюционной бакинской нефтяной промышленности. С. 18.

⑥ Дулов А. В. Географическая среда и история России. Конец XV – середина XIX вв. С. 101.

19世纪上半叶，俄国水运一枝独秀的原因如下：一是幅员辽阔，森林、沼泽地和冻土带较多，畜力运输长期停滞不前，给水路运输发展提供了空间；二是土路常年失修，畜力运输运力有限；三是水运具有货运量大、成本低等优势，逐渐成为大宗商品的运输主力。内河运输是俄国水路运输的主体，受自然环境影响也最大，因此，本部分以水路运输为例探究自然环境对交通运输的影响。

一是受自然环境的影响，河流的数量和深度变化较大，基辅罗斯时期东斯拉夫人就已使用水路运输货物，德涅斯特河、第聂伯河、布格河、顿河、沃尔霍夫河和伏尔加河是输送商品的主要河流，用于载人载物的既有独木舟，也有长20米、宽3米的大型木船，但平底小木船的数量最多。① 俄国河流数量并非数百年不变，因诸多河流变浅，加上船只载重量增加，船只的吃水深度不断提高，欧俄地区适合通航河流的数量不断减少，15世纪至19世纪中叶，欧俄地区通航河流的数量由100多条减少至60条。②

二是航行受制于河流的通航状况。俄国诸多河流航道复杂，以伏尔加河为例，19世纪50年代，河流上浅滩的总长度达90俄里，上游各地更是浅滩和石滩密布。18世纪60年代，仅谢利扎罗夫河口至特维尔河段就有17处石滩，谢利扎罗夫河口至雷宾斯克河段有50处石滩，雷宾斯克至萨拉托夫省河段有35处石滩。河滩众多地区水位变化较大，如正常通航期雷宾斯克港口附近水位为2～8俄尺，汛期水位达5.5～7.3俄丈。③ 第聂伯河、卡马河、丘索瓦亚河，以及西伯利亚的众多河流都有航行艰难的河段，行船时险象环生。顿河流域的浅滩更是经常移动，行船困难重重。上沃洛茨克运河姆斯塔河段石滩众多，船只事故频发，该

① Институт истории естествознания и техники. Очерки истории техники в России с древнейших времен до 60 - х годов XIX века. М. , Наука, 1973. С. 92.

② Дулов А. В. Географическая среда и история России. Конец XV - середина XIX вв. С. 110.

③ Марасинова Л. М. Пути и средства сообщения//Очерки русской культуры XVIII века. Ч. 1. М. , Изд-во МГУ, 1985. С. 260; ИстоминаЭ. Г. Водные пути России во второй половине XVIII - начале XIX века. С. 99; Старый рыбинск. История Города В описаниях современиков XIX - XX вв. Рыбинск. , Михайлов посад, 1993. С. 89.

河段船只失事的概率达 3%。① 俄国仅有涅瓦河、北德维纳河和沃尔霍夫河等几条河流没有浅滩，通航条件较好。

三是河流走向影响船只航行速度，航道的宽度和深度影响航运船只的大小和载货量。河水流速和方向对船只运行的影响也较大，水流越快，船速越快，顺流航行的时间明显短于逆流航行。② 16~17 世纪，客运船只顺流而下每昼夜可航行 44~85 俄里，逆流而上仅能航行 25~46 俄里，货船每昼夜逆流而上仅可航行 9~24 俄里，顺流而下为 100 俄里。③

以伏尔加河为例，19 世纪初，阿斯特拉罕至下诺夫哥罗德的航道长度约为 2060 俄里，至雷宾斯克的航道长 2500 俄里，至圣彼得堡的航道长度为 4245 俄里。④ 船只逆行到达下诺夫哥罗德需 60 天⑤，而下诺夫哥罗德至雷宾斯克只需航行 2~3 个星期⑥，顺流而下的时间明显缩短。19 世纪上半叶，装载乌拉尔金属的大木船由卡马河驶至彼尔姆、喀山、下诺夫哥罗德、阿斯特拉罕和圣彼得堡码头的时间分别为 6~10 天、27~30 天、45~48 天、75~80 天和 106~140 天，由特维尔至圣彼得堡的航期为 60~70 天。⑦ 轮船大规模使用之前雷宾斯克至圣彼得堡航段船只运行速度较慢，船只经马林斯基、上沃洛茨克和季赫温运河至圣彼得堡航行时间分别为 70 天、60~70 天和 30 天左右。⑧

19 世纪下半叶，蒸汽轮船逐渐推广后船只航行时间明显缩短。轮船

① Быков Л. С. По Петровскому указу-канал на древнем волоке. М., Транспорт, 1994. С. 149.

② Дулов А. В. Географеческая среда и история России. Конец XV – середина XIX вв. С. 122.

③ Дулов А. В. Географеческая среда и история России. Конец XV – середина XIX вв. С. 122.

④ Истомина Э. Г. Водный транспорт России в дореформенный период (Историко-географическое). С. 66, 136; Истомина Э. Г. Водный транспорт как фактор развизия внутренней и внешней торговли сельскохозяйственной продукцией в конце XVIII – первой половине XIX в. С. 51.

⑤ Истомина Э. Г. Водные пути России во второй половине XVIII – начале XIX века. С. 102.

⑥ Истомина Э. Г. Водный транспорт России в дореформенный период (Историко-географическое). С. 138.

⑦ Марухин В. Ф. История речного судоходства в России. С. 272; Быков Л. С. По Петровскому указу-канал на древнем волоке. С. 151; Прокофеьев М. Наше судоходство. Выпуск 6. С. 7, 10; Прокофеьев М. Наше судоходство. Выпуск 5. С. 46, 48; Прокофеьев М. Наше судоходство. Выпуск 2. С. 10.

⑧ Марухин В. Ф. История речного судоходства в России. С. 356.

由下诺夫哥罗德至阿斯特拉罕顺流而下需 10 天，逆流返回只需 16～20
天。19 世纪末，轮船由下诺夫哥罗德航行至阿斯特拉罕所需的时间短于
6 天，返航只需 7 天半的时间，航运比传统的运输方式快数倍。①

四是水路季节性特征突出，春汛时节水路航线最长，夏季水位下降，
航距大大缩短，冬季河流结冰，运输完全停止。以伏尔加河为例，该河流
于 3 月末 4 月初解冻，封冻是在 10 月末 11 月初。一般而言，伏尔加河的
通航期于 4 月中旬开始，年均封冻期为 160 天。欧俄许多河流虽有 6～8
个月的非结冰期②，但因水位各异并不是所有时节都适合航运，如上沃
洛茨克水路姆斯特河河段年均通航期不超过 50 天，许多河流浮运和航运
的最佳时间为 4～6 月。干旱季节、枯水期河水变浅，航运停止，部分河
流船只难以航行。

五是随着货运量增加和社会经济的发展，水路运输工具不断完善，
而船只类型与自然因素也高度相关。19 世纪末，俄国船只仍以木船为
主，除木筏外，河运船只种类很多，如早期的内河露舱船、多桅帆船、
机械船、尖头船和平底小货船，后期又有轮船和新型船只。③ 19 世纪初，
帆船最为普及，尖头帆船在各河流中最为常见，此类船只多为单桅帆船，
由松木或云杉木材制成，长度为 5～14 俄丈，宽度为 8～12 俄尺，载重
量为 5000 普特至 30000 普特，但船只能航行 10～15 次。④ 木驳船不仅载
货量较高而且航行时速较快。19 世纪中叶，天气状况较好时，此类船只

①　Халин А. А. Система путей сообщения нижегородского поволжья и ее роль в социально-
　　экономическом развитим региона（30－90 гг. XIX в.）. С. 169.

②　Мизис Ю. А. Формирование рынка Центрального Черноземья во второй половине XVII －
　　первой половине XVIII вв. Тамбов. , ООО «Издательство Юлис», 2006. С. 85.

③　Муллагулов М. Г. Башкирский народный транспорт XIX и начало XX вв. Уфа. , Ура Бнц-
　　УрОРАН, 1992. С. 125；Цветков С. В. , Черников И. И. Торговые пути корабли кельтов
　　и славян. СПб. , Изд-во «Русско-Балтийский информационный центр БЛИЦ», 2008. С.
　　263.

④　Марухин В. Ф. История речного судоходства в России. С. 35；Старый рыбинск. История
　　Города В описаниях современиков XIX － XX вв. С. 97；Смирнов И. А. История северно －
　　Двинской водной системы（Канал герцога Виртембергского）//Кирипло-Белозерный ист-
　　орико-архитектурный и художественный музей Заповедник. Белогодский гос. пед. ин-
　　т. Кириппов историко-краеведческий альманах. Вологда. , Изд-во Русь, Вып 1. 1994.
　　С. 103.

由辛比尔斯克航行至雷宾斯克需两个月左右，返航时间为 5 ~ 6 星期。①

　　资源禀赋是衡量一个国家经济发展潜力的重要指标。优越的地理位置和丰富的自然资源是刺激俄国工商业发展的重要因素，就地理位置而言，俄国横跨欧亚大陆，18 世纪初在北方战争中打败瑞典，获得了梦寐以求的出海口，为俄国对外贸易的发展奠定了基础；叶卡捷琳娜二世时期获得黑海出海口，南部地区贸易发展迅速，成为与国际市场联系的有力保障。就自然资源而言，俄国自然资源丰富，丰富的矿产资源为工商业发展提供了原料保障，广袤的河流更是刺激工商业发展的重要因素，凭借其运量大和运费低等优势水运在俄国交通运输中发挥重要作用。地理位置和自然资源对工业化的影响较大，凭借丰富的矿藏资源，便利的交通运输，19 世纪下半叶，南俄、高加索等地工商业快速发展，俄国经济重心南移过程凸显。

---

① Истомина Э. Г. Водный транспорт России в дореформенный период（Историко-географическое）. С. 28.

第二章 俄国工业化的前提条件

19世纪初，俄国资本主义生产关系日趋成熟，但农奴制严重掣肘资本主义工商业的发展。因农奴制的制约，俄国经济长期落后，工业化起步明显晚于西欧。虽然俄国工业化于1861年农奴制改革之后才正式开启，但工业化并非一蹴而就，在诸多因素的共同作用下工业化的基础才最终奠定。1861年以前是俄国的前工业化时期，已逐步积累开启工业化的条件，具体表现如下：一是1861年农奴制改革是俄国工业化的前提，为工业发展提供劳动力、资金和市场；二是19世纪上半叶，工商业已初具规模，冶金和纺织等诸多工业部门都有所发展；三是交通运输业是工业化开启的重要推力，水运促进全俄市场规模和容量的进一步扩大，铁路也开始发挥作用；四是国内外贸易的快速发展为大工业提供所需的资金，加速了资本主义原始积累的完成；五是技术革新为俄国工业快速发展提供了动力，冶金和煤炭等工业部门的技术革新最具代表性；六是商品性农业的发展亦是俄国工业化开启的必要条件。

第一节 1861年农奴制改革

农奴制是俄国社会经济发展的重要特征之一。农奴制可快速集中全国的人力、物力和财力发展经济，亦可保障军队的动员和集结，是早期俄国对外扩张的保障；随着社会经济的发展，农奴制的弊端也日渐凸显，农民的劳动积极性低下，不能适应日益发展的生产关系，掣肘商品经济的长足发展。农奴制是以劳役制为主的剥削形式，农民长期被束缚在地主土地之上，在土地、人身和司法关系上都依附于地主，因其为社会的最底层，其地位等同于农奴。

俄国农奴制被称为再版农奴制，这是较西欧而言的，中世纪西欧的农奴制建立在封建经济和自然经济基础之上，而东欧国家的农奴制则建立在市场和商品货币关系的基础之上，随着西欧各国粮食需求量的大增，东欧各国开始重视粮食生产，农奴制再次出现，俄国也是如此。俄国农奴制是封建制度下封建主对农民实行各种方式的超经济强制，是私法或私人契约关系的产物。俄国首先出现封建主对农民实施的农奴制，形成后由国家承认并确认农奴制度。①

一 农奴制改革的背景

18 世纪俄国专制制度达到顶峰，19 世纪初，专制制度开始松动，为维系沙皇统治，历任沙皇都调整专制制度，亚历山大一世时期的斯佩兰斯基改革和亚历山大二世改革就是例证。

19 世纪上半叶，农奴制的弊端日趋突出，该制度限制了农奴的人身自由，违背了资本主义的经济发展规律，农奴制改革势在必行。俄国农奴制改革的主要原因如下：一是 19 世纪上半叶，资本主义经济快速发展，农奴制成为经济发展的桎梏，工商业难以得到长足发展；二是启蒙思想已广泛传播，新思潮不断涌现；三是农民运动风起云涌，社会矛盾日趋激化；四是克里米亚战争失败后俄国的落后暴露无遗，为农奴制改革的直接原因。

首先，农奴制制约了资本主义工商业的发展。工商业和贸易的快速发展是俄国资本主义生产关系发展的主要表现，但农奴制成为资本主义原始积累和劳动力市场扩大的掣肘，因此，为扶持资本主义的发展必须进行农奴制改革。19 世纪 30 年代起，俄国工商业发展规模不断扩大，城市工商业发展尤为迅速，以 1846 年为例，俄国城市集中全俄注册工业企业的 36%，工业品数量占总产量的比例达 60% 以上。② 随着工商业的快速发展，城市人口数量迅速增加，1811～1856 年欧俄城市居民的数量由 280 万增长到 570 万人③，但城市工商业企业所需的劳动力主要为外出务工人员，即各地的农民。工业发达地区外出务工人员数量较多，打工农民不但集中于首都，也分布于黑海沿岸、伏尔加河和波罗的海地区的

① 曹维安：《俄国史新论——影响俄国历史发展的基本问题》，中国社会科学出版社，2002，第 163～164 页。

② Соловьева А. М. Промышленная революция в России в XIX в. С. 21.

③ Рашин А. Г. Население России за 100 лет. 1811 – 1913. М., Государственное статистическое издательство, 1956. С. 86.

大型工商业中心和港口城市。19世纪三四十年代，大城市的劳动力需求增加，纷纷成立雇佣劳动力交易所①，农民打工者纷纷涌入城市寻找工作。但因农奴制长期存在，农民被固定在土地之上，城市劳动力严重短缺，制约了资本主义工商业的发展。

伴随着资本主义生产关系的普及，俄国农业资本主义也获得一定发展，但生产方式十分落后，究其原因如下：一是封建土地所有制是发展资本主义商品性农业的主要障碍，俄国大部分土地由贵族掌控，地主发展农业主要依靠手工劳动，生产力水平低下，很难完成早期原始积累和改进生产技术；二是农奴劳动阻碍了农业机器的广泛使用和新技术的推广，因无须向农奴支付报酬，为节省成本，地主并不注重更新农业技术和使用新机器；三是农奴的份地较少，生活十分贫困，无力购买市场上的工业品，更无资金采购农业机器和农具。可见，农奴制严重掣肘俄国工农业资本主义的发展，诸多工业部门都长期停滞不前。

其次，社会思潮的影响。18世纪末19世纪上半叶，欧洲各国相继爆发资产阶级革命，尤其法国大革命爆发之后诸多国家资产阶级力量大增，西班牙、葡萄牙、希腊、法国、比利时、德意志和意大利等国也先后发生资产阶级革命运动。随着启蒙思想的不断传入，以及欧洲各国资产阶级革命的影响，俄国也在酝酿革命运动。卫国战争期间，俄国诸多将领进一步接触了西欧的启蒙思想，随着资本主义的发展，十二月党人起义爆发。虽然19世纪初的十二月党人起义失败，但拉开了俄国思想解放运动的序幕，知识界围绕俄国发展道路展开激烈的思想论战，最终形成两大阵营，即西欧派和斯拉夫派。斯拉夫派的代表人物是霍米雅科夫、阿克萨克夫和基列耶夫斯基等人，他们认为俄国自古就拥有优秀的文化和传统，村社、东正教和专制制度是俄国独有的，完全可走异于西欧、具有本国特色的发展道路。俄国具有独特的历史和文化传统，如果沿西方道路发展对俄国而言是一场灾难。

西欧派的代表人物是安年科夫、卡维林、格兰诺夫斯基和恰达耶夫等，他们认为俄国无法孤立于欧洲，不能故步自封，必将走上与欧洲相同的发展道路，彼得一世和叶卡捷琳娜二世已将俄国带上这条道路，但

---

① Соловьева А. М. Промышленная революция в России в XIX в. С. 23.

农奴制和专制制度阻碍俄国继续沿此道路前行，主张废除农奴制和推翻专制制度。十月革命之前西欧派的影响一直大于斯拉夫学派，但无论是斯拉夫派还是西欧派，都立足于俄国的传统与现实在探索俄国未来的发展道路。

19世纪初，西欧启蒙思想在俄国大范围传播，涌现出大批思想家，赫尔岑和车尔尼雪夫斯基的思想影响最广。赫尔岑是俄国社会主义之父，是农业民粹主义和集体主义的倡导者，他认为俄国资本主义的发展深度和广度远逊于西欧，因村社长期存在可直接过渡至社会主义社会。车尔尼雪夫斯基是俄国革命民主主义者，他继承和发展了别林斯基和赫尔岑的思想，号召农民推翻沙皇统治和腐朽封建制度，呼吁用革命手段夺取土地。

再次，农民运动也是农奴制改革的诱因之一。19世纪初，农奴制危机逐步加深，地主为维持利润不断加大对农民的剥削。18世纪，地主为提高商品粮产量就大肆抢占农民土地，以扩大粮食播种面积。18世纪末，地主土地占国家耕地总量的18%，19世纪中叶其比例已达49%。19世纪初，诸多地区的农民完全失去土地，在地主的土地上工作，地主按月给农民发放实物报酬，这种方式在乌克兰和白俄罗斯地区十分普遍。地主为提高粮食产量不断延长农民的劳动时间。[①] 农奴制严重制约了俄国经济的发展，不仅限制了农民的生产积极性，而且制约了劳动力市场的规模和全俄市场的进一步完善，基于以上原因农奴制改革势在必行。

18世纪，贵族就开始兼并农民的土地，农民持有的份地数量不断减少，但劳役负担却不断增加。19世纪上半叶，中部黑土区农民的份地减少一半，农奴每周的劳动天数由3天增加到5~6天，个别地区甚至达7天。与此同时，俄国农民的代役租金额也明显提高。18世纪末至19世纪中叶，非黑土区部分省份，如卡卢加、莫斯科、科斯特罗马和斯摩棱斯克等省农民的代役租金额平均提高350%；黑土区部分省份，如沃罗涅日、奥廖尔、梁赞、唐波夫和土拉省农民的代役租金额提高216%。[②] 农奴长期劳作甚至难以维持温饱，尚无人身自由，人身安全也难以得到保障；地主还可随意打骂、鞭笞、流放，甚至处死农奴。随着国内阶级矛盾的逐

---

① Чунтулов В. Т.，Кривцова Н. С.，Тюшев В. А. Экономическая история СССР. С. 71.

② 赵振英：《俄国政治制度史》，辽宁师范大学出版社，2000，第105页。

步激化，各地农民运动风起云涌，1826～1839 年农民运动的年均次数为
19 次，1845～1854 年和 1855～1857 年分别为 35 次和 63 次，1845～1854
年农民运动数量达 348 次，1855～1861 年为 474 次。[1] 农民运动不但动
摇了俄国贵族土地所有制，还威胁了沙皇的统治，为维系专制制度和沙
皇统治也必须改革农奴制。

　　最后，克里米亚战争是农奴制改革的直接原因。克里米亚战争的失
败加剧了俄国农奴制危机，国内矛盾更加激化。克里米亚战争是俄国与
英、法、土耳其等国联军争夺黑海霸权和夺取巴尔干半岛而发生的一场
国际性战争，战争以俄国的失败而告终，战争结束后俄国经济、军事和
政治的落后性暴露无遗。就武器装备而言，俄国枪支射程不足百米，英
国军队枪支射程为俄国的数倍。就辎重运输而言，俄国虽然也开始建设
铁路，但仅建成皇村和圣彼得堡—莫斯科铁路，战场上的辎重供应仍靠
人力和畜力，黑海作战船只也十分落后，以木帆船为主。为筹集军费，
俄国政府大肆征税，人民生活急剧恶化，引起各阶层的不满，农民起义
不断。

　　克里米亚战争加剧了俄国的财政危机，1853～1856 年俄国的财政预
算赤字增加近 6 倍，由 900 万银卢布增至 6100 万银卢布；财政实际赤字
增长近 5 倍，由 5200 万卢布增至 3.1 亿卢布。[2] 财政危机导致国内通货
膨胀严重，国际收支赤字居高不下，国家信贷机构大量破产，等等。克
里米亚战争给俄国经济造成严重的破坏，粮食出口量仅为战前的 1/3，
亚麻和大麻出口量相当于战前的 1/8 和 1/6；同期国外产品的进口量大幅
度降低，机器产品、棉花和染料的进口数量分别为战前的 1/10、1/4 和
1/6。[3] 战争致使农作物播种面积大幅减少，与 1852 年相比，1856 年欧
俄 34 省的粮食播种面积减少 35.6%，人均播种面积也大幅降低。[4] 基于
以上因素，沙皇亚历山大二世决定进行农奴制改革。

————————

[1]　陶慧芬：《俄国近代改革史》，第 178 页；张建华：《俄国史》，第 102 页；孙成木、刘
　　祖熙、李建主编《俄国通史简编》（下），第 97 页。

[2]　Шестопалов А. П. Великая книгиня Елена Павловна//Вопросы истории，2011. №5. С. 89.

[3]　Нифонтов А. С. Проблемы социально-экономической истории России. М.，Наука，1971.
　　С. 83 – 88.

[4]　Литвак Б. Г. Переворот 1861 года в России：почему не реализовалась реформаторская
　　альтернатива. М.，Изд-во политической литературы，1991. С. 12.

二　农奴制改革的主要内容

1861 年农奴制改革法令共包括 19 项法令，最重要的法令为《1861 年 2 月 19 日宣言》（《解放农奴宣言》）、《关于农奴脱离依附地位的总法令》、《关于脱离农奴依附地位的农民赎回宅旁地和政府协助农民获得土地的法令》、《关于省和县处理农民事务的机构法令》、《关于安顿脱离农奴依附地位的家奴法令》，还包括一系列解决各地区土地关系的地方性法律和补充条例，等等。《1861 年 2 月 19 日宣言》是农奴制改革的一号文件，宣布俄国废除农奴制度，其主要内容如下：自宣言颁布时起农民获得自由乡村居民的全部权利，如同意履行相关义务并保留土地所有权的农民可在地主庄园内居住，为保障农民正常生活，地主需给农民一定量的土地供其经营，农民在履行相关义务后即可使用份地，此类农民为临时义务农。同时，农民有权赎买其宅旁地，地主同意后农民可赎回长期使用的份地并归为私有，等等。《1861 年 2 月 19 日宣言》的核心内容是地主土地所有制和地主的各类特权神圣不可侵犯，农奴即便获得人身自由，仍不能完全摆脱被奴役的地位。《关于农奴脱离依附地位的总法令》是 1861 年农奴制改革中另一份重要的法令，该法令详细规定解放农奴的条件，法令涉及内容繁多，其主要内容如下。

一是关于农奴人身自由方面的规定。《关于农奴脱离依附地位的总法令》第一条宣布：“永远废除居住在地主领地上的农民和仆人的农奴制度。”废除地主对农奴的人身和财产所有权是农奴制改革的核心内容，此前农奴是地主的私产，地主可随意没收农奴的所有财产，将农奴与其全家一起分开出售、抵押和赠予，或流放至西伯利亚。总法令颁布后俄国永远废除农奴制，脱离农奴依附关系的农民获得与自由村民同等的权利，拥有公民权，可自行处理婚姻、家庭内部事务；可以独立签订各种契约和合同，有权从事工商业，加入行会，亦可在自己居住的村社内从事手工业，还可去其他地区销售产品；农奴可通过法律手段维护自身权益，无法院判决地主不得对农民进行处罚；农民可担任社会职务，亦可加入其他阶层，也可拥有动产和不动产，等等。

农奴成为自由农村居民后，有权参与村社大会，参与公共职位的选举工作，获得选举权和被选举权。为管理农村事务，可以成立村民大会，大会由同一领地内的农民组成，村社选举村长负责村内大小事务，且成立村公所，下设收税员、仓库管理员、文书和会计等职务。① 村社的上级行政机构为乡，其管理机构为乡长、乡民大会和乡法庭，地主有权监督和维护村社内安全，村长也应保障地主的财产不受侵犯。

二是关于份地数量和金额的规定。就土地而言，村社内全部土地仍属于地主，地主有权根据土地的多寡决定划给农民的份地数额，不同地区份地标准各异，政府将全国的份地划分为三类，分别为黑土地带、非黑土地带和草原地带。黑土地带土壤肥沃，农民的人均份地数额一般不足 1 俄亩；非黑土区农民的份地较多，为 1～7 俄亩；草原地带幅员辽阔，人烟稀少，农民可获得 6～12 俄亩土地作为份地。② 关于赎金问题，农民同地主协商后，可将宅旁地和份地赎归私有，赎买期限不定。农民的赎金份额不按照地价，而是按照代役租计算，一般以代役租的年利率6% 资本化计算，农民获得土地缴纳的赎金数额远超过土地的实际价格，一般而言，赎金为土地实际价格的 1.5 倍以上。农民在赎买土地时须先支付20%～25% 的赎金，其余资金由国家提供贷款，农民需在 49 年内将本息一同偿还。③

三是关于农民需承担的义务，农民使用份地后必须承担相应的义务，一般为地主服劳役或缴纳代役租，各地代役租的差异较大，通常金额为8～12 卢布。圣彼得堡周边地区农民的代役租金额为 12 卢布，其他地区为 8～9 卢布；年均服劳役天数为 30～40 日，服役时农民自备农具和牲畜，一般夏季的劳动时间为 12 个小时，冬季为 9 个小时。④ 具体而言，凡距离圣彼得堡25 俄里以内的领地，代役租金额为 12 卢布，圣彼得堡其余领地、莫斯科、雅罗斯拉夫和弗拉基米尔等省份的代役租为 10 卢布，维亚特卡、维杰布斯克、莫吉廖夫、奥洛涅茨、喀山、普斯科夫和唐波夫省的代役租为 8 卢布，其余各省代役租为 9 卢布。

① Плеханова Л. А. Реформы Александра II. М.，Юридическая литература，1988. С. 47.
② 孙成木、刘祖熙、李建主编《俄国通史简编》（下），第 116～117 页；李桂英：《亚历山大二世 1861 年农民改革研究》，博士学位论文，吉林大学，2008，第 117 页。
③ Плеханова Л. А. Реформы Александра II. С. 108.
④ 陶慧芬：《俄国近代改革史》，第 195 页；孙成木、刘祖熙、李建主编《俄国通史简编》（下），第 117 页。

三 农奴制改革对俄国经济的影响

1861 年农奴制改革废除了俄国 300 多年的农奴制度，让数千万农奴获得人身自由，摆脱了农奴依附关系，同时，取缔了贵族和地主对农奴的诸多特权，农奴可将份地和宅旁地赎归私有，土地转变为商品，为俄国农业资本主义的发展创造了条件。农奴制改革加速了农民阶层的分化，一部分农民成为小生产者，另一部分农民上升为农村资产阶级，还有一部分农民为了生计不得已到城市打工。此外，农奴制改革还改变了地主对农民的剥削方式，农民的徭役从劳役地租转化为货币地租，地主获得大量赎金，可改进生产技术，引进新设备和机器，农作物的播种面积不断增加，农产品商品率日渐提高。农奴制改革最主要的影响之一是促进俄国商品性农业的发展。19 世纪下半叶，俄国农产品的播种面积迅速扩大，1881～1912 年欧俄 50 省中 35 省播种面积增加。[①] 虽然农奴制改革加速了资本主义农业和工商业的发展，但改革后俄国还保留有大量农奴制残余，究其原因如下：一是沙皇专制制度仍然存在，地主土地所有制并未被取缔，地主和贵族还控制大量土地，劳役制度仍长期存在，大量农民被逼破产，仍处于被奴役的地位；二是农村公社的土地重分机制和连环保等制度阻碍农业耕作技术提高，限制了农民的自由迁移；三是地主和农民的经济分工十分模糊，半农奴制的工役制度仍然存在；四是政府政策导致农村地少人多等矛盾十分突出，为了生计农民纷纷离开家园。即便如此，1861 年农奴制改革仍是俄国历史的转折点，开始步入资本主义发展道路，无产阶级也逐步登上历史舞台，为 20 世纪初的资产阶级革命创造了条件。

1861 年农奴制改革对俄国社会经济的发展产生了重要影响，本章以金融业为例探究农奴制改革的经济影响。1861 年农奴制改革之后，贵族拥有的土地数量下降，开始从事实业，但因资金和技术等因素的制约，改革初期贵族企业纷纷破产，后在政府扶持下有所好转。农奴制改革之前贵族就已从事工商业，一是因为政府扶持，给予诸多优惠政策，如提

---

① Давыдов М. А. Всероссийский рынок в конце XIX – начале XX вв. и железнодорожная статистика. СПб., Алетейя, 2010. C. 173.

供免息贷款和资金扶持等；二是因为贵族拥有劳动力优势，可使用自己的农奴劳动，劳动力资源充足；三是贵族拥有发展工业所需的资金，部分贵族依靠农业完成早期的资本积累，可用于购买原材料、引进技术和设备。1861 年农奴制改革之后贵族企业开始衰落，一是丧失了劳动力优势，二是俄国政府为推动工商业发展，开始引进外资，诸多国外企业主赴俄建厂，冲击了贵族企业；三是贵族的思想较为保守，不愿意改进生产技术和引进新设备；四是部分贵族大肆挥霍，未将资金用于扩大再生产。贵族的经济实力衰落引起俄国政府重视，政府采取措施帮助贵族。

为扶持贵族企业，俄国政府专门成立贵族银行，提供各种优惠政策带动酿酒业、制糖业和采矿业发展，如为扶持制糖业，市场行情不好时，贵族制糖厂可获得政府补贴；政府为扶持贵族酿酒业，数次抬高酒产品价格，甚至禁止城市居民建立酿酒厂；为扶持贵族采矿业，政府为其提供长期优惠贷款，可推迟还款日期。[①] 一般而言，贵族创建的企业类型如下：一是农产品加工企业，这类企业的数量最多，主要为酿酒、制糖和粮食加工企业；二是建材行业，主要为制砖、水泥、玻璃和陶瓷企业；三是木材加工行业；四是造纸和印刷行业。贵族企业的规模有限，工人的数量大多低于 100 名，年均产值多低于 2000 卢布。[②] 由此可知，1861年农奴制改革后虽然贵族企业的状况有所好转，但其所从事的行业以中小企业为主，只有部分资金雄厚的贵族才能建立大型工业企业。

除投资实业外，贵族还投资资本市场，一是直接购买股票和债券等有价证券，在金融市场上谋取利润；二是入股股份制企业。股份制公司中贵族股东所占的比例较高，据统计，20 世纪初，俄国的 1482 家股份公司中，主席、理事和董事会成员等职位中贵族的数量为 1202 名[③]，贵族主要投资领域为农产品加工、银行、保险、采矿和交通运输业等。此外，官员们也入股企业，19 世纪六七十年代，高级官吏就已合股开办公司和

---

① Лаверычев В. Я. Крупная буржуазия в пореформенной России 1861 – 1900. М.，Наука，1974. С. 33 – 61.

② 张广翔：《1861 年改革后俄国贵族企业活动初探》，《求是学刊》1989 年第 1 期，第 93 页；Корелин А. П. Дворянство в пореформенной России. 1861 – 1904 гг.：состав，численность，корпоративная организация. М.，Наука，1979. С. 107.

③ Корелин А. П. Дворянство в пореформенной России. 1861 – 1904 гг.：состав，численность，корпоративная организация. С. 116 – 117.

银行，很多官员还在大公司中兼职。

农奴制改革后俄国政府专门成立银行解决农业问题。如为让农民购买土地专门成立国有农民土地银行，为扶持地主经济，专门成立国家贵族土地银行，此外，还成立其他相关配套机构，如户主土地信贷机构等。贵族土地银行建立于亚历山大三世时期，其目的是扶持贵族经济，保障贵族土地所有制，银行主要为贵族提供贷款，贷款利率明显低于商业银行，贷款期限最长可达66年，以地产为抵押品，贷款利率约为3.5%～5%。[①] 贵族土地银行提供的诸多优惠政策获得贵族的青睐，不但扶持了地主经济，而且促进了俄国土地市场的逐渐完善和发展。一战前，贵族土地银行共发放贷款8.4亿卢布，抵押土地价值约为14.5亿卢布。[②] 农民土地银行于1882年由沙皇批准成立，其任务是为农民购买土地提供贷款。农民土地银行发放贷款的条件十分严格，且金额较小，利息较高，年利率达7.5%～8.5%。[③] 其业务主要集中于叶卡捷琳诺斯拉夫省、顿河流域、基辅和哈尔科夫等南部省份。银行对农业发展作用有二，一是为地主和农民提供资金，促进资本主义农业发展，一定程度上推动了俄国农业现代化进程；二是银行贷款促进了农村手工业和农民工业的发展，推动了俄国的工业化进程。

农奴制改革之后，贵族拥有的土地数量开始下降，如欧俄各省贵族土地持有量由1862年的8716.9万俄亩减少至1877年的7704万俄亩、1905年的5124.8万俄亩。[④] 虽然贵族土地大量减少，但20世纪初俄国2.8万名地主还掌控俄国3/4的私有土地，70%的私有土地仍属大贵族所有。[⑤] 贵族土地大幅减少后，农民阶层的土地持有量稍有提高，随着商品经济的发展，农民阶层也发生分化，分化的结果是农民中出现富农、中农和贫农等阶层。富农阶层成为农业资产阶级的代表，占农民总量的

---

① Проскурякова Н. А. Земельные банки Российской империи. М. , РОССПЭН, 2002. C. 248.

② Проскурякова Н. А. Земельные банки Российской империи. C. 265 – 266.

③ Проскурякова Н. А. Земельные банки Российской империи. C. 297.

④ Корелин А. П. Дворянство в пореформенной России. 1861 – 1904 гг. : состав, численность, корпоративная организация. C. 49, 55.

⑤ Баринова Е. П. Российское дворянство в начале XX века: экономический статус и социокультурный облик. М. , РОССПЭН, 2008. C. 46.

1/5左右，除从事农业生产外，还从事副业和手工业，在农村经济中的作用毋庸置疑。农奴制改革也加速了工人阶级的形成，贫农只能出卖自己的劳动力，一部分人在地主和富农的农场或手工作坊中务工，另一部分人被迫外出打工。到1870年，欧俄地区外出务工农民的比例由1861年的13.9%增加至53.1%，大部分农民都到中部工业区和首都务工。[①]据统计，19世纪八九十年代，欧俄7省23城富农、中农和贫农的比例分别为20%、30%和50%。[②]

19世纪80年代末90年代初，各省地主和富农掌控全俄34%～50%的土地，贫农仅掌控18%～32%的土地。19世纪90年代，农产品价格降低导致农民阶层分化更为严重，1896～1900年无土地农民的数量迅速增加，由560万人增加到660万人。[③]贫农只能出卖劳动力去城市中打工。农奴制改革后地主经济主要包括两种形式，即劳役制度和资本主义经营制度。劳役制度是指土地少的农民被迫租赁地主的土地，作为交换需承担一定的劳役。资本主义经营制度泛指地主采用资本主义生产方式进行生产，雇用农业工人来经营土地。第一种方式于俄国中部和伏尔加河流域中游地区较为流行；第二种方式在波罗的海、乌克兰、北高加索地区普及。1890年，俄国雇农的数量达350万人。[④]

农民社会分化是资本主义发展的必然结果，无财产农民失去了独立的经济地位，只能出卖自己的劳动力，成为产业工人，促进无产阶级的形成。部分农民只依靠打短工或外出务工补贴家用，为资本主义工业的发展提供了充足的劳动力，形成劳动力市场。富农经济状况较好，他们在获得大量土地后开始推广机器、改善农业生产条件、使用肥料，促进了农业资本主义的发展。

20世纪初，俄国农业仍相对落后，农业中保留大量的农奴制残余。此时约有7000万俄亩土地掌握在3万名地主手中。[⑤]农村两极分化严重，导致阶级斗争逐渐尖锐化，农民不仅反对地主，还反对富农。1902年，

①　Хромов П. А. Экономическая история СССР. Период промышленного и монополисти-ческого капитализма в России. С. 55.

②　Федоров В. А. История России 1861–1917. С. 75.

③　Чунтулов В. Т., Кривцова Н. С., Тюшев В. А. Экономическая история СССР. С. 96.

④　Чунтулов В. Т., Кривцова Н. С., Тюшев В. А. Экономическая история СССР. С. 97.

⑤　Чунтулов В. Т., Кривцова Н. С., Тюшев В. А. Экономическая история СССР. С. 121.

因收成欠佳,波尔塔瓦、哈尔科夫和萨拉托夫等省份发生农民运动,持续数年。1905 年春,库尔斯克、奥廖尔和萨拉托夫等省份发生农民运动,并传播至乌克兰、白俄罗斯和伏尔加河中游等地区。1905 年秋,农民运动波及范围不断扩大,整个欧俄地区都被席卷在内。

十月革命前俄国一直是农业国,农业在国民经济中所占的比重很高,依靠农业和工商业完成早期的资本积累。农奴制改革后俄国工业革命开始,农业现代化进程也开启,其进程相对缓慢,但也取得巨大成就。1861 年农奴制改革不但是俄国历史的转折点,亦是工业化的开端,农奴制改革的影响包括两个方面,对于地主而言,一是部分地主获取赎金后开始改善生产技术,引进新设备促进了商品性农业的快速发展,农业现代化进程开启;二是部分地主开始投资工商业,无论是在农村从事农产品加工业,还是投资实业和金融业,都推动了俄国工业化进程;三是部分地主接受西欧启蒙思想的洗礼,开始呼吁调整本国的政治制度,政治现代化进程也随之开启。对农民而言,一是农奴制改革后农民获得人身自由,农民阶层发生分化,富农阶层改善农业生产技术,专注农业生产,商品性农业快速发展;二是大量地主农民外出务工,提供了工业发展所需的劳动力,促进了劳动力市场的最终形成,无产阶级逐步登上历史舞台;三是农民收入提高后,工业品需求量大增,又推动了工业化的进程;四是随着农村贫富分化进程的加剧,农民运动蓬勃发展,20 世纪初尤甚。

第二节 农奴制改革前工业已初具规模

俄国工商业发展较早,基辅罗斯时期以小手工业为主,商业资本占优势,因此工业发展规模有限。俄国真正意义上的大工业始于彼得一世时期,彼得一世时期为增强本国经济和军事实力建立了大型手工工场,奠定了俄国工业基础。19 世纪,随着西欧先进技术和机器的大量传入、与国际市场的联系日趋紧密,俄国工业快速发展。为更好地探究 19 世纪上半叶俄国工业发展状况,本部分主要分析乌拉尔冶金工业、纺织工业、造船业、制糖、烟草、酿酒和制盐等轻重工业部门。

一　乌拉尔冶金工业

19 世纪上半叶，俄国主要的工业模式为世袭和领有工厂，但二者都以农奴劳动为基础。随着资本主义手工工场的发展，19 世纪上半叶，一些部门的中小手工业、家庭手工业和手工工场有所发展。此时手工工场与早期的手工工业一样，以手工劳动为基础，但随着市场的发展，机器逐步在工业中推广，雇佣工人的数量也有所增加。俄国手工工场诞生于封建农奴制度之中，所以农奴制改革前俄国大工业发展十分缓慢。即便如此，19 世纪上半叶，俄国诸多工业部门中机器已经逐步推广，俄国丰富的自然资源、农产品大量出口和较高的冶金工业水平奠定了其工业发展基础。

俄国采矿业于 17 世纪上半叶兴起，最早的矿山分布于诺夫哥罗德和土拉等省份。俄国第一家冶金手工工场于 1631 年诞生于乌拉尔，1632 年土拉省也建立大型冶金手工工场。随着开采和冶炼技术的提高，冶金业由原始的家庭冶炼逐渐过渡到高炉冶炼，但产量仍有限。据统计，17 世纪 90 年代初，俄国的生铁和铸铁产量分别为 15 万和 5 万普特。[①] 北方战争失败后，彼得一世意识到发展军事工业的必要性，乌拉尔冶金工业得到了良好的发展契机，并逐渐改变了俄国主要从瑞典进口铁制品的情况。1693 年、1694 年、1697 年和 1699 年俄国从瑞典进口生铁分别为 1.7 万、1.4 万、2.2 万和 2.7 万普特，但俄国从瑞典进口的生铁只占瑞典生铁出口量的 2.6%。[②] 北方战争时期，乌拉尔地区已建立几家大型手工工场，如涅夫亚尼斯克、卡梅什、乌克杜斯克和阿拉巴耶夫国有手工工场。涅夫亚尼斯克工场建立之初产量有限，不能满足国家军需，1702 年 3 月 4 日，彼得一世下令将该工场转给尼克金·杰米多夫经营，从而使杰米多夫家族成为乌拉尔冶金工业的龙头。尼克金·杰米多夫是土拉省一名技

① Струмилин С. Г. История черной металлургии в СССР. М.，Изд-во АН СССР，1954. С. 94.

② Русско-шведские экономические отношения в XVII веке: сб. документов. М-Л.，Изд-во Акад. наук СССР，1960. С. 554；Кафенгауз Б. Б. История хозяйства Демидовых в XVIII – XIX вв.：Опыт исследования по истории уральской металлургии. Т. 1. М-Л.，Издательство Академии наук СССР，1949. С. 55 – 56.

师，1700 年，其所属手工工场为沙皇军队提供大量武器，彼得一世对其技艺赞不绝口，决定将涅夫亚尼斯克手工工场交给他经营。尼克金·杰米多夫接手涅夫亚尼斯克手工工场后金属产量大幅度提高，质量也明显改善。1716 年，杰米多夫获得向西欧出口铸铁的权利，因产品质量较高，获得欧洲国家的一致好评。在杰米多夫手工工场蓬勃发展的同时，俄国政府对乌拉尔冶金工业的兴趣大增，凭借资源和原料优势在乌拉尔建立诸多大型手工工场，乌拉尔也迅速成为俄国大型冶金工业区。

杰米多夫冶金手工工场为满足国家订单需求，不断扩大生产规模，1716 年、1718 年、1720 年、1722 年和 1723 年分别建立书拉轧件手工工场、别尼加夫、上塔吉克、下拉伊斯克和里维斯炼铜手工工场，并着手组建下塔吉克铸铁和铁制品手工工场。到尼克金·杰米多夫去世时，杰米多夫家族冶金手工工场已形成规模，在俄国冶金业中具有不可撼动的地位。18 世纪中叶以前，杰米多夫家族共有 55 家冶金手工工场，其中 44 家分布于乌拉尔地区。1740 年，杰米多夫冶金手工工场的金属产量占乌拉尔地区金属总产量的 64%，占全俄金属总产量的 46%。[1] 乌拉尔大型冶金手工工场诞生后，诸多中小企业主也纷纷在该地建厂。

1723 年，塔吉耶夫建立叶卡捷琳堡高炉、铸铁、炼铜和机械手工工场，该工场迅速成长为乌拉尔采矿业的龙头之一，亦是乌拉尔地区最大的国有冶金手工工场。18 世纪 30 年代，该手工工场已有 30 个生产车间，50 台水力驱动装置，焊接、锻造、轧制车床也都达到 10 台。同时，有 611 名技师，5000 多名工人，总人数达 5785 人。[2] 随着乌拉尔地区金属产量的提高，俄国金属产品出口量明显增加，1716 年，俄国铁制品出口量仅为 2140 普特，北方战争结束后金属制品的出口量大幅度增加，1722 年和 1731 年，金属制品的出口量分别为 4.2 万普特和 8.1 万普特。[3] 1725 年，乌拉尔铸铁产量占俄国的 73%，生铁和钢达 73.4%。[4]

18 世纪下半叶是乌拉尔冶金工业的黄金时期。上半叶乌拉尔冶金

① Струмилин С. Г. История черной металлургии в СССР. С. 195，197.
② Геннин В. И. Описание Уральских и сибирских заводов. 1736. М.，Государственное издательство《История заводов》，1937. С. 74 – 81.
③ Струмилин С. Г. История черной металлургии в СССР. С. 227 – 229.
④ Алексеев В. В.，Гаврилов Д. В. Металлургия Урала с древнейших времен до нашей дней. М.，Наука，2008. С. 323.

工业多集中于乌拉尔西部地区和卡马河沿岸地区，东部、南部和巴什基尔等地未开发。下半叶，随着乌拉尔冶金工业的繁荣，其冶金基地范围逐渐扩大。1744 年，基里洛夫在巴什基尔地区建立沃斯克列谢尼斯克炼铜厂，此后业务迅速扩展，到 1755 年，已建成 20 家炼铜厂[①]。

乌拉尔地区冶金工业的繁荣使冶金工人数量迅速增加，1747~1795年，南乌拉尔地区男工数量为 9.4 万人，其中俄罗斯人、鞑靼人数量最多，分别为 3 万和 2 万人，占工人总数的 31.7% 和 21.2%。乌拉尔冶金工业崛起后大量外来移民涌入该地，1762 年乌拉尔地区居民数量已近 14万人，其中俄罗斯人和巴什基尔人数量最多，分别为 10 万和 1 万人，其比例分别为 76.0% 和 8.0%。整个乌拉尔地区俄罗斯人数量最多，1762 年彼尔姆、维亚特卡和南乌拉尔地区俄罗斯居民的比重分别为 96.6%、85.4% 和 15.2%。[②]

18 世纪 40~60 年代，乌拉尔建立了三家大型手工工场，分别为巴拉尼奇铸铁和轧件手工工场、上尤科福炼铜厂和下图里斯克铸铁和轧件手工工场。18 世纪中叶，仅杰米多夫家族在乌拉尔地区就建立了 40 家冶金手工工场，1750 年，该家族所属手工工场铸铁产量为 86.7 万普特，生铁产量为 60.9 万普特，铸铁产量分别为全俄和乌拉尔地区铸铁总产量的43.2% 和 60.9%，其生铁产量分别为全俄和乌拉尔地区的 45.7% 和61.7%。[③] 到 18 世纪中叶，乌拉尔地区共有 82 家冶金手工工场，此后手工工场数量不断增加，1751~1760 年新建手工工场 37 家，1761~1770年新建手工工场 20 家。[④] 1770 年开始，乌拉尔采矿业已扩展至整个乌拉尔地区，工场多沿河而建，其中维亚特卡省、卡马河沿岸、中北乌拉尔地区的手工工场数量最多。到 1800 年，乌拉尔地区共建成 116 家新冶金

① Материалы по истории Башкирской АССР. Т. V. М., Изд-во АН СССР, 1960. С. 514 – 517，667 – 672.

② Кабузан В. М. Изменения в удельном весе и территориальном размещении русского населения России в XVII – первой половине XIX в. //Проблемы историческое демографии СССР: Сб. статей. Таллин.，Наука，1977. С. 193；Алексеев В. В.，Гаврилов Д. В. Металлургия Урала с древнейших времен до нашей дней. С. 333.

③ Алексеев В. В.，Гаврилов Д. В. Металлургия Урала с древнейших времен до нашей дней. С. 334.

④ Любомиров П. Г. Очерки по истории русской промышленности. XVII，XVIII и начало XIX вв. М.，Госполитиздат，1947. С. 382.

手工工场，主要为铸铁、生铁冶炼和炼铜手工工场，其中 4 家为国有，其余 112 家为私人所有。①

18 世纪乌拉尔金属产品开始出口国外，主要出口国家为英国、荷兰、西班牙、法国、美国。1799 年，俄国铁制品出口量为 250.9 万普特，仅出口至美国的铁制品就为 24 万普特。②

19 世纪上半叶，乌拉尔冶金业开始衰落，世界市场上俄国金属产品的比重下降。俄国铸铁产量低于英国、法国、德国、美国和奥匈帝国，甚至低于比利时，排名已降至世界第七位。世界市场上俄国铸铁比重从 1800 年的 30.7% 降至 1860 年的 3.8%；铜的比重从 18 世纪末的 27% 降至 1860 年的 3.9%。③

二　纺织工业

俄国纺织工业起步较早，但以小作坊生产为主，彼得一世时期俄国才产生真正意义上的大型纺织手工工场，其中呢绒工业发展最为迅速。彼得一世时期出台的政策加速了呢绒工业的发展，为俄国纺织工业发展奠定了基础。彼得一世时期是俄国呢绒工业大生产的开端。为保障军队物资供应，彼得一世建立了诸多呢绒手工工场，并且规模较大，如 1729 年，谢戈里尼呢绒手工工场工人和机器的数量分别为 730 人和 130 台，米克利亚耶夫国立呢绒手工工场中工人数量为 724 人，塔梅斯国立亚麻手工工场中工人与车床数量分别为 841 人与 443 台，雅罗斯拉夫省塔梅斯手工工场中工人与车床数量分别为 180 人与 172 台。④

彼得一世时期呢绒手工工场多在政府扶持下建立，政府赏赐给工场主大量农奴，如塔梅斯在建立亚麻手工工场时就获得书伊县城科赫姆纳

① Алексеев В. В. , Гаврилов Д. В. Металлургия Урала с древнейших времен до нашей дней. С. 338.

② Струмилин С. Г. История черной металлургии в СССР. С. 230.

③ Алексеев В. В. , Гаврилов Д. В. Металлургия Урала с древнейших времен до нашей дней. С. 398.

④ Любомиров П. Г. Очерки по истории русской промышленности. XVII, XVIII, и начало XIX века. М. , Государственное издательство политической литературы, 1947. С. 28.

村的所有居民，共计 641 户。① 在政策的推动下，俄国呢绒工业发展迅
速，1724 年，喀山省米克良耶夫手工工场已有 40 台车床，工人 578 人，
单位车床工人配给量为 14.5 人，1729 年该手工工场车床和工人数量分别
为 51 台和 748 人，单位车床工人配给量仍为 14.7 人。1727 年，普京夫
里斯克手工工场车床和工人数量分别为 56 台和 455 人。② 18 世纪是俄国
呢绒工业快速发展期，呢绒产品主要满足军需，但因呢绒产品品质粗糙，
仍大量从国外进口呢绒，主要进口国为英国。19 世纪初，俄国国内呢绒
的供给量首次超过需求量。俄国呢绒手工工场分为两类，第一类是创
立时就获得国家扶持，国家提供劳动力，第二类是未获得国家任何补
贴。第一类产品主要销售给国家，第二类产品可在市场上自由销售。
随着国家订单需求的逐渐满足，加上国有呢绒手工工场产品品质低劣，
1808 年政府颁布法律禁止兴建第一类手工工场，因此第一类手工工场
每况愈下。

19 世纪二三十年代，俄国呢绒工业得到快速发展，一是因为 1809 年
俄国政府为呢绒手工工场提供了 200 万卢布贷款，尽管贷款条件相对苛
刻，只有少数工场主获得贷款，但仍有力地促进了呢绒工业的发展；二
是 1822 年俄国政府实施禁止性关税保护呢绒工业。以上政策的实施，加
之军队呢绒需求量增加刺激了该产业规模不断扩大，呢绒工厂数量大幅
增加，到 1850 年，呢绒工厂数量增至 492 家。1861 年农奴制改革后，呢
绒工业因丧失劳动力优势，迅速衰落。其实，这一衰落趋势从三四十年
代就开始了，如 1839 年，卡卢加省呢绒工厂的数量为 15 家，1848 年只
剩下 4 家，1861 年呢绒工厂则全部倒闭了。③ 1856 年，沃罗涅日省只剩
下 3 家呢绒工厂，到 60 年代，只剩下 1 家。喀山省状况也大同小异，30
年代，呢绒工人数量为 1000 名，50 年代和 60 年代工人数量则分别为

---

① Туган-Барановский М. И. Русская фабрика в прошлом и настоящем：Историко-эконом-
ическое исследование. Т. 1. Историческое развитие русской фабрики в XIX веке. С. 26.

② Любомиров П. Г. Очерки по истории русской промышленности. XVII, XVIII, и начало
XIX века. С. 33.

③ Туган-Барановский М. И. Русская фабрика в прошлом и настоящем：Историко-эконом-
ическое исследование. Т. 1. Историческое развитие русской фабрики в XIX веке. С. 63.

450 名和 260 名。①

　　俄国麻纺织业发展迅速，17 世纪俄国粗麻布就已畅销国外，18 世纪亚麻和大麻制品开始出口国外。俄国第一家私人亚麻手工工场为俄国商人安德烈·杜尔克和岑巴里希科夫所有，1711 年，该企业转交给政府经营。俄国麻纺织手工工场的主要产品为粗帆布、薄款粗帆布、帆布、桌布、小桌布、花条棉布等，大部分产品销往国外。

　　俄国麻纺织品出口量占生产总量的 1/3 左右，可见国外市场对麻纺织工业意义重大。19 世纪初是俄国亚麻工业辉煌期，1804 年，俄国亚麻手工工场数量增至 285 家，主要源于亚麻制品出口数量的增加。俄国帆布备受国外消费者青睐，主要出口到美洲市场。19 世纪 30 年代起，国外市场上帆布价格降低，卡卢加省麻纺织工厂数量从 1832 年的 17 家降至 1849 年的 4 家，机器数量从 3500 台降至 696 台，产品数量从 5 万匹降至 2000 匹。② 谢尔布赫夫斯基县城的帆（麻）布工厂全部停产。国外出口数量下降对俄国麻纺织工业冲击很大，加之生产技术落后和棉纺织工业的发展，麻纺织工业逐渐衰落。

　　俄国棉纺织工业由来已久，早期以小手工作坊为主。18 世纪，棉纺织工业产量有限，19 世纪迅速发展。19 世纪上半叶，俄国纺织、采煤和冶金等工业部门广泛使用机器，尤其是蒸汽机的数量增加，新型生产工艺逐步推广，生产集中形式凸显，铁路运输的带动作用也逐步发挥，市场的不断完善和机器的普及促进了俄国棉纺织工业的发展。在所有加工工业中纺织工业所占的比例最高，1799 年、1804 年和 1835 年纺织工业所占比例分别为 90%、74% 和 70%。③

　　棉纺织工业早期主要以英国纱线织布，为摆脱对英国的依赖，俄国开始建立纺纱厂，以私人工厂为主。1808 年，商人巴尼杰列夫在莫斯科创办第一家私人纺纱厂；1812 年，莫斯科已有 11 家纺纱厂，纺纱机数量

---

①　Туган-Барановский М. И. Русская фабрика в прошлом и настоящем：Историко-экономическое исследование. Т. 1. Историческое развитие русской фабрики в XIX веке. С. 240.

②　Туган-Барановский М. И. Русская фабрика в прошлом и настоящем：Историко-экономическое исследование. Т. 1. Историческое развитие русской фабрики в XIX веке. С. 59.

③　Рожковой М. К. Очерки экономической истории России первой половины XIX века. М.，Издательство социально-экономической литературы，1959. С. 126.

达 780 台，因诸多原因，工厂持续时间不长。[①] 19 世纪 20 年代以前，只有亚历山大洛夫手工工场生产棉纱，此后纺纱厂不断出现，莫斯科数量最多。1828 年，俄国已有 9 家私人纺纱厂，其中，亚历山大洛夫纺纱厂纱锭数量为 3.5 万枚，纱线产量达 2.1 万普特，其他工厂纱锭的数量达 3 万个，纱线产量为 1.6 万普特。[②] 1834 年，俄国已有 16 家纺纱厂，工人数量达 3412 名。[③] 1843 年，莫斯科纺纱厂数量为 22 家，纱锭数量为 13.8 万枚，纱线产量达 16.2 万普特，产品价值达 350 万卢布；全俄纱锭总量为 32.4 万个，纱线产量为 32.5 万普特。19 世纪中叶，俄国棉纺织行业生产集中化程度加强，1850～1860 年，莫斯科棉纱厂数量减少 30%，产量却提高 30%。[④] 1860 年，莫斯科省棉纱工人和产值分别占全俄的 37% 和 24%。[⑤]

19 世纪中叶，圣彼得堡纱锭数量最多，13 家大工厂纱锭数量达 60.5 万枚，莫斯科居圣彼得堡之后，企业和纱锭数量分别为 18 家和 37 万枚，处于第三位的是弗拉基米尔省，企业和纱锭数量分别为 9 家和 21 万枚。[⑥] 19 世纪 50 年代，俄国的纺锤数量位居世界第五，为 11 万个，居前四位的分别是英国、法国、美国与奥地利，其纺锤数量分别为 2097.7 万枚、420 万枚、250 万枚和 14 万枚。[⑦] 虽然德国棉布产量远超俄国，但俄国纺锤数量已超过德国。19 世纪 50 年代，俄国 2000 台机器织布机半数以上集中于圣彼得堡[⑧]，其棉纱工人和产值分别占全俄的

① Пажитнов К. А. Очерки истории текстильной промышленности дореволюционной России. С. 15；Рожкова М. Промышленность Москвы в первой четверти XIX в. //Вопросы истории, 1946. № 11 – 12. С. 96.

② Рожковой М. К. Очерки экономической истории России. первой половины XIX века. С. 129.

③ Туган-Барановский М. И. Русская фабрика в прошлом и настоящем：Историко-экономическое исследование. Т. 1. Историческое развитие русской фабрики в XIX веке. С. 56.

④ Соловьева А. М. Промышленная революция в России в XIX в. С. 73.

⑤ Обзор различных отраслей мануфактурной промышленности России. Т. 2. СПб. , Тип. Департамента внешней торговли, 1863. С. 460 – 475.

⑥ Пажитнов К. А. Очерки истории текстильной промышленности дореволюционной России. С. 19.

⑦ Туган-Барановский М. И. Русская фабрика в прошлом и настоящем：Историко-экономическое исследование. Т. 1. Историческое развитие русской фабрики в XIX веке. С. 58.

⑧ Соловьева А. М. Промышленная революция в России в XIX в. С. 72.

22% 和 39%。①

18 世纪末至 19 世纪 30 年代，俄国棉纺织工业发展最为迅速，不但能满足国内市场需求，还出口到亚洲其他国家。19 世纪初，俄国最大的纺织中心为圣彼得堡，其次为莫斯科和弗拉基米尔省。随着城市居民数量的增加，棉纺织品、毛纺织品等的需求也不断增加。1833 年，圣彼得堡建立了俄国最大的纺纱厂——什金格里茨工厂，纱锭数量为 2 万 ~ 3 万枚，年均纱线产量为 1.8 万 ~ 2 万普特。1835 年，俄国纺纱厂成立，注册资金为 350 万卢布，该纺纱厂的创始人为亚历山大洛夫纺纱厂的管理者和玛里索夫。② 1835 年，莫斯科省成立了列佩什金纺纱厂，而亚历山大洛夫纺纱厂开始衰落，1843 年该厂纱线产量仅为全俄总产量的 3%。③ 19 世纪中叶以前，俄国纱线增长保障了俄国棉纺织工业的发展，1845 年俄国棉花进口量已超过纱线。1850 年，俄国棉花进口量为 120.1 万普特，纱线进口量降为 17.3 万普特。纱锭数量增长也是俄国棉纺织工业发展的例证，1843 年、1849 年、1853 年和 1860 年纱锭的数量分别为 35 万枚、60 万枚、100 万枚和 150 万枚。④

1843 年，俄国共有 59 家棉纺厂，1847 年棉纺厂数量增加到 64 家，纱锭数量增加到 76.5 万枚。⑤ 1860 年，俄国大型棉纱厂共 54 家，机械纱锭共 153.5 万枚。⑥ 虽然农奴制改革前俄国棉纺织工业初具规模，但仍以手工生产为主。生产力发展要求摆脱旧生产关系的束缚，这表明俄国农奴制改革势在必行，1861 年农奴制改革后，俄国纺织工业才真正步入大生产阶段。

---

① Обзор различных отраслей мануфактурной промышленности России. , СПб. , Типография Иосафата Огризко, 1863. Т. 2. С. 522.

② Рожковой М. К. Очерки экономической истории России первой половины XIX века. С. 175.

③ Яцунский В. К. Роль отечественного машиностроения в снабжении прядильным оборудованием русских фабрик в первой половине XIX века//Исторические записки. Т. 42. М. , Издательство Академии наук СССР, С. 281.

④ Рожковой М. К. Очерки экономической истории России первой половины XIX века. С. 178.

⑤ 刘祖熙：《改革和革命——俄国现代化研究（1861—1917）》，北京大学出版社，2001，第 94 页。

⑥ Мендельсон А. А. Теория и история экономических кризисов и циклов. Т. 1. М. , Издательство социально-экономической литературы, 1959. С. 522.

三 其他工业部门

18 世纪，除纺织和冶金工业外，其他工业部门也有所发展，如造船业、制糖业、烟草业、酿酒业、制盐业和化学工业等，下文分别对这些工业部门进行阐释。

（一）造船业

俄国水运发达，造船业历史悠久。18 世纪，俄国造船业主要分布于伏尔加河流域，下文主要探讨该流域造船业发展状况。

伏尔加河流域造船业主要分布在伏尔加河上游至雷宾斯克河段，主要造船点为雷宾斯克码头、特维尔和科斯特罗马省。此外，奥卡河流域下诺夫哥罗德省、卡马河及其支流的彼尔姆、喀山、叶卡捷琳堡等地造船业也颇具规模。相对来讲，伏尔加河流域下游造船业发展较慢，只有阿斯特拉罕造船业尚可。伏尔加河上游和中游造船业发达与其造船业历史悠久、造船工匠经验丰富、森林资源丰富而易于就地取材等因素密切相关。

18 世纪，伏尔加河流域船只主要为木船，如露舱货船、翁查木船、内河敞篷货船、驳船、巨型平底白木船、半甲板内河木驳船等。随着经济的不断发展，新型船只不断出现，到 18 世纪末，内河露舱船、多桅帆船、机械船、尖头船和平底小货船等新型船只较为常见。19 世纪上半叶，伏尔加河—卡马河流域的船只种类更加丰富，有划桨船、大木帆船、内河平底木船、帆船、划桨或张帆大船、半甲板内河木驳船、内河露舱货船、内河货运平底木驳船、渡船、桨划渡船、河运平底大船、尖底轻驶小船和拖带货船等。

18 世纪初，伏尔加河水路船只主要借鉴荷兰的造船经验，多为平底驳船。1718 年，开始推广两头尖的大木帆船，这类船只航速快、省人力、载重多，载重量可达到 2.5 万普特。[①] 到 19 世纪上半叶，伏尔加河流域大木帆船已经普及，而奥卡河支流船只多是内河露舱货船，这种船

---

① Родин Ф. Н. Бурлачество в России. Историко-социологический очерк. М. ，Мысль, 1975. C. 74 – 75.

只长 10 ~ 18 俄丈、宽 3.3 ~ 5 俄丈，最大载重量可达到 3 万普特。① 卡马河流域运输铁和铁制品使用内河露舱货船、半露舱货船、平底小木船、四角的多桅帆船等平底船。

俄国商品经济的发展推动了造船业的发展，1831 年俄国制造河船 7025 艘，而 40 年代每年新造船只为 1 万 ~ 1.5 万艘②，到 50 年代末年均造船已达 3 万艘。③ 造船业的兴盛促进了水运的发展。

(二) 制糖业

俄国制糖业发展较早，但原料多从国外进口。第一家制糖手工工场于 1720 年建立，但此后发展缓慢，到 1773 年仅有两家制糖手工工场，糖产量为 2.3 万普特，产品价值为 16.6 万卢布。19 世纪初制糖业有所发展，制糖手工工场的数量达 8 家，工人约为 100 人，糖产量约 5 万普特。④ 与此同时，制糖原料更加多样化。第一家甜菜制糖手工工场成立于 1802 年，位于土拉省，为政府扶植企业，政府提供期限 20 年每年 5 万卢布的贷款，促进糖产量不断提高。1812 年，俄国制糖手工工场数量已达 30 家，工人和产量分别为 940 人和 28.7 万普特。制糖手工工场所需原料仍多从国外进口，19 世纪初，俄国方糖原料的进口额达 430 万卢布，砂糖坯料的进口额达 34 万卢布，方糖的需求量明显高于砂糖。⑤

与 19 世纪 20 年代相比，30 年代俄国方糖类产品的进口量大幅下降，一方面与 20 年代俄国糖类产品的产量迅速增加有关，另一方面因为 1810 年俄国加征了保护性关税。1809 年，俄国方糖产量较大的省份是圣彼得堡和阿斯特拉罕，分别为 9.5 万和 1.1 万普特。⑥ 方糖手工工场主要位于港口城市，多使用雇佣劳动力进行工作。总的来看，19 世纪二三十年代

---

① Истомина Э. Г. Водные пути России во второй половине XVIII – начале XIX века. С. 56.

② Сметанин С. И., Конотопов М. В. Развитие промышленности в крепостной России. М., Издательство "Академический Проект", 2000. С. 406, 408, 409.

③ Марухин В. Ф. История речного судоходства в России. 1996. С. 34.

④ Сметанин С. И., Конотопов М. В. Развитие промышленности в крепостной России. С. 146.

⑤ Сметанин С. И., Конотопов М. В. Развитие промышленности в крепостной России. С. 147.

⑥ Сметанин С. И., Конотопов М. В. Развитие промышленности в крепостной России. С. 148.

单位手工工场内工人的平均数量为 30～40 名，平均产量为 16 万～23 万普特，采用甜菜作为原料的工厂不多，30 年代中期之前，甜菜制糖业发展缓慢，主要在于生产技术落后。1813～1814 年，甜菜制糖厂的产量为 1400 普特，1825 年为 1500 普特。[①] 30 年代之后，制糖业得到了快速发展，原因如下：第一，自 1819 年俄国政府提高了糖类产品的进口关税，分时段看，1819 年、1822 年和 1841 年俄国每普特糖类产品的进口关税分别为 75 戈比、1 卢布 15 戈比和 3 卢布 80 戈比；第二，俄国贵族经济危机凸显，大部分地主开始寻找新的出路，很多贵族将目标放在制糖和酿酒业上，到 1844 年已有 40 家方糖厂和 217 家甜菜制糖厂[②]，且大部分属于贵族和地主。因政府实施保护性关税政策，俄国糖产量明显增加，到 1841 年，俄国已停止进口砂糖。19 世纪中叶前，俄国制糖厂数量明显增加，1849 年俄国制糖厂数量已达 340 家。[③] 随着俄国工业化进程的开启，制糖业也开始使用蒸汽机，1860～1861 年使用蒸汽机为动力的甜菜制糖厂比例已达 41%，砂糖产量达 3301 万普特，占总产糖量的 81%。[④]

（三）烟草业

俄国烟草工业同其他许多工业部门一样，崛起于彼得一世时期，而且早期工厂都隶属于国家。1718 年，俄国建立第一家国有卷烟手工工场，1727 年该手工工场归私人所有，此后几经转手。烟草行业利润较大从一个侧面促进了其发展，1804 年俄国有 7 家烟草企业，但规模较小，手工工场工人平均低于 3 名，1805 年为 5 名，1809 年达 17 名。其中，圣彼得堡的纽哈杰尔手工工场较为有名，1809 年该工厂烟草产量达 1.3 万普特，几乎垄断全俄烟草业。[⑤]

随着居民需求量的不断提高，俄国烟草工业发展迅速。19 世纪初，

① Сметанин С. И. , Конотопов М. В. Развитие промышленности в крепостной России. С. 149.

② Обзор различных отраслей мануфактурной промышленности России. Т. 2. СПб. , Тип. Департамента внешней торговли, 1863. С. 13.

③ Фабрично-заводская промышленность и торговля России. СПб. , Тип. В. С. Балашева и Ко, 1893. С. 166，167.

④ Обзор различных отраслей мануфактурной промышленности России. Т. 2. С. 14，83.

⑤ Сметанин С. И. , Конотопов М. В. Развитие промышленности в крепостной России. С. 157，163 - 164.

俄国居民年人均烟草消费量为 800 克，同期英国、法国和奥地利则分别为 642 克、926 克和 1245 克。20 年代后是俄国烟草工业快速发展的时段，1823 年、1826 年和 1834 年俄国卷烟手工工场的数量分别为 26 家、37 家和 63 家，工人数量分别是 218 名、415 名和 414 名。而到了 50 年代后，卷烟厂数量大增，1850 年、1855 年和 1860 年分别为 303 家、291 家和 551 家，工人分别为 4424 名、4908 名和 6059 名，该时期烟草产量和产值分别是 30 年代的 1.7 倍和 4.3 倍。[①]

虽然俄国烟草厂数量增加，但该行业并未出现生产集中化趋势，19 世纪 40 年代初期，单位工厂平均工人数量减少至 4 人，50 年代平均工人数量增长至 13 人，但单位工人生产量却降低了。其中，莫斯科省烟草产量最高，其次是圣彼得堡。圣彼得堡最大的卷烟厂由茹克夫所有，年流动资金达 100 万卢布，其次为米列尔卷烟厂；莫斯科最大的卷烟厂是波斯塔茹格卷烟厂，年流动资金量超过 100 万卢布。[②]

18 世纪，俄国烟草出口量是进口量的 6 倍，出口量为 4 万~17 万普特，进口量为 0.8 万~1.6 万普特，俄国多从国外进口原料，然后出口成品至国外。随着经济的发展和俄国居民购买力的增强，19 世纪初进口量有所增加，烟草出口量是进口量的 1 倍，20 年代烟草进口量明显增加，出口量缩减。为扶持本国烟草工业发展，俄国政府数次提高进口关税，随着烟草关税的提高，烟草进口量迅速下降，1851~1853 年俄国烟草年均进口量为 16.1 万普特，1860 年降至 13.5 万普特。[③]

（四）酿酒和制盐业

俄国居民有饮酒的习惯，而啤酒在 16 世纪已经流行。伊凡四世时期，俄国建立了第一家酒肆，专门从事酒产品贸易，但其酿酒业真正产生于 18 世纪，并且长期由国家垄断。1801 年，俄国共有 2500 家酿酒手工工场，特权省份酿酒厂数量为 1900 家，普通省份酿酒厂数量为 600

① Сметанин С. И.，Конотопов М. В. Развитие промышленности в крепостной России. С. 166.

② Сметанин С. И.，Конотопов М. В. Развитие промышленности в крепостной России. С. 166.

③ Сметанин С. И.，Конотопов М. В. Развитие промышленности в крепостной России. С. 164.

家。1824 年，38 省酒产量为 155.1 万桶，共消耗 27.7 万俄担粮食，酿酒厂工人数量为 2714 名。[①] 19 世纪 50 年代，俄国地主庄园内酿酒厂酒产量为 7350 万桶。从世界范围看，俄国酿酒量一直居世界首位，1859 年俄国酿酒量达 5050 万桶，当时欧洲各国酿酒总量为 3840 万桶。50 年代，奥地利的酒产量为 1410 万桶，普鲁士、法国和英国的酒产量分别为 1090 万、880 万和 870 万桶。[②] 总体来看，因居民购买力有限，俄国酿酒业仍长期停滞不前。

制盐业关系国计民生，所以一直受国家重视。15~16 世纪，因熬制盐产品工序十分复杂，人工消耗大，一直由国家垄断。18 世纪末 19 世纪初，俄国主要产盐区为埃利通、彼尔姆和阿斯特拉罕等地，上述产盐地都位于伏尔加河流域。埃利通盐湖位于伏尔加河沿岸的伏尔加格勒州，自古就是俄国的主要产盐区。19 世纪 20 年代，年均产盐量已达 800 万~1000 万普特。[③] 卡马河流域也是重要的产盐基地，1812 年卡马河流域产盐量为 470 万普特，1815~1826 年年均开采量约 560 万普特，1852 年产量为 540 万普特。[④] 卡马河大部分盐运往下诺夫哥罗德，从下诺夫哥罗德转运至中部、西南部、西北部省份。

阿斯特拉罕为伏尔加河下游的重要产盐地，19 世纪初，该地盐产品年产量就为数十万普特。[⑤] 此地盐一部分运往下游萨拉托夫等省，其余沿伏尔加河运往沿岸各口岸。18 世纪中叶，俄国北部产盐区每年向圣彼得堡、诺夫哥罗德、普斯科夫等城市供应 40 万普特盐。[⑥]

（五）化学工业

俄国化学工业始于 17 世纪初，早期主要生产炸药。17 世纪初，莫

---

① Сметанин С. И., Конотопов М. В. Развитие промышленности в крепостной России. С. 179.

② Сметанин С. И., Конотопов М. В. Развитие промышленности в крепостной России. С. 180 – 181.

③ Сметанин С. И., Конотопов М. В. Развитие промышленности в крепостной России. С. 196 – 197.

④ Введенский Р. М. Экономическая политика самодержавия в конце XVIII – первой поливины XIX в. С. 73.

⑤ Марухин В. Ф. История речного судоходства в России. С. 238.

⑥ Экономическая история России с древнейших времен до 1917 г. Том первой. С. 406.

斯科建立俄国第一家炸药手工工场，最初只有 8 名工人。1626 年，建立第二家手工工场，上述两家企业都为国有企业。17 世纪 80 年代，在该行业劳动的工人已达 55 名，年生产炸药 2440 普特，价值 4664 卢布。[1] 17 世纪末，化学工业快速发展，年均生产炸药 3900 普特。[2] 除炸药外，手工工场还生产焦油和钾碱，17 世纪俄国年均钾碱产量为 6 万 ~ 12 万普特，17 世纪末年均产量已达 25 万普特。[3] 焦油一直是俄国主要的出口产品之一，1688 年焦油出口量为 6 万普特，1699 年为 7.5 万普特，这些数据显示俄国化学工业已初具规模。[4]

18 世纪初，俄国炸药手工工场数量迅速增加，彼得一世时期已有 2 家国有炸药手工工场和 6 家私人炸药手工工场。70 年代俄土战争时期炸药产量迅速增加，到 1790 年已达 8.3 万普特。总体来看，虽然炸药手工工场数量减少，但工人数量却明显增加，增长 13 倍，产品产量增长 7.5 倍。硝酸钾和硫黄，也是较重要的化学产品，18 世纪初俄国诞生第一家生产硝酸钾的手工工场，20 年代乌克兰有 10 家国有手工工场专门生产硝酸钾，喀山附近也有几家手工工场专门生产硝酸钾。1792 年，国有手工工场硝酸钾产量约占全俄总产量的 2/3。[5] 俄国第一家私人硫黄手工工场产生于 1729 年，主要为炸药手工工场提供原料。

18 世纪是俄国化学工业的起步阶段，19 世纪开始快速发展，除炸药、硝酸钾产量提高外，其他新型化学制品产量也不断提高。1853 ~ 1854 年克里米亚战争期间炸药产量迅速提高，与 19 世纪初相比，产量增长约 4 倍。炸药厂生产规模也不断扩大，50 年代仅什斯杰尼工厂工人数量就达 1900 人。随着纺织工业的发展，化学试剂和染料的需求量大增，19 世纪初，

[1]　Сметанин С. И. ，Конотопов М. В. Развитие промышленности в крепостной России. С. 339.

[2]　Лукьянов П. М. Истории химической промыслов и химической промышленности России до конца XIX в. Т 5. М-Л. ，АН СССР，1955. С. 132 – 170.

[3]　Лукьянов П. М. Истории химической промыслов и химической промышленности России до конца XIX в. Т 2. С. 19 – 34.

[4]　Сметанин С. И. ，Конотопов М. В. Развитие промышленности в крепостной России. С. 344；Лукьянов П. М. Истории химической промыслов и химической промышленности России до конца XIX. С. 332 – 333.

[5]　Сметанин С. И. ，Конотопов М. В. Развитие промышленности в крепостной России. С. 347 – 348，353.

俄国专门生产化学试剂的企业就有数十家，年产量约为 7000 普特，主要产品为硫酸、盐酸和矾等。1835 年，上述工厂的数量增加 4.7 倍，工人数量增长 7.2 倍，产品产量增长 23.8 倍。[①] 与此同时，染料产量也迅速增加，1800～1840 年俄国染料生产厂家由 14 家增长至 33 家，工人数量从 107 名增长至 403 名，产品产量从 1800 普特增长至 5400 普特。[②]

第三节　19 世纪上半叶交通运输业蓬勃发展

交通运输是工商业发展的有力保障，运输革命也是工业革命的重要组成部分。随着俄国经济的不断发展，18 世纪下半叶，俄国内河运输快速发展，水路凭借运量大、成本低、适合远距离运输等优势迅速成为商品运输的主力。俄国工业化开启之前水运是俄国交通运输的主角，但铁路已开始起步，其作用也不断提升。

一　水路运输

俄国的水路运输包括两大部分。一是内河运输，即由众多河流组成的庞大运输网络；二是海外运输，是俄国国内外贸易发展的有力保障。

俄国内河水系可分为十大区域，第一区域包括伏尔加河上游、上沃洛茨克水路、涅瓦河、卡卢加河和拉多加湖（斯维里河除外）等河流，总长度为 2260 俄里，主要流经省份为特维尔、诺夫哥罗德和圣彼得堡等。第二区域包括马林斯基运河和季赫温运河的相关水系，还包括伏尔加河流域部分河流与北方诸多湖泊，如舍克斯纳河、科夫扎河、白湖；还包括波罗的海流域的维捷格拉河、沃德拉河、奥涅加湖、斯维里河和拉多加湖周边水渠，该区域水路总长度为 1894 俄里，主要流经省份为奥洛涅茨、特维尔、诺夫哥罗德、雅罗斯拉夫和圣彼得堡等。第三区域为伏尔加—卡马河流域，其范围最广，由两部分组成，第一部分为特维尔至下诺夫哥罗德的伏尔加河干流，以及整个奥卡河支流（乌帕河除外），总长

---

①　Сметанин С. И.，Конотопов М. В. Развитие промышленности в крепостной России. С. 380.

②　Фабрично-заводская промышленность и торговля России. СПб.，Тип. В. С. Балашева и Ко，1893. С. 191.

度为 3500 俄里，第二部分为下诺夫哥罗德至伏尔加河下游入海口，包括卡马河及其支流，总长度为 3788 俄里，主要流经省份为特维尔省、莫斯科省、雅罗斯拉夫省、科斯特罗马省、弗拉基米尔省、梁赞省、卡卢加省、唐波夫省、奔萨省、奥廖尔省、下诺夫哥罗德省、喀山省、彼尔姆省、维亚特卡省、奥伦堡省、辛比尔斯克省、萨拉托夫省、萨马拉省和阿斯特拉罕省。第四区域为包括奥卡河的乌帕河支流、顿河流域，以及捷列克河、库班河和库马河，总长度为 2145 俄里，主要流经省份为土拉省、库尔斯克省、唐波夫省、萨拉托夫省、哈尔科夫省、叶卡捷琳诺斯拉夫省、沃罗涅日省、高加索地区、塔夫里达省、顿河哥萨克军团和格鲁吉亚等。

　　第五区域包括第聂伯河（其支流普里皮亚季河和别列津纳河除外）、布格河和德涅斯特河及其支流，总长度为 3570 俄里，主要流经省份为斯摩棱斯克省、莫吉廖夫省、奥尔洛夫省、库尔斯克省、契尔尼戈夫省、基辅省、波尔塔瓦省、哈尔科夫省、叶卡捷琳诺斯拉夫省、赫尔松省和波多利斯克省。第六区域包括奥金斯基运河、普里皮亚季河、戈伦河、斯卢奇河、斯特里河、亚谢利达河、涅曼河及其支流、纳雷夫河和博布尔河，总长度为 2180 俄里，主要流经省份是基辅省、沃伦省、明斯克省、格罗德诺省和维尔诺省等。第七区域包括别列津纳运河、西德维纳河流域、纳罗夫河下游、普斯科夫湖和楚德湖，主要流经省份为明斯克省、莫吉廖夫省、维杰布斯克省、库尔兰省、里夫兰省和爱斯特兰省等。第八区域主要包括萨伊莫湖、武奥克萨河、基名河与博尔格等河流，主要分布于芬兰地区。第九区域为北德维纳河流域、北叶卡捷琳娜二世运河、奥涅加河流域、梅津河和伯朝拉河，总长度为 3180 俄里，主要流经省份为沃洛格达省、阿尔汉格尔斯克省、维亚特卡省、奥洛涅茨省和彼尔姆省部分地区。第十区域为乌拉尔山至太平洋沿岸间的众多河流，主要为鄂毕河、叶尼塞河、勒拿河、亚纳河、因迪吉尔卡河以及汇入太平洋的乌拉克河和阿穆尔河，主要流经省份为托博尔斯克省、托木斯克省、伊尔库茨克省和彼尔姆省等。

　　水路运输具有运量大、成本低、耗能少和投资小等优点，但其最主要的优势是价格低廉。河流越长、河道越笔直，运输成本越低，并且适用于远距离运输。19 世纪末，铁路运输每普特粮食和盐、石油和煤炭的平均运费分别为 1/50 戈比、1/56 戈比和 1/64 戈比，该时期伏尔加河水路盐、粮食和石油的运费分别为 1/254 戈比、1/180 戈比和 1/289 戈比，水路运费为铁路运费的 1/4～1/2。19 世纪末 20 世纪初，随着轮船的大规模推广，水路运费逐年降低，1908～1912 年伏尔加河水路粮食、石油和盐的运费分别降为原来的 1/4、1/5 和 1/10。除运费优势外，19 世纪 60 年代，每俄里铁路和公路的修建成本分别为 15 万～16 万卢布和 5 万～6 万卢布，每俄里水路的运营成本为 0.9 万～1.1 万卢布，含船舶费用在内运营成本仅为 2 万卢布，河运和海运原始运输成本为铁路和公路的 1/9～1/7 和 1/5～1/3。此外，水路运输每普特货物的耗能量分别为铁路和公路的 1/6 和 1/25，水路运输成本远低于畜力运输。[①] 轮船大规模使用后，航速提升更快，船只的载重量更大。因水路具有价格优势，工业化开启前后其一直是俄国商品运输的主力。

18 世纪下半叶，俄国水运网络不断扩大，19 世纪 60 年代俄国水运线路里程达 5.1 万俄里，固定航线长度达 3.1 万俄里。[②] 19 世纪中叶，

[①] 俄国政府用于修建和维护运河、疏通河道和清淤的投资远低于铁路，1866 年、1874 年、1875 年和 1879 年此项支出分别为 147 万卢布、128 万卢布、171 万卢布和 368 万卢布，只占交通部总支出的 6.19%、5.53%、9.9% 和 21.4%，铁路建设和维护支出所占比例最高。20 世纪初，俄国政府用于改善水路的费用有所增加，其数额为 1400 万～3000 万卢布，但该项费用仍远低于铁路，1902～1912 年俄国政府用于完善铁路线路的年均支出就达 7800 万卢布。至 1911 年俄国政府用于铁路建设和维护的总投资达 66.8 亿卢布。详见：Андреев В. В. МосковскоКазакская железная дорога на рубеже XIX–XX веков. СПб.，Изд-во Петербургской гос. Политехнический унт，2010. С. 90–91；Целиков С. А. Строительство и эксплуатация Самаро-Златоустовской железной дороги и ее влияние на развитие экономики самарской，оренбургской и уфимской губерний（вторая половина XIX в–1917 г.）. Диссертация. Самара.，2006. С. 112；Марухин В. Ф. История речного судоходства в России. С. 381；Горбунов А. А. Политика развития железнодорожного транспорта в XIX–начале XX вв：компартивно-ретроспективный анализ отечественного опыта. С. 85；Россия 1913 год. Статистико-документальный справочник. СПб.，Блиц，1995. С. 107；Сучков Н. Н. Внутрение пути сообщения России//Россия в ее прошлом и настоящем（1613–1913）. С. 23，27；Кончаков Р. Б. Социально-экономические аспекты транспортных проблем на железных дорогах центрального черноземья в середине XIX–начала XX в по материалам Тамбовской губернии//Железные дороги и процесс социальной модернизации России в XIX–первой половине XX в. Тамбов.，Тамб. гос. ун-т им. Г. Р. Державина，2012. С. 294；Китанина Т. М. Хлебная торговля России в 1875—1914. Л.，Наука，1978. С. 57；张广翔：《19 世纪至 20 世纪初俄国的交通运输与经济发展》，《社会科学战线》2014 年第 12 期，第 228 页。

[②] Истомина Э. Г. Водный транспорт России в дореформенный период（Историко-географическое）. С. 257.

欧俄地区通航内河水路的总长度为 2.7 万俄里，年船只行驶数量约为 1.2 万艘，货物运输量为 4 亿普特，原木 500 万根，其中运送货物总重量的 3/4 和货物价值的 4/5 由伏尔加河及其支流实现。[①] 因篇幅有限，本部分以伏尔加河流域为例探究水路运输与俄国工商业发展的关系。

17 世纪开始，伏尔加河及其支流就已成为俄国最重要的内河航线，该河流约有 40 条河流，借助西北部三条运河可与波罗的海相通，奥卡河支流可连接顿河流域，经此沟通黑海和亚速海，卡马河及其支流又将乌拉尔和西伯利亚等地商品源源不断地运至国内市场，因此，伏尔加河流域奠定了俄国四通八达的商业网络。伏尔加河及其支流流经 17 个省份，总长度约为 1.3 万俄里。[②] 伏尔加河的各省河道长度如下：阿斯特拉罕省、维亚特卡省、顿河哥萨克军区、喀山省、卡卢加省、科斯特罗马省、莫斯科省、下诺夫哥罗德省、奥廖尔省、奔萨省、彼尔姆省、梁赞省、萨马拉省、萨拉托夫省、辛比尔斯克省、唐波夫省和特维尔省的长度分别为 450 俄里、980 俄里、1762 俄里、721 俄里、455 俄里、597 俄里、305 俄里、582 俄里、390 俄里、278 俄里、1909 俄里、509 俄里、934 俄里、972 俄里、918 俄里、542 俄里和 872 俄里。[③]

19 世纪上半叶，伏尔加河水路为俄国最重要的内河航线，1800 ~ 1825 年，伏尔加河水路干流共有 120 个码头，奥卡和卡马河流域的码头数量分别为 60 个和 111 个，伏尔加河其他支流还有 85 个码头。[④] 19 世纪 50 年代，伏尔加河流域 23 个港口的年均商品交易额都高于 50 万卢

① Дулов А. В. Географеческая среда и история России. Конец XV – середина XIX вв. С. 123；Истомина Э. Г. Водный транспорт России в дореформенный период（Историко-географическое）. С. 104.

② Истомина Э. Г. Водный транспорт России в дореформенный период（Историко-географическое）. С. 136；Тагирова Н. Ф. Рынок Поволжья（Вторая половина XIX – начало XX вв.）. М.，ООО«издательский центр научных и учебных программ»，1999. С. 71；Бессолицын А. А. Поволжский региона на рубеже XIX – XX вв.（основны тенденции и особенности экономического развития）//Экономическая история России：проблемы，поиск，решения：Ежегодник. Вып5. С. 196；Экономическая история России с древнейших времен до 1917 г. Том первой. С. 520.

③ Истомина Э. Г. Водный транспорт России в дореформенный период（Историко-географическое）. С. 136.

④ Экономическая история России с древнейших времен до 1917г. Энциклопедия. Том первой. С. 520.

布，但主要货物为农产品。① 伏尔加河流域主要码头为下诺夫哥罗德、雷宾斯克、阿斯特拉罕、萨拉托夫和萨马拉等，阿斯特拉罕为伏尔加河的出海口，下诺夫哥罗德为伏尔加河流域最大的商品集散地，萨拉托夫和萨马拉为重要的粮食交易港口。

18 世纪末，伏尔加河流域各港口中雷宾斯克、下诺夫哥罗德和阿斯特拉罕最为重要，雷宾斯克每年都举办粮食展销会，粮食交易量居全俄首位。下诺夫哥罗德港口为伏尔加河中游最重要的港口，它与运输乌拉尔铁制品和农产品的喀山和切鲍科萨尔港口相连。伏尔加河流域为俄国重要的工商业中心，下游的萨马拉、萨拉托夫、科斯特罗马、彼尔姆、辛比尔斯克、唐波夫等省份为俄国的产粮大省，也是伏尔加河流域的粮仓。莫斯科省位于奥卡河支流莫斯科河上，是俄国重要的工业中心；卡马河流域是乌拉尔金属制品的主要输出地，中游的下诺夫哥罗德港口是俄国最大的商品集散地及转运港口，上游的粮食交易港口雷宾斯克更是世界闻名。

二　铁路运输

铁路是第一次工业革命的产物，在人类历史上的影响非常巨大，促进了生产力的飞速发展。英国工业革命开启之后，欧美主要国家的经济快速发展，铁路发挥了巨大的作用。铁路对促进生产技术革新、国内市场扩大、国际贸易繁荣、自然资源开发和利用，以及工业化和城市化进程都有重大作用。英国工业革命开启之后，主要资本主义国家都发生交通运输革命，铁路就是交通运输革命的产物。19 世纪上半叶，铁路开始进入俄国百姓的视野之中，皇村铁路由此诞生，但俄国铁路建设速度十分缓慢，除资金和技术原因外，国内反对呼声较高也是重要原因之一。即便如此，铁路的优越性逐渐凸显，其建设长度也不断增加。工业化开启前，俄国最重要的铁路为皇村和莫斯科—圣彼得堡铁路，本部分以其为例分析农奴制改革前的铁路建设状况。

---

① Истомина Э. Г. Водный транспорт как фактор развизия внутренней и внешней торговли сельскохозяйственной продукцией в конце XVIII – первой половине XIX в. С. 55.

（一）皇村铁路

皇村铁路是俄国第一条正规铁路，该铁路于 1837 年通行，亦是俄国铁路建设的开端。在英国大举修建铁路的同时，俄国也打算引进铁路，皇村铁路就是在尼古拉一世支持下建成的。1835 年，俄国政府成立特别委员会，沙皇尼古拉一世亲自担任委员会主席，该委员会举行多次会议，研究铁路修建的可行性，最终决定于次年正式开始修建皇村铁路。

1836 年 5 月 1 日，皇村至巴甫洛夫段铁路开始施工，1836 年末该铁路段的地基铺设工作已基本完成。路基铺设过程中共建成 42 座桥梁，包括 40 座木桥，长度大多为 2～4 米；两座石桥，长度分别为 26.5 米和 15 米。铁路两侧的路基宽度约为 5.5 米，轨道间距约 0.9 米。因无经验可循，原材料耗费较大，具体而言，铺设每米铁路需铁轨 0.9 普特，但铁轨长度各异，多为 3.7 和 4.7 米，皇村铁路所需的铁轨多由英国或比利时进口。铁路地基铺设共分为三层，最底层为砂土，厚度约 46 厘米，最上层为石头，厚度也为 46 厘米，中间层为土堤，厚度不一，为 1.4～2.9 米。1837 年 10 月 30 日，首班列车通车仪式于皇村举行，列车由八节客运车厢构成，尼古拉一世及部分皇族成员亲自乘坐该次列车，车速为 60 俄里/时，全程长 21 俄里，耗时 35 分钟。1838 年，圣彼得堡至巴甫洛夫段铁路也正式通车，皇村铁路全线通行，该线路共设四个站点，分别为圣彼得堡、巴甫洛夫、皇村和莫斯科路站。[①]

自 1838 年 1 月 31 日开始，皇村铁路每日开设两趟列车，第一趟列车于早上 10 点由圣彼得堡出发，第二趟列车于晚上 7 点由圣彼得堡出发，皇村站列车的返回时间分别为早上 8 点和晚上 5 点。1838 年 4 月 4～30 日，该线路运载旅客的数量就达 1.4 万人，日旅客运送量超 500 人。[②] 皇村铁路的修建足以证明俄国修建铁路的可行性，虽然社会各界反对呼声仍然较强烈，但俄国政府仍决定修建圣彼得堡—莫斯科铁路。

（二）圣彼得堡—莫斯科铁路

皇村铁路修建后，尼古拉一世考虑修建圣彼得堡—莫斯科铁路，但沙

---

① https://tsarselo.ru/yenciklopedija-carskogo-sela/nauka-i-tehnika-v-carskom-sele/carskoselskaja-zheleznaja-doroga.html.

② История железнодорожного транспорта России. Т. 1. 1836 – 1917 гг. СПб.，Ао «Иван Федоров»，1994. С. 39.

皇支持该铁路建设主要出于军事考量, 连接两大城市的铁路可巩固国防安全和维系专制统治。1842 年 2 月, 在沙皇的支持下成立圣彼得堡—莫斯科铁路建设特别委员会, 其成员包括财政大臣坎克林、国有资产部大臣基谢廖夫、内务大臣别洛夫斯基和交通与公建管理局局长托尔等人, 委员会主要研究铁路建设方案和前期相关工作。

圣彼得堡—莫斯科铁路于 1843 年 3 月同时从两个方向修建, 北段为圣彼得堡至丘多沃段, 南段为维什尼沃罗丘克至特维尔段。圣彼得堡—莫斯科铁路是俄国第一条复线铁路, 在该铁路上建成俄国第一座开合铁路桥, 根据站点间距离的远近, 共设四个等级的车站, 一级车站间距离为 176 俄里, 二、三、四级车站间距离分别为 88 俄里、44 俄里和 22 俄里。① 圣彼得堡—莫斯科铁路建设历时 9 年, 于 1851 年竣工, 全长 656 俄里。圣彼得堡—莫斯科铁路第一列火车由 15 节车厢组成, 各节车厢的载重量为 50.1 万普特, 全程行驶需 48 小时, 平均速度为 18 俄里/时。②

圣彼得堡—莫斯科铁路的施工十分困难, 施工过程中时常遇见沼泽, 只能使用独轮车和马匹运输材料, 路基分层铺设, 下层使用砂土, 上层用碎砖和砾石, 为加固路基还在道砟上铺设木板, 对木板进行防腐处理后再填满碎石。每 6 块枕木上放一组 18 英寸长的铁轨, 铁轨接合处进行加固。因该铁路穿过森林和沼泽区域, 为便于通行在铁路沿线上设置 184 个石墩铁路桥和 19 条管道, 在该线路上还建成了维列彼因斯克大桥, 该桥体由 9 个长度为 61 米跨距的石墩组成。

圣彼得堡—莫斯科铁路为俄国现代铁路建设的开端, 铁路的政治、经济和军事意义不断突出。就经济效益而言, 圣彼得堡—莫斯科铁路在运营之初, 单位俄里铁路的收益就由 1852 年的 6575 卢布增加至 1857 年的 1.4 万卢布, 1863~1869 年每俄里铁路收益由 11.6 万卢布增加至 26.6 万卢布③, 铁路的货物运输量持续增加, 货物运输利润是客运收入

① История железнодорожного транспорта России. Т. 1. 1836 – 1917 гг. С. 62 – 63; 逯红梅: 《1836—1917 年俄国铁路修建及其影响》, 博士学位论文, 吉林大学, 2017, 第 31 页。

② История грузовых железнодорожных перевозок в россии XIX – XX века. М., Книга-Пента, 2008. С. 23.

③ Чупров А. И. Железнодорожное хозяйство. С. 333 – 334; 逯红梅: 《1836—1917 年俄国铁路修建及其影响》, 第 31 页。

的 4～8 倍。① 虽然铁路的经济意义日渐突出，其作用也毋庸置疑，但耗资巨大，政府财政负担沉重。圣彼得堡—莫斯科铁路是俄国历史上第一条真正意义上的铁路，全年通行，带动了俄国第一次铁路建设热潮的出现。尽管圣彼得堡—莫斯科铁路成效突出，但因政府财政赤字居高不下，加上国内反对呼声日强，19 世纪 50 年代之前，俄国并没有建成其他大型铁路。

1835 年，俄国开始修建第一条铁路之时，英国铁路的总长度仅为894 俄里，法国和比利时的铁路长度分别为 64 俄里和 23 俄里，此时奥地利和德国还未修建一寸铁路。1845 年，欧洲的铁路里程已达 9900 俄里，俄国铁路长度仅为 158 俄里，1855 年克里米亚战争结束之时，欧洲各国铁路的总长度已达 3.7 万俄里，俄国铁路长度仅为 1100 俄里，只为欧洲铁路总长度的 3%。② 19 世纪上半叶，虽然俄国的铁路长度远落后于西欧各国，但铁路已逐渐步入国人视野，为工业化开启后的交通运输革命奠定了基础。

交通运输对一国社会经济发展的影响毋庸置疑，俄国也如此。受自然环境的制约，俄国大修铁路之前，水路运输长期唱主角，粮食、木材、盐、农副产品等大宗商品通过水路运至国内各地和出海口，大致满足国内贸易和经济发展的需要。随着工业革命的兴起，水路和畜力运输的局限性彰显无遗，无力保证日益扩大的工业生产和商品交换的迫切需求，铁路开始大规模建设。交通运输革命是工业革命的重要组成部分，大力兴修铁路成为俄国工业化顺利开启的强有力的杠杆，19 世纪上半叶，俄国铁路网就已不断扩大，铁路的运输能力也不断提升。

第四节 国内外贸易蓬勃发展

贸易也是衡量一国经济发展水平的重要指标之一，俄国贸易对其经济发展的影响较大，主要有三个方面：一是促进国内市场的进一步深化，使俄国与国际市场的联系日趋紧密；二是刺激工商业发展，市场行情成

---

① История грузовых железнодорожных перевозок в россии XIX – XX века. С. 23.
② Сучков Н. Н. Внутрение пути сообщения России. С. 15.

为最好的调节杠杆，商品生产者可自由调整其生产规模；三是使俄国实现早期资本主义原始积累，为工商业发展筹集了资金，增加了国民收入。为更好地阐释农奴制改革之前俄国的贸易规模，本部分主要分析俄国的展销会、国内贸易和国际贸易状况。

一　展销会

19 世纪上半叶，俄国国内贸易快速发展。城市是商业发展的基础，根据商业网点的规模可将俄国城市分为五种类型，第一类城市是大型城市，具有完善的贸易网点，批发和零售贸易十分发达，店铺、饭店众多，莫斯科、圣彼得堡、下诺夫哥罗德、喀山、雅罗斯拉夫、卡卢加、辛比尔斯克、奥伦堡、伊尔库茨克、乌法、基辅、阿斯特拉罕、里加、哈尔科夫和阿尔汉格尔斯克等城市都属于该类型；第二类城市为国内大型商品转运和存储基地，亦是重要的贸易中心，如下诺夫哥罗德、圣彼得堡和伊尔库茨克等城市，此类城市具有固定网点从事批发和零售贸易，里海和波罗的海沿岸的诸多港口都属于此范畴；第三类城市只从事零售贸易，不具有固定的商铺；第四类城市规模较小，城镇和乡村居民只进行集市贸易；第五类城市为小城市，只有乡村居民进行贸易。18 世纪下半叶，固定贸易的规模迅速扩大，展销会是衡量国内贸易发展的重要指标，此时期展销会的数量增长 6.5 倍，151 个城市固定贸易已颇具规模。[1]

展销会亦称集市贸易，是俄国国内贸易的最主要形式。18 世纪，俄国市场分为定期市场、固定市场和流动贸易三种形式。流动贸易泛指农村中广泛流行的行商，是最低级的贸易形式，受自然因素和主观因素影响较大。展销会贸易是高级贸易组织形式，为定期、有组织和有规律的贸易形式，是当时跨地区交易的最主要贸易方式之一，具有地方市场的一些功能。集市贸易亦是定期贸易的一种，定期在省城、县城和主要城镇举行，小省城和县城举办的次数为一周 2～3 次和 1～2 次，城镇可能一周或两周举行一次，其目的是便于农民和商人销售产品。固定市场是

---

①　Миронов Б. Н. Внутренний рынок России во второй половине XVIII - XIX в. С. 62.

最高的贸易形式，其主要特征之一是具有专门的贸易设施，如店铺、商店、仓库和旅馆等，可随时满足消费者的需求。

18世纪末，展销会多于每年的5月、6月、7月、8月和9月举办，上述展销会占全年展销会次数的67%。19世纪上半叶，春秋季节举办展销会的数量比例为54%。每年10月和3月也是展销会举办的月份。① 5月展销会数量较少，但其交易额不断增加，究其原因是农民虽忙于耕种，但农具和机器设备的需求量较高，5月产品销售额丝毫不逊色于6、7月。6月末和7月初展销会销售额最多，此时农忙期结束，农民开始从事手工业，将渔猎产品运输到市场上销售。8月展销会数量接近全年平均水平，虽然农民忙于农活，但商品需求量仍很高。9月农民将农产品运至展销会销售，展销会数量大增。10月开始，展销会数量明显减少，直到第二年3月。俄国大多数地区展销会举办的时间与农民农忙季节、气候和交通因素相关，北部地区展销会多于每年1月和3月举办，波罗的海地区的展销会多于9月举办。②

俄国展销会举办的持续时间多取决于贸易规模，展销会规模越大，持续时间愈长，城市展销会时长明显多于乡村。展销会持续时间可分为如下等级，即1~3、4~7、8~14、15~21、22~30天和31天以上的展销会。大部分展销会持续时间较短，多为1~3天，近一半的展销会持续时间为1天。一般批发型展销会持续3~4周，零售型展销会持续1周左右，城市展销会的持续时间明显长于乡村展销会。销售国外商品的展销会可划分为五个系列，下诺夫哥罗德展销会属于第一系列，持续时间为30天，第二、三、四和五系列展销会持续的时间分别为22~30天、15~21天、8~14天和7天。

就展销会商品种类而言，18世纪末近98%的展销会销售手工工场产品和服装，75%的展销会销售肉、鱼和皮货等产品，72%的展销会销售手工业品，68%的展销会销售农产品，63%的展销会销售燃料和金属制品，57%的展销会销售木制品，41%、19%、11%和8%的展销会销售日

① Миронов Б. Н. Внутренний рынок России во второй половине XVIII – XIX в. С. 121 – 126.
② 张广翔：《全俄统一市场究竟形成于何时》，《世界历史》2001年第3期，第95页。

用百货、酒、进口商品和贵重艺术品①，19 世纪上半叶工业品开始出现
在展销会上。就销售商品种类而言，展销会可划分为农产品、手工工场
产品、手工业品和大型商品展销会。农产品展销会集中于中部黑土区、
波罗的海地区和小罗斯地区；工业品展销会主要参与者为商人和市民，
此展销会集中于工业发达省份，如西北部工业区、西部工业区和中部工
业区；手工业品展销会主要销售手工作坊产品和农民手工业品，集中于
西北部工业区、中部黑土区和乌拉尔等地。

　　俄国展销会分为零售、征购、周转、大型零售、批发 5 种类型。征
购商品多源自零售展销会、征购展销会和批发展销会，销售商品源自批
发展销会、周转展销会和零售展销会。18 世纪末，俄国展销会有 3159
个，上述 5 种类型的展销会分别占 83%、3%、4%、8% 和 2%；19 世纪
中叶，俄国展销会共计 5263 个，上述 5 种类型的展销会分别占 87%、
3%、3%、6% 和 1%。②

　　在俄国所有展销会中马卡里耶夫展销会最为出名，该展销会是下诺
夫哥罗德展销会的前身。1825 年、1832 年和 1840 年下诺夫哥罗德展销
会的货物价值分别为 1710 万、3455 万和 4727 万卢布，销售额分别为
1146 万、2904 万和 3883 万卢布。下诺夫哥罗德展销会的商品中，欧亚
区域商品占主导，1830 年和 1839 年亚洲和欧洲商品的比例分别为
26.8% 及 24.1%。③ 18 世纪开始，俄国国内贸易发展迅速，1820 年，国
内贸易额达 9 亿卢布，1830 年达 14 亿卢布。19 世纪上半叶，集市贸易
十分繁荣，至 1850 年俄国约有 4300 个展销会，运进商品价值达 2.3 亿
卢布，出售商品价值达 13.8 亿卢布。④

---

① Миронов Б. Н. Внутренний рынок России во второй половине XVIII – XIX в. С. 139；Цвет-
ков М. А. Уменьшение лесистости Европейской России с конца XVII столетия по 1914
год. М., Из-во АН СССР, 1957. С. 123.

② 张广翔：《全俄统一市场究竟形成于何时》，《世界历史》2001 年第 3 期，第 95 页。

③ Халин А. А. Система путей сообщения нижегородского поволжья и ее роль в социально-
экономическом развитим региона （30 – 90 гг. XIX в.）. С. 87.

④ Индустриальное наследие. Сборник материалов II Международной научной конференц-
ии г. Гусь-Хруста-льный, 26 – 27 июня 2006г. Саранск., Мордовское книжное издате-
льство, 2006. С. 58.

具体而言，18世纪末、1832年、1849年和1863年，单位展销会交易额分别为1157万、2121万、3123万和4106万银卢布。19世纪60年代，20个特大型展销会交易额占展销会总交易额的57%~73%，为其余小型展销会平均交易额的45~87倍。18世纪末至19世纪60年代，展销会交易额由6400万银卢布增加到3亿银卢布。1863年，俄国价格总指数增加14%，展销会交易额增长311倍。各地展销会贸易齐头并进，每个省展销会交易额均达到俄国商品交易额的平均水平。[①]

伊尔比特展销会也是俄国大型展销会之一，该展销会集中大批工业品、手工业制品、中国和波斯等地的商品，奥伦堡省很多商品也由此展销会运至国内各大城市。中亚商品也运至伊尔比特展销会，如粮食、面粉、白菜和各种纺织品。阿斯特拉罕也有展销会，其商品结构如下：一是俄罗斯纺织品，主要包括丝织品、毛织品和呢绒产品；二是面粉、黍米、动物油、糖、葱、蘑菇和鸡蛋等；三是铅、钢、铜、铸铁和生铁等金属制品；四是琥珀、时钟、玻璃容器和陶瓷等；五是锯材、木制品、餐具和蜡烛，欧洲的啤酒也经过黑海港口运至阿斯特拉罕。

二　农奴制改革前国内贸易概述

农奴制改革前，俄国国内贸易规模有限，主要商品交换方式为零售和批发贸易。零售贸易泛指在商铺、简陋店铺、固定的小贸易点等场所进行的贸易，零售贸易的另一形式是在俄国长时期存在的行商，主要与农民进行贸易，或在小型集市上从事批发贸易。19世纪上半叶之前，俄国国内贸易商品种类众多，仅以规模最大的粮食、木材和金属等货物进行简单分析。

（一）18世纪国内贸易状况

18世纪，乌克兰东部地区、库尔斯克和沃罗涅日省的森林和草原地带因交通问题很难与国内商业中心开展贸易，主要依靠畜力运输与其他城市开展贸易。南部森林地区，如奥廖尔、土拉、卡卢加和梁赞省的牲畜贸易十分繁荣，大部分运往莫斯科、弗拉基米尔和特维尔等省份，部分运至圣彼得堡。哈尔科夫和沃罗涅日等省份的牲畜主要来自俄国南部、

---

① 张广翔：《全俄统一市场究竟形成于何时》，《世界历史》2001年第3期，第96页。

库尔斯克、奥廖尔、土拉和梁赞等省份。基辅主要从奥廖尔、库尔斯克和土拉等省份运输牲畜，沃罗涅日省的牲畜主要来自沃罗涅日、哈尔科夫、奥廖尔、土拉和库尔斯克等城市。

奥廖尔、库尔斯克、沃罗涅日和梁赞等省份的商品种类众多，盛产油脂、皮革、毛线和蜂蜜等。乌克兰西部地区的蜂蜜、蜂蜡和毛线等货物河运至莫斯科和圣彼得堡，部分货物也通过陆路运至特维尔和格扎季河码头。奥廖尔商人到乌克兰等地出售大麻油、动物油等货物，返程时采购毛线、蜂蜜和皮革等货物，用畜力将货物运至格扎季河码头，有时用水路运至卡卢加省销售。叶里茨的蜂蜜、动物油脂和蜂蜡通过陆路运至莫斯科，部分货物也由喀什基尔运往莫斯科和圣彼得堡等地区。

17世纪末18世纪初，俄国的冶金中心主要集中于下诺夫哥罗德省和伏尔加河上游地区，乌拉尔冶金工业刚刚起步。18世纪初，谢尔普霍夫的商人就把附近城市的铁制品运到全国各地，但卡卢加地区的生铁由波兰运进，布良斯克铁制品从乌克兰地区运进。18世纪下半叶，乌拉尔冶金工业迅速崛起，其铁制品不但运至欧俄地区，还运往西伯利亚等地。

俄国大麻种植区主要为乌克兰西部、卡卢加、奥廖尔和库尔斯克等省份，卡卢加省大麻种植面积最大，该省大麻运至全国各地。18世纪80年代，科泽利斯克和奥多耶夫大麻交易量达3万普特，大麻主要运往白俄罗斯地区的西部码头，由此运至里加等地，最后转运至伏尔加河流域和圣彼得堡等地。1786年，格扎茨克码头的大麻发送量为22.3万普特，格扎季河码头的大麻发送量为41万普特，里加各码头的大麻发送量为20.4万普特。①

18世纪，粮食大多运往大城市，奥廖尔和奥卡河各码头的主要商品是粮食，1784年奥廖尔和姆岑斯克运往莫斯科的粮食约为207.6万普特。18世纪，俄国粮食运输以畜力运输为主。奥卡河流域运往莫斯科的粮食主要来自卡卢加、土拉、梁赞和弗拉基米尔等地，仅卡卢加一省运出的各种粮食就达152.6万普特。② 18世纪80年代，乌克兰西部地区运出粮食数量不多，主要运往里加和列维尔码头。1786年，格扎茨克码头运往

---

① Милов Л. В. По следам шедших эпох: статьи и заетки. С. 443.
② Милов Л. В. По следам шедших эпох: статьи и заетки. С. 444.

圣彼得堡的各种粮食达 3 万俄担，沿格扎季河码头运粮量达 51.3 万普特[①]，主要运往圣彼得堡，很少运往莫斯科。

俄国木材多由北向南运输，主要运至草原地带，很多木材都沿奥卡河运输。木材由奥卡河的卡卢斯克码头装船，然后运往梅谢尔。卡卢加省大部分船只出发时装载的货物为粮食，返程货物为木材、锯材、雪橇和水桶等，主要运往库尔斯克、沃罗涅日、哈尔科夫等城市。18 世纪末顿河造船手工工场所需木材都从维亚特卡省采购。

（二）1861 年农奴制改革前国内贸易概述

随着俄国社会经济的发展，19 世纪上半叶国内贸易商品种类不断增加，主要是粮食和铁制品等货物。

19 世纪，雷宾斯克为伏尔加河流域最大的粮食港口，1842 年、1845 年和 1846 年沿水路抵达雷宾斯克港口的粮食分别是 1630 万普特、3300 万普特和 4320 万普特；20 世纪初，每年沿水路运至雷宾斯克的粮食为 1 亿普特[②]，雷宾斯克的粮食多经马林斯基、季赫温、上沃洛茨克水路和拉多加湖运往圣彼得堡。马林斯基水路货运量最大，1852 年、1853 年和 1866 年粮食分别占本年度货运总量的 33.6%、33.3% 和 84%。[③] 铁路修建后圣彼得堡粮食供应大大改观，仅 19 世纪七八十年代每年经铁路运进圣彼得堡的粮食就为 8000 万普特，占圣彼得堡货物输入量的 35%。[④] 19 世纪下半叶俄国国内外贸易都快速发展，粮食市场发展最为迅速。19 世纪六七十年代市场上粮食流通量为 5 亿~7 亿普特，约占其收成量的 45%~47%。[⑤]

伏尔加河流域为俄国重要木材产地，彼尔姆、喀山和维亚特卡省为最大木材输出地，卡卢加等省份的木材主要运往莫斯科。辛比尔斯克省的木材主要沿伏尔加河运往杜博夫卡，雅罗斯拉夫省的木材多运往莫斯科与雷宾斯克。乌拉尔地区木材沿卡马河运输，除小部分木材用于当地需求外，大部分木材运往伏尔加河流域。卡马河流域的木材部分运往下

---

① Милов Л. В. По следам шедших эпох: статьи и заетки. С. 445.

② Истомина Э. Г. Водные пути России во второй половине XVIII – начале XIX века. С. 129. Экономическая история России с древнейших времен до 1917г. Том первой. С. 410.

③ Марухин В. Ф. История речного судоходства в России. С. 355.

④ Экономическая история России с древнейших времен до 1917г. Том первой. С. 410, 411.

⑤ Федоров В. А. История России 1861 – 1917. С. 88.

诺夫哥罗德，然后转运至雷宾斯克和圣彼得堡，部分木材运往造船业发达的顿河流域和阿斯特拉罕。

三　农奴制改革前国际贸易概述

随着俄国经济发展，对外贸易日趋繁荣，俄国在国际市场上的地位也逐渐提高。18 世纪下半叶，俄国对外贸易发展迅速，18 世纪 60 年代对外贸易总额达 2100 万卢布，90 年代达 8100 万卢布，对外贸易开始出现顺差。1755～1758 年，进口货物总价值为 3290 万卢布，出口货物 4020 万卢布，1799～1803 年进口总额达 2.5 亿卢布，出口总额达 3.4 亿卢布，半个世纪内进口额增长 6.6 倍，出口额增长 7.5 倍。[①] 18 世纪，俄国的商品出口结构发生巨大变化，虽然仍以农产品出口为主，但手工业制品比例不断提升。

1861 年农奴制改革前，俄国对外贸易规模更大。与 1801～1805 年相比，1850～1860 年俄国出口额增长 2 倍，进口额增长 3 倍。19 世纪，俄国出口结构仍具有农业特征，1801～1805 年俄国年均出口粮食总量为 1980 万普特，1856～1860 年达到 6920 万普特，增长 2.5 倍，同期俄国出口货物结构中粮食比重由 20.2% 增至 35.1%。俄国工业明显落后于其他国家，加上冶金业也逐渐衰落，1801～1850 年世界市场上俄国金属的比例由 5.5% 降至 1.5%。[②] 19 世纪 60 年代初期，俄国对外贸易流通额约为 4.3 亿卢布[③]，国际贸易发展迅速，本部分主要以 17～18 世纪中俄贸易为例探究此时期俄国对外贸易的规模。

17～18 世纪中俄贸易的主要方式有三：一是双边居民的早期贸易，包括边境贸易和使团贸易；二是京师互市，《尼布楚条约》签订后京师互市迎来短暂的繁荣时期；三是边关互市，早期的库伦互市、齐齐哈尔互市，后期的恰克图互市都是边关互市的代表。

（一）《尼布楚条约》签订前的中俄贸易

首先，中俄两国居民早期的边境贸易。国内学者认为，1656 年巴伊

---

① Ковнир В. Н. История экономики России：Учеб. пособие. С. 156.
② Ковнир В. Н. История экономики России：Учеб. пособие. С. 181.
③ Федоров В. А. История России 1861 - 1917. С. 88 - 89.

科夫使团抵京是中俄两国直接贸易的开端。在此之前，双边居民已开始接触，其贸易主要集中于蒙古地区和中国东北等地。西北蒙古各部对俄贸易是中俄两国间接贸易向直接贸易过渡的起点，尽管贸易地点分散、规模很小，但对中俄贸易的发展意义重大。17世纪初，俄国哥萨克入侵额尔齐斯河流域后，厄鲁特蒙古各部居民就与俄国人进行贸易，17世纪中叶，厄鲁特蒙古各部居民与俄国商人的贸易往来已相当频繁。

　　17世纪40年代，俄军入侵黑龙江流域后开始与当地的中国居民接触。1650年俄军强占雅克萨，1658年在额尔古纳河西侧的尼布楚建立涅尔琴斯克堡，两国边境贸易的规模不断扩大。17世纪下半叶，北部边境的主要贸易场所有二：一是尼布楚，蒙古和索伦各部居民来此与俄国哥萨克进行贸易；二是库楞湖湖畔，中俄两国居民在此进行集市贸易。

　　其次，巴伊科夫使团开启俄商赴北京贸易的先河后，北京成为中俄两国商人的主要贸易场所之一。17世纪下半叶，赴北京贸易的俄国商队大致分为三类：一是正式的外交使团，二是官方商队，三是私人商队。《尼布楚条约》签订前，俄方赴北京的正式使团有3支，即1656年来华的巴伊科夫使团、1676年赴京的斯帕法里使团，以及1670年赴京的米洛瓦诺夫使团。朝贡使团的获利远逊于官方商队。俄国第一支赴京的官方商队是彼·亚雷日金和谢·阿勃林商队。商队到达北京后，顺利销售所携俄货，并采购丝绸、茶叶和银器等中国货物。[1] 第一支官方商队回国后，俄国政府立即着手筹组新商队。1568年，伊·佩尔菲利耶夫和谢·阿勃林组建新商队赴华贸易。1688年，俄国政府再次派遣谢·阿勃林率商队赴华，商队在北京逗留两个半月，获利8981卢布，回国后还将采购的中国货物销往莫斯科，获利1.4万卢布。[2] 17世纪初至1689年是中俄贸易由间接向直接、由边境向内地、由民间向官方的过渡时期。

　　（二）京师互市

　　俄国商队赴北京贸易称为"京师互市"，京师互市可划分为三个阶段。第一阶段为《尼布楚条约》签订至1697年，是京师互市的起步阶

---

① 苏联科学院远东研究所编《十七世纪俄中关系》（第一册），厦门大学外语系译，商务印书馆，1978，第12页。

② 孟宪章主编《中苏经济贸易史》，黑龙江人民出版社，1992，第25～26页。

段；第二阶段为 1698 年至 18 世纪 20 年代初，是"京师互市"的全面兴盛时期；第三阶段为 18 世纪 20 年代至 60 年代初期，是京师互市的衰落和终结期。

第一阶段赴京的俄商多属私商，部分商人也与官方使团同行，个别商人还独自来华贸易。1689 年 12 月，俄方代表戈洛文的信使隆沙科夫来京，与其同行的还有一支由菲拉季耶夫、卢津、乌沙科夫和尼基京四大巨商代理人组成的庞大商队。商队从尼布楚出发，途经额尔古纳堡和嫩江进京，该路线是 18 世纪初俄商赴北京贸易的主要线路。1691 年，商队顺利返回尼布楚，携带中国货物的价值为 1.4 万卢布。①

1698 年至 18 世纪 20 年代初是京师互市的第二阶段，该阶段赴京的俄国商队多是官方商队。1698 年，俄国政府发布《关于对华贸易一般规定》的通告，决定每两年派遣一支国家商队前往北京，禁止私人商队赴华贸易；同时宣布政府专营黑貂皮、玄狐皮、中国大黄和烟草等紧俏货物，任何个人不得私行贸易。此阶段俄国先后派出 11 支官方商队赴京贸易，前 9 支商队顺利往返，第 10 支商队因北京市场皮货滞销只准其在边境贸易，第 11 支商队被直接驱逐出境。②《恰克图条约》签订后来京贸易的俄国商队规模都较大，1727 年来京的莫洛科夫商队共携带 5.2 万张貂皮、6.6 万张红狐皮、55.6 万张银鼠皮和伶鼬皮、140 万张灰鼠皮等货物（另有资料指出，该商队携带 100 多万张灰鼠皮、20 万张银鼠皮、15 万张狐皮、10 万张貂皮和其他货物）。③ 俄国商队在北京采购的主要货物是丝绸，1727 年莫洛科夫商队回国时携带价值 6.1 万卢布的中国丝绸，占商队采购中国货物价值的 49%④，此外，棉布、大黄和烟草也备受俄国商人青睐。17 世纪末，京师互市已出现衰退迹象。1699 年，梁古索夫商队成员萨瓦季耶夫就曾指出北京市场上俄货数量

---

① 孟宪章主编《中苏经济贸易史》，黑龙江人民出版社，1992，第 40 页。
② Силин Е. П. Кяхта в XVIII в. Иркутск. , Иркутское областное издательство, 1947. С. 17 – 18；孟宪章主编《中苏经济贸易史》，黑龙江人民出版社，1992，第 47 页。
③ 孟宪章主编《中苏贸易史资料》，中国对外经济贸易出版社，1991，第 109 页；〔法〕加恩：《彼得大帝时期的俄中关系史（1689～1730）》，江载华译，商务印书馆，1980，第 244 页。
④ 〔法〕加恩：《彼得大帝时期的俄中关系史（1689～1730）》，江载华译，商务印书馆，1980，第 244 页。

大增，价格迅速下跌，京师互市开始衰落。1717 年，清政府拒绝以瓦西里·伊万为首的 30 人小商队入京，只许其在边境进行贸易，此后，京师互市便一蹶不振。《恰克图条约》签订以后，京师互市仅维持 30 年，最终废止。

18 世纪 20 年代末期，京师互市逐渐衰落，《恰克图条约》签订后赴华的 6 支商队获利不佳。1754 年，弗拉迪金商队赴京之后俄国政府不再派出新商队。

（三）边境互市

库伦互市。库伦（今蒙古国首都乌兰巴托）地处喀尔喀蒙古土谢图汗境内土拉河畔，距恰克图 920 华里，与俄方重镇色楞格斯克有水路相通。1706 年，俄国政府禁止私商赴京贸易，库伦成为俄国商人销售毛皮和采购中国货物的主要场所。俄国商人从色楞格河上游至鄂尔浑河，然后入土拉河至库伦，行程只需 10～12 天。因运程短、运费低，库伦俄货的价格远低于其他地区，诸多中国商人也到此地进行贸易，库伦市场日趋繁荣。赴库伦贸易的俄商只需两三天就可完成交易，赴北京商队往返一次的路程可往返于库伦 5 次。18 世纪 20 年代初，库伦互市已颇具规模，每年赴库伦贸易的俄商约 200 名。[①] 1722 年，俄国政府支持准噶尔叛乱，清政府宣布驱逐库伦境内的俄商，库伦互市开始衰落。

齐齐哈尔互市。《尼布楚条约》签订前齐齐哈尔只是小居民屯，1685 年第一次雅克萨战争前夕，副都统马喇曾在此养护军马，以备军用。[②] 随着中俄贸易的发展，齐齐哈尔的作用日益突出。1722 年，库伦互市和京师互市相继中断，齐齐哈尔便成为中俄两国商人贸易的唯一场所，齐齐哈尔互市的规模急剧扩大。1723～1727 年，赴齐齐哈尔贸易的俄国商队就有 12 支，除 1723 年到达齐齐哈尔的费奥多尔商队被清政府驱逐遣回外，其余商队均顺利往返。齐齐哈尔互市伴随京师互市的兴起而诞生，随着京师互市的停滞而兴盛。齐齐哈尔互市同库伦互市一样，是深入中

---

① Корсак А. Ф. Историческо-статистическое обозрение торговых сношений России с Китаем. Казань. , издание книготорговца Ивана Дубровина，1857. С. 24.

② 《清圣祖实录》卷 119，中华书局，1985，第 6 页。

国境内的双边贸易，俄国商队获取丰厚利润。[①]

（四）恰克图互市的兴起

恰克图位于色楞格河东岸，距库伦 800 华里，为喀尔喀蒙古土谢图汗部的属地，康熙年间恰克图贸易初步发展，雍正年间规模有所扩大。《恰克图条约》签订后，因旧市街归入俄国，中方在本国境内建立新街市，仍称恰克图。1728 年 9 月 5 日，恰克图市场首次开市，尽管只有 4 家中国商号和 10 家俄国公司参加交易，但贸易场面仍十分热闹，驰名中外的恰克图互市也随之拉开序幕。

恰克图市场开市之初，因缺少畅销商品，贸易规模有限，来此贸易的中国商人并不多。18 世纪 30 年代末开始，俄国政府定期在恰克图市场收购大黄，使恰克图市场的交易额大增，这主要是因为大黄在俄国被用作"下剂"，且是染色的佳品，所以需求量较大。18 世纪 40 年代，恰克图市场初步繁荣，1744 年经恰克图输入中国市场的俄货价值为 29.3 万卢布，仅 1746 年 8 月俄商销售货物的价值就达 17.7 万卢布。随着恰克图贸易的不断发展，中国货物的出口量也明显增加，据统计，1736～1740 年年均经恰克图出口的中国货物数量为 806 车，1741～1745 年增加至 944 车。[②]

恰克图被称为沙漠中的威尼斯，生意兴隆，店铺林立，有华商 60 余家，常住人口 400 多人；俄方常住人口更多，1774 年，恰克图市场共有俄商 488 名，行会人员 908 名。[③] 18 世纪 60 年代，俄国在恰克图组建 6 家贸易公司，即莫斯科公司、图里耶公司、阿尔汉格尔斯克和沃洛格达公司、喀山公司、托博尔斯克公司和伊尔库茨克公司。90 年代初期，俄国政府对上述公司进行整顿，在此基础上整合成 6 家新公司，即莫斯科公司、沃洛格达公司、图里耶公司、托博尔斯克公司、伊尔库茨克公司和上乌金斯克公司。[④] 据俄国海关统计，1800 年恰克图市场的贸易额达 838 万卢布，

---

①　〔荷〕伊台斯等：《俄国使团使华笔记（1692～1695）》，北京师范学院俄语翻译组译，商务印书馆，1980，第 153 页。

②　孟宪章主编《中苏经济贸易史》，黑龙江人民出版社，1992，第 87 页。

③　Силин Е. П. Кяхта в XVIII в. С. 52, 91.

④　姚贤镐主编《中国近代对外贸易史资料（1840—1895）》（第一册），中华书局，1962，第 664～665 页。

相当于 1784 年贸易额的 2 倍，1722 年的 4 倍，1761 年的 8 倍。①

《恰克图市约》签订后恰克图贸易额飙升。据统计，1801 年恰克图市场的商品交易额为 810 万卢布，1810 年达 1316 万卢布，19 世纪 30 年代末已超过 1600 万卢布。② 1802 年，恰克图市场的对华贸易额占其俄国亚洲贸易总额的 63% ，1807 年其比例上升至 70% 。③ 19 世纪上半叶，国内外贸易的快速发展是俄国工业化的前提之一，贸易发展除增加国民收入外，亦是资本主义早期原始积累的表现之一。

第五节　技术革新是工业化开启的动力

19 世纪工业革命席卷全球，各国相继推进工业化，在工业革命迅速扩展的同时，技术革命也随之发展。19 世纪上半叶，俄国部分工业部门技术革命进程已经开启，一些工业部门引进先进技术和设备，生产力迅速提高，其中冶金、纺织和煤炭等部门的技术革新最具代表性，下文以此为例加以说明。

一　冶金业技术革新

乌拉尔地区铁矿资源丰富，17 世纪之前当地居民就开始冶炼铁矿石，主要使用冶炼坑和黏土炉炼铁。彼得一世改革后，乌拉尔冶金业迅速崛起，冶金手工工场开始使用土高炉冶铁，但此时手工工场规模有限。随着乌拉尔冶金工业的发展，部分工场主开始雇用自由劳动力生产，冶金业由家庭手工业发展为手工工场，社会分工日趋明显。17 世纪末，乌拉尔冶金手工工场冶铁技术进一步提高，开始大规模使用高炉和大型机械设备，传统的土高炉逐步被淘汰。

18 世纪初，俄国已产生大型冶金手工工场，主要使用高炉炼铁，比如 1701 年，乌拉尔涅维扬斯克手工工场使用高炉产出第一批铸铁。传统

---

① Трусевич Х. Посольские и торговые сношения России с Китаем до XIX века. М. , Типография Г. Малинского, 1882. С. 163 – 164.

② Корсак А. Ф. Историческо-статистическое обозрение торговых сношений России с Китаем. С. 74. .

③ 〔俄〕B. 罗曼诺夫：《俄国在满洲》，陶文钊等译，商务印书馆，1980，第 6、9～10 页。

生吹炉演化至高炉标志着乌拉尔冶金业的第一次技术革新，此时炼铁高炉高度达 8.5～9 米。技术的提升使铁产量迅速提高，18 世纪初，乌拉尔冶金手工工场日均生铁产量提高 120 倍，劳动力消耗量却仅为原来的 1/7。[①] 为推广水轮机，提高劳动生产率，很多矿区修建堤坝，修筑水池。

18 世纪，俄国冶金技术明显高于西欧，当时英国、德国、法国、比利时和瑞典仍使用传统方式炼铁，而乌拉尔地区冶金手工工场已经用高炉冶炼铁矿石，并配备鼓风机和大锤。因乌拉尔诸多手工工场都用水能充当动力，大部分企业都设置于河边和河谷附近，便于修建水坝和水库，大企业都配备蓄水池，以保障枯水期供水。乌拉尔各冶金手工工场的水坝高度一般为 4～10 米，水坝长度和宽度分别为 64～85.3 米和 42～54 米。[②]

很多水坝保留至今，其坚固程度可想而知。一般水坝上设置两个阀门，一个进水阀门和一个出水阀门，其长度分别为 2 米和 10 米，车间水管分别与两个阀门连接，专门为水轮机提供动力。高炉和水坝间还设置横梁和滑轮装置，便于将矿石、燃料和其他物品运至高炉顶部。

1838 年，工匠萨甫诺夫成功制造出俄国第一台液压式水轮机，随后该机器在乌拉尔冶金工厂中广泛应用，其功率多为 30～40 马力，冶铁量大幅度提高。但水轮机缺陷较为明显，一是功率较小，二是受季节影响较大，春夏季节水库水量充足，水能供应不成问题，旱季水库水位较低，金属产量大幅度降低。因水轮机缺点突出，蒸汽机逐渐在乌拉尔冶金业推广，蒸汽机的使用可以说是乌拉尔冶金工业的第二次技术革新。[③]

高炉是冶金业的核心设备，19 世纪乌拉尔冶金工厂开始改善高炉结构。18 世纪，俄国的高炉多为土高炉，高炉高度达 9 米以上，其内部截面为圆形，此时西欧国家大部分高炉截面为方形。因冶炼技术较先进，乌拉尔高炉燃料消耗量明显低于其他国家，如乌拉尔高炉冶炼 100 公斤生铁需 156～172 公斤木炭，同期瑞典新式高炉木炭消耗量为 300～350 公斤。[④] 19

① Струмилин С. Г. История черной металлургии в СССР. С. 421.

② Бакланов Н. Б. Техника металлургического производства XVIII в. на Урале. М-Л., ГАИМК, 1935. С. 35 – 39.

③ Иосса Н. А. Материалы для изучения горнозаводской промышленности России//Горный журнал., СПб. 1890. Т. 1. С. 244.

④ Струмилин С. Г. История черной металлургии в СССР. Т. 1. С. 150.

世纪中叶，乌拉尔高炉主体高度已达 15.7 米，一般矿区高炉高度也超过 12 米。①

冶铁技术进步主要源于搅拌法炼铁技术的广泛采用。1851～1860 年，乌拉尔使用该法炼铁的工厂由 92 家增至 337 家。1800 年，乌拉尔地区单位高炉年均产铁量为 8.7 万普特，1860 年达 13.7 万普特。② 即便如此，俄国冶金业的动力系统仍十分落后，使用蒸汽机的工厂数量较少，大部分工厂仍使用古老的木制水力磨轮动力系统。19 世纪下半叶，俄国高炉数量大幅度增加，1885 年和 1890 年，高炉数分别为 102 座和 105 座，使用热吹工艺的高炉数量分别为 43 座和 62 座。1890～1900 年，俄国生铁产量从 5600 万普特跃升到 1.8 亿普特，增长近 2.2 倍；钢产量从 2600 万普特上升为 1.4 亿普特，增长近 4.4 倍，比同期世界炼钢生产增长速度快 3 倍。③ 1900 年，南俄共有冶金工人 5.3 万人，占全国冶金工人总量的 16%，而黑色金属产量占全国的 50% 以上。南俄冶金企业的机器平均功率为乌拉尔老式冶金企业的 24 倍。④ 因此，技术革新对俄国冶金业的发展功不可没。

二　纺织工业技术革新

俄国工业发展经历了手工业、工场手工业和机器工业三个阶段，9～16 世纪为手工业阶段，17 世纪至 19 世纪中叶为工场手工业阶段，这个阶段俄国大工业已初具规模，尤其是彼得一世时期建立了众多手工工场，除诸多关系到国计民生的工业部门外，纺织工业发展最为迅速，仅 1804～1830 年棉纺企业的数量就增长 1.7 倍，工人数量增加 8 倍多，棉布产量增加 13 倍。⑤ 1861 年农奴制改革开启了俄国机器化之路，诸多工业部门

①　Путилова М. В. Казенные горные заводы Урала в период перехода от крепостничества к капитализму：К проблеме промышленного переворота. Красноярск.，Изд-во Краснояр. ун-та，1986. С. 34.

②　Алексеев В. В.，Гаврилов Д. В. Металлургия Урала с древнейших до наших дней. С. 377，389，380.

③　Соловьева А. М. Промышленная революция в России в XIX в. С. 226–227.

④　Соловьева А. М. Промышленная революция в России в XIX в. С. 226–227.

⑤　刘祖熙：《改革和革命——俄国现代化研究（1861—1917）》，北京大学出版社，2001，第 93 页。

蓬勃发展。俄国的技术革命源于纺织工业，该部门最先使用蒸汽机。
1805年，圣彼得堡附近的国营亚历山大洛夫手工工场使用俄国第一台蒸
汽机，该蒸汽机由英国制造。除使用蒸汽机作为动力外，许多手工工场
开始推广织布机。据统计，一台印花织布机的织布量可抵100～200名织
工。到19世纪上半叶，蒸汽机和纺织机器已在纺织工业中大规模使用。
除织布机大规模推广外，广泛使用自由雇佣劳动力也是俄国纺织工业迅
速发展的重要原因之一。

　　随着纺织机器的广泛使用，棉纱工业中机械纱锭的数量迅速增加，
1849～1860年，机械纱锭的数量增加1.5倍，达160万个，同期纺纱厂的
数量由45家增加至57家，工人数量增长85%，产品价值增加150%。[①] 至
1860年，俄国共有大型棉纱厂54家，共有机械纱锭153.5万枚。19世
纪50年代末，西欧主要国家的棉纱工业发展状况详见表2-1。

表2-1　19世纪50年代末西欧主要国家的棉纱工业发展状况

国别	工厂数（家）	机械纱锭（百万枚）	棉花消耗（千普特）	单位工厂的平均数值	
				机械纱锭（千枚）	棉花消耗（普特）
英国	1646	28	24684.4	17	14969.5
法国	1521	5	5132.4	3.3	3360.5
德国	310	2.25	4521.4	7.2	14602.9
美国	1091	5.2	11486.8	4.8	10509.2
俄国	57	1.6	2932.8	28	51446.2

　　资料来源：刘祖熙：《改革和革命——俄国现代化研究（1861—1917）》，北京大学出版社，
2001，第98页。

　　19世纪上半叶，圣彼得堡和莫斯科的纺纱工业最为发达，但圣彼得
堡纺织工业的机械化水平明显高于莫斯科。具体而言，圣彼得堡棉纱工
厂人均的机械纱锭数量为莫斯科的2.6倍，其人均蒸汽动力指数为莫斯
科的9倍。19世纪50年代，俄国半数以上的机器动力织布机集中于圣彼

---

① Пажитнов К. А. Очерки истории текстильной промышленности дореволюционной Рос-
сии: Хлопчатобумажная, льно-пеньковая и шелковая промышленность. С. 16 - 19；刘
祖熙：《改革和革命——俄国现代化研究（1861—1917）》，北京大学出版社，2001，第
96页。

得堡。圣彼得堡棉纱厂工人数量和产品价值分别占全俄的 22% 和 39%。[1]
因此,农奴制改革前,机械化纺纱厂并未占据主导地位,19 世纪 60 年
代初仅有两成的棉纱由机械化工厂生产,其余八成的棉纱由手工工场生
产。19 世纪 50 年代,大型纺纱工厂不断引进先进的生产技术,大量添
置机械化纺纱设备,生产集中化程度逐步加强,垄断趋势日增。以莫斯
科为例,1850~1860 年棉纱厂数量减少了 30%,产量却提高了 30%。[2]
1861 年,俄国棉纺织工业已有近万台机器动力织布机,主要分布于圣彼
得堡和莫斯科,其比例分别为 39% 和 22%。[3]

棉纱工业快速发展推动了棉纺织工业的崛起,印花布行业的机械化水
平不断提高。19 世纪上半叶,莫斯科和弗拉基米尔为俄国最大的印花布生
产和染色中心。50 年代,上述两省的印花布工厂、工人数量和产量分别为
全俄的 54%、87% 和 91%。[4] 50 年代末,俄国大型印花布工厂的生产规
模和技术水平丝毫不逊色于英国同类企业。生产技术提高后,印花布的
生产成本大幅度降低,如 1830 年每匹印花布成本为 7 卢布,1837~1840
年降为 2 卢布,1860 年仅为 80 戈比。[5]

棉纺织工业大规模使用机器后,劳动生产率迅速提高,棉布价格大
幅下降,刺激其他纺织部门的发展。以呢绒工业为例,19 世纪上半叶呢
绒工厂广泛使用蒸汽机后,呢绒产量翻一番。1859 年,莫斯科的毛纺织
工厂已拥有 261 台机械织布机、1393 台提花机和 1.1 万台手摇机,但该
行业的机械化水平仍很低。[6] 19 世纪 50 年代末,毛纺织工业才开始使用
机器。1860 年,欧俄 13 省毛纺业生产水平圣彼得堡最高,其次是莫斯
科、里夫兰、辛比尔斯克、契尔尼戈夫、弗拉基米尔等省份,企业数、
工人数和产量以莫斯科和辛比尔斯克两省最高。

---

① Соловьева А. М. Промышленная революция в России в XIX в. С. 72.

② Соловьева А. М. Промышленная революция в России в XIX в. С. 73.

③ Соловьева А. М. Промышленная революция в России в XIX в. С. 74.

④ Кошман Л. В. Из истории промышленного переворота в России: На материалах ткацко-
го и ситценабивного производства Московской и Владимирской губернии//Вестн. МГУ,
Сер. 8. История. 1969. № 2. С. 83.

⑤ Соловьева А. М. Промышленная революция в России в XIX в. С. 75.

⑥ 刘祖熙:《改革和革命——俄国现代化研究(1861—1917)》,北京大学出版社,2001,
第 99 页。

19世纪中叶，俄国亚麻工业的机械化水平不断提高，生产集中程度不断加强，生产力水平也不断提升。1850年，梁赞省叶戈里耶夫斯克县城建立俄国第一家大型亚麻纺织厂，该工厂蒸汽机的功率为80马力，工人总量为820名，随后圣彼得堡等地也陆续建立大型亚麻工厂。1854年，俄国亚麻纺织企业的数量为66家，大型工厂和手工工场的数量分别为9家和57家，手工生产仍占主导。[①] 此外，丝织工业也出现大型纺丝工厂，仍属于手工工场。19世纪上半叶，俄国纺织业技术革新进程加速，但各部门差异较大，棉纱工业技术革新起步最早，毛纺和亚麻布工业技术革新相对较晚。机器化生产主要围绕辅助性生产部门，如纺纱、印花、缫丝、并纱—卷纱等，而生产过程中的基本和关键性环节——织布工艺却长期停滞不前。[②]

三　石油工业技术革新

技术革新是巴库石油产量不断提升的动力。19世纪末，巴库地区石油开采和钻探技术迅速发展，而石油蒸馏和加工工艺也不断提高。巴库地区盛产石油，早期主要使用原始手工打井方式采油。随着石油需求量的急剧增加，原始方法已不能满足各行业的石油需求，手工打井法逐渐被坑井采油法和钻井取油法所替代。石油工业技术革新具体体现在如下方面：一是钻探和开采技术迅速更新，大功率蒸汽抽水机普遍使用，油井的注水能力增强；二是炼油蒸馏器广泛使用促进煤油产量大增；三是油轮、油罐车厢的使用为石油产品的远距离运输创造了条件；四是石油开采和加工领域广泛采用蒸汽动力。1878～1900年石油工业中蒸汽机数量增长了26倍，人均动力功率增长了9.5倍。[③] 石油喷嘴的发明和使用，使原来被废弃或被抛向海中的重油成为国内市场的俏货，身价倍增，仅1894～1900年的7年间，重油价格翻了两番。[④] 在石油工业技术革新的

---

① 刘祖熙：《改革和革命——俄国现代化研究（1861—1917）》，北京大学出版社，2001，第99页。

② Соловьева А. М. Промышленная революция в России в XIX в. С. 118.

③ Соловьева А. М. Промышленная революция в России в XIX в. С. 232.

④ Першке С. Л. Русская нефтяная промышленность, ее развитие и современное положение в статистическ-их данных. С. 65 – 66.

推动下俄国采油量从 70 年代起直线上升。80 年代的年均采油量为 70 年代的 13 倍，达到 1.0 亿普特；90 年代的年均采油量为 80 年代的 2.5 倍，达 3.6 亿普特。[①]

石油开采技术完善。俄国石油开采技术在坑井取油法改革后才有所革新。虽然坑井采油法技术落后，但对于俄国石油工业而言仍具有重大意义。坑井采油法的主要工艺仍是挖井取油，坑边两侧设置台阶以方便人工取油，坑井直径取决于岩石的厚度。坑井采油法主要使用羊皮皮囊捞油，借助手动滑轮将皮囊升至地面，皮囊容量很小，与普通水桶相等。随着钻井深度和采油量的增加，开始使用马皮和牛皮制作皮囊，皮囊容量达 5 普特。皮囊边缘先缝上铁皮，两面使用铁轭加固，铁轭上绑上绳子，然后将石油提升至井口。巴库油田各地坑井深度不一致，1825 年巴拉罕油田坑井的平均深度为 12 米，恩巴地区只有 3 米。随着挖井技术的不断完善，坑井深度也逐渐增加，1870 年巴拉罕油田坑井深度达 14 米，恩巴地区达 5 米。因坑井采油法采油量有限，石油开采技术仍有待改进。

钻井采油法的初步尝试和大规模使用。俄国打井钻探由来已久，但最初并非用于石油钻探，多用于打水井和采盐。直到 19 世纪初，钻井才用于莫斯科近郊煤田采煤。饮用水钻井深度一般为 36～189 米，各段钻管长度为 1.2～1.8 米，由锅炉铁制成，钻井直径为 4～10 英寸。[②] 19 世纪 60 年代，俄国工程师开始尝试用钻井采油法采油，因国外专家指出巴库地区岩层复杂，不适合钻井开采，只有少数工程师进行尝试。1864 年，俄国工程师初次使用金属钻管采油，最初结果不尽如人意，但经过多次试验后于 1866 年俄国第一口钻井钻探成功，该钻井连续出油近 2 个月，钻井深度达 37.6 米，出油量达 10 万普特。[③] 70 年代，巴库地区钻井总量迅速增加，1876 年和 1879 年其数量分别为 101 口和 301 口，1872～1900 年巴库地区钻井数量超过 3000 口。1901 年、1908 年和 1913 年钻井数量分别为

①　Соловьева А. М. Промышленная революция в России в XIX в. C. 271.

②　Лисичкин С. М. Очерки по истории развития отечественной нефтяной промышленности. дореволюционный период. C. 51.

③　张广翔：《19 世纪 60～90 年代俄国石油工业发展及其影响》，《吉林大学社会科学学报》2012 年第 6 期，第 120 页。

1301 口、2456 口和 3450 口，单位钻井平均采油量分别为 34 万普特、18
万普特和 11 万普特，钻井寿命一般为 5～7 年。[1] 采油方法由旧式的皮囊
捞油法替换为钻井抽油法，不但提高了采油效率，采油量也大幅度提升。

四　煤炭工业技术革新

最初，俄国煤炭开采方式落后，直到 19 世纪上半叶才进行井下采
煤，但矿井深度只有 17～35 俄丈[2]，矿井为单独井筒，煤炭先放入吊桶
或箱子之中，然后使用手动绞盘拉出。到 19 世纪下半叶，蒸汽机开始应
用于采煤业，但主要用于通风、排水和煤炭提升设施，很少用于井下作
业。19 世纪末，随着钻探技术的不断完善，钻井深度已达 50 余俄丈[3]，
井筒已由传统的圆形截面转变为方形和直角截面，并使用木材加固。

俄国采矿业技术革新始于 19 世纪 90 年代中期，明显落后于其他工
业部门。20 世纪初，顿巴斯矿区已开始使用钻探爆破方式采煤，其主要
工作流程为钻探钻井、放入炸药、炸药爆破、井底通风、井体加固和煤
炭外运。随着手动打孔机或气动钻锤钻探方式的逐渐普及，煤炭开采水
平也迅速提高，钻探机械化程度提高。一个重要的发展是，19 世纪末炸
药开始用于采煤业，胶质炸药和甘油炸药最为常见，安全性能高的颗粒
炸药也逐步推广，主要使用雷管或发电机引爆炸药。爆破工作最难的环节
是打击岩石，工程师们按岩石的厚度和煤层深度放置炸药，爆破工作结束
后工人们将岩石运出。随着煤炭开采技术的不断提高，矿井中开始安装石
门和井筒，井筒主要为纵向截面，该截面便于运输煤炭，也方便通风。

---

① Дьяконова И. А. Нефть и уголь в энергетике царской России в международных сопост-
авлениях. С. 73，74，75，76；Наниташвили Н. Л. Экспансия иностранного капитала в
Закавказье（конец XIX – начало XX вв.）. С. 46；Матвейчук А. А, Фукс И. Г. Истоки росс-
ийской нефти. Исторические очерки. С. 40；Ахундов Б. Ю. Монополистический капитал
в дореволюционной бакинской нефтяной промышленности. С. 199.

② Братченко Б. Ф. История угледобычи в России. С. 106；Фомин П. И. Горная и горноза-
водская промышленность Юга России. Том I. С. 143 – 145；Очерк месторождения пол-
езных ископаемых в Евройской России и на Урале. СПб.，Типография В. О. Демакова，
1881. С. 111.

③ Струмилин С. Г. Черная металлургия в России и в СССР. С. 77；Хромов П. А. Эконом-
ика России периода промышленного капитализма. С. 133.

五　机器制造业发展

机器制造业是技术革命的重要组成部分，其发展也是衡量工业化水平的重要指标之一。俄国机器制造业虽产生较早，但工业化进程开启后该部门才开始真正发展。1790 年，俄国生产出第一台蒸汽机，但并未在工业中大规模推广。[①] 因纺织工业最早大规模推广蒸汽机和纺织机器，19 世纪初机器制造厂主要生产纺织机器，1826 年乌拉尔冶金工厂就为亚历山大洛夫纺纱手工工场生产了 200 台纺纱机。[②] 随着纺织机器需求量的不断增加，工厂规模不断扩大，19 世纪四五十年代沃特金工厂为亚历山大洛夫纺纱手工工场生产 200 多台蒸汽机。总体而言，19 世纪上半叶俄国机器制造业已颇具规模，以别尔德工厂为例，1809 ~ 1850 年该工厂机器产量增长 16 倍。[③]

19 世纪 20 年代，俄国已有 7 家机器制造厂，纺纱机年产量为 100 ~ 200 台，其他类型车床和涡轮机的产量分别为 50 ~ 60 台和 100 台。同期圣彼得堡伊里萨工厂、唐波夫省乌尼热斯基工厂也开始生产蒸汽机。1823 年，全俄机器制造厂内工人的数量已达 641 名。[④] 30 年代，俄国机器制造厂的数量增加至 12 家，年均生产机器约为 600 台，主要为涡轮机和纺纱机。1850 年，机器制造厂的数量已增加至 27 家，工人数量约为 1500 人，产品价值达 43 万卢布。虽然俄国机器制造业有所发展，仍需从国外大量进口机器，20 ~ 60 年代俄国机器的进口数量增长 35 倍。值得一提的是，俄国本土机器制造厂多为外资企业，以圣彼得堡为例，1860 年 12 家私人机器制造厂只有 4 家属于俄国企业主，其他工厂都属于外国资本家。圣彼得堡是俄国最大的机器制造业中心，圣彼得堡机器制造厂工人占该部门工人总量的 70%，生产全俄 2/3 的机器。莫斯科机器制造业也十分发达，且工厂主多为俄国人，60 年代莫斯科 8 家大型机器制造厂

---

① Фабрично-заводская промышленность и торговля России. С. 144.

② Розенфельд С. Я., Клименко К. И. История машиностроения СССР. М., Изд-во Акад. наук СССР, 1961. С. 21.

③ Сметанин С. И., Конотопов М. В. Развитие промышленности в крепостной России. С. 329 – 330.

④ Сметанин С. И., Конотопов М. В. Развитие промышленности в крепостной России. С. 332.

只有 3 家为外资企业。① 19 世纪上半叶，虽然俄国机器制造业有所发展，但其规模不大，每年仍需从国外大量进口各类机器。

随着铁路建设的蓬勃发展，很多企业专门为铁路部门生产机器设备和车厢，早期此类工厂都由外资企业掌控。1825～1844 年，美国公司为俄国铁路部门共生产 200 台蒸汽机、253 节载人车厢和 2700 节载货车厢。② 19 世纪中叶，俄国诸多机器制造厂专门为铁路生产机械设备，如圣彼得堡的大型机器制造厂诺贝尔兄弟集团、列赫杰别格工厂和亚历山大洛夫工厂；莫斯科境内以前专门生产农机的大型机器制造厂列什加尔工厂、多布罗夫工厂、马里采夫工厂和希波夫工厂等企业也转而生产蒸汽机车和车厢。19 世纪上半叶，俄国大型机器制造厂多为国有企业，1850 年之前，私人机器制造厂的数量快速增加。1850 年，俄国境内的私人机器制造厂的数量已达 25 家，工人数量达 1475 人，产品价值为 42.3 万卢布，外国进口机器的价值达 231.5 万卢布③，总体上看，俄国机器制造业的规模仍十分有限。

19 世纪下半叶，俄国机器制造业快速发展，除圣彼得堡外，莫斯科和弗拉基米尔等地都成为重要的机器制造中心。俄国最大的运输机器制造中心为索尔莫沃，位于下诺夫哥罗德附近，主要生产蒸汽机车、车厢和轮船。此外，卢加斯克和科罗姆纳也是重要的运输机器生产中心。工业化正式开启之前，俄国机器制造业已颇具规模。1854 年，俄国已有 29 家机器制造厂，3813 名工人，产品价值 200 万卢布。④ 农奴制改革前圣彼得堡仍是俄国最大的机器制造业中心，1860 年圣彼得堡的 16 家机器制造厂工人数量和产品数量占全俄的比例分别为 56% 和 91%，同期，莫斯科仅有 8 家机器制造厂，工人数量和产品数量相当于圣彼得堡的 1/6 和 1/9。⑤

造船业也是俄国工业革命的缩影。造船业技术革新共分为三个阶段，第一阶段为 1815～1840 年，造船厂尝试制造轮船，引进新技术和培育人

① Лившиц Р. С. Размещение промышленности в дореволюционной России. М., Государственное издательство политической литературы, 1955. С. 107 – 108；Сметанин С. И., Конотопов М. В. Развитие промышленности в крепостной России. С. 334.

② Фабрично-заводская промышленность и торговля России. С. 145.

③ Фабрично-заводская промышленность и торговля России. С. 146.

④ Соловьева. А. М. Промышленная революция в России в XIX в. С. 91 – 92.

⑤ Лившин Р. С. Размещение промышленности дореволюционной России. С. 107.

才；第二阶段为 1840~1870 年，轮船的作用不断提升，轮船的产量大幅度提高，不但船只的牵引方式有所改进，矿物燃料也逐步成为轮船的主要燃料；第三阶段为 1870~1890 年，俄国造船技术不断更新，新型船只大量涌现，本国产的轮船已成为伏尔加河、涅瓦河水路运输的主力，轮船普遍配备石油发动机和煤油发动机，运力直线上升。

19 世纪上半叶，俄国蒸汽轮船制造业发展迅速，1856 年伏尔加河流域进口轮船的比例仅为 20.5%[①]，1860 年伏尔加河流域共有蒸汽轮船 400 艘，几乎都由俄国制造。[②] 虽然俄国轮船的载客量较大，但其货运量仍远落后于木船。轮船制造业的发展带动了配件业的发展。1860 年，科斯特罗马省维克苏尼斯基造船厂拥有数家分厂，零件基本上自给自足，共有工人 5784 名，年均生产发动机 43 台，铁制轮船船身 21 个，木制轮船船身 15 个。希波夫兄弟造船厂专门为轮船生产发动机，19 世纪中叶该工厂的船用发动机生产技术已十分成熟。[③]

19 世纪上半叶，俄国资本主义生产关系日趋成熟，生产力快速提升，工业革命的条件已趋于成熟。工商业和贸易的蓬勃发展为工业化的开启积累了雄厚的资金，也推动了国内市场规模和容量进一步扩大；冶金业、纺织业、造船业和机器制造业等工业部门的快速发展不但奠定了重工业的基础，还促进了生产技术的不断革新，亦推动了交通运输革命；农奴制改革对工业发展的意义最为重大，农奴获得人身自由后可到城市中务工，自由劳动力的数量大增，劳动力市场已初具规模；农民收入增加后，居民的购买力水平提高，又促进商品市场的进一步发展。在工商业、贸易和技术革新等因素的共同作用下，1861 年农奴制改革后，俄国工业化正式开启。

---

① Фурер Л. Н. К истории развития волжского пароходства//История СССР, 1959. №2. С. 156.

② Сметанин С. И., Конотопов М. В. Развитие промышленности в крепостной России. С. 410；Марухин В. Ф. История речного судоходства в России. С. 227.

③ Марухин В. Ф. История речного судоходства в России. С. 233.

第三章　俄国工业化特征

19 世纪下半叶，俄国工业迅速发展，工业化成就举世瞩目。与西方国家相比，俄国工业化既有资本主义工业发展过程中的共性，又有其独特性。19 世纪下半叶至 20 世纪初，俄国工业化有如下特征：第一，工业发展具有循环性和周期性，19 世纪下半叶尤为突出；第二，工业对外资依赖程度高，外资掌控俄国工业的半壁江山；第三，俄国工业分布不平衡，主要工业部门集中于中部工业区、乌拉尔工业区和南俄工业区；第四，俄国工业重心逐渐南移，高加索和南俄地区最具代表性；第五，俄国大工业与手工业博弈颇具特殊性，手工业具有顽强的生命力；第六，交通运输业是工业发展的推力，水路和铁路运输分别带动石油、煤炭和冶金等工业部门崛起；第七，大型垄断集团形成，重工业尤甚。

第一节　俄国工业化的一般性特征

第一次工业革命开启之后，俄国与世界市场的联系日趋紧密，逐渐融入资本主义经济体系，在世界经济一体化进程中扮演着重要的角色。详细归纳和分析后就会发现俄国工业化与其他国家工业化具有诸多共性。一是经济发展周期性和循环性特征十分明显，但每个经济周期都有其特殊性，俄国经济发展走势与世界经济周期密切相关，亦受世界经济行情的掣肘；二是随着经济的快速发展，生产集中程度不断增加，垄断组织不断涌现；三是为保障本国工业的稳步发展，政府出台诸多政策为工业化保驾护航；四是交通运输革命与工业化并进，新型交通方式出现。

一　工业发展的循环性和周期性

经济危机理论的代表者是图甘 - 巴拉诺夫斯基及其学生康德拉季耶夫。图甘 - 巴拉诺夫斯基主要研究俄国经济危机和工业发展循环性和周

期性特征，他认为经济危机产生的原因是生产、交换、分配和消费环节
遭到破坏，在市场状况良好时商品需求量增加，生产规模扩大，可能会
出现生产过剩，从而影响整个工业领域，最终使所有商品价格降低，市
场萧条。康德拉季耶夫在详细研究 18 世纪至 20 世纪初世界各国工业发
展模式和状况的基础上首创长波理论，他指出经济周期是资本主义经济
发展的必然规律，经济危机不可避免，其周期为 7~11 年。康德拉季耶
夫发展了图氏的经济周期理论，其长波理论主要内容如下。一是在每个
长周期上升波开始前，甚至在上升波最初阶段社会经济生活会出现显著
变化；二是上升波时段的重大社会动荡和巨变（如革命、战争）通常多
于下降波时段；下降波通常伴随着工农业长期萧条；三是与长周期下降
波重叠的中周期波段都表现出长期极度萧条、上升短暂乏力特征。[1] 康
德拉季耶夫把资本主义经济发展过程分为 3 个波长为 48~55 年的长周
期，并且每个长周期都由上升波（也称上升期）和下降波（也称下降
期）组成。工业提升时期为创业高涨期，萧条时期为创业低谷期，工业
提升和萧条期交替性特征在俄国工业史中表现得淋漓尽致，同时其周期
与当时的政治改革密切相关，具体状况见表 3－1 所示。

表 3－1　经济周期与俄国的改革和反改革[2]

周期	经济高涨期	经济低谷期
I	18 世纪末至 1817 年 1. 亚历山大一世改革（1801~1803 年）； 2. 斯佩兰斯基改革（1808~1811 年）； 3. 农奴解放方案的制定（1815~1817 年）	1817~1851 年 1. 亚历山大一世改革失败（1820~1825 年）； 2. 尼古拉一世的反改革方针（1825~1850 年）； 3. 国有农民改革（1837~1842 年）
II	1851~1875 年 1.1861 年农奴制改革； 2. 亚历山大二世的其他改革（1861~1870 年）	1875~1890 年 1. 亚历山大二世后期统治（1870 年） 2. 亚历山大三世的反改革政策（1881~1890 年）

①　Кондратьев Н. Д. Большие циклы конъюнктуры//Вопросы конъюнктуры, 1925. Т. 1.
Вып. 1. С. 48，54，55，58；Кондратьев Н. Д. Спорные вопросы мирного хозяйства и
кризиса//Социалистическое хозяйство. ，1923. № 4－5.

②　Рязанов В. Т. Экономическое развитие России. Реформы и российское хозяйство в XIX －
XX вв. СПб. ，Наука, 1999. С. 54.

续表

周期	经济高涨期	经济低谷期
Ⅲ	1890～1896 年及 1914～1920 年 1. 维特的货币改革（1895～1897 年）； 2. 斯托雷平的农业改革（1905～1914 年）； 3. 新经济政策的实施（1921 年至 1928 年末）	1914～1920 年及 1940 年末 1. 战时共产主义（1918～1920 年）； 2. 高度集中的计划经济体制确立（1920～1940 年）

　　俄国经济周期与世界经济周期吻合度较高，但也具有其独特特征，主要表现如下，一是与世界经济危机相比，俄国经济危机的规模和影响力有限，除 1900 年经济危机外，经济危机的影响程度和波及范围远逊色于欧洲其他国家；二是与其他欧洲国家相比，俄国经济的循环性特征在部分生产部门中表现尤为突出，这些部门大多与国际商品和资本市场联系紧密；三是俄国商品和资本市场虽然随世界经济行情的变化而波动，但因本国独特的政治和经济体制，造成经济发展受制于国内政治状况，改革和反改革交替发生，19 世纪至 20 世纪初不同国家的经济波动状况详见表 3 - 2 所示。

表 3 - 2　19 世纪至 20 世纪初主要资本主义国家的经济波动周期

长期波动时期	国家	具体时期
第一次波动		
提升（1782～1825 年）	英国	1783～1830 年
	瑞士	1798～1835 年
衰落（1825～1845 年）	法国	1830～1870 年
	比利时	1833～1860 年
第二次波动		
提升（1845～1872 年）	德国	1840～1870 年
	美国	1843～1870 年
衰落（1872～1892 年）	—	—
第三次波动		
提升（1892～1929 年）	日本	1885～1905 年
	俄国	1890～1905 年
	瑞典、挪威、丹麦	1892～1913 年
	意大利、荷兰	1895～1913 年

长期波动时期	国家	具体时期
提升（1892~1929 年）	加拿大	1896~1914 年
	澳大利亚	1901~1920 年
	奥地利	1904~1912 年

由以上数据可知，大多数国家经济危机的持续时间为 20 年左右，危机过后经济又开始增长，世界经济周期的周期性、多变性和交替性特征十分明显。

社会经济周期也大多如此，西方学者认为各国政治的稳定性周期也为 15~20 年，一代人在经历过改革的洗礼之后，政治和经济会出现短暂的繁荣期；一段时间过后又会出现倦怠期，人民又开始寻求更安稳的生活。俄国经济与世界经济具有很强的同步性，经济低谷期也与世界经济危机十分吻合。

为更好地研究俄国工业的周期性和循环性特征，本部分两个阶段进行研究，第一阶段为 19 世纪 50 年代至 90 年代，第二阶段为 19 世纪 90 年代至一战期间。选择上述两个阶段的原因有二，一是时间段较长，足以突出俄国经济的周期性特征；二是通过分析多次经济危机和经济高涨状况可佐证俄国工业发展的循环性特征。经济高涨和萧条交替出现是俄国经济发展的典型特征，这也符合资本主义经济发展的一般规律。

俄国工业波动的根本原因是资本主义生产本身所具有的周期性特征，19 世纪 90 年代前，俄国出现如下几次工业危机和高潮期。

第一次，1857 年世界经济危机对西欧各国和美国的冲击较大，对俄国的影响较小。即便如此，19 世纪 50 年代末期，俄国诸多股份公司和工商业企业还是相继倒闭，出现贸易萧条和生产停滞状况，此次危机一直持续至 19 世纪 60 年代。克里米亚战争致使国内状况更加恶劣，政府将所有注意力都放在对外战争之上。19 世纪 60 年代初期，俄国的工业萧条更是严重，主要原因有二，一是克里米亚战争之后国内局势十分严峻，亚历山大二世将所有工作重心都集中于农奴制改革，政府和贵族无暇关注工业发展；二是原材料危机，以纺织业为例，此前俄国棉花主要从美国进口，但此时正值南北战争，美国棉花进口量锐减，俄国纺织工业举步维艰。

第二次，19世纪70年代初，西欧出现疯狂的创业热潮，德国和奥地利尤甚，1873年5月美国经济危机爆发，随后迅速波及整个欧洲。1870～1872年，俄国经济飞速发展，1873年的经济危机也波及俄国，因此时正值第一次铁路建设热潮，经济危机影响范围有限。随着产品需求量大增、居民购买力增加和金融业快速发展，多数工厂主纷纷扩大生产规模。即使后期商品价格开始回落，产品销售困难，生产规模仍持续扩大。1875年，粮食歉收加速俄国经济危机的到来，商品价格迅速下跌，企业的生产规模逐步缩减，银行相继倒闭，工业受其波及最为严重。由于此阶段为俄国第一次铁路热潮时期，加上政府推行关税保护政策，以及农奴制改革后大量农民进城务工，国外经济危机对俄国的影响范围有限，工业仍按照原定轨道继续前行。

第三次，经历短时间的经济萧条之后，1878年起，国内市场行情变好，投资热潮重新出现，生产规模又进一步扩大，此次经济增长一直持续年至1880年冬季。1878～1880年经济提升时期棉纺织工业发展最为迅速，1879年俄国纺锤数量增加90万个，纺锤总量达350万个[①]，1879年下半年第三次经济危机接踵而至。

第四次，1882年俄国第四次经济危机来临，此次危机也受世界经济危机的影响。1882年，巴黎联合银行倒闭，1884年美国经济萧条再次出现，迅速波及俄国。1882～1886年，生产萎缩和商业萧条景象随处可见，机器制造业和纺纱工业所受的影响最为严重。1882年，商品交易量明显降低，下诺夫哥罗德展销会的棉纱交易额甚至降低25%[②]，此次工业危机一直持续至1887年。与前三次工业危机相比，1882年工业危机的影响范围较广。

1895年起，资本主义世界进入史无前例的经济提升时期，俄国工业也显示了较强的周期性特征。19世纪90年代是俄国工业飞速发展和高涨时期，受1901～1903年世界经济危机、日俄战争和1905年国内革命

---

①　Туган-Барановский М. И.，Изображное. Русская фабрика в прошлом и настоящем：Историко-экономическое исследование. Т. 1. Историческое развитие русской фабрики в XIX веке. С. 254.

②　Ковнир В. Н. История эконоики России. С. 215.

影响，1901～1908 年，俄国工业进入衰退和萧条时期，1908～1914 年为俄国工业复苏阶段。经济周期不同阶段各工业部门发展状况各异，具体特征如下。

第一，19 世纪 90 年代是俄国工业高涨期。俄国工业布局和工业结构发生明显变化，新工业中心出现，新企业大量诞生。根据轻、重工业发展状况，此时期可划分为三个子阶段，即 19 世纪 80 年代末的经济增长期、1890～1891 年的低谷期和 1892～1900 年的高涨期。19 世纪 90 年代，俄国工业企业数量增长 1/5，工人数量增加 2/3，生产总量增长 1 倍，煤炭、矿石、石油、铸铁和钢产量分别增加 1.7 倍、2.5 倍、1.6 倍、2.2 倍和 1.8 倍，其中石油产量跃居世界第一位，南俄金属产量增长 6 倍，工业生产总值跃居世界第五位，经济增长率遥遥领先。[①] 经历 19 世纪 90 年代经济高涨后，1900 年俄国工业达到巅峰期。1900 年世界经济危机来临，俄国工业也步入萧条期。

第二，1901～1908 年是俄国工业衰退和萧条期。1901 年和 1902 年俄国倒闭企业数量分别为 1016 家和 840 家，大量工人失业。[②] 1903 年，俄国工业开始回暖，但因日俄战争和 1905 年革命影响，此势头被迫中断，军费支出庞大，达 26 亿卢布[③]，加大了财政负担。此次工业萧条一直持续到 1908 年，某些部门甚至持续至 1909 年。国际金融市场上俄国债券和股票滞销，外资流入量锐减。工厂和仓库中存有大量原料、燃料、建筑材料和工业制品。重工业部门只有能源工业缓慢增长，化学工业停滞不前，采矿、冶金和硅酸盐工业明显衰落。铁路建设速度放缓，建筑业日趋萧条，但轻工业发展迅速。1900～1908 年俄国铸铁产量降低 3%，石油开采量降低 25%，只有煤炭开采量增长 0.5 倍。[④].

第三，1909～1913 年为俄国工业复苏期。1909 年，俄国工业开始复苏。与 19 世纪 90 年代相比，铁路建设和外资进入虽然仍是促进工业发

① Чунтулов В. Т.，Кривцова Н. С.，Чунтулов А. В.，Тюшев В. А. Экономическая история СССР. С. 94；Конотопов М. В.，Сметанин М. В. История экономики России. М.，Логос. 2004. С. 78.

② Ковнир В. Н. История Эконоики России. С. 254.

③ Чунтулов В. Т.，Кривцова Н. С.，Чунтулов А. В.，Тюшев В. А. Экономическая история СССР. С. 114.

④ Федоров В. А. История России. 1861－1917. С. 187.

展的重要因素，但此时经济发展主要归功于国内资源的广泛利用和各经济部门的平衡发展。一战前俄国经济增长速度已经接近 1887～1900 年的水平，个别工业部门甚至超过 19 世纪末。一战前经济发展改变了俄国各经济部门之间的关系，众多工业部门重新崛起。粮食收成较好也是该阶段工业迅速发展的重要原因之一。世界粮价提高促使俄国粮食出口量大增，农民收入增加使国内市场范围扩大。1909～1913 年，俄国经历了新一轮的经济提升，工业品的增长速度超过德国、美国、英国和法国。俄国年均工业品增长率为 9%，商品需求率增长 6%，铸铁产量增长 64%，钢和煤炭产量增长 82% 和 1.5 倍。[①]

与 19 世纪 90 年代经济提升一样，20 世纪初，经济提升过程中燃料加工、金属冶炼、建筑材料、酸碱制品生产等行业快速发展，高技术工艺部门发展势头良好，如炼焦、石油加工和有色金属冶炼，等等。与 19 世纪 90 年代经济提升不同的是，此时经济增长并非依靠铁路和建筑行业，经济的多元化特征十分明显，产品技术含量和质量都有所提高。虽然本部分仅简要分析 19 世纪中叶至一战期间俄国工业的周期性和循环性特征，但足以体现工业化开启后俄国工业发展的循环性和周期性特征，以及世界经济周期对俄国工业的影响，俄国工业化的另一特性是大型垄断组织诞生。

二　大型垄断组织诞生

19 世纪下半叶开始，俄国工业快速发展，随着各工业部门迅速崛起和外资的涌入，俄国各大工业部门都诞生了大型垄断组织，其中重工业尤甚。俄国垄断组织的发展历经三个阶段。第一阶段为 19 世纪 70～90 年代，1873 年俄国经济危机之后部分生产部门就出现了早期的垄断组织，组织形式为简单的卡特尔。1882 年，俄国再次爆发经济危机，对俄国各工业部门打击非常严重，为保证企业利润，卡特尔协议在各工业部门中十分普遍。随着工业的快速发展，诸多垄断联盟相继解体，但银行和外资纷纷投入工业后生产集中化程度不断增强，卡特尔组织逐渐向辛迪加组织转化。第二阶段为 1900～1909 年，卡特尔和辛迪加组织广泛发展。20 世纪初经济危机再次掀起俄国工业企业兼并浪潮，中小企业纷纷

---

①　Федоров В. А. История России 1861－1917. С. 188.

破产，大企业为抵御经济危机不断联合，垄断化过程也随之加快。1900～1905年，俄国32个主要工业部门中有23个出现卡特尔组织，辛迪加形式的垄断联盟也逐渐增多，涵盖所有工业部门，能源、机器制造、冶金和纺织工业垄断程度较高。例如，1906年，辛迪加垄断南俄2/3的采煤量；石油卡特尔组织集中了俄国77%的石油销售业务；1907年，车厢制造厂辛迪加集中了俄国车厢订单总额的93.7%。[①]　第三阶段为1910～1914年，托拉斯和康采恩垄断组织出现。1910～1914年，工业高涨促进俄国工业生产和资本进一步集中，卡特尔和辛迪加等中低级垄断组织难以满足市场需求，高级垄断组织出现。托拉斯一是以企业完全合并为基础，二是以控制股票为基础。石油工业三大托拉斯集团为俄国石油总公司、诺贝尔兄弟集团和英荷壳牌石油公司；纺织工业也出现托拉斯集团，最具影响力的是科诺普公司。康采恩是由实力雄厚的垄断企业联合而成的高级垄断组织，最具代表性的是纺织工业中的孔申公司等企业。

　　具体而言，俄国第一批垄断组织产生于19世纪八九十年代，早期产生于制糖业和石油工业之中，具有卡特尔特征。最初的辛迪加主要产生于冶金、采矿和石油加工业中。俄国第一个辛迪加垄断组织为产品销售辛迪加，形成于1902年，1910年该组织垄断80%的黑色金属和金属制品销售。1902年，还产生了管道销售辛迪加，该组织为管道轧件生产企业的联合组织。俄国第二波辛迪加创立潮产生于1907年，如顿巴斯大型煤炭企业联合组成的煤炭销售辛迪加，6家南俄矿石企业组成的矿石销售辛迪加，该辛迪加垄断南俄地区80%的矿石销售业务。[②]　此外，还产生车厢销售辛迪加和诺贝尔兄弟集团等销售组织，分别垄断车厢和石油产品销售业务。

　　在制糖业、纺织业、橡胶业和其他工业部门中也产生了垄断组织，如罗兹棉纺织企业主辛迪加、莫斯科棉纺织主协会、俄国亚麻协会等。除生产部门外，交通运输业也产生垄断组织，但铁路收归国有后，交通运输业的辛迪加作用下降。俄国主要河运运输干线也由辛迪加掌控，如伏尔加河、卡马河、第聂伯河和西伯利亚地区运输业务由萨莫列特、高

①　Бовыкин В. И. Формирование финансового капитала в России. конец XIX в. – 1908 г. С. 234 – 237；Лившин Я. И. Монополии в экономике России. М.，Изд-во Социально-экономической литературы，1961. С. 26 – 31.

②　Федоров В. А. История России 1861 – 1917. С. 184.

加索和梅尔库里和第聂伯蒸汽公司等辛迪加集团掌控。1913 年，俄国各类垄断组织的数量达 200 家，其中 30 家为大型垄断组织。[①] 金融业也产生大型银行垄断组织，如莫斯科商业银行、圣彼得堡商业银行、俄国对外贸易银行、顿河—亚速银行、伏尔加—卡马银行和俄国贸易工业银行，这些银行由俄国和国外金融组织组建，垄断俄国的银行业务。资本集中导致银行垄断组织形成，1908 年莫斯科国际贸易银行、奥廖尔商业银行和南俄工业银行组建联合银行。为更好地探究俄国工业垄断状况，本部分以石油、冶金、纺织和煤炭工业为例进行简单分析。

垄断集团掌控石油开采和加工业务。19 世纪末，俄国石油工业生产集中特征凸显，中小石油企业被大公司兼并或合并成大型联合石油企业，其中最大的石油企业为诺贝尔兄弟集团、希巴耶夫股份公司、里海—黑海石油工商业公司、曼塔舍夫股份公司和里海石油公司。上述五家公司控制全俄 40% 的石油开采量、49.3% 的煤油加工业和 47.8% 的重油产量。具体而言，1885～1900 年，巴库石油加工厂数量从 120 家降至 93 家，1890 年 13 家工厂的煤油产量约占全俄总产量的 3/4，此年度煤油产量为 5100 万普特，其中诺贝尔兄弟集团和罗斯柴尔德家族公司产量分别为 1790 万普特和 470 万普特。19 世纪末，俄国石油工业的垄断程度更高，1900 年 6 家大企业掌控 63% 的石油加工业务，1910 年 5 家大型企业掌控 56% 的石油加工业务，小工厂石油加工业务比例仅为 1.5%。[②] 就诺贝尔兄弟集团而言，1890 年、1900 年和 1903 年该公司采油量分别为 4520 万普特、8430 万普特和 6430 万普特。该公司的煤油在国内煤油市场的比例由 1879 年的 2.3% 增至 1885 年的 46%，1899 年和 1905 年增至 50.1% 和 69.7%。[③] 一战前，俄国石油工业先后出现卡特尔、辛迪加和托拉斯三

① Федоров В. А. История России 1861 – 1917. С. 185.

② Самедов В. А. Нефть и экономика России 80 – 90-е годы XIX века. С. 21；Лисичкин С. М. Очерки по истории развития отечественной нефтяной промышленности. С. 360；Мир-Бабаев М. Ф. Краткая история Азербайджанской нефти. С. 105.

③ Нардова В. А. Начало монополизации бакинской нефтяной промышленности//Очерки по истории экономики и классовых отношений в России конца XIX – начала XX в. С. 15；Наниташвили Н. Л. Экспансия иностранного капитала в Закавказье（конец XIX – начало XX вв.）. С. 260 – 261. Дьяконова И. А. Исторические очерки. За кулисами нобелевской монополии. С. 130；Дьяконова И. А. Нобелевская корпорация в России. С. 64.

种类型的垄断组织，1885 年诺贝尔兄弟集团就与里海—黑海石油工商业公司和塔吉耶夫公司签订短期卡特尔协议，随后诸多大企业为争夺国内市场纷纷签订卡特尔协议。里海—黑海石油工商业公司联合 135 家中小煤油企业主，成立垄断集团，试图垄断国内外石油市场，为抗击该集团，1892 年诺贝尔兄弟集团联合六大石油企业建立七大公司联盟，其成员包括诺贝尔兄弟集团、里海—黑海石油工商业公司、希巴耶夫股份公司、塔吉耶夫公司等大型石油企业，最终双方和解，共同掌控俄国煤油销售业务。

1894 年，巴库煤油工厂同盟成立，该同盟为俄国最大的石油产品出口辛迪加，该组织成立的目的是消除石油企业间的竞争、划分俄国石油市场，在国际石油市场上加强合作，共同抗击美国标准普尔石油公司，但因美国企业的破坏该辛迪加集团仅存在了三年。大型石油企业联合为托拉斯组织形成奠定了基础，诺贝尔兄弟集团、英荷壳牌石油公司和俄国石油总公司为当时最大的石油托拉斯组织。大型垄断集团在凭借资金和技术优势垄断石油开采、钻探和加工业务的同时，还掌控俄国国内外石油市场，可以说，俄国石油工业的生产和消费环节均由垄断组织掌控。此外，通过抬高油价和控制采油量获取高额利润也是垄断组织惯用的手段，但严重损害了消费者的利益。石油垄断组织的形成促进了俄国石油工业的发展，但其消极影响也不容忽视，具体如下。一是导致采油和石油加工技术长期停滞不前，石油企业主垄断油价导致其不关心石油生产技术更新，巴库地区石油钻井大量闲置，钻井闲置率由 1900 年的 49.2% 上升至 1908 年的 64.8%，采油量大幅度下降，石油加工厂的机器空置率由 1901 年的 27.7% 上升至 1910 年的 68.7%[①]；二是严重损害消费者的利益，垄断组织攫取的高额利润源于对消费者的掠夺，不但使消费者损失巨大，而且使大量使用石油产品作为燃料的企业陷入困境；三是石油工人生活状况恶化，石油工人工资水平逐年降低，1913~1916 年虽然工人名义工资增长 70%，但物价上涨 100%，工人实际工资水平下降。[②]

促使煤炭垄断集团产生的因素很多，其中政府保护政策、外资大量

---

① Ахундов Б. Ю. Монополистический капитал в дореволюционной бакинской нефтяной промышленности. С. 199 – 202.

② Ахундов Б. Ю. Монополистический капитал в дореволюционной бакинской нефтяной промышленности. С. 231.

流入和国内煤炭需求量增加等是主要因素。首先，关税保护政策使外国廉价煤炭难以进入俄国，促使采矿工业垄断形成。为保护煤炭工业，俄国政府实施严格的关税保护措施，数次提高煤炭进口关税。其次，俄国政府为保障铁路燃料供给，定期从企业采购大量煤炭，大企业因有国家订单，无须担心销路，甚至借机抬高煤价。最后，南俄煤炭工业对外资依赖度较高，大型企业基本由外资掌控。外国企业主的资金和技术优势是俄国企业无法比拟的，在与其竞争过程中，中小企业纷纷落败。受上述因素影响，南俄煤炭工业垄断程度明显高于其他地区。

在外资大量涌入的同时，煤炭工业垄断趋势日益明显。1880 年，顿涅茨克、东布罗夫、莫斯科近郊和乌拉尔煤田大型煤矿数量分别为 22 家、13 家、7 家和 2 家，采煤量分别为 5312 万、7579 万、2290 万和 721 万普特，大型煤矿的采煤量分别为上述煤田总采煤量的 61.5%、96.6%、91.2% 和 100%。19 世纪 70 年代初期，南俄地区小煤矿众多，集中程度逊于其他地区，80 年代南俄煤炭工业垄断程度加强，1880 年南俄地区 45 家大型煤矿采煤量为 1.6 亿普特，占南俄地区总采煤量的 79.8%，其中 13 家大企业采煤量超过 400 万普特，采煤总量达 1 亿普特，其采煤量占南俄地区总采煤量的 51.4%。[1] 由此可以看出，大企业垄断地位逐渐增强，1882～1894 年大煤矿采煤量增长 6 倍，1894～1895 年其采煤量已占南俄总采煤量的 79%。[2] 1890 年，采煤量超 100 万普特企业的采煤量占总采煤量的 89.9%，1900 年其采煤量比例达 95.3%。[3]

煤炭开采量增加导致生产集中化愈强。1890 年，顿涅茨克煤田 104 家小煤矿采煤量比例仅为南俄总采煤量的 2%，37 家大型煤矿采煤量占

①　Тихонов Б. В. Каменноугольная промышленность и черная металлургия России во вто-
рой половине XIX в. С. 40, 197; Бовыкин В. И. Формирование финансового капитала в
России. конец XIX в. – 1908 г. С. 94.

②　Туган-Барановский М. И. Русская фабрика в прошлом и настоящем: Историко-эконом-
ическое исследование. Т. 1. Историческое развитие русской фабрики в XIX веке. С. 290.

③　Модестов В. В. Рабочие Донбасса в трех русских революциях. М., Мысль, 1974. С. 19;
Бовыкин В. И. Формирование финансового капитала в России. конец XIX в. – 1908 г. С.
94; Тихонов Б. В. Каменноугольная промышленность и черная металлургия России во
второй половине XIX в. С. 182; Соловьева. А. М. Промышленная революция в России в
XIX в. С. 229.

顿涅茨克煤田总采煤量的 78%。1899 年,南俄地区 17 家煤炭公司的采煤量约为 4 亿普特,约占该地总采煤量的 76.2%。1900 年,11 家大企业的采煤量都达 2000 万普特,其采煤量占顿涅茨克煤田总采煤量的 44%。[①] 需着重强调的是,在南俄煤炭工业发展过程中股份公司具有决定性作用。1902 年,40 家煤炭股份公司煤炭产量达 4.9 亿普特,其余公司煤炭产量只有 8080 万普特。[②] 股份公司凭借其雄厚的资金优势、先进设备和管理经验,在南俄煤炭工业中发挥了巨大作用。1908 年,采煤量超过 100 万普特企业的煤炭开采量占顿涅茨克、莫斯科近郊、东布罗夫和乌拉尔煤田采煤量的比例分别为 77.5%、97.4%、99.7% 和 96.5%[③],大企业垄断采煤业已毋庸置疑。

19 世纪末,冶金业也相继诞生垄断组织,总体而言,1890~1900 年俄国冶金企业的数量增长 2.7%,但冶金产品产量增长 1 倍。1900~1908 年黑色冶金企业的数量缩减 1/3,但产品价值增长 3 倍。就采矿工业而言,1890~1908 年俄国铁矿石开采企业的数量增长 1 倍,但其产品价值增长 9 倍。[④] 1900 年经济危机致使俄国诸多工业部门陷入销售危机,为摆脱危机,俄国冶金企业开始联合,1901 年塔甘罗格公司就曾提出联合南俄冶金企业的方案,试图建立工厂主联盟,控制铁矿市场、抬高产品价格和增加企业利润。1902 年,冶金工业产品辛迪加正式创建,但是该辛迪加以股份公司形式建立,一则可避免商人相互勾结,二则各工厂可以合法的方式转让产品销售权。该辛迪加管理机构由中央管理委员会和三个区域委员会组成,1902~1910 年该辛迪加先后垄断薄铁、宽铁、铁梁、铁管和钢轨等主要冶金产品的销售业务。1902 年,冶金工业产品销售股

① Соловьева. А. М. Промышленная революция в России в XIX в. С. 229;Шполянский Д. И. Монополии угольно-металлургической промышленности юга России в начале XX века. М., Изд-во Академии наук СССР, 1953. С. 40. Бовыкин В. И. Формирование финансового капитала в России. конец XIX в. – 1908 г. С. 96.

② Шполянский Д. И. Монополии угольно-металлургической промышленности юга России в начале XX века. М., Изд-во Академии наук СССР, 1953. С. 42.

③ Бовыкин В. И. Формирование финансового капитала в России. конец XIX в. – 1908 г. С. 97.

④ Бовыкин В. И. Формирование финансового капитала в России. конец XIX в. – 1908 г. С. 77.

份公司组建薄铁辛迪加，其成员包括 14 家大型冶金企业，其中南俄地区冶金企业 11 家，波兰和中部工业区冶金企业数量分别为 2 家和 1 家。1905 年，冶金工业产品销售股份公司组建铁管销售辛迪加，其成员包括第聂伯冶金工厂和马克耶夫冶金工厂等 4 家南俄大型冶金工厂，1908 年，冶金工业产品销售股份公司又组建优质铁和钢销售辛迪加，其成员包括亚历山大德洛夫斯克冶金工厂、第聂伯冶金工厂和塔甘罗格冶金工厂等 11 家大型冶金企业。1910 年，冶金工业产品销售股份公司集中全俄优质铁、薄铁、钢梁轧制铁、铁梁及轮箍生产份额的 88.1%、82.4%、88.3% 和 74.1%。[①]

就纺织工业而言，19 世纪中叶俄国纺织工业就出现垄断组织的萌芽，1882 年俄国纺织工业出现卡特尔垄断组织，形式是纺纱工厂主签订协议降低产量并抬高产品价格。1893 年，莫斯科印花布企业主也签订了抬高产品价格的卡特尔协议。20 世纪初的经济危机使俄国纺织工业举步维艰，中小企业无力抵御经济危机的冲击纷纷倒闭，大企业为占有更多的市场份额不断缩减产量和抬高产品价格，纺织工业垄断进程加快。1900 年，俄国出现莫斯科和伊万诺沃—沃兹涅先斯克两大印花布工厂主企业同盟。而莫斯科印花布工厂联合库瓦耶夫和孔申公司等 6 家印花布企业组建卡特尔组织，1908 年该卡特尔组织集中 4.2 万名工人，工人数量约占全俄棉纺织工人总量的 8%，产品产量占全俄棉纺织产品生产总量的 14%。[②] 伊万诺沃—沃兹涅先斯克卡特尔组织联合 12 家大型印花布企业，又与附近印花布工厂主签订卡特尔协定。除棉纺织工业外，麻纺织和毛纺织工业也出现垄断趋势，1903 年涅夫斯基麻线工厂联合诸多麻纺织工厂组建辛迪加组织，该组织几乎垄断俄国麻纺织品市场。1912 年，俄国亚麻股份公司成立，该公司由莫斯科银行控股，1913 年在莫斯科银行的倡导下组建亚麻企业主辛迪加，控制俄国亚麻生产和麻纺织品销售业务。卡特尔和辛迪加组织的出现促使俄国纺织工业集中化程度进一步提高，托拉斯组织也应运而生。俄国棉纺织工业托拉斯集团由英国

① Вяткин М. П. Монополии в металлургической промышленности России. 1900 – 1917. Документы и материалы. М.，Академия наук ССР，1963. С. 122.

② Лаверычев В. Я. Монополистический капитал в текстильной промышленности России（1900 – 1917 гг). М，Изд-во Моск. ун-та，1963. С. 78.

科茨公司组建，1890 年该公司收购圣彼得堡涅夫斯基麻线工厂，又陆续吞并诸多棉纺织企业和纺纱工厂，最终组建托拉斯企业，一战前该公司在莫斯科、哈尔科夫和敖德萨等城市都设有办事处，专门负责产品的生产和销售业务。

　　垄断是生产集中化的必然结果，生产集中化又导致中小企业数量大幅度减少，企业兼并之风盛行。1890～1900 年，俄国工业企业数量减少26.5%，生产总值却增长 95%。化学工业中企业数量减少 64.1%，生产总值增长 93.7%。纺织工业企业数量减少 16.2%，生产总值增长 61.8%。食品工业企业数量减少 40.5%，生产总值增长 55.1%。由此可知，各工业部门中垄断组织的作用不断凸显。20 世纪初，经济危机致使俄国出现第二次企业兼并浪潮，20 多个工业部门中大企业都居于主导地位。①

　　垄断组织对俄国经济发展既有积极的作用，也有消极的作用。就其积极意义而言，一是满足生产力发展的需求，适应经济制度和生产技术的变革，推动新兴工业部门的发展，加速俄国工业化进程；二是垄断组织资本集中化程度增加可一定程度上调整生产关系，使其适应生产力发展的需求，推动俄国工业的发展。消极作用主要包括如下方面：一是阻碍生产技术革新，抑制生产效率的提高；二是为攫取高额利润，惯用提高产品价格和打压中小企业主的方式，破坏市场秩序；三是大量压榨工人剩余价值，阶级矛盾逐步激化；四是垄断组织与政府关系密切，一定程度上左右政府政策来维护其利益。如果说垄断组织的形成是工业化的结果，政府政策扶持则为工业化保驾护航。

三　政府政策为工业化保驾护航

　　虽然工业发展受诸多因素影响，如资源禀赋、地理位置、交通状况、技术水平、劳动力供应等，但综合来说，政府对待工业发展的态度才决定了各工业部门的发展程度、规模和走向。这些政策包括农奴制改革、包税制度废除和关税政策等。下文以俄国能源工业受政策影响的情况进

---

① 　Бовыкин В. И. Формирование финансового капитала в России. конец XIX в. – 1908 г. С. 88 – 91.

行分析。保护性关税政策的实施、包税制度的废除和19世纪下半叶维特的经济改革都保障了俄国工业化的稳步进行。

（一）保护性关税奠定工业发展的基础

关税政策是保护本国工业发展的重要措施，俄国关税政策历经自由贸易关税、禁止性关税、温和保护关税和强制性保护关税几个阶段，虽然历任政府关税改革侧重点和目的不同，但其出发点都是保护本国工业、增加税收、维持对外贸易平衡，旨在促进民族经济发展。具体途径包括制定高关税禁止外国商品输入或限制进口量。

俄国关税保护政策由来已久，1822年俄国虽未从名义上禁止棉布、毛织品、丝织品、香烟、葡萄酒、香料和食糖等商品进口，但征收商品价值1～2.5倍的关税；生铁关税为产品价值的6倍，铁制品关税为其价值的2.5倍，等同于禁止性关税。① 这一时期关税政策的实施促进了棉纺织工业的发展，也为冶金工业和其他工业的发展奠定了基础。

1823年，康克林就任财政大臣。为扶持本国工商业发展，他推行禁止性关税政策，恢复酒产品的包税制度、对香烟征收消费税。随后，颁布法令征收营业执照税，一等、二等和三等商人的营业执照税分别为2200卢布、880卢布和220卢布。1839年，营业执照税进行改革，一等、二等商人征税数额分别为660卢布和264卢布，三等商人的税率有所浮动，根据经营状况和店铺位置分别征收66卢布、43卢布、30卢布和20卢布四个档次的税额。在康克林就任期间，即1823～1827年，俄国预算赤字明显缩减，共节省6500万卢布。② 克里米亚战争俄国军费支出为5亿卢布，其间国家预算赤字达6亿卢布③，卢布严重贬值，卢布牌价大跌，税收改革势在必行，但俄国并未出台有效的措施和法律。

随着工业的发展，工业品的进口关税大幅度提高，反之，原材料进口

① Лященко П. И. История народного хозяйства СССР. Т. I. М., Государственное изда-тельство политической литературы, 1956. С. 537.

② Захаров В. Н., Петров Ю. А., Шацилло М. К. История налогов в России IX – начало XX века. М., РОССПЭН, 2006. С. 61.

③ Захаров В. Н., Петров Ю. А., Шацилло М. К. История налогов в России IX – начало XX века. С. 173.

关税则降低。以毛纺织品为例，关税从商品价格的40%提高至225%，关税额达4卢布/普特，丝织品的关税额达1卢布20戈比/普特。① 关税增加明显促进了毛纺织工业的发展，19世纪50年代，俄国毛纺织品的销售额已达4600万卢布，其中300万卢布产品出口至亚洲。进口毛纺织品的数额迅速降低，1851年、1852年和1853年进口数量分别为1.7万、1.4万和1.4万普特，只占国内总需求量的3.3%。② 纺织品的进口趋势大致如此，商品进口税率提高后，国外进口商品的数量大幅度降低。克里米亚战争后，俄国政府采取措施保护本国工业，1857年进一步调整关税，新税率随之诞生。为扶持工业发展，海运和陆运进口纱线关税从原来的5卢布/普特降至3卢布50戈比/普特，继而下调至2卢布50戈比/普特。③ 生丝、铁矿石、锌的进口关税由1卢布/普特调整为40戈比/普特。毛线进口税额由1卢布20戈比/普特降至20戈比/普特，此外多种工业原料实行零税率。1857年税率政策为金属材料和机器设备的进口提供优惠，规定机器设备进口免征关税。取消生铁进口的限制，但仍课以重税，为其价值的35%～70%。④ 因此，1857年税率政策具有温和保护性关税特征。赖滕继任财政大臣后对1857年税率政策进行修订，但为促进国家工商业发展，税率改革的保护性特征愈加凸显。1868年税率政策的保护性更强，皮革和亚麻产品的关税税率为其价值的22%，棉布、毛织品和棉织品税率为其价值的24%、26%～30%和34%～36%。⑤

19世纪70年代，俄国关税保护等级更强，目的是缓解经济危机的压力，几乎所有商品关税都增加1/3左右。维特继任财政大臣之后俄国关税屡次提高，目的是增加政府收入和保护本国工业。为增加财政收入，

① Соболев М. Н. Таможенная политика России во второй половине XIX века. Ч. I. М. , РОССПЭН, 2012. С. 147.

② Соболев М. Н. Таможенная политика России во второй половине XIX века. Ч. I. С. 151.

③ Собелев М. Н. Таможенная политика России во второй половине XIX века. Ч. I. С. 123－126.

④ Кулищер И. М. История русской торговли и промышленности. Челябинск. , Социум, 2002. С. 38.

⑤ Собелев М. Н. Таможенная политика России во второй половине XIX века. Ч. I. С. 301－310.

1881 年俄国政府将进口关税又提高了 10%。① 1882 年、1884 年和 1885
年俄国连续三次提高关税税率。1882 年，所有原材料和工业半成品的进
口关税均提高，其中碳酸钠和硫酸等化学产品的进口关税提高幅度最大，
1885 年工业品关税税率又提高 20%。② 可以说，整个 80 年代为保护重工
业的发展，燃料、金属和金属制品的进口关税连续提高，而 1890 年多数
商品关税在原有的基础上再提高 20%。③ 1891 年，税率再次大幅度提高，
包括 432 种商品，其中 67 种商品征收额度达到其价值的 101%～200%，
44 种商品关税比例达 201%～500%，35 种商品关税额度超过 500%。④
1893 年，俄国实行双轨关税制，对俄国粮食出口给予优惠的国家，俄国
给予其最惠国关税待遇。1900 年，俄国又经历了一次关税调整，食品进
口关税提高 50%，工业原料关税调高 10%～20%，棉纺织品、生丝和宝
石进口关税分别提高 30%、100% 和 122%，但与俄国签署贸易协定的国
家除外。⑤

　　为保护本国产品利益，俄国不惜发动关税战，其中俄德关税战最
具代表性。俄国农产品大量出口德国，19 世纪末德国的工业品大量输
入俄国，德国政府对俄国农产品的关税一提再提，而与奥匈帝国、意
大利、美国和罗马尼亚等国签订的贸易协定具有互惠性质，俄国被排
除在外，因此俄国也提高德国工业品的进口关税。俄德关税战导致俄
国政府通过了 1891 年禁止性关税政策，与 1868 年相比，生铁、煤油、
钢轨、机器、蒸汽机车和棉布和硫酸的关税分别增长 9 倍、2 倍、3.5

① Китанина Т. М. Россия в первой мировой войне 1914－1917гг: экономика и экономиче-
ская политика. Часть 1. СПб., Из-во Спб-университета, 2003. С. 51－52; Хромов П. А.
Экономическая история СССР. Период промышленного и монополистического капита-
лизма в России. С. 97.

② Куприянова Л. В. Таможенно-промышленный протекционизм и российские предприн-
иматели (40－80-е годы XIX века). М., Из-во РАН. 1994. С. 118.

③ Шепелёв Л. Е. Царизм и буржуазия во второй половине XIX века. Проблемы торгово-
промышленной политики. Л., Наука, 1981. С. 166－167.

④ Соболев М. Н. Таможенная политика России во второй половине XIX века. Ч. II. С. 356.

⑤ Обухов Н. П. Внешнеторговая, таможенно-тарифная и промышленно-финансовая по-
литика России в XIX－первой половине XX вв. (1800－1945). М., Бухгалтерский учет,
2007. С. 183.

倍、7 倍、3 倍、1 倍和 3.5 倍①。从此时起，俄国建立了强有力的保护
关税体制，俄国工业处在高关税羽翼之下，取得巨大成就，这也使 20 世
纪初的俄国成为关税最高的国家。

　　就煤炭工业而言，俄国工业快速发展后燃料需求量大增，每年需从
国外进口大量煤炭，1860 年本国石煤产量仅为世界总产量的 0.2%，进
口煤炭占俄国煤炭总需求量的 55% ~ 60%，英国煤炭垄断俄国煤炭市场
的状况一直持续至 1887 年。② 1884 年以前，除波兰地区外，国外煤炭和
焦炭可以零关税进入俄国市场，从而垄断了国内市场，最终造成俄国对
进口煤炭的高度依赖，严重制约了煤炭工业发展。19 世纪 80 年代，俄
国政府意识到发展本国重工业的重要性，不遗余力地发展能源工业，实
施保护性关税就是其重要手段之一。80 年代中期以后，俄国政府为扶持
煤炭工业发展，开始对进口煤炭征收关税，俄国政府三次提高煤炭进口
关税，借此保护本国煤炭工业和减少煤炭进口量。1884 年，亚速海和黑
海、俄国西部边境和波罗的海港口煤炭的进口关税税额分别为 2 金戈比/
普特、1.5 金戈比/普特和 0.5 金戈比/普特。为刺激顿巴斯煤炭工业发
展，1886 年，黑海和亚速海港口煤炭进口关税税额增至 3 金戈比/普特，
1887 年，俄国西部地区和波罗的海港口煤炭进口关税税额增至 2 金戈
比/普特和 1 金戈比/普特。此外政府大力提高焦炭进口关税，亚速海和
黑海、俄国西部边境和波罗的海港口焦炭进口关税税额分别为 4.5 戈比/
普特、3 戈比/普特和 1.5 戈比/普特。③ 煤炭关税提高后，亚速海和黑海
地区英国煤炭进口量迅速下降，俄国煤炭逐渐垄断该地区市场，进口煤
炭主导地位丧失。煤炭关税政策实施后亚速海和黑海地区煤炭进口量从

①　Субботин Ю. Ф. Россия и Германия: партнеры и промивники (торговые отношения в
　　конце XIX в. – 1914 г.). М., Из-во РАН, С. 20 – 23.

②　Баканов С. А. Угольная промышленность Урала: жизненный цикл отрасли от зарожд-
　　ения до упадка. Челябинск., Издательство ООО "Энциклопедия", 2012. С. 42.

③　Соболев М. Н. Таможенная политика России во второй половине XIX века. Том II. С. 117,
　　122, 128; Тихонов Б. В. Каменноугольная промышленность и черная металлургия Рос-
　　сии во второй половине XIX в. М., Наука, 1988. С. 126; Фомин П. И. Горная и горн-
　　озаводская промышленность Юга России. Том II. Харьков., Хозяйство Донбасса, 1924.
　　С. 87 – 88; Куприянова Л. В. Таможенно-промышленный протекционизм и российские
　　предприниматели 40 – 80-е годы XIX века. М., Из-во РАН. 1994. С. 230, 238; 张广翔、
　　梁红刚：《19 世纪俄国保护关税政策问题》，《史学集刊》2015 年第 3 期，第 55 页。

19 世纪 60 年代的 770 万普特降至 19 世纪 90 年代的 200 万普特[1]，顿巴斯煤炭已垄断该地市场。90 年代，因尼古拉耶夫铁路停止从圣彼得堡向莫斯科输送进口煤炭、顿巴斯煤炭运至莫斯科的费用降低和重油广泛使用，进口煤炭逐渐被排挤出中部工业区市场。[2] 俄国关税税率提高使顿巴斯煤炭行销国内大部分地区。

国家为扶持冶金工业，不断提高金属产品的进口关税。19 世纪上半叶，俄国实行保护关税政策，基本上禁止进口外国金属，保证本国企业在国内市场的独占地位。然而到 19 世纪中叶时，国内工业、运输业和军工业的金属需求量猛增，因国产金属供应量不足，俄国政府先后于 1850 年、1857 年和 1859 年对进口外国金属重新实行适当的保护关税税率。例如 1857 年，国务会议批准降低金属制品的进口关税，使俄国金属进口量直线上升，1851～1860 年，进口铁 23.9 万普特。[3] 19 世纪下半叶，为扶持本国机器制造业和加速铁路建设进程，俄国政府曾取缔生铁和铸铁的进口关税，但随着南俄冶金工业的发展，政府又多次提高关税税率，1885 年农业机器、化学产品和毛纺织品等商品的关税税率也大幅提高。与 1868 年相比，1877～1890 年铸铁关税税额提高近 9 倍，煤油、轨道、机器、蒸汽机车和棉纺织产品的关税税额分别提高 2 倍、3.5 倍、7 倍、3 倍和 1 倍。随着关税税额的增加，俄国国民收入大幅度提高，1860 年、1880 年、1890 年和 1900 年关税收入约为 4990 万、1.1 亿、1.3 亿和 2.1 亿卢布。以上数据显示，俄国主要工业品关税明显高于德国、法国和意大利。[4]

1894 年，俄国政府提高生铁进口关税，每普特生铁关税为 45 戈比，20 世纪初又进一步提高冶金产品进口关税，1908～1912 年每普特生铁、熟铁、小型钢和钢轨的进口关税相当于产品成本的 100%、70%～95%、

① Бакулев Г. Д. Черная металлургия Юга России. М., Изд-во Гос. техники, 1953. С. 113.

② Обухов Н. П. Внешнеторговая, таможенно-тарифная и промышленно-финансовая политика России в XIX – первой половине XX вв. (1800 – 1945). М., Бухгалтерский учет, 2007. С. 114; Фомин П. И. Горная и горнозаводская промышленность Юга России. Том II. С. 87.

③ Купрянова Л. В. Таможенно-промышленный протекционизм и российские предприниматели 40 – 80 годы XIX в. С. 56.

④ Хромов П. А. Экономическая история СССР. Период промышленного и монополистического капитализма в России. С. 97.

108% ~125% 和90% 。[①] 20 世纪初，南俄和乌拉尔冶金工厂每普特生铁的成本分别为 50 戈比和 60 戈比，国外冶金产品因关税较高，已无力与俄国同类产品进行竞争。俄国对冶金产品的关税保护制度，限制了国外同类产品进入俄国市场，客观上促进了俄国冶金工业的发展。

在俄国石油工业发展进程中关税也具有重要作用，19 世纪 70 年代，包税制度废除后政府立即提高煤油进口关税，旨在保护本国石油工业发展。1877 年，俄国政府在大幅度提高煤油进口关税的同时，规定使用黄金进行业务结算，每普特煤油进口关税提高至 55 金戈比，国外煤油进口量迅速降低，如 1873 年美国煤油进口量为 270 万普特，巴库煤油的产量只为 83.2 万普特，1877 年，美国煤油进口量降至 170 万普特，俄国煤油供给量增至 459 万普特，1883 年，美国煤油进口业务完全终止。[②] 1887 年起美国煤油进口关税逐年提高，1891 年，煤油关税提高至 1 金卢布/普特，实际上是禁止进口美国煤油。[③]

（二）维特的经济改革

维特继任财政大臣之前，俄国财政赤字严重，为缓解财政危机，维特进行财政改革。俄国国民收入主要依靠直接税、间接税和关税。直接税是指不能转嫁，由纳税人直接负担的税收，如人头税、所得税、土地使用税和房产税等；间接税包括部分产品专营收入、消费税等税种，它们是维系国家机构正常运转的保障，维特的财政改革由间接税改革开始。为提高间接税税额，维特增加酒、煤油、火柴、糖和烟草等产品的课税。维特的间接税改革取得显著成就，1880 ~1901 年俄国直接税税额从 1.7 亿卢布增加到 2.2 亿卢布，间接税从 3.9 亿卢布增加到 8.2 亿卢布，间接税税额增幅较大。[④] 1892 年，俄国 9.7 亿卢布的总预算中，间接税数额

① Цукерник А. А. Синдикат "Продамет". М. , Издательство социально экономической литературы, 1959. C. 101.

② Наниташвили Н. Л. Экспансия иностранного капитала в Закавказье（конец XIX – начало XX вв. ）. C. 249, 260; Соболев М. Н. Таможенная политика России во второй половине XIX века. Том II. C. 11 – 13.

③ Куприянова Л. В. Таможенно-промышленный протекционизм и российские предприниматели 40 – 80 – е годы XIX века. C. 245.

④ Ананьич Б. В. , Ганелин Р. Ш. Сергей Юльевич Витте и его время. СПБ. , Дм. Буланин, 1999. C. 86.

为 5.3 亿卢布，其比例为 54.6%，直接税为 1.7 亿卢布，其比例为 17.5%；1900 年，17 亿卢布的预算中间接税和直接税税额分别为 7.8 亿卢布和 2.2 亿卢布，其比例分别为 45.9% 和 12.9%，间接税所占比例最高。①

维特继任之初就宣布增加间接税，其中以酒产品国家专卖最具代表性。1892 年，俄国政府增加啤酒和白酒等产品的间接税，1894 年，实施酒产品专卖，国家收入由 3 亿卢布增加至 3.6 亿卢布。② 因酒产品消费税税率提高和政府垄断该行业，酒产品价格迅速提升，1900 年，每桶酒的价格由 7 卢布增加到 7 卢布 60 戈比，1905 年价格近 10 卢布。酒垄断促进国家收入的大幅度增加，维特任职期间国家税收由 7 亿卢布增加到 20 亿卢布，其中酒垄断的作用不容忽视。③

具体而言，俄国政府于 1887 年颁布法律实施酒产品销售专营。法律规定，销售酒产品主要有两种形式，即单纯的批发销售、批发和零售并存，政府主要采取批发和零售相结合的方式销售酒类产品。1893 年，维特举行会议讨论酒类产品专营权问题，1894 年酒垄断方案被推行。方案规定，各地区分时段实施酒产品专卖：1897 年 1 月开始俄国西南部 10 省和波兰地区实施；1898 年 1 月，圣彼得堡、诺夫哥罗德、普斯科夫、奥洛涅茨和哈尔科夫省实施；1900 年，库尔德、斯塔夫罗波尔、顿河哥萨克军区实施；1901 年，阿尔汉格尔斯克、沃罗涅日、维亚特卡、莫斯科、下诺夫哥罗德、梁赞、特维尔和雅罗斯拉夫省等地实施；1902 年，库班和托木斯克等地区实施；1904 年，西伯利亚地区实施。④ 政府允许私人工厂酿酒，但其采购和销售权由国家掌控。酒垄断带来巨额税收，1900 年和 1903 年，酒产品销售收入分别为 2.7 亿卢布和 5.4 亿卢布。1890 年，维特又增加烟草、糖和火柴等商品的消费税。1895 年，政府推行糖产品配给制度，财政收入大幅增加。1892 年，俄国间接税收入为 474.8 亿卢布，1893 年、1896 年和 1901 年其收入分别为 512.9 亿卢布、

①　陶慧芬：《俄国近代改革史》，中国社会科学出版社，2007，第 288 页。

②　刘祖熙：《改革和革命——俄国现代化研究（1861—1917）》，北京大学出版社，2001，第 130 页。

③　Баре Г. А. История финансовой политии в России. СПб.，Изд-во Санкт-Петербургского государственнго университета，2000. С. 34.

④　Витте С. Ю. Собрание сочинений документдальных материалов. Т 2. Налоги бюджет и государственный долг России. Кн 1. М.，Наука，2003. С. 29.

682.5 亿卢布和 686.6 亿卢布, 间接税成为俄国主要税收来源。①

为扶持石油工业发展, 俄国政府曾一度取缔消费税, 1888 年, 又重新征收石油产品消费税, 对轻型煤油和重型煤油分别征收 40 戈比/普特和 50 戈比/普特消费税, 1892 年税率提高至 60 戈比/普特和 50 戈比/普特, 征收消费税将煤油价格抬高 1 倍。因征收消费税, 俄国国内煤油价格高于国外, 如 1903 年伦敦、汉堡和埃及市场上俄国煤油价格分别为 94 戈比/普特、98 戈比/普特和 1 卢布 5 戈比/普特, 而莫斯科、圣彼得堡、华沙和波尔塔瓦的煤油价格为 1 卢布 16 戈比/普特、1 卢布 33 戈比/普特、1 卢布 29 戈比/普特和 2 卢布/普特。1901 年, 欧俄居民消耗煤油的价值为 6084 万卢布, 仅有 456 万卢布为产品成本, 1289 万卢布为附加费和其他支出, 但此两项支出的比例只为 7.5% 和 21.2%, 4308 万卢布为消费税支出, 其比例达 70.8%。② 表面上税率提高增加了石油业主负担, 但最终都转嫁到消费者身上, 因煤油价格较高, 国内市场上煤油的需求量停滞不前, 数年间都维持在同一水平上。

为增加国民收入, 维特大肆开辟税源。1892 年 12 月, 维特颁布工商税法, 规定凡获得营业执照的企业都需缴纳工商税, 工商税分为资本税、附加税和利润税, 资本税税率为 0.15%, 利润税税率为 3% ~ 6%。③ 就工业税而言, 1861 年农奴制改革之后手工业税按照 1862 年 2 月 9 日颁布的税收条例执行, 1885 年初对手工业征收附加税。1892 年, 俄国政府成立贸易与手工工场司, 其工作内容之一就是征收税款, 1893 年, 工厂的消费税税率由此前的 3% 提高到 5%。④ 手工业税具有原始征税特征, 维特任职期间手工业税收入由 1898 年的 4800 万卢布增加到 1899 年的 6100 万卢布, 但在国家预算中其比例仅为 3.6%, 远逊色于间接税和大工业税款。1894 年, 俄国开始征收住房税, 税法规定房屋的主人按照房屋价

① Витте С. Ю. Собрание сочинений докумендальных материалов. Т 2. Налоги бюджет и государственный долг России. Кн 1. С. 11.

② Лисичкин С. М. Очерки по истории развития отечественной нефтяной промышленности. С. 206 – 207.

③ 刘祖熙:《改革和革命——俄国现代化研究 (1861—1917)》, 北京大学出版社, 2001, 第 131 页。

④ 刘祖熙:《改革和革命——俄国现代化研究 (1861—1917)》, 北京大学出版社, 2001, 第 68 页。

值缴纳税金。无论是自用房屋还是出租房屋，房屋所有权人都应该缴纳住房税，牧师和外交人员则不需缴纳住房税，皇室成员的房屋和店铺也不需缴纳住房税。1894 年，住房税收入为 270 万卢布，远低于预计收入。① 除增加税收外，维特还进行货币和金融改革，以保障俄国工业化的顺利进行。

国债是俄国政府筹集资金的重要措施，是向债券购买者出具相关凭证，政府承诺在一定时期内支付本金和利息的行为。俄国债务分为内债和外债，外债一直占据主导地位。俄国内债源于保罗一世，保罗一世以纸币形式发行国债，亚历山大一世时期颁布专门法律规定国债的发行原则、方法和相关人员的权利与义务。外债出现于叶卡捷琳娜二世时期，俄国第一笔对外公债于 1769 年发行，由荷兰银行家代为在国际金融市场上发行，其金额为 430 万银卢布，期限为 10 年，年息为 5%，其目的是用于军事扩张，叶卡捷琳娜二世在位期间俄国国债达 2.2 亿卢布。② 尼古拉一世时期战争频繁，外债数量大增，如 1827 年俄波战争、1828~1829年俄土战争和 1830~1831 年俄波战争期间，俄国共发行 6394 万银卢布的对外公债，1852 年克里米亚战争爆发之前俄国外债金额达 2.2 亿卢布，内债金额为 5.1 亿卢布。克里米亚战争期间俄国政府又发行 1 亿卢布国债，以偿还贷款和缓解国内财政赤字。维特继任财政大臣之后也大幅度发行国债，1892~1903 年俄国国债由 49 亿卢布增加到 66.5 亿卢布。③

为推动国民经济的发展，稳定国际金融市场上俄国的信用，维特开始推行金本位制。所谓金本位制，是以黄金作为本位币，其主要特征是金币可以自由铸造，价值符号可以自由兑换，黄金可以自由输入和输出等。金本位制的实施可稳定本位币和外币间的汇率，有利于资本主义的发展。欧洲国家早已陆续采用金本位制，如 1871 年德国采用金本位制，1873 年荷兰、1878 年瑞士和比利时也相继实施金本位制，1879 年美国也推行金本位制，各大国纷纷放弃银本位制，金本位制开始在世界范围内

① Витте С. Ю. Собрание сочинений докумендальных материалов. Т 2. Налоги бюджет и государственный долг России. Кн 1. М. , Наука, 2003. С. 29.

② Витте С. Ю. Собрание сочинений докумендальных материалов. Т2. Налоги бюджет и государственный долг России. Кн 2. М. , Наука, 2003. С. 30.

③ Витте С. Ю. Собрание сочинений докумендальных материалов. Т2. Налоги бюджет и государственный долг России. Кн 2. С. 30 – 31.

推广。俄国一直以白银为货币等价物，俄土战争后卢布牌价大跌，不得已大量发行纸币，导致国际金融市场上卢布信誉受到重创，流入俄国的外资数量大幅度减少，为稳定卢布牌价，维特决定推行金本位制。

维特在俄国推行金本位制，其手段是以黄金作为本位币，金币可自由铸造和兑换，试图依靠金本位制维系本币价值，稳定卢布与其他国家货币汇率，推动俄国经济的发展。因币制改革需要大量黄金，1895 年俄国政府规定日常贸易用黄金进行交易，缴纳国家税款时也需使用黄金支付。1897年，俄国纸币流通额为 10.7 亿卢布，黄金价值已近 11.0 亿卢布。1897 年，俄国政府通过《货币改革法》，铸造价值 5 卢布的新金币，1898 年推行 10卢布的金币。[1] 与此同时，俄国政府还限制国家银行的货币发行权，规定国家银行发行货币数额低于 6 亿卢布时，必须用黄金担保，担保金额为货币发行量的一半，超过 6 亿卢布时必须由十足黄金担保。维特的金本位制稳定了卢布的汇率，促进了俄国工商业的发展。1897 年，通过增加税收、购买和开采黄金等渠道，俄国黄金储备量达 10.9 亿卢布[2]，货币含金量明显提高。金本位制的作用可谓立竿见影，卢布汇率的波动率由1891 年的 28.4% 降低至 1892 年的 8.8% 和 1893 年的 5.3%。[3] 卢布含金量提高后，与其他国家货币间的兑换汇率逐步稳定，保障了俄国金融业的快速发展。

维特的铁路国有化政策也是其经济政策之一。19 世纪六七十年代，俄国绝大部分铁路由私人公司修建，但因公司经营不善、黑幕重重，政府财政不堪重负。俄国政府只能加大对私营铁路公司的监管力度，同时实施铁路国有化政策，铁路国有化需要大量的资金，只能在国外发行债券。1881 年，俄国政府开始收购亏损的铁路公司，铁路国有化进程开启。俄国铁路国有化可划分为三个阶段。第一阶段为 1881～1886 年，俄国政府共收购 1324 俄里铁路，主要为哈尔科夫—尼古拉耶夫、唐波夫—萨拉托夫、摩尔曼斯克和普吉洛夫铁路。1887～1892 年为俄国铁路国有化的第二阶段，政府通过一系列措施将 5500 俄里铁路收归国有，主要线路为乌拉尔、里亚日斯克—莫尔尚斯克、里亚日斯克—维亚泽姆、莫尔

---

① 陶慧芬：《俄国近代改革史》，中国社会科学出版社，2007，第 293 页。

② 黄亚丽：《维特经济政策研究》，博士学位论文，吉林大学，2008，第 72 页。

③ Мартынов С. Д. Государство и экономика: система Витте. СПб., Наука, 2002. С. 151.

尚斯克—塞兹兰和外高加索等近 10 条私有铁路。据统计，俄国为收购上述铁路国债增加 2.9 亿卢布。[①] 1889～1894 年，俄国政府又 6 次在境外发行年利率为 4% 的黄金债券，大部分资金用于赎买私人铁路。[②] 俄国铁路国有化的第三阶段为 1893～1900 年，共收购 23 家铁路公司，线路总长度为 1.4 万俄里，主要线路为莫斯科—库尔斯克、奥伦堡、波罗的海、顿涅茨克和尼古拉耶夫等铁路，此时俄国铁路国债总额达 25 亿卢布，每年需支付 1.1 亿卢布利息。[③]

1881～1900 年，俄国 37 家私有铁路公司的 2.1 万俄里铁路被国家收购，政府为铁路国有化发行的利率为 4% 的国债，共 5.0 亿卢布，为收购股票支付现金 3550 万卢布，为消除私人公司经营赤字额外支出 4060 万卢布，完成铁路国有化共耗资 35.7 亿卢布，单位俄里铁路国有化成本为 17.1 万卢布。[④]

维特货币改革后俄国建立了金本位制，货币的信用度大幅度提高，增强了外国投资者投资俄国工业的信心，加大对俄投资规模；关税保护政策为本国工业发展提供契机，促进俄经济快速发展。总而言之，维特的经济改革取得了巨大成绩，促进了俄国资本主义发展和现代化进程。

（三）包税制度废除促进俄国工业崛起

俄国诸多工业部门实行包税制，农奴制改革后该制度成为工业发展的掣肘。以石油工业为例包税制度严重阻碍了该工业的发展，废除包税制度已势在必行。在包税制度废除之前，法律保障包税人垄断石油工业的权利，除包税人外，任何人无权开采和出售石油，违者将处以 1000 卢布的罚款。煤油加工厂业主为资产阶级代表，包税人为封建农奴制代表，

① Мигулин П. П. Русский государственный кредит. Т. II. Харьков. , Типо-литография «Печатное Дело» , 1900. С. 396 – 397.

② Денисов А. Е. Государственные займы российской империи 1798 – 1917 годов. М. , ИД «Финансы и кредит» , 2005. С. 19; Уродков С. А. Петербурго-Московская железная дорога. История строительства (1842 – 1851). Л. , Изд-во Ленинградского университета, 1951. С. 93.

③ Соловьева А. М. Железнодорожный транспорт России во второй половине XIX в. С. 185.

④ Соловьева А. М. Из истории выкупа часных железных дорог в России в конце XIX в. // Исторические записки. Т. 82. М. , Издательство Академии наук СССР, 1968. С. 116 – 117.

二者之间的矛盾日益加深，为争夺石油开采权进行激烈斗争。包税制度已严重抑制俄国石油工业的发展，很多学者和工程师都呼吁废除包税制度。①

1872年，俄国政府颁布法律取消包税制度，这使俄国石油工业进入全新发展阶段。1872年2月1日，俄国政府颁布石油工业生产规章，石油工业业主将以竞标方式获得油田，租期可以大幅度延长，这使企业主投资石油工业的兴趣大增，俄国石油工业得到了飞速发展。

四 交通运输革命与工业化并进

俄国工业化推动了交通运输业的发展，其主要表现有三：一是带动了交通运输革命的开展，铁路部门的表现尤为明显，随着铁路建设的蓬勃发展，主要的铁路枢纽的雏形已基本形成；二是随着工业的不断发展，新型运输方式不断涌现，石油管道运输就是例证；三是水路与铁路共同保障了商品交换的有序进行。交通运输的不断完善促进了商品运输规模的进一步扩大，又是国内外市场不断完善的重要推力，亦推动了工业化进程的不断深入，其影响将在下一章分析，本节仅分析工业化对交通运输的影响。

（一）全俄铁路网络的初步形成

19世纪下半叶，俄国出现两次铁路建设热潮，分别是19世纪70年代中期和90年代。19世纪70年代中期是第一次铁路建设热潮，欧俄地区建成以莫斯科为中心的铁路网，主要的铁路枢纽为莫斯科、波罗的海沿岸各港口，亚速—黑海各港口和西部铁路枢纽。莫斯科铁路枢纽共18条铁路，主要铁路线路为尼古拉耶夫铁路、莫斯科—布列斯特铁路、莫斯科—库尔斯克铁路、库尔斯克—基辅铁路、莫斯科—下诺夫哥罗德铁路、莫斯科—梁赞铁路和莫斯科—雅罗斯拉夫—沃洛格达铁路等。莫斯科铁路枢纽是俄国最大的铁路枢纽，其主要辐射区如下：一是西北部地区，主要线路为莫斯科—圣彼得堡铁路；二是北部地区，主要线路为莫斯科—雅罗斯拉夫—沃洛格达铁路；三是伏尔加河上游地区和东部地区，主要线路为莫斯科—下诺夫哥罗德和马尔尚斯科—塞兹兰—萨马拉铁路；

① Менделеев Д. И. Нефтяная промышленность в Пенсильвании и на Кавказе. Соч. Т. X. М. , Изд-во академии СССР, 1949. С. 63.

四是伏尔加河中游地区、东南部和伏尔加河下游地区，主要线路为莫斯科—梁赞—科兹洛夫—萨拉托夫—察里津铁路；五是南部地区，主要线路为莫斯科—库尔斯克—哈尔科夫—罗斯托夫铁路；六是西部地区，主要线路为莫斯科—斯摩棱斯克—明斯克铁路，等等。

波罗的海铁路枢纽包括通向本处各港口的 8 条铁路，总长度近 3300 俄里，主要线路为波罗的海沿线铁路、迪纳堡—维杰布斯克铁路、兰德瓦洛夫—罗曼思科铁路、利巴瓦铁路、米塔瓦铁路、里加—迪纳堡铁路、奥尔洛夫斯克—维杰布斯克铁路、里加—巴伦支铁路等。波罗的海铁路枢纽将乌克兰地区与巴伦支海域连为一体，亦将伏尔加河流域、中部黑土区同波罗的海各港口连接起来。亚速—黑海铁路枢纽主要包括通向亚速海和黑海沿岸各港口的 5 条铁路，主要线路为库尔斯克—哈尔科夫—亚速铁路、罗左沃—塞瓦斯托波尔铁路、敖德萨铁路、罗斯托夫—弗拉季高加索铁路和哈尔科夫—尼古拉耶夫铁路，总长度近 3850 俄里。上述铁路将俄国西部、中部、南部地区，北高加索地区，南部敖德萨、塞瓦斯托波尔、费奥多西亚和塔甘罗格等港口连为一体。西部铁路枢纽主要为白俄罗斯、西乌克兰和波兰境内的铁路线路，总长度为 3850 俄里，主要线路共有 8 条，即华沙—维也纳铁路、华沙—布朗博格铁路、华沙—捷列斯波尔铁路、罗津工厂铁路、基辅—布列斯特铁路、布列斯特—格拉耶夫铁路、普李维斯林铁路和圣彼得堡—华沙铁路。第一次铁路建设热潮期间修建的铁路主要集中于欧俄地区、北高加索和外高加索等地。19 世纪 70 年代中期，奥伦堡铁路通车，乌拉尔铁路也开始修建，至 19 世纪 70 年代末，欧俄和南乌拉尔 59 省，以及波兰、芬兰、北高加索和外高加索等地都纳入全俄铁路网络之中。

19 世纪 90 年代是俄国工业化的重要阶段，亦是俄国第二次铁路建设热潮时期。1893～1900 年，共建成 150 多条新铁路及其支线，总长度达 2.2 万俄里，约占俄国铁路总长度的 40%。与第一次铁路热潮相比，不但俄国中部地区的铁路密度更大，边疆地区也建成诸多线路，欧俄地区建成的主要铁路为莫斯科—布良斯克铁路、莫斯科—温道铁路、库尔斯克—沃罗涅日铁路、博罗格耶—普斯科夫铁路和圣彼得堡—维杰布斯克铁路；伏尔加河流域建成的主要铁路为雅罗斯拉夫—雷宾斯克、梁赞—喀山、奔萨—塞兹兰—辛比尔斯克、唐波夫—巴拉绍夫—卡梅什、萨拉托夫—

阿斯特拉罕、季霍列茨克—察里津铁路等；北部地区建成的主要铁路为沃洛格达—阿尔汉格尔斯克和彼尔姆—科特拉斯铁路；南部地区建成的主要线路为卢甘斯克—米列洛沃、恰普力诺—别尔江斯克铁路和顿涅茨克矿场等。

沿里海沿岸修建的彼得罗夫斯克—巴库铁路将欧俄和高加索地区连为一体，中亚地区建成跨里海的撒马尔罕—塔什干铁路，西伯利亚大铁路将俄国东西部地区连为一体。1898年，俄国铁路网已覆盖欧俄64省、芬兰8省和亚洲7省，虽然俄国铁路建设规模巨大，但铁路网分布十分不均衡。20世纪初，85%的铁路线路集中于欧俄地区，俄国亚洲地区仅集中15%的铁路线路。[1] 铁路建设规模还可彰显俄国的经济发展水平，因此，大多数铁路集中于工业区内。

19世纪末，欧俄地区共有8个大型铁路枢纽，莫斯科的地位最为突出，该枢纽覆盖俄国6个中心省份，分别为莫斯科、弗拉基米尔、土拉、卡卢加、特维尔和梁赞省，上述省份工业总产值达7.6亿卢布，铁路线路总长度为3.3万俄里，集中33%以上的工业生产总值和40.4%的产业工人。[2] 莫斯科既是重要的铁路枢纽，亦是国内主要贸易中心，10条铁路与莫斯科连接，分别为莫斯科—圣彼得堡、莫斯科—雅罗斯拉夫—阿尔汉格尔斯克、莫斯科—下诺夫哥罗德、莫斯科—喀山、莫斯科—萨拉托夫—阿斯特拉罕、莫斯科—库尔斯克、莫斯科—布良斯克—基辅、莫斯科—斯摩棱斯克—布列斯特、莫斯科—勒热夫—温道和莫斯科—撒韦洛沃铁路。纵横交错的铁路网将莫斯科同国内的主要工业区和波罗的海、里海和黑海各海港连为一体。圣彼得堡是俄国第二大铁路枢纽，也是俄国第一海港，上文已有所阐述，此处不再赘述。

哈尔科夫是南部地区的工业中心，亦是俄国第三大铁路枢纽，其铁路覆盖南方5省，即哈尔科夫、叶卡捷琳诺斯拉夫、赫尔松、塔夫里达省和顿河哥萨克军区，该铁路枢纽的铁路长度达4800俄里，其中心为克里沃罗日和顿涅茨克煤田。19世纪90年代初，哈尔科夫铁路枢

① Галицкий М. И., Данилов С. К., Конеев А. И. Экономическая география транспорта СССР. М., Транспорт, 1965. С. 28.

② Лившиц Р. С. Размещение промышленности в дореволюционной России. М., Из-во АН СССР, 1955. С. 150.

纽辐射区的主要铁路共有五条，即哈尔科夫—别尔格罗德—库尔斯克、哈尔科夫—波尔塔瓦—克列缅丘克、哈尔科夫—罗左沃—锡涅利尼科沃、哈尔科夫—库皮杨斯克和哈尔科夫—利曼等铁路。此外，该枢纽中叶卡捷琳娜铁路较为突出。1901 年，叶卡捷琳娜铁路的长度为 2135 俄里，其中复线铁路 867 俄里，占该地区铁路总长度的 40.6%，顿涅茨克煤田还有 1000 多俄里矿石铁路和 310 俄里煤矿专线。① 叶卡捷琳娜铁路带动沿线地区经济发展，以 1900 年为例，沿线共有 770 家工业企业，包括 85 家冶金工厂、184 个煤矿、56 个铁矿、255 个采石场、47 家砖厂、11 家化学厂和 29 家木材加工厂。②

华沙是俄国第四大铁路枢纽，共有 7 条铁路与华沙相连。20 世纪初，该枢纽辐射区的工业生产总值达 3.4 亿卢布。第五大铁路枢纽是以里加为中心的波罗的海沿线铁路，主要辐射省份为埃斯特兰、库尔兰、利夫兰和科夫诺省，铁路总长度约 1700 俄里。19 世纪末，俄国西南部地区和乌拉尔等地铁路建设的规模都不容小觑，西南地区铁路网的总长度达 4500 俄里，主要辐射省份为基辅、波尔塔瓦、契尔尼戈夫、波多利斯克、沃伦和比萨拉比亚省，上述省份食品工业最为发达，主要工业部门为制糖业和酿酒业，制糖工业主要集中于乌克兰东部地区。19 世纪末，乌拉尔地区的铁路长度达 1100 俄里，叶卡捷琳堡是该地区的主要铁路枢纽，主要铁路线路为叶卡捷琳堡—彼尔姆、叶卡捷琳堡—车里雅宾斯克、叶卡捷琳堡—秋明和叶卡捷琳堡—下塔吉尔铁路。巴库地区铁路建设规模也不容忽视，主要铁路线路有两条，即巴库—巴统和巴库—彼得罗夫斯克等铁路。③

1900 年，俄国众多铁路中南俄矿山铁路的货流量最大，其货运量为全俄铁路货流总量的 31.1%，其次是以莫斯科为首的中部工业区各铁路，其货流量比例为 17.7%，西部和北部地区所占比例为 12.2%，乌拉尔、西伯利亚和中亚地区的货流量比例分别为 5%、2.8% 和 2%。④ 19

① Соловьева А. М. Железнодорожный транспорт России во второй половине XIX в. С. 273.

② Соловьева А. М. Железнодорожный транспорт России во второй половине XIX в. С. 274.

③ Лященко П. И. История народного хозяйства СССР. Т 2. М. , Государственное издательство политичесчкой литературы, 1952. С. 159.

④ Соловьева А. М. Железнодорожный транспорт России во второй половине XIX в. С. 275.

世纪 90 年代，俄国各工业部门的专业化趋势日强，各地区间的经济联系逐步加强，如顿涅茨克—克里沃罗日地区煤炭和冶金工业与莫斯科和圣彼得堡工业区的机器制造工业密切相关，中部工业区的纺织工业与中亚棉花产区和西部省份的亚麻种植业联系紧密。稠密的铁路网将俄国东南部地区、伏尔加河中下游地区、乌拉尔和西伯利亚地区纳入全俄市场，国内市场的容量不断扩大、货物周转速度更快。与铁路相关的工厂村镇变成大城市或工商业中心，1897 年，俄国人口超过 2000 人的大型工业村的数量已达 60 个。[①] 20 世纪初，俄国铁路网覆盖 949 个城市中的 418 个，连接国内 44% 的城市。[②] 一些铁路站点，如乌克兰的罗左沃、高加索地区季霍列茨和伏尔加河中下游勒季谢沃站都一跃成为大型的工商业中心。

（二）管道运输

十月革命前，俄国新型运输方式中石油管道运输最具代表性，本部分以其为例进行分析。石油管道可大幅度降低石油产品的外运成本，这一优势水路和铁路都无法超越。19 世纪末，运输问题已严重制约俄国石油工业的发展，社会各界对石油管道建设十分关注。伏尔加河水路每年仅能通航 7 个月，高加索铁路的输油量仅为石油产品总运输量的 1/10，石油管道建设势在必行。本部分从石油管道建设方案的提出、具体输油管道建设和石油管道输油量等几方面对 19 世纪末 20 世纪初石油管道的运输状况进行分析。

门捷列夫最早提出在俄国建设石油管道的方案，1863 年他去炼油厂调研时就曾提出建立石油管道的想法，但因各种原因并未引起政府重视。美国石油企业主特维德里第一次正式提出修建里海和黑海石油管道方案，他于 1870～1880 年多次尝试说服俄国政府和其他石油企业主共同建立石油管道，后因俄土战争该方案被搁置。1883 年，特维德里再一次提出石油管道建设方案，因关注本国利益俄国政府并未采纳其方案。1884 年，《新视野》报纸上刊登特维德里的石油管道方案后社会各界开始关注该

---

① Водарский Я. Е. Промышленные селения Центральной России. М. , Наука, 1972. С. 240.

② Соловьева А. М. Железнодорожный транспорт России во второй половине XIX в. С. 275.

问题。门捷列夫经过论证指出巴库地区不但可修建油田至炼油厂的石油管道，还可修建工厂至码头，甚至连接黑海沿岸的石油管道。石油管道不但能降低运输成本，还可增强俄国石油产品的竞争力。外国资本家对石油管道建设兴趣较大，纷纷打算投入资金建设石油管道。法国资本家罗斯柴尔德家族代表就曾向俄国政府申请修建巴库—巴统石油管道，提案遭拒后，里海—黑海石油工商业公司对当地政府施压，仍继续制定巴库—巴统石油管道方案，其石油管道建设方案再次被拒后特维德里又开始关注石油管道建设，并就具体细节和当地政府进行协商。

　　1886 年，巴库油田的采油量约为 2 亿普特，本地工厂的石油消耗量仅为 1 亿普特①，石油产品需大量外运，完善运输方式刻不容缓。早期石油企业主使用皮囊和油桶等装置将石油产品从油田运至加工地和需求地，多使用人工或畜力运输，因产品运输成本较高，企业主利润很低。此外，在天气状况不佳时石油运输工作更是困难重重。石油管道不但可降低运输成本，还可缩短运输时间，获得诸多工厂主的青睐。1878 年，巴库第一条石油管道正式投入使用，该管道所有者为诺贝尔兄弟集团，管道长 9 俄里，其直径为 3 英寸，主要连接巴拉罕和黑城石油加工厂，日均石油运输量达数万普特。该石油管道不但运输诺贝尔兄弟集团的石油产品，还输送其他公司石油产品，根据运输距离计费。石油管道大幅度降低了企业的生产成本，巴库诸多地区纷纷建设石油管道。1879 年，第二条石油管道黑城—巴拉罕管道竣工，此管道属利安诺佐夫公司所有，管道长 13 俄里，其直径为 3 英寸。② 1879 年，俄国共建成三条石油管道，除上述石油管道外还有巴库石油公司修建的巴拉哈尼—苏拉罕石油管道，以及米尔佐耶夫公司修建的黑城—巴拉哈尼石油管道。1884 年，巴拉哈尼油田共有五条石油管道，年输油量达数千万普特。1890 年，巴库石油管道的数量已达 15 条。1895 年，高加索铁路管理局开始修建巴库—巴统石油管道，1897 年该管道正式投入使用，1900 年、1903 年和 1905 年该线

① Лисичкин С. М. Очерки по истории развития отечественной нефтяной промышленности. С. 330；Дьяконова И. А. Нефть и уголь в энергетике царской России в международных сопоставлениях. С. 165.

② Ахундов В. Ю. Монополистический капитал в дореволюционной бакинской нефтяной промышленности. С. 18；Осбрник Б. Империя Нобелей. История о знаменитых шведах, бакинской нефти и революции в России. С. 42.

路长度分别达 215 俄里、240 俄里和 373 俄里。1904 年，石油管道泵送每普特煤油的成本为 16 戈比，1910 年降至 13 戈比，此时铁路运输每普特煤油的成本为 20 戈比，企业主利润大幅度增加。以巴库—巴统石油管道为例，该管道建设时共花费 2200 万卢布，1904 年已获得 7200 万卢布的纯利润①，1907 年该管道的长度已达 841 俄里，共有 16 个泵站，年均石油输送量达 6000 万普特。② 1910 年，巴库地区石油管道的总运输能力达 300 万普特/天。③

　　1895 年，第一条长度为 12 俄里的石油管道于格罗兹尼油田正式投入使用。1911 年，库班省境内又建成两条石油管道，即迈科普—叶卡捷琳诺达尔和迈科普—图阿普谢石油管道，其长度分别为 80 俄里和 120 俄里。1914 年，彼得罗夫—格罗兹尼石油管道竣工，管道总长度为 178 俄里，直径为 8 英寸，但该管道对格罗兹尼石油工业发展作用有限，格罗兹尼油田石油产品主要使用铁路运输，石油管道的石油产品泵送量仅为石油输出总量的 10%。④ 石油工业快速发展要求不断完善石油管道运输网络，格罗兹尼石油企业主开始修建格罗兹尼至黑海的石油管道，1913 年此管道竣工。此外，格罗兹尼—波季、格罗兹尼—图阿普谢和格罗兹尼—新罗斯斯克等石油管道的修建工作也被提上日程。总体而言，1901 年巴库地区共有 39 条石油管道，总长度为 394 俄里，其中包括 25 条泵送石油的管道，14 条泵送水的管道，至 1917 年俄国已有 1322 俄里干线输油管道。⑤

　　尽管如此，十月革命前俄国仅有两条大型输油管道，即巴库—巴统

① Лисичкин С. М. Очерки по истории развития отечественной нефтяной промышленности. С. 338；Ахундов Б. Ю. Монополистический капитал в дореволюционной бакинской нефтяной промышленности. С. 18.

② Наниташвили Н. Л. Экспансия иностранного капитала в Закавказье（конец XIX – начало XX вв.）. С. 144.

③ Лисичкин С. М. Очерки по истории развития отечественной нефтяной промышленности. С. 338 – 339.

④ Лисичкин С. М. Очерки по истории развития отечественной нефтяной промышленности. С. 338 – 339.

⑤ Чшиева М. Ч. Кавказская нефть и Нобелевская премия//Человек，Цивилизация，Культура，2005. №1. С. 35；Ахундов Б. Ю. Монополистический капитал в дореволюционной бакинской нефтяной промышленности. С. 19；Лисичкин С. М. Очерки по истории развития отечественной нефтяной промышленности. С. 342.

和格罗兹尼—彼得罗夫斯克管道。虽然上述石油管道线路较长，但在石油产品运输中的作用仍十分有限，1911~1913 年石油管道的输油量仅为石油产品运输总量的 6%。[①] 俄国工业化既有与其他国家工业革命的共性，因其独特的政治和经济体制，亦有其本身固有的特征。

第二节　俄国工业化的特殊性

1861 年农奴制改革虽然废除了存在数百年的农奴制，但农奴制残余长期存在，限制了俄国社会经济的发展。虽然俄国资本主义快速发展，但政治改革长期滞后，政治和经济模式不匹配长期掣肘俄国经济。在诸多因素的共同影响下，俄国工业化具有其特殊性，如外资垄断俄国大工业、工业分布不平衡和经济重心南移等。

一　外资垄断俄国大工业

外资对俄国经济发展作用巨大，其主要投入领域是运输、冶金和采矿工业，也包括化工、纺织、机械、电气和贸易领域。总体而言，1861~1917 年，俄国外资引入量由 5.5 亿卢布增至 156.7 亿卢布。[②] 因外资大量投入和俄国大肆举债，19 世纪俄国已成为世界上最大的债务国，其借款额已占全球债务的 11%。[③] 19 世纪 90 年代初期，俄国 3/4 的外资投入金融业和重工业，投入铁路部门的外资比例为 1/5。[④] 俄国外资中法国资本占据第一位，其次是英国、德国、比利时和美国资本。据统计，革命前投入俄国银行、工业和贸易股份制企业中的外资就达 22.4 亿卢布，占俄国股份资本的比例为 38%，外资作用不言而喻。[⑤] 外资最主要的投资领

① Лисичкин С. М. Очерки по истории развития отечественной нефтяной промышленности. С. 342.

② Бовыкин В. И. О вопросу о роли иностранного капитала в России//Вестник МГУ, 1964. №1. С. 69.

③ Грегори П. Экономический рост Российской империи (конец XIX – начало XX в.). М., РОССПЭН, 2003. С. 41.

④ Бовыкин В. И. Финансовый капитал в России накануне первой мировой войны. С. 34. .

⑤ Гиндин И. Ф. Банки и экономическая политика в России XIX – начало XX в. М., Наука, 1997. С. 226 – 227; Федоров В. А. История России 1861 – 1917. С. 193.

域是工业和金融业，1885～1915 年工业投资中外资所占比例达 60%，投入金融业的外资比例为 30%～40%。[①] 20 世纪，受世界经济危机影响，外资主要投资俄国实业。

19 世纪下半叶，外资还大量涌入铁路部门。1900～1913 年，即使俄国铁路建设规模收缩，外资仍占资本投入量的 50%。就具体工业部门而言，1881 年前外资仅占采矿、冶金和金属加工工业总投入量的 32.2%，化学、纺织、木材加工、造纸和印刷工业多依靠本国资本发展。1900 年，外资在采矿、冶金和金属加工、矿产品加工、化学、纺织以及食品和畜产品加工工业股份资本中所占的比例分别为 61.8%、43.2%、42.2%、18.6%、10.1% 和19.9%。[②] 一战前，外资一般以生产性投资为主。1900～1908 年，生产性投资和非生产性投资领域外资数量分别增加 3.5 亿卢布和 13.4 亿卢布；1908～1914 年，生产性投资中外资的比例增至 14.0 亿卢布，非生产性投资则减少 2.1 亿卢布。[③] 此外，1861～1914 年，俄国铁路建设投资额为48.2 亿卢布，外资和俄国资本所占比例分别为 74.5% 和 25.5%，而在1861～1881 年和 1893～1900 年，外资则分别占 94.3% 和 82.9%。[④]

值得一提的是，各国企业主关注重心不同，英国企业主主要投资俄国石油、冶金业和机器制造业，德国企业主主要投资电力和化学工业，法国和比利时企业主青睐采矿和冶金工业。从时间上看，19 世纪下半叶，外资大量涌入南俄地区，主要投资采煤业和冶金业，其中法国、比利时和英国资本所占比例较高，南俄煤炭工业中法国和比利时资本比例较高。19 世纪末，俄国经济快速发展与国外资本大量涌入密不可分，俄国也逐步融入世界资本主义经济体系之中，成为全球资本主义体系的有机组成部分。维特经济改革之后，引进外资成为俄国政府既定政策，带动俄国经济发展，重工业迅速崛起，外资成为俄国工业化完成的重要推力之一。

（一）　外资涌入俄国市场的缘由

1861 年俄国工业化开启后，政府大力发展工业，但在资金匮乏的状

---

① Хромов П. А. Экономическое развитие России Очерки экономики России с древнейших времен до Великой Октябрьской революции. М.，Наука，1976. С. 473 – 474.

② Бовыкин В. И. О вопросу о роли иностранного капитала в России. С. 78.

③ Бовыкин В. И. О вопросу о роли иностранного капитала в России. С. 71 – 77.

④ Бовыкин В. И. О вопросу о роли иностранного капитала в России. С. 74.

况下，只能借助外资发展本国工业。此后，借助外资发展工业成为俄国政府的既定方针之一。为引进外资，俄国政府制定大量优惠政策，外国企业主也意识到与出口商品和购买债券相比，直接投资利润更高。自 19世纪 60 年代开始，外国资本不断涌入俄国。在外资的帮助下，诸多工业部门飞速发展，重工业尤甚，但部分工业部门中外资所占比例较高，也给俄国工业带来诸多负面影响。

亚历山大二世即位又给外资进入带来福音，其改变了国家经济发展方针，鼓励外国资本进入俄国。外资不但能解决经济发展的资金问题，还能带来先进的技术和管理经验。维特出任财政大臣后，继承了本格和维什涅格拉德斯基引进外资的政策。1899 年，维特向沙皇尼古拉二世提交报告，强调民族工业独立的重要性，指出俄国本身资本有限，俄国实现工业化必须引进外资。20 世纪初，俄国政府继续奉行引进外资助推工业发展的政策。俄国政府引进外资的主要原因如下。

第一，发展本国工商业的需要。1861 年前，俄国政府为弥补国家预算赤字、修建铁路和筹集军费，向国外大规模举债 16 次。[①] 因俄国自身资金有限，为发展本国工商业只能大量引进外资。外国资本流入俄国有三个途径：一是在俄国直接建立工业企业，二是购买俄国企业股票和有价债券，三是购买俄国国债。19 世纪下半叶，俄国的主要投资者是德国、英国、法国和比利时的资本家。1860～1900 年，德国、比利时、英国和法国在俄建立企业的数量分别为 207 家、40 家、38 家和 26 家。[②] 在外资帮助下，俄国工商业飞速发展。以石油工业为例，俄国的采油量从1870 年的 170 万普特，增至 1880 年的 2150 万普特[③]，20 世纪初其采油量跃居全球第一。在外国资本的推动下，新式石油、煤炭、金属冶炼、机器制造和化学工业企业的数量大增，旧工业部门改造和国内大型企业数量的增加，都与外资密切相关。1890 年，外国人掌控俄国股份资本的

① Денисов А. Е. Государственные займы Российской империи 1798 – 1917 годов. М. , ИД Финансы и кредит, 2005. С. 13 – 22.

② Ионичев Н. П. Иностранный капитал в экономике России（XVIII – начало XX в.）. М. , МГУП, 2002. С. 102, 103.

③ Чунтулов В. Т. , Кривцова Н. С. , Чунтулов А. В. , Тюшев В. А. Экономическая история СССР. С. 92；Ионичев Н. П. Иностранный капитал в экономике России（XVIII – начало XX в.）. С. 104；Конотопов М. В. , Сметанин М. В. История экономики России. С. 78.

25%，1900 年达 50%。①

第二，获取高额利润的需要。19 世纪下半叶，西欧国家陆续开始第二次工业革命，国内商品需大量输出，俄国成为西欧国家工业品的主要销售市场之一。因俄国政府推行关税保护政策，商品出口利润明显降低，企业主为获取高额利润，选择对俄直接投资，纷纷在俄国建立工厂。1861 年农奴制改革以后，国外企业主投资俄国实业的信心大增。外国人创办股份公司的数量从 1861 年的 54 家增至 1881 年的 356 家，股份资本从 3500 万卢布增加至 3.3 亿卢布。② 因俄国工商业发展规模有限，并有廉价劳动力和广阔的市场，外国资本家在俄投资获取了高额利润。在政策支持和高额利润驱使下，大量外国资本涌入俄国，推动了工业发展，但也导致俄国经济对外资依赖度提高。

俄国工业高度依赖外国资本。1861 年农奴制改革后，俄国通过贷款、发行有价证券和鼓励外国人赴俄建厂等方式引进国外资本。1900 年，外资约占俄国股份公司总资本的 29%，一战前夕提高至 33%。俄国工业和银行业严重依赖外国资本，1914 年 52% 的银行资本由 7 家大型银行掌控，这些银行大多都是外国银行子公司。1916 年，俄国外资总投入量增加到22.5 亿卢布，约占工业投资总额的 1/3。至 1917 年，投入俄国工业的外资数额为 14.3 亿卢布，其中采矿工业为 7.7 亿卢布、冶金和机器制造业为 3.5 亿卢布、化学工艺为 8000 万卢布，纺织和食品工业分别为 1.2 亿和 3600 万卢布。③ 外国资本垄断南俄 70% 的冶金业、高加索地区 60% 的石油开采量和 90% 的电力企业。④ 以上数据足以说明俄国工业对外资的

① Чунтулов В. Т. , Кривцова Н. С. , Чунтулов А. В. , Тюшев В. А. Экономическая история СССР. С. 92.

② Гусейнов Р. История экономики России. М. , ИВЦ "Маркетинг", "Издательство ЮК-ЭА", 1999. С. 217；Ионичев Н. П. Иностранный капитал в экономике России（XVIII – начало XX в.）. С. 99；Чунтулов В. Т. , Кривцова Н. С. , Чунтулов А. В. , Тюшев В. А. Экономическая история СССР. С. 92.

③ 〔美〕尼古拉·梁赞诺夫斯基、马克·斯坦伯格：《俄罗斯史》，杨烨、卿文辉等译，上海人民出版社，2007，第 399 页；Доннгаров А. Г. Иностранный капитал в России и СССР. С. 21；Предпринимательство и предприниатели России от истоков до начала XX века. М. , РОССПЭН, 1997. С. 100。

④ История социалистической экономики СССР. Т. Ⅰ. Советская экономика в 1917 – 1920 гг. М. , Наука, 1976. С. 19.

依赖程度，外资在一定程度上可左右俄国经济。

19世纪末，外资在俄国经济中发挥巨大作用，俄国政府引进外资的方式主要包括政府举债、外国企业对俄经济直接投资和购买俄国公司股票和债券。以石油工业为例，19世纪末大型石油公司为垄断俄国国内外石油市场，几度抬高油价，利用本身资金优势并购中小企业，完善运输工具和设施，改进开采和钻探技术，最终垄断了俄国内外的石油市场。俄国石油工业中最具影响力的国外垄断集团为诺贝尔兄弟集团、里海—黑海石油工商业公司和英荷壳牌石油公司。诺贝尔兄弟集团因资金和运输优势，长期垄断俄国国内石油市场。20世纪初以前，里海—黑海石油工商业公司凭借其资金和国际影响力，垄断了俄国国外石油市场，20世纪初该公司地位逐渐下降，诺贝尔兄弟集团逐渐垄断俄国国内外石油市场，英荷壳牌石油公司则垄断东方市场上的俄国石油出口业务。三大外资集团对俄国石油工业影响十分巨大，控制半数以上的石油开采和贸易，掌控俄国石油工业命脉。

（二）俄国引进外资的历程

19世纪60年代后外国资本不断涌入俄国，在外资作用下，俄国诸多工业部门飞速发展，本部分从俄国引进外资的开端和强化、主要投资的工业部门、20世纪经济危机和提升时期外资流入状况以及不同时期各国外资的比例等角度，分析外资对俄国工业发展的影响。

俄国引进外资的开端。借助外资发展俄国工业的思想始于彼得一世，1702年彼得一世颁布法令鼓励外国人赴俄投资，欲借助外资在俄国创建大型手工工场。英国工业革命后，手工工场被资本主义工厂所代替，手工劳动也被机器劳动所代替，俄国政府意识到本国工业的落后性，打算利用外资、国外先进技术和管理经验发展本国工业。1861年农奴制改革前，就有大量外资涌入俄国，外资主要投入纺织部门，外国公司在俄国主要采用两种经营模式，即独资公司和股份制企业。

1805年，德国人在俄国创办亚历山大洛夫纺织工厂，该工厂中第一次使用蒸汽机和英国纺纱机纺纱，此后英国机器和纺织技术在俄国迅速传播，1812年，莫斯科已拥有11家大型纺织工厂[①]，但多属法国人和德

---

① Ионичев Н. П. Иностранный капитал в экономике России（XVIII – начало XX в.）. C. 72.

国人所有。外国企业主投资俄国纺织工业后，纺织品产量增长近 50 倍，俄国棉纺织品不但可以自给，且开始出口至亚洲国家，纺锤数量由 19 世纪 40 年代的 35 万个增加至 50 年代的 160 万个，棉纺织工业生产技术日趋完善。[①] 与此同时，进口纱线数量大幅度下降，棉纺织品产量迅速提高。

农奴制改革后初期，外资仍主要投向纺织工业。1861 年，股份制公司佩特洛夫纺纱和织布工厂成立，工厂注册资本为 1200 万银卢布，英国人为该工厂最大股东。此后，比利时人、法国人也开始投资纺织部门，外国企业主也开始关注其他工业部门，如食品和造纸等行业。[②] 19 世纪下半叶，俄国境内外国人创办企业数量共 374 家，其中德国人创办企业数量最多，奥地利、英国、法国、瑞典、土耳其和希腊人居次，其创办的企业数量分别为 212 家、41 家、37 家、29 家、16 家、12 家和 8 家。[③] 1877 年，俄国政府规定进出口货物以黄金结算，关税提高 40% ~ 50%，[④] 外国投资者对俄工业直接投资的兴趣倍增，关税提高成为刺激俄国工业增长的有力杠杆。[⑤] 俄国政府推行新关税政策之后，国外投资者开始关注俄国重工业部门，如采矿、冶金、金属加工、化学、机器制造和电力等部门。这些部门都需要雄厚的资金做后盾，因本国企业主资金有限，很多重工业部门中外资占主导地位。

20 世纪初，俄国政府继续推行引进外资的政策，但受经济危机的影响，各国对俄投资数额明显减少，股份公司状况也不佳。即便如此，20 世纪初，外资占俄国经济总投入的 40% 左右[⑥]，这一比例显示俄国经济

---

① Чунтулов В. Т.，Кривцова Н. С.，Чунтулов А. В.，Тюшев В. А. Экономическая история СССР. С. 74；Ионичев Н. П. Иностранный капитал в экономике России（XVIII – начало XX в.）. С. 73.

② Лаверычев В. Я. Монополистический капитал в текстильной промышленности России.（1900 – 1917 гг）. М，Изд-во Моск. ун-та，1963. С. 140.

③ Ионичев Н. П. Иностранный капитал в экономике России（XVIII – начало XX в.）. С. 102.

④ Чунтулов В. Т.，Кривцова Н. С.，Чунтулов А. В.，Тюшев В. А. Экономическая история СССР. С. 93.

⑤ Гусейнов Р. История эконоики России. С. 217. Ионичев Н. П. Иностранный капитал в экономике России（XVIII – начало XX в.）. С. 99；Чунтулов В. Т.，Кривцова Н. С.，Чунтулов А. В.，Тюшев В. А. Экономическая история СССР. С. 92.

⑥ Ионичев Н. П. Иностранный капитал в экономике России（XVIII – начало XX в.）. С. 158.

对外资依赖程度较高。重工业部门中外资比例最高，1900 年外资分别占采矿、机器制造和金属加工、化学工业投入资本的 70%、72% 和 31%，南俄 18 家大型冶金工厂中只有 4 家属俄国人所有。① 1908 年，俄国经济行情好转，1909～1913 年俄国外资涌入量明显增加，明显高于 1893～1900年。不仅如此，外资在国民生产总值中的比例也逐渐提高，由 1885～1899年的 7.7% 增至 1909～1913 年的 13.5%。②

　　一战前，俄国共有 327 家外国人参股的股份公司，外国资本所占比例达 33%。③ 各工业部门中，采矿和冶金工业、化学、电力、银行和建筑工业中外资比例分别为 53%、40%、75%、40% 和 40%。④ 1913 年，俄国工业中外资投入已达 13.4 亿卢布，采矿和冶金工业外资涌入量最大，其比例达 54.7%。⑤ 需强调的是，各国资本投资俄国工业的方式有所不同，法国和比利时投资者主要通过直接投资和购买俄国公司股票的方式投资俄国工业，英国投资者主要以新建公司方式投资俄国工业。一战前，法国、比利时、德国和英国投入俄国的资金数量分别为 25.3 亿、14.4 亿、37.8 亿和 22.6 亿卢布，这些资金大多流入重工业领域。⑥

　　不同时期俄国工业中各国资本的比例不同。1880 年，法国资本占据第一位，数额为 3140 万卢布，占本年度外资投入的 32.4%，其后相继是英国和德国，其投资数额和比例分别为 3010 万卢布、2980 万卢布和31.1%、30.6%。1890 年，德国资本占据第一位，其数额和比例分别为7900 万卢布和 36.7%，法国和比利时资本紧随其后。1900 年，比利时资本占据第一位，其投资额和比例分别为 2.9 亿卢布和 32.5%，随后是法

① Чунтулов В. Т. ，Кривцова Н. С. ，Чунтулов А. В. ，Тюшев В. А. Экономическая история СССР. С. 93.

② Ионичев Н. П. Иностранный капитал в экономике России （XVIII – начало XX в. ）. С. 158.

③ Ионичев Н. П. Иностранный капитал в экономике России （XVIII – начало XX в. ）. С. 160.

④ Сидоров А. Л. Значение Великой Октябрьской социалистической революции в эконоичеcких судьбах нашей родины//Исторические записки. Т. 25. М. ，Изд-во АН СССР，С. 8；Ионичев Н. П. Иностранный капитал в экономике России （XVIII – начало XX в. ）. С. 160.

⑤ Чунтулов В. Т. ，Кривцова Н. С. ，Чунтулов А. В. ，Тюшев В. А. Экономическая история СССР. С. 116.

⑥ Доннгаров А. Г. Иностранный капитал в России и СССР. С. 20 – 21；Бовыкин В. И. Предпринимательство и предприниатели России от истоков до начала XX века. С. 101.

国、德国和英国资本，其比例分别为 24.8%、24.1% 和 15%。1915 年，法国资本又占据第一位，其数额为 6.8 亿卢布，其次是英国、德国和比利时，其金额分别为 5.3 亿、4.3 亿和 3.1 亿卢布。[①]

（三）外资染指俄国工业

俄国政府屡次提高产品进口关税以及高额利润的驱使，使外资迅速流入俄国，本部分主要分析外资投入石油和煤炭工业部门的状况。

19 世纪末 20 世纪初，俄国石油工业的垄断水平不断提高，大公司垄断石油开采和加工业务。1883 年，巴库地区只有一家石油公司的采油量超过 1000 万普特，1893 年已有 12 家公司采油量超过 1000 万普特，1901 年大公司采油量占全俄总采油量的 67%。[②] 大公司凭借资金和技术优势逐步垄断俄国国内外石油市场，除兼并中小企业外，还通过控制石油运输和仓储设施等手段打击小企业。因生产成本降低，大企业陆续降低石油价格，中小企业在这轮竞争中因资金不足，开采、钻探和加工技术落后纷纷倒闭。1908 年，高加索地区石油公司数量为 149 家，其中 10 家公司的采油量所占比例为 70%。[③]

大公司垄断俄国国内石油市场。以诺贝尔兄弟集团为例，1879 年和 1881 年该公司投入石油工业的资金占俄国石油工业总投入的 62% 和 85%。[④] 1879～1883 年，诺贝尔兄弟集团采油量由 32 万普特增加至 1550 万普特，该公司的采油量占全俄总采油量的比例也由 1.4% 增至 25.9%。1890 年、1900 年和 1903 年，诺贝尔兄弟集团采油量分别为 4520 万、8430 万和 6430 万普特。1879～1885 年，国内煤油市场上诺贝尔兄弟集团所占的份额由 2.3% 增至 46%，1899 年和 1905 年增至 50.1% 和 69.7%，同期石油出口业务中该公司所占的比例为 25%～40%，各年度

---

① Оль П. В. Иностранные капиталы в народном хозяйстве Довоенной России. С. 28.

② Наниташвили Н. Л. Экспансия иностранного капитала в Закавказье（конец XIX – начало XX вв.）. С. 306.

③ Ахундов Б. Ю. Монополистический капитал в дореволюционной бакинской нефтяной промышленности. С. 81；Мир-Бабаев М. Ф. Краткая история Азербайджанской нефти. С. 67.

④ Наниташвили Н. Л. Экспансия иностранного капитала в Закавказье（конец XIX – начало XX вв.）. С. 257，258.

有一定的波动。① 随着采油量的不断增加，1879～1904 年诺贝尔兄弟集团资产由 300 万增至 4 亿卢布②，公司也集石油开采、加工、运输和贸易为一体。1907 年，诺贝尔兄弟集团和马祖特及曼塔舍夫石油贸易公司掌控阿斯特拉罕至下诺夫哥罗德石油交易量的 75% 和 85.4%，一战前夕二者垄断俄国国内 77% 的石油销售业务。③

大公司垄断俄国石油出口业务。为巩固国际石油市场上俄国煤油的地位、增加煤油出口量和促进巴库石油工业发展，里海—黑海石油工商业公司和巴库地区众多中小企业结成里海—黑海石油公司联盟，为抢占石油市场，诺贝尔兄弟集团也和诸多小型石油公司结成联盟。巴库石油工业形成诺贝尔兄弟集团、罗斯柴尔德家族的里海—黑海石油工商业公司和曼塔舍夫的巴库标准公司三足鼎立的局面，1893 年，这三家公司煤油出口份额分别为 25.5%、35.7% 和 12.9%，其他中小公司所占的比例为 25.9%，到 1896 年上述三家公司所占份额有所变动，分别为 30.3%、32.4% 和 9.5%。④ 1906 年、1907 年、1908 年、1909 年和 1910 年，诺贝尔兄弟集团的煤油出口量分别为 316.5 万、459.7 万、678.3 万、887.7 万和 985.7 万普特，1910 年该公司石油出口比重为 31.4%。⑤ 一战前，罗斯柴尔德家族退出俄国石油工业，巴库石油工业中诺贝尔兄弟集团、英荷壳牌石油公司和俄国石油总公司垄断俄国石油市场，它们拥有 86%

① Нардова В. А. Начало монополизации бакинской нефтяной промышленности//Очерки по истории экономики и классовых отношений в России конца XIX – начала XX в. С. 15；Наниташвили Н. Л. Экспансия иностранного капитала в Закавказье（конец XIX – начало XX вв.）. С. 260 – 261. Дьяконова И. А. Исторические очерки. За кулисами нобелевской монополии. С. 130；Дьяконова И. А. Нобелевская корпорация в России. С. 64.

② Наниташвили Н. Л. Экспансия иностранного капитала в Закавказье（конец XIX – начало XX вв.）. С. 260 – 261.

③ Лисичкин С. М. Очерки по истории развития отечественной нефтяной промышленности. С. 360, 369；Лившин Я. И. Монополии в экономике России. С. 27.

④ Фурсенко А. А. Первый нефтяной экспертный синдикат в России（1893 – 1897）//Монополии и иностранный капитал в России. С. 6, 57；Бовыкин В. И. Зарождение финансового капитала в России. С. 173, 179；Дьяконова И. А. Нефть и уголь в энергетике царской России в международных сопоставлениях. С. 172.

⑤ Дьяконова И. А. Исторические очерки. За кулисами нобелевской монополии. С. 137；Наниташвили Н. Л. Экспансия иностранного капитала в Закавказье（конец XIX – начало XX вв.）. С. 191 – 192.

的石油资本和控制 60% 的石油开采量，石油出口业务也由上述三家公司掌控。[①] 大型垄断集团凭借资金和技术优势垄断石油开采、钻探和加工业务的同时，还掌控俄国国内外石油市场，因此，俄国石油工业的生产和消费环节均由垄断组织掌控，借此获取高额利润。此外，利用价格指数获取高额利润也是垄断集团惯用的手段之一，通过抬高油价和控制采油量获取高额利润，但严重损害消费者利益。

19 世纪下半叶，凭借丰富的煤炭、矿石资源，南俄煤炭工业迅速崛起，外国资本大量流入该地区。19 世纪 80 年代，南俄地区煤炭企业中纯俄国人建设的工厂只有两家，其他工厂或是外商独资或是合资企业。南俄工厂的股票在国外发行并十分畅销，当时国外证券市场上只要是与"顿涅茨克彼得罗夫"或顿涅茨克相关的股票很快就会被抢购一空。外资投入方式的差异也较大，主要投资方式有二：一是直接投资于工业，创办企业进行生产；二是通过购买当地公司股票来控制和染指南俄采矿工业，南俄地区两种投资方式都存在，英国企业多选择通过新建企业控制南俄冶金业，法国和比利时企业主除兴建工厂外，还购买当地煤炭公司证券。

19 世纪末，南俄地区外资涌入量急剧增加。19 世纪下半叶，外资对俄国工业的影响逐渐强化，年均外资投入量由 1856～1887 年的 230 万卢布增长至 1896～1902 年的 3610 万卢布。[②] 因自然资源丰富和交通运输便利，国外企业主对南俄煤炭工业兴趣倍增，顿巴斯大型煤矿多属法国和比利时公司所有，二者掌控顿涅茨克煤田 50% 以上的采煤量。1890 年、1900 年和 1915 年，法国投入俄国的资金数量分别为 6660 万卢布、2.2 亿卢布和 6.8 亿卢布，比利时投入的资金数量分别为 2460 万、2.9 亿和 3.1 亿卢布，虽然间接投资所占比例较高，但工业投资不容忽视。两国资金主要流入采矿业，1880 年投入采矿企业的外资总额为 2750 万卢布，投入俄国的外资总额为 9720 万卢布，占俄国总投资额的 28%。1890 年，

① Монополистический капитал в нефтяной промышленности России 1883 – 1914. Документы и материалы. С. 13; Карпов В. П., Гаврилова Н. Ю. Курс истории отечественной нефтяной и газовой промышленности. С. 66; Гиндин И. Ф. Банки и экономическая политика в России (XIX – начало XX вв.). Очерки истории и типологии русских банков. С. 177.

② Братченко Б. Ф. История угледобычи в России. С. 151.

投入采矿企业的外资总额达 7010 万卢布，此年度工业中外资投资总额为
2.7 亿卢布。1897 年，流入南俄冶金和采煤业中的外资数额为 1.6 亿卢
布，而此年度各工业部门中外资的投入总量仅为 2 亿卢布。[①]

一战前，仍有大量外资流入南俄地区，俄国学者认为，投入工业中
的外资总额为 13.4 亿卢布，约有 9.8 亿卢布投资于采矿和冶金部门，
50% 以上的外资投入采矿和冶金工业，其中法国、英国、德国、比利时
和美国资本所占的比例分别为 32.6%、22.6%、19.7%、14.3% 和
5.2%[②]，各国企业主对南俄地区十分关注。虽然各国企业主和银行家对
南俄采矿业兴趣浓厚，但南俄煤炭工业中法国和比利时的资本比例最高。

外资在俄国经济中的作用毋庸置疑，1890 年，俄国的外资投入量已
达 2 亿卢布，1900 年其数量达 9 亿卢布。[③] 外资不只投入俄国金融业，
也投入交通运输业和各工业部门。19 世纪六七十年代，外资主要投资铁
路建设，大多以债券方式投入，80 年代外资开始关注俄国工业，主要投
入采矿、化学和机器制造业等生产部门。在外国资本中法国、英国、德国
和比利时所占比例较高，主要投入冶金业、金属加工业、机器制造业和银
行业；英国资本主要投入煤炭工业和南俄冶金工业；德国资本主要投入机
器制造业、电力和化学工业。因俄国市场广阔和劳动力价格低廉，外国资
本家可获取高额利润，20 世纪初外资仍不断流入俄国，此时外资主要投资
工业，仍主要投入重工业部门，如采矿、金属加工业、机器制造业、化学
和建筑等行业。20 世纪初，俄国外资投入总量约为 22.4 亿卢布，其中法
国、英国、德国、比利时、美国和其他国家（荷兰、瑞典、瑞士、丹麦和
奥地利）的外资投入比例分别为 33%、23%、20%、14%、5% 和 5%。[④]
俄国工业化除外资依赖程度较高外，还具有其他特征，如工业分布不平
衡和经济重心难移，等等。

①　Оль П. В. Иностранные капиталы в народном хозяйстве Довоенной России. С. 15，26.
Туган-Барановский М. И. Русская фабрика в прошлом и настоящем: Историко-эконо-
мическое исследование. Т. 1. Историческое развитие русской фабрики в XIX веке. С. 266.
②　Фомин П. И. Горная и горнозаводская промышленность Юга России. Том II. С. 30；
Оль П. В. Иностранные капиталы в народном хозяйстве Довоенной России. С. 34 – 35.
③　Федоров В. А. История России 1861 – 1917. С. 90.
④　Федоров В. А. История России 1861 – 1917. С. 193.

二 俄国工业分布不平衡

19 世纪末 20 世纪初，俄国工业布局严重失衡，南俄地区工业快速发展，其工业发展速度和规模超过中部工业区，不但成为俄国主要工业区之一，亦是重要的粮食生产和贸易基地；波兰和波罗的海等工业区的工商业也迅速发展，波兰主要从中部工业区获取原料，其生产的工业品畅销全俄；中部工业区仍是俄国主要的工业区之一，其工业底蕴和基础仍在，在俄国工业品市场中仍占有一席之地。但也有一些地区工业发展规模十分滞后，如芬兰、高加索部分地区和白俄罗斯等地，仍保留落后的种族和半封建残余，严重阻碍了上述地区工商业的发展。19 世纪开始，俄国大工业都集中于欧俄地区，西北部地区大企业集中于圣彼得堡，值得一提的是，大企业多集中于城市，中部工业区、南俄、乌拉尔、西北部和波罗的海工业区内城市企业数量占全俄企业总数的 57.8%，产值占全俄工业总产值的 64.7%，工人数量占比为 68.5%。[1] 各地区生产集约化水平和劳动生产率差距较大，如南俄和波罗的海地区为集约型生产模式，而乌拉尔和中部工业区则为粗放型生产模式。

19 世纪上半叶，中部工业区、西北地区是欧俄工业生产中心，其中圣彼得堡、莫斯科和弗拉基米尔省占欧俄各省工业总产值的比例为56.9%。[2] 因上文已对各工业区进行详细阐述，此处只对乌拉尔工业区、中部工业区进行简单分析，选择最具代表性的工业加以论述。

（1）乌拉尔工业区。乌拉尔工业区地理位置优越，它是沟通俄国中部与西伯利亚地区，以及中亚和中国商品贸易的桥梁，乌拉尔在上述地区商品交流中作用显著，其中卡马河水路是该地区最重要的交通线路。尽管乌拉尔工业区人口稀少，但便利的交通条件和丰富的矿产资源为本地的发展创造了条件。

乌拉尔冶金业最具代表性。18 世纪，乌拉尔已经建成 23 家冶金工

---

[1] Динамика российской и советской промышленности в связи с развитием народного хозяйства за 40 лет （1887 – 1926）. Т. I. М-Л., Государственное издательство, 1929. С. 7 – 8.

[2] Ковальченко И. Д. Русское крепостное крестьянство в первой половине XIX века. М., Изд-во МГУ, 1967. С. 67..

厂，其中冶铁厂 14 家、炼铜厂 9 家。卡马河流域、叶卡捷琳堡省等地已建立诸多冶金工厂，这些都使乌拉尔地区迅速成为俄国重要的冶金基地。1725 年，乌拉尔冶金工厂铸铁产量已达 59.5 万普特，占全俄铸铁产量的73%；生铁产量为 27.6 万普特，占全俄生铁产量的 73.4%。19 世纪中叶以后，乌拉尔冶金业逐渐衰落，技术落后使其无力与英国和其他欧洲国家竞争。① 即便如此，19 世纪下半叶乌拉尔仍是俄国重要的冶金中心。

（2）中部工业区。19 世纪至 20 世纪初，中部工业区工业发展水平明显高于其他工业区，该地区地理位置优越、资源丰富、交通便利，工业发展迅速。中部工业区包含诸多省份，莫斯科、弗拉基米尔、卡卢加、科斯特罗马、下诺夫哥罗德、特维尔、雅罗斯拉夫省最为著名。中部工业区交通便利，通过奥卡河与伏尔加河流域和乌拉尔地区相连；燃料充足，与中部黑土区相邻，粮食供应有保障，因此具有得天独厚的优势。中部工业区是俄国传统工业区之一，因上文已有所涉及，此处仅做简要分析。

三　19 世纪末俄国经济重心南移

19 世纪末，俄国传统工业区逐渐衰落。乌拉尔工业区因技术落后，金属产量锐减，其冶金中心地位被南俄所代替，加上高加索石油工业飞速发展，南俄和高加索地区在俄国工业中所占比重较高，俄国工业重心出现南移趋势，笔者以南俄煤炭和高加索石油工业成就来探析俄国经济重心南移过程。

燃料结构矿物化是衡量一个国家是否完成工业化进程的重要标志，矿物燃料工业的发展对各国工业化进程都有推动作用，俄国也不外如是。虽然 19 世纪 80 年代以前煤炭工业就有所发展，但每年仍需从国外进口大量煤炭。19 世纪 80 年代，能源工业崛起后，石油和煤炭产量迅速提升。因能源工业勃兴，19 世纪末燃料结构中矿物燃料比例已达 70%，至20 世纪初俄国燃料结构逐渐完成了由木质燃料向矿物燃料的转变过程。②

---

① Алексеев В. В., Алексеева Е. В., Зубков К. И., Побережников И. В. Азиатская Россия в геополитической и цивилизационной динамике XIX – XX века. М., Наука, 2004. C. 500.

② Баканов С. А. Угольная промышленность Урала：Жизненный цикл отрасли от зарождения до упадка. C. 45；Кафенгауз Л. Б. Эволюция прошмышленного производства России（последняя треть XIX в. – 30-е годы XX в.）. C. 131.

　　1917 年以前，俄国石油工业历经了三个阶段。第一阶段为 18 世纪至
19 世纪 70 年代初，此时期为俄国石油工业起步阶段，虽然该阶段采油
量低、开采方式落后，但俄国采油量在世界上依然独占鳌头。第二阶段
为 19 世纪 70 年代至 1900 年，该阶段凭借资源、资金、技术和政策等优
势，高加索地区石油工业迅速崛起，石油不但可以自给，还大量出口国
外。俄国采油量一度超过美国，主导世界石油市场。1898 年，俄国石油
产量达 6.3 亿普特，占世界总采油量的 51.6%，1901 年达最高值，超过
7 亿普特。[①] 第三阶段为 1901 年至十月革命期间，该阶段俄国国内政治
经济形势复杂，历经世界经济危机、日俄战争、1905 年革命、一战、二
月革命和十月革命，石油工业长期衰落，很难回到 1900 年以前的水平。

　　巴库油田是俄国最大的油田。1884 年、1890 年、1895 年和 1901 年，
高加索地区采油量占全俄总采油量的 98.9%、98.7%、93% 和 95%。20
世纪初，高加索地区仍是俄国最大的采油基地，1913 年，高加索地区采
油量约占全俄总采油量的 97%，而巴库采油量占全俄总采油量的 82%。[②]

　　虽然格罗兹尼和迈科普等地石油工业有所发展，但无法与巴库石油
工业相媲美。1870 ~ 1879 年、1880 ~ 1889 年和 1890 ~ 1899 年，巴库地
区年均采油量分别为 744 万、1.0 亿和 3.6 亿普特。19 世纪 90 年代，世
界石油市场上，俄国采油量比重由 1890 年的 38% 增加至 1900 年的
51%，而美国采油量比重从 60.1% 降至 43%。1897 年，俄国采油量超过

①　Ахундов В. Ю. Монополистический капитал в дореволюционной бакинской нефтяной
промышленности. С. 23；Монополистический капитал в нефтяной промышленности
России 1883 - 1914. С. 19；Маевский И. В. Экономика русской промышленности в усл-
овиях первой мировой войны. С. 8；Натиг А. Нефть и нефтяной фактор в экономике
Азербайджана в XXI веке. С. 111；Матвейчук А. А, Фукс И. Г. Истоки российской не-
фти. Исторические очерки. С. 39, 40；Менделеев Д. И. Проблемы экономического
развития России. С. 444；Ковнир В. Н. История эконоики России：Учеб. пособие. М.,
Логос, 2005. С. 87；Хромов П. А. Экономика России периода промышленного капита-
лизма. С. 137；Лившин Я. И. Монополии в экономике России. М., Изд-во Социально-
экономической литературы, 1961. С. 323, 328.

②　Менделеев Д. И. Проблемы экономического развития России. М., Изд-во социально-
экономической литературы, 1960. С. 445；Мир-Бабаев М. Ф. Краткая история Азербай-
джанской нефть. Баку., Азернешр, 2009. С. 40；Лисичкин С. М. Очерки по истории ра-
звития отечественной нефтяной промышленности (дореволюционный период). С. 345.

美国，跃居世界第一位。①

俄国煤炭工业发展较早，彼得一世时就成立了专门机构勘探煤炭，但 18 世纪俄国煤炭主要从英国进口。随着俄国经济的不断发展，采煤量迅速增加，1860 年，俄国采煤量已达 1800 万普特，但远落后于西欧国家。② 俄国主要产煤区为顿涅茨克、莫斯科近郊、东布罗夫和乌拉尔煤田。19 世纪 80 年代以前，东布罗夫和莫斯科近郊煤田采煤量较高，80 年代以后，顿涅茨克煤田采煤量居前。

19 世纪 60～80 年代，顿巴斯矿区先后修建格鲁什夫—顿涅茨克、格鲁什夫—叶卡捷琳诺斯拉夫、康斯坦金等铁路，对煤炭工业产生了较大的影响。早期，铁路多为私人所有，税费较高，铁路运输高税率严重制约了南俄工业发展。19 世纪 60 年代，顿涅茨克未通行铁路之前，燃料需求量有限，顿涅茨克煤田采煤量仅为全俄总采煤量的 28%～49%；70～80 年代，铁路修建后，顿涅茨克煤田采煤量比例为全俄总采煤量的 40%～50%；90 年代上半期，其采煤量比例已稳定在 50% 以上，1897～1900 年更达到 60% 以上。19 世纪末，顿巴斯煤炭在全俄总采煤量中的比重逐年增加，1898 年、1899 年和 1900 年其比例分别为 61.5%、66.0% 和 68.1%。③ 随着俄国煤炭工业的发展，莫斯科近郊和东布罗夫煤田采煤量逐渐下降，顿涅茨克煤田作用与日俱增。与此同时，俄国煤炭工业生产集中程度逐渐加强，大公司垄断了煤炭工业。俄国能源工业和运输业发展都与煤炭工业密不可分，该部门不但为南俄冶金业繁荣奠定了基础，还是南俄经济迅速崛起的重要推力。

---

① Ахундов В. Ю. Монополистический капитал в дореволюционной бакинской нефтяной промышленности. С. 13；Иголкин А. А. Источники энергии: экономическая история (до начала XX века). С. 188.

② Баканов С. А. Угольная промышленность Урала: Жизненный цикл отрасли от зарождения до упадка. Челябинск., Издательство ООО "Энциклопедия", 2012. С. 42；Иголкин А. А. Источники энергии: экономическая история (до начала XX века). С. 137；Дьяконова И. А. Нефть и уголь в энергетике царской России в международных сопоставлениях. С. 165.

③ Тихонов Б. В. Каменноугольная промышленность и черная металлургия России во второй половине XIX в. С. 36.

四 大工业与手工业间博弈的特殊性

在资本主义社会，大工业与小手工业的竞争多以小手工业落败而告终，但在 1861 年农奴制改革前，俄国大工业与小手工业的博弈正好相反，小手工业显示了顽强的生命力。改革后俄国工商业发展势头良好，工业发展步入正轨，小手工业的竞争力下降，大工业在竞争中获胜。俄国大工业与小手工业博弈主要划分为两个阶段：第一阶段为 19 世纪 60 年代以前，在二者博弈过程中小手工业获胜；第二阶段为 19 世纪 60 年代至 20 世纪初，以大工业获胜而告终。

俄国手工业源于家庭生产，其何时兴起已无从考证。根据史料记载，莫斯科公国时期农民手工业就已初具规模，17 ~ 18 世纪，手工业不同程度地依赖于贸易资本。收购商人为手工业者和消费者的中间人，农民手工业者按中间商订单生产，只有个别手工业者生产的产品直接在市场上销售。手工业者被迫服从于中间商，从某种意义而言，此时俄国市场由中间商掌控。通常，手工业发展之初只是为满足家庭需求，后逐渐成为独立的手工业部门，再进一步发展为依附于中间商的手工作坊，随后转化为资本主义类型的手工工场，而个别手工工场发展成为现代意义上的大工厂。

1861 年农奴制改革前，手工业蓬勃发展。改革前俄国各工业部门中纺织业最为发达，中部工业区棉纺织工业发展速度最快，该行业为手工业者主要收入来源。俄国大型棉纺织手工工场始于 18 世纪，由外国人创建，大型手工工场建立后，很多工人学成技术后在其周边建立手工作坊。围绕大工厂，小手工业作坊犹如雨后春笋般出现，市场竞争愈演愈烈。值得一提的是，俄国大工业发展历程中机器化生产并未普及，手工生产仍为主导。

农奴制改革后大工业主导地位日增。改革前，俄国手工作坊发展较快，促进了俄国工业发展。随着技术条件和工业模式的变化，各工业部门开始大规模使用机器，改革后工厂的竞争优势逐渐凸显。

19 世纪 50 年代末，各大工厂已开始大规模使用机器，手工业者的黄金时代终结。19 世纪 40 年代，弗拉基米尔省已大范围使用大机器，六七十年代，棉纺织工业中机械织布已占主导。1866 年，俄国只有 42

家大型机械纺织厂，1879 年已增至 92 家。同期，工厂工人数量迅速增加，手工作坊工人数量剧减。具体而言，1866 年手工业者数量约占全俄工人总量的 70%，而 1894～1895 年，手工业者数量只为全俄工人总量的 8%。[①]

大中工业与小手工业之间的博弈在纺织业表现得比较突出。农奴制改革前商业资本占优势，并逐渐排挤工业资本；改革后因机械织布机广泛应用，手工业受到严重冲击。工厂的影响力不断增强，并未使手工业呈现生产集中现象，反而出现生产分化。而 1861 年以前，大工厂集中的区域，小生产者的数量也较多；大工厂数量较少的区域，从事该行业的小手工业者数量也较少。

1861 年农奴制改革后，大工业与小手工业之间的博弈以大工厂的胜利而告终。大工厂凭借资金、技术等优势逐渐垄断各工业部门，工业获得长足发展。需强调的是，手工业集中和分散的程度主要取决于工厂的技术水平，如果工厂技术优势明显，手工作坊注定衰落，手工业者会逐渐减少；如果工厂不具有技术优势，手工作坊仍然会在较长的时期内有生存空间。

19 世纪下半叶至 20 世纪初，俄国工业成就举世瞩目，工业化进程既出现资本主义工业发展的共性，如工业呈现周期性和循环性特征，交通运输业发展不断助推工业发展，并且诞生大型垄断组织，等等。同时，也呈现了其独有的特性，如工业布局失衡、大工业与手工业激烈博弈和俄国工业重心逐渐南移，等等。19 世纪末 20 世纪初，俄国工业呈现了较明显的周期性和循环性特征。如 19 世纪末经济提升期间，俄国轻重工业成就家喻户晓，而 20 世纪初的经济危机、日俄战争和随后的一战又让俄国经济雾霾重重；交通运输革命拉动俄国工业发展，河运蓬勃发展和蒸汽机船大规模使用加速了石油工业的发展进程，而铁路则促使冶金业和煤炭工业茁壮成长；垄断组织和外资为俄国经济发展带来诸多益处，如加速经济制度和企业管理机构变革，推动新技术和发明的广泛使用，刺激工业革命和新兴工业部门的发展，但其阻碍技术和设备革新、抑制

---

① Туган-Барановский М. И. Русская фабрика в прошлом и настоящем : Историко-эконом-ическое исследование. Историческое развитие русской фабрики в XIX веке. С. 346.

生产效率提高、破坏市场秩序、损害消费者利益和恶化工人生活水平等消极影响也不容忽视。在俄国,大工业主要集中于中部、乌拉尔和西北部工业区等地,而西伯利亚、远东和中亚地区工业发展严重滞后,俄国工业在发展中重心逐渐南移,主要源于高加索石油工业、南俄冶金和煤炭工业的快速发展。值得一提的是,俄国大工业与小手工业博弈具有特殊性,就常理而言,随着大工业的发展,手工作坊将会逐渐萎缩,19世纪上半叶,俄国却出现逆向趋势,在大工业蓬勃发展的同时,手工业也迎来短暂春天,直到19世纪下半叶,手工业才逐渐丧失竞争优势。

第四章　俄国工业化的主要成就

1861 年俄国工业化开启之后俄国经济成就非凡，最直接的表现为推动了各工业部门的蓬勃发展，重工业茁壮成长，随着居民购买力水平的提高和市场范围的扩大，轻工业也迅速崛起。除工业外，俄国工业化的其他成就如下。一是工业化开启后国内外贸易蓬勃发展，国内贸易额大幅度提升，国际市场上俄国商品备受青睐；二是为保障工业化的有序进行，俄国政府关注金融业，金融市场不断完善；三是工业化推动了交通运输业的发展，全俄铁路网最终形成，铁路的作用不言而喻；四是随着各地区间经济联系的加强，全俄市场最终形成；五是推动了农业现代化进程，不但农产品产量大幅度增加，农业生产技术也有所提高；六是工业化的社会影响也不容小觑，工人阶级逐步登上历史舞台，政治和教育现代化进程也随之开启。

第一节　19 世纪下半叶俄国工业蓬勃发展

19 世纪下半叶，不但传统工业部门蓬勃发展，新型工业部门也快速崛起，如煤炭、石油等工业部门。俄国工业地理分布也随之发生变化，莫斯科、圣彼得堡、波罗的海地区和乌拉尔等工业区在俄国经济中仍发挥较大作用，但顿巴斯和巴库等新工业区成为后起之秀，俄国经济重心逐渐南移。具体而言，俄国采矿业发展最为迅速，铸铁产量从 1860 年的 2100 万普特增加到 1895 年的 8900 万普特，煤炭开采量由 1800 万普特增加至 5.6 亿普特，石油开采量由 50 万普特增加至 3.7 亿普特。[①] 下文分别对此阶段的轻、重工业发展状况进行分析，主要以较具代表性的能源工业、南俄冶金工业、纺织工业为研究对象。

---

① Федоров В. А. История России 1861 – 1917. С. 84.

一 能源工业

19世纪80年代，俄国主要工业部门机器生产已经比较普遍了，水力驱动装置亦被蒸汽机所替代，在采矿业、金属加工业、冶金和纺织业等工业部门蒸汽机和机械车床已占主导地位。1861年农奴制改革后，俄国工业化进程开启，促使能源工业迅速崛起，尤其是石油产业和煤炭产业。到19世纪末，俄国石油业已经取得较大的成绩，在垄断国内市场的同时在国际石油市场上可与美国一较高下，甚至曾一度主导国际石油市场。煤炭产业起步虽较早，但真正崛起是在19世纪末，南俄煤炭产业最具代表性。

（一）石油工业

俄国石油业崛起于19世纪70年代，采油量、钻井数和石油加工业发展状况是反映石油产业发展的重要指标，以下分别进行分析。

采油量增加是石油业发展的基础。19世纪70年代，俄国工业化进程开启后石油业飞速发展。1821年，俄国政府对巴库石油工业兴趣大增，开始推行包税制度。整个19世纪上半叶，俄国石油开采量稳居世界第一位，1821年、1831年、1840年、1850年和1859年石油开采量分别为20万普特、25万普特、33.7万普特、22.1万普特和23万普特。70年代，巴库主要采油中心为巴拉罕和萨布奇油田，其中巴拉罕油田采油量增长最为迅速。[①] 恩巴和拉马尼油田采油量也不断增加。到1894年，上述油田已有229个矿区，分属88家石油公司。[②] 19世纪末是俄国石油工业发展的黄金时期，1898年俄国石油产量达6.3亿普特，占世界总采油量的51.6%，1901年俄国采油量达最高值，超过7亿普特。[③]

---

① Першке С. и Л. Руссская нефтяная промышленность, ее развитие и современное положение в статистических данных. С. 15 – 31.

② Наниташвили Н. Л. Экспансия иностранного капитала в Закавказье（конец XIX – начало XX вв.）. С. 47.

③ Ахундов В. Ю. Монополистический капитал в дореволюционной бакинской нефтяной промышленности. С. 23；Монополистический капитал в нефтяной промышленности России 1883 – 1914. С. 19；Маевский И. В. Экономика русской промышленности в условиях первой мировой войны. С. 8；Лившин Я. И. Монополии в экономике России. М., Изд-во Социально-экономической литературы, 1961. С. 323, 328.

　　钻井数量增加也是石油工业发展的主要指标之一，自 19 世纪 80 年代开始，钻井数量持续增加。1876 年，巴库地区钻井数量为 101 个，1879 年达到 301 个，石油产量也大幅增加，1874 年、1876 年和 1878 年石油产量分别为 520 万普特、1057 万普特和 2019 万普特。[①] 1895 年，巴拉哈尼、萨布奇、拉马尼和恩巴油田钻井数量分别为 162 个、201 个、41 个和 23 个。[②]

　　石油加工业发展是石油工业崛起的又一例证。19 世纪 70 年代起，巴库地区石油加工厂数量迅速增加。1872 年，石油加工厂数量为 50 家，煤油产量约为 40 万普特；1879 年达 193 家，煤油产量为 622.5 万普特。[③] 1887 年，巴库地区煤油供货量为 2440 万普特，煤油出口量为 1159 万普特。[④] 到 1890 年，巴库地区已有 148 家石油加工厂，1893 年虽减少至 73 家，但煤油产量从 1890 年的 6800 万普特增加到 9000 万普特。[⑤] 自 80 年代起，俄国煤油开始出口国外，在国际市场上竞争力不断加强，逐步冲击美国石油产业。1870 年，俄国采油量只为美国的 1/20，1892 年两国石油开采量几乎持平，1893 年俄美两国占世界石油开采总量的 97%，两国的比例分别为 46% 和 51%，1898 年俄国采油量超越美国，跃居世界第一位。[⑥] 就煤油产量而言，巴库油田的煤油产量从 1871 年的 38 万普特增至 1880 年的 78 万普特，1895 年其产量已达 326 万普特，1900 年达 1.2 亿

①　Наниташвили Н. Л. Экспансия иностранного капитала в Закавказье（конец XIX – начло XX вв.）. С. 46；Кафенгауз Л. Б. Эволюция прошмышленного производства России（последняя треть XIX в. – 30-е годы XX в.）. С. 27.

②　Дьяконова И. А. Нефть и уголь в энергетике царской России в международных сопоставлениях. С. 50, 51；Наниташвили Н. Л. Экспансия иностранного капитала в Закавказье（конец XIX – начало XX вв.）. С. 50；Лившин Я. И. Монополии в экономике России. М., Изд-во Социально-экономической литературы., 1961. С. 324；Баку и его окрестности. Тифлис., Типография М. Д. Ротинанца, 1891. С. 23.

③　Першке С. и Л. Русская нефтяная промышленность, ее развитие и современное положение в статистических данных. С. 29；Наниташвили Н. Л. Экспансия иностранного капитала в Закавказье（конец XIX – начало XX вв.）. С. 260.

④　Кафенгауз Л. Б. Эволюция прошмышленного производства России（последняя треть XIX в. – 30-е годы XX в.）. С. 27.

⑤　Лисичкин С. М. Очерки по истории развития отечественной нефтяной промышленности（дореволюционный период）. С. 360.

⑥　Наниташвили Н. Л. Экспансия иностранного капитала в Закавказье（конец XIX – начало XX вв.）. С. 47.

普特。①

石油业作为第一次工业革命的产物，在为运输业和其他工业提供大量燃料的同时，也促进了石油深加工和运输业的发展。煤油、润滑油和汽油等新型燃料的广泛使用不但为石油业主带来巨大利润，同时推动了石油工业的飞速发展。

（二）煤炭工业

在工业革命影响下，俄国煤炭业茁壮成长，其发展速度和规模在一定程度上左右了俄国的工业化进程。由于政府引进外资、大幅提高关税、统一运输税率、大规模修建铁路和煤炭开采技术提高等，煤炭工业飞速发展。

18 世纪初，俄国已展开煤炭勘探工作，但煤炭开采量有限，冶金业的发展又使煤炭需求量逐渐增加，因此从 1715 年起俄国长期由英国进口煤炭。直到 19 世纪中叶，俄国才正式大规模开采煤炭，主要是顿涅茨克和东布罗夫煤田。② 比较有名气的大煤田还有莫斯科近郊煤田、乌拉尔煤田、西伯利亚煤田、远东煤田和库兹涅茨煤田，开采的煤炭多用于当地手工冶金业和居民取暖。

（1）莫斯科近郊煤田。莫斯科近郊煤田主要位于特维尔、莫斯科、卡卢加、土拉和诺夫哥罗德、梁赞、弗拉基米尔和唐波夫省境内，该煤田长 600 俄里、宽 400 俄里，煤层甚至经阿尔汉格尔斯克省延伸至白海。18 世纪初，俄国政府就已关注莫斯科近郊煤田，1723 年矿工伊万·巴里琴在莫斯科附近的彼得罗夫村附近找到煤炭资源，另外一个矿工马尔克也在梁赞省的别列斯拉夫里区发现煤炭，这揭开了莫斯科近郊煤田建立的大幕。19 世纪末，莫斯科近郊煤田已经有 200 多个煤矿，但煤炭开采量不稳定③，1879 年煤炭产量为 2859 万普特，到 1896 年降至 963 万普特，此后煤炭开采量稍有增加，1900 年达到 1761 万普特，但仍落后于

---

① Кафенгауз Л. Б. Эволюция промышленного производства России（последняя треть ⅩⅨ в. – 30 – е годы ⅩⅩ в.）. С. 29；Ахундов Б. Ю. Монополистический капитал в дореволюционной бакинской нефтяной промышленности. С. 23；Наниташвили Н. Л. Экспансия иностранного капитала в Закавказье（конец ⅩⅨ – начло ⅩⅩ вв.）. С. 66，148，238.

② Братченко Б. Ф. История угледобычи в России. С. 99.

③ Братченко Б. Ф. История угледобычи в России. С. 112.

1879 年的水平。① 19 世纪 60 年代后，莫斯科近郊煤田在全俄采煤量中的比重逐渐降低，1860 年、1870 年、1880 年、1890 年和 1900 年产量为全俄产量的 3.5%、12%、12.5%、3.9% 和 1.8%。总体来看，莫斯科近郊煤田煤炭产量无法与顿巴斯和东布罗夫煤田相较，甚至落后于乌拉尔煤田。②

（2）乌拉尔煤田。乌拉尔煤田分布在彼尔姆、车里雅宾斯克和斯维尔德罗夫斯克省等境内。1786 年，乌拉尔地区第一个煤田基泽尔煤田诞生。1807 年，在鲁尼维河附近发现弗拉基米尔矿区，1814 年又发现伊万诺夫矿区，1848～1854 年在丘索瓦河附近发现大量煤炭岩层。乌拉尔地区煤炭硫含量为 3%～5%，含灰量达 10%～12%③，其煤炭开采量有限，1860 年、1870 年、1880 年、1890 年和 1900 年，煤炭开采量分别为 42.7 万普特、672.1 万普特、37.8 万普特、1484.7 万普特和 2217.9 万普特，分别占全俄总采煤量的 3.5%、12%、12.5%、3.9% 和 1.5%。④ 随着乌拉尔地区采矿铁路的修建，其煤炭开采量逐年增加。

乌拉尔煤田有 5 家大型煤矿，其中基泽尔煤田开发最早，其他煤矿分别为鲍戈斯洛沃、叶戈尔希诺、车里雅宾斯克和波尔塔夫，但产量明显逊于基泽尔。1917 年，基泽尔、鲍戈斯洛沃、叶戈尔希诺、车里雅宾斯克和波尔塔夫矿区的采煤量为乌拉尔地区总采煤量的 50%、22%、5%、5% 和 1%，乌拉尔地区采煤量占全俄采煤量的比重已从 1900 年的 2.2% 增加至 1917 年的 5%。⑤ 但此后，乌拉尔煤田又进入萧条期。

（3）东布罗夫煤田。东布罗夫煤田位于波兰王国的华沙附近，蕴藏煤

---

① Тихонов Б. В. Каменноугольная промышленность и черная металлургия России во второй половине XIX в. С. 200.

② Тихонов Б. В. Каменноугольная промышленность и черная металлургия России во второй половине XIX в. С. 34 - 35; Баканов С. А. Угольная промышленность Урала: жизненный цикл отрасли от зарождения до упадка. С. 44.

③ Баканов С. А. Угольная промышленность Урала: жизненный цикл отрасли от зарождения до упадка. С. 48.

④ Тихонов Б. В. Каменноугольная промышленность и черная металлургия России во второй половине в XIX в. С. 34 – 35, 79, 109 – 110; Баканов С. А. Угольная промышленность Урала: жизненный цикл отрасли от зарождения до упадка. С. 44, 51.

⑤ Панкратов Ю. А., Шолубько И. Г., Эллис А. М. Челябинский угольный бассейн (краткий историко-экономический очерк). Челябинск., Челябинское кн. изд-во, 1957. С. 12; Баканов С. А. Угольная промышленность Урала: жизненный цикл отрасли от зарождения до упадка. С. 78.

炭、铁矿和锌矿等资源。1872 年以前，东布罗夫煤田采煤量一直较高，19
世纪末，已经有 20 个露天煤矿和 1 个钻采露天煤矿，主要供应华沙等城市
工厂和西南部铁路。[①] 1860 年，俄国总采煤量为 1800 万普特，东布罗夫
煤田采煤量就达 1080 万普特。[②] 19 世纪 80 年代以后，东布罗夫煤田采
煤量开始下降，1860 年、1870 年、1880 年、1890 年和 1900 年，该煤田
采煤量占全俄的比例分别为 59.3%、47.3%、39%、41.1% 和 25.5%[③]。

（4）西伯利亚煤田。因西伯利亚大铁路修建，该地区煤炭工业开始发
展。切列姆霍沃矿区始建于 1895～1896 年，到 20 世纪初该矿区已有 20 多
个小煤矿，日开采量达 2.4 万普特。伊尔库茨克省是西伯利亚地区的主
要产煤区，1900 年其产量达 380 万普特。[④] 日俄战争和一战期间煤炭开采
量迅速增加。1917 年，切列姆霍沃矿区采煤量已达 7637.5 万普特，为
1900 年的 15 倍。[⑤]

（5）远东煤田。远东地区煤炭工业主要集中于乌苏里斯克边疆区，
1858 年，该地建立第一个小型矿井，煤炭开采量不高，19 世纪七八十年
代发现新矿区，20 世纪初因西伯利亚大铁路修建和日俄战争，西伯利亚
地区煤炭需求量大增，该地区煤炭产量迅速增加。煤炭工业快速发展促
进了西伯利亚地区铁路建设速度提升，1895～1904 年托木斯克省和伊尔
库茨克省煤炭开采量分别增长 13 倍和 34 倍，1910 年西伯利亚的煤炭开
采量增至 1.2 亿普特。[⑥]

（6）库兹涅茨煤田。库兹涅茨煤田主要位于阿尔泰山麓东部，在阿
尔泰和萨莱尔岭之间，该煤田长、宽分别为 400 俄里和 100 俄里，总面

① Братченко Б. Ф. История угледобычи в России. С. 128.
② Баканов С. А. Угольная промышленность Урала: жизненный цикл отрасли от зарожд-
ения до упадка. С. 42; Тихонов Б. В. Каменноугольная промышленность и черная мет-
аллургия России во второй половине XIX в. С. 32.
③ Тихонов Б. В. Каменноугольная промышленность и черная металлургия России во вто-
рой половине XIX в. С. 34 – 35; Баканов С. А. Угольная промышленность Урала: жизн-
енный цикл отрасли от зарождения до упадка. С. 44.
④ Тихонов Б. В. Каменноугольная промышленность и черная металлургия России во вто-
рой половине XIX в. С. 261.
⑤ Братченко Б. Ф. История угледобычи в России. С. 118.
⑥ Алексеев В. В., Алексеева Е. В., Зубков К. И., Побережников И. В. Азиатская Россия
в геополитической и цивилизац ионной динамике XIX – XX века. М., Наука, 2004. С. 504.

积近 4 万平方俄里。该矿区煤层较厚，煤炭资源丰富。1721 年，该地已发现煤田，但矿区地质条件十分复杂，岩层较厚，19 世纪末以前煤炭开采量很少，西伯利亚大铁路建成后库兹涅茨煤田煤炭开采量迅速提高，但其产量很难与顿涅茨克等大型矿区相比。

二 南俄冶金工业

19 世纪下半叶，以木柴为主要燃料的乌拉尔冶金业迅速衰落。乌拉尔是十月革命前俄国著名的冶金中心之一，南俄冶金业崛起之前，乌拉尔铁制品在全俄一直独占鳌头。1800 年，乌拉尔生铁产量约占全俄生铁产量的 81.1%、铸铁占 88.3%[①]，19 世纪中叶以后逐渐衰落，原因有四：第一，西方国家实现工业革命，但俄国工业革命严重滞后；第二，冶金工业技术落后；第三，以木柴为主要燃料致使生产效率低下；第四，交通运输滞后制约乌拉尔冶金业发展。以上几方面原因致使乌拉尔冶金业无力与英国及其他欧洲国家相竞争。即便如此，19 世纪下半叶乌拉尔仍是俄国重要冶金中心，大型工厂如下塔吉克、杰米多夫等影响力犹在。[②] 随着南俄冶金业的快速发展，乌拉尔冶金业龙头地位丧失。1880 年，南俄冶金工厂的铸铁产量仅占俄国铸铁产量的 5%，乌拉尔铸铁产量占 70%；1900 年，二者铸铁产量占比分别为 52% 和 27%，南俄工业的动力装备率已经跃升为乌拉尔地区的 24 倍，南俄冶金工人的人均铸铁产量也为乌拉尔的 5 倍。[③]

南俄采矿业历史悠久，其发展史即顿涅茨克采矿业发展史。南俄地区有丰富的煤炭、铁矿石、锰矿石、石灰岩和白云石等矿产资源（矿石中金属含量高达 40%～52%）。[④] 19 世纪八九十年代，南俄地区冶金业飞速发展，一战前南俄地区铁矿石、煤炭、铸铁、焦炭、钢轨和蒸汽机车产

① Тихонов Б. В. Каменноугольная промышленность и черная металлургия России во второй половине XIX в. С. 103.

② Алексеев В. В. , Алексеева Е. В. , Зубков К. И. , Побережников И. В. Азиатская Россия в геополитической и цивилизационной динамике XIX – XX века. С. 500 – 501.

③ Федоров В. А. История России 1861 – 1917. С. 84.

④ Тихонов Б. В. Каменноугольная промышленность и черная металлургия России во второй половине XIX в. С. 40.

量约占全俄总产量的 72.2%、86.9%、73.7%、99.4%、75% 和 40%。[1]
南俄主要的铁矿区为克里沃罗热和科尔钦矿区，克里沃罗热矿区铁矿石
含量丰富，但科尔钦矿区的铁矿石纯度并不逊于克里沃罗热矿区。此外，
尼古拉耶夫矿区铁矿石含量也十分丰富，矿石含铁量较高。

　　1861 年农奴制改革后，南俄冶金工业快速发展主要得益于两个因
素：一是改革后南俄交通运输业明显改善，二是铁路的大规模修建增加
了需求，打开了市场。

　　南俄冶金工业发展可分为两个阶段，第一阶段为 19 世纪 60 年代之
前，冶金业发展缓慢；第二阶段为 19 世纪 70 年代之后，因铁路的大规
模修建，煤炭开采数量增加，冶金业快速发展。

　　南俄冶金工业开端。1795 年，政府颁布命令在顿涅茨克煤田的卡卢
加河附近建立铸铁厂，使用石煤冶铁。1799 年，第一次尝试使用焦炭炼
铁。因焦炭质量较好，所以卡卢加工厂铸铁质量明显高于乌拉尔地区。
1859 年，巴赫姆特地区的彼得罗夫国有工厂已使用焦炭生产出 9.1 万普
特铸铁，此后焦炭开始大规模用于冶铁。1870 年，卡卢加区里西恰尼克
国有工厂也开始使用焦炭生产铸铁。[2] 1869 年，尤兹工厂建立，但 1870
年才正式开工，第一台高炉的容量为 333 立方米，预计年生产铸铁量为
200 万普特。1872 年，该工厂建设完毕，1873 年和 1875 年铸铁产量为
30.7 万普特和 32.7 万普特，不足预计产量的 1/4。1876 年，尤兹工厂建
立第二台高炉，至 1900 年该工厂已有 7 台高炉，铸铁产量远超预期，
1899 年铸铁产量达 1000 万普特。[3] 此后其他使用焦炭作为燃料的冶金工
厂陆续建立，亚历山大洛夫工厂、顿涅茨克彼得罗夫工厂、德鲁日科夫
冶金工厂都开始使用焦炭冶铁，1900 年亚历山大洛夫工厂煤炭消耗量为
4.4 万节车厢（每节车厢的容量为 600 普特），顿涅茨克彼得罗夫工厂和
德鲁日科夫冶金工厂的煤炭需求量为 5.7 万和 2.5 万节车厢。[4]

　　19 世纪下半叶，南俄冶金工业蓬勃发展，冶金工业和煤炭工业相互
依赖程度逐渐提高，南俄地区丰富的煤炭资源成为其冶金工业繁荣的基

---

① Бакулев Г. Д. Черная металлургия Юга России. С. 9.

② Струмилин С. Г. История черной металлургии в СССР. С. 364.

③ Бакулев Г. Д. Черная металлургия Юга России. С. 113.

④ Бакулев Г. Д. Черная металлургия Юга России. С. 132.

础。1887 年以前，南俄地区只有两家大型冶铁工厂，即尤兹和巴斯杜霍夫冶铁厂，1887 年后因顿巴斯煤炭产量逐年提高，冶金工厂犹如雨后春笋，1899 年南俄地区已有 17 家大型冶铁工厂，共有 29 个大型高炉，还有 12 个高炉在建设之中，高炉日产量为 1 万普特。19 世纪 90 年代是南俄冶金业蓬勃发展的时期，德鲁日科夫、顿涅茨克—尤里耶夫、尼科波利—马里乌波里、马可耶夫斯基、塔甘罗格等大型冶金工厂都于此时成立。至 1900 年，南俄已有 16 家大型金属冶炼工厂、高炉 51 个。此外南俄地区还有 2 家大型冶金工厂在建设中，并有 20 多家炼钢、机器制造、管道和机械工厂。1900 年和 1910 年，南俄地区使用焦炭作为燃料的高炉数量分别为 51 个和 57 个，其金属产量分别为 1 亿普特和 1.4 亿普特。[1]

南俄冶金工厂主要集中在顿巴斯、第聂伯河沿岸和亚速海沿岸地区，其中顿巴斯地区金属产量最高。以铸铁产量为例，一战前夕，顿巴斯地区铸铁产量为 1.1 亿普特，约占南俄地区的 58%，而第聂伯河沿岸和亚速海沿岸地区铸铁产量分别为 5050 万普特和 2400 万普特，其比例分别为 26.7% 和 12.6%。[2] 随着南俄冶金工业的发展，19 世纪末其金属产量已超过乌拉尔地区，1902～1903 年南俄地区的钢和铸铁产量已是乌拉尔地区同类产品产量的 1 倍。乌拉尔地区金属产量增加主要依靠增加工人数量，而南俄冶金业飞速发展主要源于蒸汽机大规模使用和丰富的矿物原料，1900 年乌拉尔冶金工人数量为南俄冶金工厂工人数量的 4 倍[3]，但其金属产量明显逊色于南俄地区。凭借丰富的燃料资源，南俄冶金工业快速发展，传统乌拉尔工业区因使用木柴作为燃料而地位日趋下降。

三　纺织工业

19 世纪下半叶，俄国轻工业也有所发展，其中纺织工业最具代表性，棉纺织工业最为突出。圣彼得堡棉纱工业发展最为迅速，棉纱工厂人均拥有机械纱锭数量是莫斯科同类企业的 2.6 倍，蒸汽动力指标比全俄高 9 倍。圣彼得堡棉纱厂因装备蒸汽机，劳动生产率提高，年人均产

[1]　Туган-Барановский М. И. Русская фабрика в прошлом и настоящем: Историко-эконом-ическое исследование. Т. 1. Историческое развитие русской фабрики в XIX веке. С. 154.

[2]　Бакулев Г. Д. Черная металлургия Юга России. С. 92.

[3]　Соловьева А. М. Промышленная революция в России в XIX в. С. 222 – 223.

值为 1150 卢布，比莫斯科同类企业年人均产值高 2.6 倍。[①] 棉纱生产机器化推动了印花布生产机器化。农奴制改革后，俄国纺织工业发展呈上升趋势。1861 年初，俄国纺织工业产值占俄国加工工业产值的 36%，工人占比为 49.3%。[②] 1879 年，其数值分别为 31% 和 43%。[③]

19 世纪 80 年代前，俄国棉纺织业主要靠从美国进口原棉，1861～1864 年美国内战使其棉花出口量锐减，导致国际市场原棉价格居高不下。原料危机使俄国竞争力较弱的中小棉纺企业大量倒闭，仅 1860～1863 年就有 40% 的棉纱和棉布企业破产。1863 年，棉纱和棉布产量分别下降 10% 和 15%，价格却分别上涨 75% 和 100%。在这种情况下，一些大型棉纺厂乘机发展起来。[④]

19 世纪下半叶，俄国棉纺织工业机器化程度逐步提高。1859～1879 年，棉纺织企业机器织机增长 46 倍，而手工织机减少 23%。[⑤] 总体来看，19 世纪下半叶俄国棉纺织工业有如下特征：一是机器生产排挤和取代手工劳动的趋势不可逆转，手工织布工人数量大幅减少，机器化程度逐步提高；二是生产集中度提高，大工厂开始垄断棉纺织工业；三是生产技术和机器化程度落后于欧洲国家；四是工人的集中程度开始提升，无产阶级逐步形成。

19 世纪末，水力纺锤在纺织工业中广泛使用，1890～1900 年棉纱产量增加 86.2%。1890～1900 年，俄国纱锭增长 92.2%，织布机、纱线和坯布数量分别增加 73.6%、95.7% 和 75.4%。棉纺织工厂的年均生产总值由 1865 年的 8.7 万卢布增至 1900 年的 46.2 万卢布，增幅达 431%。[⑥] 俄国纺织工业快速发展的原因如下：一是纺织工业技术革新，由手工工场开始向机器化生产转变；二是银行和金融机构开始投资纺织工业，资金有了保障；三是纺织工业垄断出现。

大部分纺织、印花、染色设备都已更新，降低了棉纺织工业的成本，

---

① Соловьева А. М. Промышленная революция в России в XIX в. С. 68.

② Соловьева А. М. Промышленная революция в России в XIX в. С. 68.

③ Соловьева А. М. Промышленная революция в России в XIX в. С. 68.

④ Соловьева А. М. Промышленная революция в России в XIX в. С. 118－120，146.

⑤ Соловьева А. М. Промышленная революция в России в XIX в. С. 68.

⑥ Хромов П. А. Очерки экономики России периода монополистического капитализма. С. 6，55.

使商品种类增加，棉纺织品的销售数量大幅度提高。随着棉纺织行业的发展和棉纺织品的普及，亚麻制品需求量大幅降低。1887～1900年，俄国境内毛纺织行业总体增长速度为58.5%。丝织业增长率也较高，增长95.3%。[1]

与1900年相比，1908年俄国大型纺纱厂增加8家，工人增长4.4万人，纱锭数量由1900年的605万枚增至1908年的709万枚，增长17.2%。[2] 1908年，棉纺织工业中蒸汽机的数量达2054台，总功率为37.8万马力，涡轮和水轮发动机分别为67台和50台，其功率分别为1473马力和1.7万马力。此时大型棉纺织工厂数量为72家。[3]

一战期间，棉纺织品产量从1913年的1648.4万普特增至1915年的1819.3万普特、1916年的1813.2万普特。总体来看，粗糙纺织品产量增加较快，从1913年的85.5万普特增至1916年的311.4万普特，上等品产量大幅下降。战争中棉纺织行业被破坏最为严重的是服装和染色部门。与1913年相比，1916年高级印染和染料加工厂产量下降46.9%。[4] 1915年，普通花纹纺织品产量仍维持在战前水平，主要为部队生产军装；而印花布及其他相关产品产量逐年下降。

农奴制改革后，莫斯科、弗拉基米尔、圣彼得堡省成为丝织生产中心，但粗放型特征亦十分明显，工厂中织布机仅占7.6%，仅有1/5的丝织企业使用蒸汽机。[5] 一战期间，亚麻工业与其他纺织部门相比发展态势良好。随着军队对粗糙纺织品和麻袋制品的需求量增加，不受国外进口产品竞争影响的亚麻工业发展迅速。麻纺织厂数量从1908年的45家增至1912年的65家，增长44.4%，工人数量从4.3万人增至4.6万

①　Кафенгауз Л. Б. Эволюция прошмышленного производства России（последняя треть XIX в. – 30 – е годы XX в. ）. С. 56 – 57.

②　Пажитнов К. А. Очерки истории текстильной промышленности дореволюционной России. С. 121.

③　Пажитнов К. А. Очерки истории текстильной промышленности дореволюционной России. С. 123.

④　Кафенгауз Л. Б. Эволюция прошмышленного производства России（последняя треть XIX в. – 30-е годы XX в. ）. С. 200 – 201.

⑤　Соловьева А. М. Промышленная революция в России в XIX в. С. 171.

人。[①] 与 1913 年相比，1915 年的麻线产量增长 31.6%，1916 年增长 14.9%。麻纺织工业生产增长主要源于军队对纺织品的需求大增。一战期间混合纤维制品产量明显增加，其中内衣制品和各种日用百货产量增加最为明显，针织品的产值从 1913 年的 662.9 万卢布增至 1915 年的 1895.1 万卢布、1917 年的 2483.6 万卢布。[②]

四　其他工业部门

19 世纪下半叶，俄国工业快速发展，除能源、冶金和纺织等外，其他工业部门也蓬勃发展，最具代表性的是机器制造、化学、建材和酿酒等工业部门。

（一）机器制造业

农奴制改革后，俄国政府为扶持机器制造业发展采取了一系列措施。首先，政府以零关税进口机器制造厂所需的铸铁和生铁；其次，提高机器进口关税，关税税率从 30 戈比/普特增至 75 戈比/普特。在此期间，俄国建立了诸多大型机器制造厂，圣彼得堡较大的机器制造厂是诺贝尔工厂和奥布赫夫工厂，莫斯科较大的工厂是李斯特工厂、彼列尼德工厂和维伊赫里德工厂。到 1870 年，俄国机器制造厂达 145 家，工人达 2.7 万名，产品价值为 2739.1 万卢布。1880 年，欧俄地区共有 237 家机器制造厂，工人数量为 5.6 万名，产品价值为 7228.9 万卢布，国外进口产品价值为 6734.5 万卢布，俄国机器产量已超过国外进口量，进口设备的垄断地位丧失。[③] 1861～1879 年，俄国共建成 187 家机器制造厂，主要生产蒸汽机、机车、车厢、轮船、机床和钢轨等产品。同期，俄国机器制造厂的数量增加 2 倍，生产价值增长 6.5 倍[④]，机器制造厂仍集中于圣彼得堡和莫斯科。

① Пажитнов К. А. Очерки истории текстильной промышленности дореволюционной России. С. 273.

② Кафенгауз Л. Б. Эволюция прошмышленного производства России (последняя треть XIX в. – 30-е годы XX в.). С. 204.

③ Фабрично-заводская промышленность и торговля России. С. 149.

④ 刘祖熙：《改革和革命——俄国现代化研究 (1861—1917)》，北京大学出版社，2001，第 113 页。

　　1880～1890 年是俄国机器制造业发展的一个黄金时期，1890 年俄国共有大型机器制造厂 331 家，俄国企业主和外国企业主所属企业分别为 221 家和 100 家。[①] 19 世纪末，火车机车和车厢制造业飞速发展，车厢和蒸汽机车产量增长最快，相比 1880 年，1900 年产量增长 6 倍。20 世纪初，俄国已有 7 家蒸汽机车制造厂，年产火车机车 1200 台；同期，法国境内火车机车的年产量为 500 台，德国为 1400 台，美国为 3153 台，俄国机车产量已超过法国，但仍逊于美国、德国。20 世纪初，俄国机器制造厂年产车厢数量约为 3 万节，其中包括 6000 节载人和无轨电车车厢。19 世纪末，俄国蒸汽机产量已能满足国内需求量的 50% 以上，国外同类机器的进口数量减少 50%。[②]

　　20 世纪初，俄国铁路建设速度放缓，但蒸汽机车的需求量仍在增加。1902～1906 年，火车机车订购量为 4925 台，价值为 1.8 亿卢布；1907～1911 年，订购数量降为 2853 台，价值为 1.2 亿卢布。1912 年，蒸汽机车的需求量仅为 467 台，1913 年增至 609 台。与此同时，车厢制造业发展速度也放缓。[③] 20 世纪初，无轨电车产量大增，1912 年，俄国共生产无轨电车车厢 405 节，其中，270 节由中部工业区生产，135 节由波罗的海地区生产。[④]

（二）化学工业

　　俄国工业化进程开启后，化学工业飞速发展。19 世纪八九十年代，新建诸多大型化工厂，奠定了俄国现代化学工业的基础。此前俄国化学工业明显落后于西欧国家，由于未使用勒布朗苏打生产工艺，因此碳酸钾需求量大幅增加。俄国碳酸钾、纯碱都是从木材灰烬和草灰中提取的。19 世纪初，西欧使用纯碱生产苏打，但俄国的纯碱产量十分有限。80 年代初期，纯碱生产需要大量灰烬和苏打，试剂多从国外进口，纯碱和其

①　Фабрично-заводская промышленность и торговля России. С. 152.

②　Кафенгауз Л. Б. Эволюция прошмышленного производства России（последняя треть XIX в. –30 – е годы XX в.）. С. 40.

③　Кафенгауз Л. Б. Эволюция прошмышленного производства России（последняя треть XIX в. –30 – е годы XX в.）. С. 140.

④　Кафенгауз Л. Б. Эволюция прошмышленного производства России（последняя треть XIX в. –30 – е годы XX в.）. С. 142.

他碱类产品进口量由 1870 年的 91.7 万普特增至 1880 年的 177.2 万普特，到 1885 年增至 207.7 万普特。1883 年，俄国第一家纯碱厂建立，使用氨气加工纯碱。1890 年，在卡姆区的邦久格镇建立使用勒布朗工艺生产纯碱的工厂，附带生产其他化学产品。随着制碱业的快速发展，酸和盐制品产量也快速增长，1900 年俄国的化学产品已基本能满足国内市场的需求。纯碱工厂主要集中于内陆各省份，硫酸和化肥工厂在波罗的海和波兰地区最为发达。随着纺织品工业的发展，染料需求急剧增加。1882 年提高染料关税之后，染料半成品关税大幅度下降。1883 年，干茜素价格为 300 卢布/普特，1890 年降为 110 卢布/普特，1896 年为 65 卢布/普特，1898 年为 55 卢布/普特。[①] 原材料价格下跌后，俄国染料产量大增。

20 世纪初，硫酸主要产区为波兰和波罗的海区域，主要源于该地黄铁矿价格远远低于中部工业区内乌拉尔黄铁矿的价格。加上国外廉价原料不断进口至俄国，波兰和波罗的海区域的硫酸产量大幅度提高，从 1900 年的 27.8 万普特增至 1908 年的 384.9 万普特。[②] 此后几年，由于过磷酸盐的需求量迅速提高，国内该产品的生产数量也大幅增加，生产仍集中在波兰和波罗的海区域。20 世纪初，涂料工业也快速发展，1912 年俄国境内生产的人工涂料产品总价值约为 1157.8 万卢布，其中 471.6 万卢布由欧俄地区生产，403.2 万卢布由波罗的海工厂生产。[③] 就甲苯生产而言，1913 年，俄国从国外进口甲苯数量为 22 万普特，而国内产量仅为 2400 普特[④]，仍以国外产品为主。

（三）建材行业

俄国建材行业中，水泥生产较早，但因早期俄国城市化规模有限，水泥产量不高，一直从国外进口水泥等建筑材料。俄国于 1851 年建立第一家

① Кафенгауз Л. Б. Эволюция прошмышленного производства России（последняя треть XIX в. – 30-е годы XX в.）. С. 47.

② Наниташвили Н. Л. Экспансия иностранного капитала в Закавказье（конец XIX – начало XX вв.）. С. 68；Кафенгауз Л. Б. Эволюция прошмышленного производства России（последняя треть XIX в. – 30-е годы XX в.）. С. 98.

③ Кафенгауз Л. Б. Эволюция прошмышленного производства России（последняя треть XIX в. – 30-е годы XX в.）. С. 148.

④ Бакулев Г. Д. Черная металлургия Юга России. С. 135.

大型水泥厂，位于圣彼得堡郊区。1853 年，该工厂水泥产量达 25 万普特。[1] 19 世纪六七十年代，又陆续建立几家大型水泥厂，但因经营不善陆续倒闭，随着俄国工业化进程的加快，19 世纪末俄国水泥产量迅速增加。

19 世纪 90 年代，建筑行业蓬勃发展，各种建筑材料需求量明显提高。1887～1900 年，该行业平均增长速度为 343.7%。[2] 19 世纪末，建筑材料生产规模跃居国内第三位，仅次于燃料和铁路部门，其他行业望尘莫及。自 19 世纪 60 年代开始，水泥使用范围更加广泛，不足部分从国外进口，90 年代水泥产量增加。1890 年，硅酸盐水泥产量为 36.1 万桶，1895 年达 76.7 万桶，1900 年增至 278.7 万桶。[3] 波兰、诺夫哥罗德、莫斯科和里加等地的硅酸盐水泥产量分别为 18 万普特、22 万普特、13.5 万普特和 17 万普特。[4]

20 世纪初，经济危机期间建材工业也遭遇危机。因铁路订单明显下降，水泥、制砖和玻璃制造等行业的发展速度也都明显下降。1900 年，硅酸盐水泥的产量为 278.7 万袋，1903 年达 335 万袋，1905 年降至 247.3 万袋。[5]

（四）酿酒业

19 世纪末，俄国酿酒业发展缓慢，酒产品产量下降。以白酒行业为例，1887～1900 年只有 7 年（1888 年、1891 年、1893 年、1894 年、1895 年、1896 年和 1900 年）生产规模扩大，其他年份产量下降。而啤酒产量却迅速增加，1887～1900 年只有 1891～1893 年产量减少，其他年份产量持续增加。

随着居民购买力的提高，酒类产品需求量也增加。1901～1903 年经济危机期间酒产量明显下降，1904 年酒产量又开始增加，1905～1908 年酿酒业的年均增长率为 2.3%，同 19 世纪末一样，啤酒需求量仍高于白

① Фабрично-заводская промышленность и торговля России. С. 323.

② Фабрично-заводская промышленность и торговля России. С. 326.

③ Кафенгауз Л. Б. Эволюция прошмышленного производства России（последняя треть XIX в. －30－е годы XX в.）. С. 44.

④ Фабрично-заводская промышленность и торговля России. С. 326.

⑤ Кафенгауз Л. Б. Эволюция прошмышленного производства России（последняя треть XIX в. －30－е годы XX в.）. С. 96.

酒。啤酒主要需求者为城市和工业区居民。1887～1900 年啤酒产量增长
5.8%，1893～1900 年增长 8.9%。[①]

（五）制糖业

自 19 世纪 70 年代开始，南俄制糖工业飞速发展，主要集中在三大
区域：一是基辅、沃伦、比萨拉比亚和波兰；二是哈尔科夫、沃罗涅日
和库尔斯克等省；三是中部工业区和圣彼得堡等地。由此看出，俄国制
糖业主要集中于南俄地区。俄国政府减少糖类产品消费税和提高进口关
税后，制糖工业快速发展。19 世纪末，随着交通运输业的发展和国内市
场的扩大，制糖厂分布发生变化，主要分布区域如下。第一，西南部省
份，主要为比萨拉比亚、基辅、沃伦和波多利斯克省，1892～1893 年上
述省份产糖量占比为 51.8%；第二，中部工业区，主要省份为沃罗涅
日、叶卡捷琳诺斯拉夫、库尔斯克、奥廖尔、萨马拉、土拉和唐波夫等，
上述省份的产糖量占比为 29.9%；第三，波兰各省，其比例为 17.9%。[②]
由此可见，制糖业最为发达的地区仍为南俄。

19 世纪 80 年代，俄国生产糖果的小作坊很多，1887 年俄国境内已
有制糖厂 215 家，工人 3918 名，单位工厂工人数量为 18 名。90 年代，
受城市规模扩大和工业居民快速增多的影响，糖果需求量大增，大型糖
果厂纷纷建立，工人数量快速增加，1900 年为 1.1 万名。[③]

1901～1908 年，砂糖年均增长 7.6%，明显高于 19 世纪末的 6.8%，
只有 1904 年下半年至 1906 年上半年增长速度稍有下降。由于需求量大
幅提高，居民对产品质量的要求也提高，产品质量提升较快。甜菜制糖
业在制糖业中的比例从 1900 年的 12.5% 增加到 1907 年的 14.0%。此后
大企业生产集中程度提高，劳动生产率也有所提高，工厂日产量从 1900
年的 2.4 万普特增至 1907 年的 2.6 万普特。[④] 制糖工业的发展带动了相

①　Кафенгауз Л. Б. Эволюция прошмышленного производства России（последняя треть XIX
　　в. –30-е годы XX в.). С. 105 – 106.

②　Фабрично-заводская промышленность и торговля России. С. 175.

③　Кафенгауз Л. Б. Эволюция прошмышленного производства России（последняя треть
　　XIX в. – 30 - е годы XX в.). С. 53.

④　Кафенгауз Л. Б. Эволюция прошмышленного производства России（последняя треть XIX
　　в. –30-е годы XX в.). С. 105.

关部门的发展，如糖果和巧克力的产量大幅提高。

克里米亚战争失败后，俄国政府采取措施促进国内工业的发展。[1] 19 世纪 60～90 年代，俄国历任财政大臣，如赖滕、本格、维什涅格拉德斯基和维特等进行大刀阔斧的改革，1890 年工业生产总值为 15 亿卢布，1900 年增加到 30 亿卢布，1909～1913 年生产资料和生活资料年均增长率分别为 13% 和 6.2%。[2] 到 20 世纪初，俄国工业生产总值稳居世界第五位，远超奥地利、匈牙利、意大利、西班牙和日本。

第二节　国内外贸易繁荣

19 世纪下半叶，俄国工业化开启后，国内外贸易日趋繁荣。因篇幅有限，仅举例阐释俄国国内贸易状况，探究国内贸易的规模及其社会经济影响。就对外贸易而言，仅以粮食和石油产品为例分析国际市场上俄国商品的比重。

一　国内贸易快速发展

随着社会经济发展，国内贸易的商品种类不断增多，所有商品交易中粮食、冶金制品和石油等产品为大宗，此处仅做简要分析。

（一）粮食贸易

随着工业化进程的开启和商品性农业的发展，农产品的产量大增，粮食外运规模巨大。19 世纪下半叶，俄国国内外贸易快速发展，粮食市场发展最为迅速。19 世纪六七十年代，市场上商品粮流通量为 5 亿～7 亿普特，约占其总收成量的 45%～47%。90 年代，市场上商品粮流通量已超 10 亿普特，约占粮食总收成量的 50%，60% 的商品粮在国内市场上销售，40% 出口国外。[3] 19 世纪，雷宾斯克为伏尔加河流域最大的粮食贸易港口，1842 年、1845 年和 1846 年沿水路抵达雷宾斯克港口的粮食分别是 1630 万普特、3300 万普特和 4320 万普特。20 世纪初，每年沿水

---

① Кризис самодержавия в России 1895 – 1917 гг. Л.，Наука，1984. C. 30.

② Бовыкин В. И. Россия накануне великих свершений. М.，Наука，1988. C. 127 – 128.

③ Федоров В. А. История России 1861 – 1917. C. 88.

路运至雷宾斯克的粮食为 1 亿普特①，雷宾斯克的粮食多经马林斯基、季赫温、上沃洛茨克水路和拉多加湖运往圣彼得堡，马林斯基水路货运量最大，1852 年、1853 年和 1866 年粮食分别占本年度货运总量的 33.6%、33.3% 和 84%。② 铁路修建后圣彼得堡粮食供应量进一步增加，仅 19 世纪七八十年代，每年经铁路运进圣彼得堡的粮食就为 8000 万普特，占圣彼得堡货物输入总量的 35%。③

为更好地阐释俄国国内粮食贸易状况，本部分以伏尔加河流域为例加以说明。伏尔加河流域主要的产粮省份是萨马拉省、萨拉托夫省、辛比尔斯克省、奔萨省、梁赞省、土拉省、唐波夫省、沃罗涅日省、维亚特卡省、喀山省和乌法省；缺粮省份为阿斯特拉罕省、彼尔姆省、科斯特罗马省、特维尔省、奥廖尔省、下诺夫哥罗德省和圣彼得堡省。伏尔加河流域商品粮主要来自中部黑土区和伏尔加河中下游地区，萨拉托夫、萨马拉、辛比尔斯克和喀山省向诸多省份输出粮食。④ 各地的贸易联系日益密切。

伏尔加河水路的粮食运输路线有四条：第一，粮食向上游经雷宾斯克转运至圣彼得堡，主要货物为小麦；第二，伏尔加河下游和卡马河的粮食也运至奥卡河的奥廖尔、祖什河的姆增，苏拉河的普罗姆津等运粮码头也十分繁忙，货物的主要目的地是莫斯科；第三，伏尔加河水路的粮食也运往乌拉尔哥萨克军团、阿斯特拉罕和中亚各地区，主要货物为黑麦、面粉和燕麦，粮食的主要需求者是哥萨克、吉尔吉斯人和卡尔梅克人；第四，一部分粮食由萨马拉省运至卡马河流域，然后转运至西伯利亚地区。19 世纪中叶，伏尔加河流域的货物运输数量为 1.1 亿普特，其中农产品的数量为 5520 万普特，其比例为 50.2%。1884～1891 年、1892～1899 年、1901～1907 年和 1909 年伏尔加河流域的粮食运输量分别为 9810 万普特、1.4 亿普特、2.1 亿普特和 2.5 亿普特，19 世纪 60 年

①　Истомина Э. Г. Водные пути России во второй половине XVIII – начале XIX века. C. 129. Экономическая история России с древнейших времен до 1917г. Том первой. C. 410.

②　Марухин В. Ф. История речного судоходства в России. C. 355.

③　Экономическая история России с древнейших времен до 1917г. Том первой. C. 410, 411.

④　Тагирова Н. Ф. Рынок Поволжья（вторая половина XIX – начало XX вв.）. C. 98, 194.

代至 20 世纪初，伏尔加河水路的运粮量增加 4 倍。① 伏尔加河水路的粮食运输量在全俄首屈一指，为更好地对比工业化前后粮食贸易规模，笔者以同一省份不同时期的粮食贸易规模加以说明。

以辛比尔斯克省为例，辛比尔斯克省为伏尔加河流域的产粮大省，粮食一部分运至雷宾斯克码头，经该码头转运至圣彼得堡；另一部分运至喀山码头，经该码头运至西伯利亚和乌拉尔等地。1802 年，俄国粮食歉收，但经由辛比尔斯克省驶入苏拉河的船只数量为 170 艘船，运粮 34 万袋。② 19 世纪下半叶，辛比尔斯克省的粮食外运量大增，1857～1861 年年均向伏尔加河水路运输粮食 434.9 万普特，运至苏拉河的粮食数量为 385.9 万普特。1909 年，外运粮食的数量为 1094.9 万普特，水路运输所占的比例为 86.9%。③ 萨马拉省和萨拉托夫省粮食输出量最高，因上文已详细阐释，此处不再赘述。

19 世纪末 20 世纪初，伏尔加河流域的粮食贸易量迅速增加，1909～1913 年伏尔加河水路年均输出皮粮和面粉为 1.1 亿普特，其中小麦、黑麦、燕麦和大麦分别占 44.9%、11.4%、13% 和 0.5%，年均输入粮食 3606 万普特，其中小麦、黑麦、燕麦和大麦分别占 59.4%、8.4%、3.2% 和 0.8%。④ 因铁路的大规模修建，19 世纪下半叶至 20 世纪初，沿伏尔加河水路的粮食输出量增加，但相对量减少。1905 年和 1913 年，铁路运输皮粮和面粉的总量分别为 8.3 亿普特和 10.7 亿普特，水路皮粮和面粉的总量分别为 3.7 亿普特和 3.6 亿普特，由此可见，伏尔加河流域粮食贸易量大增。⑤

（二）冶金制品贸易

以乌拉尔为例，19 世纪上半叶，乌拉尔铁制品主要经伏尔加—卡马

---

① Тагирова Н. Ф. Рынок Поволжья（вторая половина XIX – начало XX вв.）. С. 190；Россия 1913 год. Статистико- документальный справочник. С. 100.

② Истомина Э. Г. Водные пути России во второй половине XVIII – начале XIX века. С. 106.

③ Тагирова Н. Ф. Рынок Поволжья（вторая половина XIX – начало XX вв.）. С. 72.

④ Лященко П. И. Хлебная торговля на внутренних рынках Европейской России：Описательно-статистическое исследование. СПб., Издание Министерства Торговли и Промышленности, 1912. С. 19；Тагирова Н. Ф. Рынок Поволжья（вторая половина XIX – начало XX вв.）. С. 191；Авакова Л. А. Новые материалы о развитии торгового земледелия в Европейской России в конце XIX – начале XX века//История СССР, 1982. № 6. С. 100 – 110.

⑤ Россия 1913 год. Статистико-документальный справочник. С. 130.

河水路运至国内各工商业中心。19 世纪下半叶，乌拉尔金属制品的运输方向发生变化，莫斯科和圣彼得堡的乌拉尔金属产品需求量逐年降低，乌拉尔金属制品主要运往伏尔加河下游省份与西伯利亚地区。19 世纪上半叶，卡马河流域金属制品大多运往下诺夫哥罗德港口，19 世纪八九十年代金属制品运输量增长 1.5 倍，1900 年下诺夫哥罗德铁和钢制品的输入量和输出量分别为 487 万普特与 207 万普特。[①]

19 世纪 70 年代末期，乌拉尔地区开始修建铁路，19 世纪末乌拉尔铁路与全俄铁路连为一体后，铁路货流量大幅度增加。[②] 1876～1905 年，乌拉尔地区铁路长度由 1061 俄里增至 2507 俄里，1906～1914 年乌拉尔地区新建 3160 俄里铁路[③]，乌拉尔封闭状态逐渐被打破，与俄国中部地区及其他工业区的联系更加紧密。具体而言，1878～1880 年，卡马河流域各铁路的货流量增长 80%，其中金属制品比例最高[④]；1888 年，乌拉尔铁路的货流量达 4280 万普特，其中金属制品占 44%。[⑤] 随着铁路的大规模修建和各地区经济的发展，乌拉尔铁路的货流量激增。[⑥] 20 世纪初，乌拉尔铁路最终纳入全俄铁路网，乌拉尔地区绝大部分冶金产品都用铁路运输，传统的水运方式逐渐式微。

（三）木材贸易

伏尔加河流域为俄国重要木材产地，彼尔姆、喀山和维亚特卡省为最大的木材输出地，卡卢加等省份的木材主要运往莫斯科。辛比尔斯克省的木材主要沿伏尔加河运往杜勃夫卡，雅罗斯拉夫省的木材多运往莫斯科与雷宾斯克。乌拉尔地区木材沿卡马河运输，除小部分木材用于当

① Халин А. А. Система путей сообщения нижегородского поволжья и ее роль в социально-экономическом развитим региона. C. 193.

② Экономическая история России с древнейших времен до 1917г. Том второй. C1011；Алексеев В. В., Гаврилов Д. В. Металлургия Урала с древнейших времен до наших дней. C. 439；Гаврилов. Д. В. Горнозаводский Урал XVII – XX вв. C. 208.

③ Вяткин М. П. Горнозаводский Урал 1900 – 1917гг. Л., Наука. 1965. C. 17；Мильман Э. М. История первой железнодорожной магистрали Урала. 70 – 90 – е годы XIX в. Пермь., Перм. кн. изд-во, 1975. C. 144.

④ Соловьева А. М. Промышленная революция в России в XIX в. C. 142.

⑤ Мильман Э. М. История первой железнодорожной магистрали Урала. 70 – 90 – е годы XIX в. C. 144.

⑥ Гаврилов. Д. В. Горнозаводский Урал XVII – XX вв. C. 210.

地需求外，大部分木材运往伏尔加河流域。卡马河流域的木材一部分运往下诺夫哥罗德，然后转运至雷宾斯克和圣彼得堡，另一部分运往造船业发达的顿河流域和阿斯特拉罕。喀山等省份一部分木材沿伏尔加河上游经西北水路和拉多加湖运送至圣彼得堡，另一部分运往南部杜勃夫卡和阿斯特拉罕。如 19 世纪 90 年代，每年由伏尔加河上游运至察里津、喀山、萨拉托夫、阿斯特拉罕和萨马拉的木材（包括薪柴）数量分别为4780 万普特、2450 万普特、2390 万普特、2070 万普特和 700 万普特。20 世纪初，经卡马河运往喀山省的 6000 万普特木材主要运至伏尔加河流域。① 19 世纪 90 年代，卡马河年均向伏尔加河运送 85 万根原木，满载木板、各种木制品的数百艘大型平底木船，大部分驶向下诺夫哥罗德码头。以 1895 年为例，卡马河运至伏尔加河的木制品中松香 150 万普特、筐 10 万个、木板 300 万张、木炭 60 万袋、松焦油 30 万普特。②

　　19 世纪下半叶，铁路开始参与木材运输，每逢河流枯水期和结冰期，铁路的木材运输量大增，如 1880 年和 1900 年雅罗斯拉夫—莫斯科铁路的木材运输量分别为 255 万普特和 1111 万普特。1909 年和 1910 年，莫斯科—喀山铁路的木材运输量分别为 3300 万普特和 3900 万普特。③ 虽然铁路的木材运输量逐年增加，但 1902～1910 年木材仅占铁路总货流量的 14.5%④，木材运输仍以水路为主。19 世纪下半叶至 20 世纪初，国内贸易中建筑用木材和薪柴的运输规模最大，1880 年、1890 年和 1897 年经铁路运输建筑用木材分别为 1.5 亿普特、1.4 亿普特和 1.6 亿普特，薪柴分别为 9400 万普特、1.5 亿普特和 2.1 亿普特。1891 年和 1896 年经水路运输的薪柴分别为 2.3 亿普特和 2.4 亿普特。⑤

（四）石油贸易

　　俄国石油产品的主要需求地为中部工业区和欧俄诸省，1900 年莫斯

① Тагирова Н. Ф. Рынок Поволжья（вторая половина XIX – начало XX вв）. С. 73.

② Водарский Я. Е., Истомина Э. Г. Сельские промыслы Европейской России на рубеже XIX – XX столетий. С. 123.

③ Гудкова О. В. Строительство северной железной дороги и ее роль в развитии северного региона（1858 – 1917）. Вологда., Древности Севера, 2002. С. 123；Андреев В. В. Московско-Казанская железная дорога на рубеже XIX – XX вв. С. 122.

④ Россия 1913 год. Статистико-документальный справочник. С. 2.

⑤ Экономическая история России с древнейших времен до 1917г. Том первой. С. 524.

科、弗拉基米尔、圣彼得堡、萨拉托夫、科斯特罗马、奥廖尔、雅罗斯拉夫、梁赞、瓦亚特斯克、萨马拉、喀山、彼尔姆、唐波夫、阿斯特拉罕、特维尔、土拉、乌法等省份和巴库地区的石油产品的需求量分别为3040万普特、1320万普特、830万普特、720万普特、420万普特、280万普特、230万普特、210万普特、190万普特、30万普特、190万普特、50万普特、120万普特、110万普特、50万普特、70万普特、70万普特和250万普特。就各工业区而言，1910年中部工业区（莫斯科、弗拉基米尔、卡卢加、科斯特罗马、下诺夫哥罗德、斯摩棱斯克、特维尔、土拉和雅罗斯拉夫省）的石油需求量最大，原油需求量为220万普特，重油和煤油需求量为4420万普特和2.2万普特。中部黑土区（沃罗涅日、库尔斯克、奥廖尔、奔萨、唐波夫和顿河区域）的原油、重油和煤油需求量分别为3.7万普特、250万普特和2.3万普特。乌拉尔地区（奥伦堡、彼尔姆和乌法）的原油、重油和煤油需求量分别为5.9万普特、160万普特和0.2万普特。由此可知，石油产品的主要需求地为缺少石油矿区的工业区，石油产品需运输数千俄里才能到达目的地。1913年，巴库油田共运出1.7亿普特重油，其中1.4亿普特经伏尔加河流域运至俄国中部地区。[①] 察里津、下诺夫哥罗德和雷宾斯克等港口石油贸易最为发达，下诺夫哥罗德码头的石油产品交易量最大。

巴库石油产品主要经里海沿伏尔加河水路运至国内市场，运油船数量亦可衡量石油贸易的规模，19世纪70年代末，里海地区仅有296艘运油船，1880年又新增11艘油轮和40艘纵帆船，石油运输量可达1000万~1500万普特。[②] 19世纪80年代，里海输油船以帆船为主；19世纪末，油轮已成为运油的主力。随着船只数量增加和船只种类变化，里海运往伏尔加河流域的石油产品数量大增。石油产品沿伏尔加河水路运至下诺夫哥罗德港口后发生分流，一部分使用铁路运至莫斯科，另一部分经水

① Дьяконова И. А. Нефть и уголь в энергетике царской России в международных сопоставлениях. С. 102；Лисичкин С. М. Очерки по истории развития отечественной нефтяной промышленности. С. 349.

② Нанiташвили Н. Л. Экспансия иностранного капитала в Закавказье（конец XIX – начало XX вв.）. С. 82.

路运至圣彼得堡。自 19 世纪 80 年代开始，莫斯科—下诺夫哥罗德铁路的输油量迅速增加。1876 年，下诺夫哥罗德铁路的货物中石油产品的比例仅为 1.5%，1890 年增至 18.4%，石油产品运输量增加 19 倍，达 1891.4 万普特，下诺夫哥罗德—莫斯科线路供油量占莫斯科石油需求量的 65%。[1]

　　巴库石油产品多用水路运至国内市场，铁路的运输比例仅为 20%。[2]虽然水路的石油运输量最大，但只占河运货物运输总量的 14.5%，石油及其制品在伏尔加河水路贸易结构中的比例最高，1880 年、1890 年和 1902 年伏尔加河流域的石油产品运输量分别为 1000 万普特、6100 万普特和 3.5 亿普特。1913 年，石油产品占伏尔加河流域水路货流总量的 22%。[3] 具体而言，1892～1903 年，巴库地区的年均石油产品运出量为 3.9 亿普特，这一时期年均石油开采量为 5 亿普特，78% 的石油产品需要外运。1905 年和 1913 年俄国内河石油产品的运输量分别为 2.5 亿普特和 2.7 亿普特。1913 年，仅伏尔加河流域的石油产品运输量就达 2.4 亿普特。[4]

二　对外贸易

　　国际贸易除了是国民收入的重要组成部分外，还是衡量俄国融入世界市场的重要指标之一，因篇幅和资料有限，本部分选择最具代表性的石油

---

[1]　Халин. А. А. Система путей сообщения нижегородского поволжья и ее роль в социально-экономическом развитим региона（30 – 90 гг. XIX в.）. С. 217；Халин А. А. Московско-нижгородская железная дорога. С. 310.

[2]　Лисичкин С. М. Очерки по истории развития отечественной нефтяной промышленности. С. 325.

[3]　Мавейчук А. А.，Фукс И. Г. Иллюстрированные очерки по истории российского нефтегазового дела. Часть 2. С. 21；Лисичкин С. М. Очерки по истории развития отечественной нефтяной промышленности. С. 324；Соловьева А. М. Железнодорожный транспорт России во второй половине XIX в. С. 208；Бессолицын А. А. Поволжский региона на рубеже XIX – XX вв.（основны тенденции и особенности экономического развития）. С. 197.

[4]　Россия 1913 год. Статистико-документальный справочник. С. 131 – 132；Лисичкин С. М. Очерки по истории развития отечественной нефтяной промышленности. С. 345；张广翔：《19 世纪至 20 世纪初俄国的交通运输与经济发展》，《社会科学战线》2014 年第 12 期，第 235 页。

贸易为例,探究国际市场上俄国石油产品的比重。19 世纪 60 年代初期,俄国对外贸易流通额约为 4.3 亿卢布,19 世纪末达 13.1 亿卢布。俄国主要出口产品仍为粮食,1861～1865 年年均粮食出口量约为 8000 万普特,1871～1875 年、1881～1885 年、1891～1895 年和 1896～1900 年粮食出口量分别为 1.9 亿普特、3.0 亿普特、4.1 亿普特和 4.4 亿普特,在出口粮食中小麦的数量约占 50%。除粮食外,其他货物出口量也逐年增加,19 世纪 60～90 年代,糖类产品的出口量由 330 万普特增加至 1240 万普特。就商品进口而言,19 世纪下半叶棉花、金属、机器、煤炭、石油和奢侈品占据重要地位,其中棉花、能源产品、机器和金属所占的比例分别为 22%、19%、15% 和 11%。值得一提的是,俄国 75%～80% 的对外贸易集中于欧俄地区,20%～25% 的贸易集中于亚洲和美洲地区,俄国的主要贸易伙伴为德国和英国,其贸易额占俄国对外贸易总额的 25% 和 22%。[①]

(一) 石油贸易

俄国政府借助关税保护政策把美国煤油排挤出国内市场,但国内市场有限,俄国石油工业发展必须仰赖国际市场。世界市场上煤油等石油产品需求量增加为俄国石油产品出口业务带来契机,俄国石油产品开始出口欧洲、近东、中东、东南亚和远东地区。在阐述 19 世纪末 20 世纪初国际市场上俄国石油产品占有率之前,有必要对巴库石油的总体出口量进行分析。

俄国石油工业发展初期煤油并未运至国外市场,因产量有限主要在巴库周边地区销售,只是向国外出口少量原油。石油工业崛起前,俄国以出口原油为主,19 世纪上半叶巴库地区 90% 的原油出口国外,但 19 世纪中叶原油出口份额降低至 50%,19 世纪 60 年代降至 25%,70 年代初期巴库地区原油出口量比例低于 1%。[②]

自 19 世纪 80 年代开始,俄国出口的石油产品以煤油和重油为主,俄国煤油出口地大多是美国煤油并未进入的国家,或美国煤油并未占据主导地位的国家。具体而言,1881 年、1884 年、1885 年和 1887 年巴库

---

① Федоров В. А. История России 1861 – 1917. С. 88 – 89.

② Лисичкин С. М. Очерки по истории развития отечественной нефтяной промышленности. С. 208.

地区煤油出口量为 13.4 万普特、150 万普特、730 万普特和 1180 万普特。与 1887 年相比，1890 年俄国煤油出口数量增加近 2 倍，达 3840 万普特，1888~1892 年俄国煤油出口量由 2790 万普特增至 4890 万普特，增加 75.3%，1895 年、1896 年和 1897 年出口数量为 5100 万普特、4638 万普特和 5631 万普特。[①]

煤油出口量增加之后，重油和润滑油等产品出口量也随之增长，1889~1895 年，重油出口量增长 212.9%，润滑油增长 164%，原油和煤油增长率分别为 139% 和 41.1%。[②] 20 世纪初，俄国石油产品出口量达最高值，1901~1904 年年均石油产品出口量为 9990 万普特，占总产量的 15.4%，亚洲和东方市场的石油出口量比例分别为 45.3% 和 35.3%[③]，上述数据足以证明俄国煤油出口所取得的巨大成就。但因运输工具滞后、铁路运输费率和消费税较高、美国石油产品竞争等因素，俄国石油出口业务发展缓慢。诺贝尔兄弟集团等大型石油公司资金雄厚，拥有运输工具，垄断俄国石油出口业务。

俄国石油产品主要出口至西欧和亚洲国家，西欧地区的主要进口国为英国、法国、德国和奥地利等，亚洲市场主要进口国为中国、日本和印度，此外，俄国的煤油还出口至澳大利亚等地。自 19 世纪 80 年代开始，俄国石油产品出口国外，最初以煤油和重油为主，主要出口对象是欧洲市场。高加索铁路修建之前俄国石油产品大多经伏尔加河流域由波罗的海出口，也有部分石油经陆路运至西部边境后出口国外。1883 年，巴库—巴统铁路通车后俄国煤油出口量开始增加，此年度库班—黑海集团向伦敦和奥地利出口第一批煤油。弗拉季高加索铁路彼得罗夫斯克支

① Першке С. и Л. Руссская нефтяная промышленность, ее развитие и современное положение в статистических данных. С. 29 – 64；Бовыкин В. И. Зарождение финансового капитала в России. С. 171 – 172；Фурсенко А. А. Первый нефтяной экспертный синдикат в России（1893 – 1897）//Монополии и иностранный капитал в России. М-Л.，Изд-во Академии наук СССР，1962. С. 57.

② Наниташвили Н. Л. Экспансия иностранного капитала в Закавказье（конец XIX – начало XX вв.）. С. 188.

③ 〔俄〕В. Н. 科斯托尔尼钦科：《1918—1932 年苏联石油出口和石油工业》，邓沛勇、张广翔译，《吉林大学社会科学学报》2012 年第 6 期，第 132 页。

线铺设之后彼得罗夫斯克港口修建众多煤油仓库，不但可向高加索地区运输煤油，还可向罗斯托夫运输煤油，新俄罗斯斯克港口煤油出口量最大。俄国居民煤油需求量较低，煤油大量出口国外，如 1896 年俄国人均煤油需求量只为 2.78 千克，而荷兰、比利时、德国和美国分别为 25 千克、38.5 千克、15.7 千克和 76 千克。[①] 欧洲国家众多，笔者只能选择进口俄国煤油量最大和最具代表性的国家进行阐述，因其他石油产品数据十分零散，笔者只能以煤油进口数据为切入点分析各国市场上俄国石油产品的比例。

英国石油市场。欧洲市场上俄国石油产品销售业务由大型公司垄断，主要由诺贝尔兄弟集团掌控。1888 年，英国进口俄国煤油产品价值为 80 万卢布[②]，19 世纪 90 年代别斯列尔和维赫杰尔公司与美国标准普尔公司签署协议，俄国石油产品进口数量降低。但因俄国煤油的价格优势，英国市场上俄国煤油进口量仍不断增加。英国市场上俄美两国石油竞争激烈，1892 年英国市场上俄国煤油比例已达 50%[③]，1893 年英国市场上俄美两国的煤油进口量分别为 221 万桶和 74.3 万桶，俄国煤油进口量还不断增加。1897 年，俄英两国企业主建立英国—高加索公司，公司主要向英国各地区销售石油产品。1900 年，伦敦建立康索里吉洛夫公司，该公司由诺贝尔兄弟集团和库班—黑海集团共同组建，公司由英国人控股，主要业务是向英国市场出口俄国煤油。1899 年，俄国出口至英国的煤油数量已达 674 万普特，该年英国市场上俄美两国石油产品份额分别为 64% 和 36%，可以看出俄国石油产品垄断英国煤油市场。20 世纪初，受经济危机影响，俄国煤油出口量逐年下滑，英国市场上俄国石油产品比例逐年降低。到 1904 年，英国市场上俄美两国石油产品的比例分别为

① Нардова В. А. Начало монополизации бакинской нефтяной промышленности//Очерки по истории экономики и классовых отношений в России конца XIX – начала XX в. М-Л., Изд-во Академии наук СССР, 1962. С. 16；Наниташвили Н. Л. Экспансия иностранного капитала в Закавказье（конец XIX – начало XX вв.）. С. 191.

② Лисичкин С. М. Очерки по истории развития отечественной нефтяной промышленности. С. 209.

③ Карпов В. П.，Гаврилова Н. Ю. Курс истории отечественной нефтяной и газовой промышленности. С. 61.

47.1%和52.9%。① 1908年其比例降至12.4%。②

虽然1899年英国石油市场上俄国石油产品比重较高，但俄国煤油所占比例只为美国同类产品的50%，重油的比重迅速增加。由此可知，19世纪末英国市场上俄国石油产品主要是重油，煤油所占的比重较低。受经济危机影响，英国市场上俄国石油产品的比重迅速降低，美国石油产品逐渐垄断了英国市场。

德国石油市场。德国市场上俄国石油进出口业务由诺贝尔兄弟集团掌控，该公司向德国输出石油产品的线路有二。一是沿里海和伏尔加河将产品运至圣彼得堡和利巴瓦，然后转运至德国斯德丁、吕贝克和不来梅等港口，部分石油产品也从陆路运往德国，主要经华沙运往韦尔日比、索斯诺威茨和西里西亚；二是石油产品先运往新俄罗斯斯克或巴统，然后经黑海运往不来梅和汉堡。随着德国经济的发展，德国政府欲打破美国标准普尔公司垄断德国和欧洲石油市场的状况，虽与俄国政府多次谈判投资高加索石油工业，但成效不大。19世纪末20世纪初，随着俄德关系的恶化和国际局势变化，俄德两国关系逐渐疏远，虽然如此，俄国出口德国的煤油数量仍持续增加。1901年，俄国出口德国的煤油数量最多（1159万普特），尽管如此，仍无法与美国的5287万普特相比，德国市场上俄美两国石油产品比例分别为18.0%和82.0%。③

① Нанишвили Н. Л. Экспансия иностранного капитала в Закавказье（конец XIX – начало XX вв.）. С. 195；Лисичкин С. М. Очерки по истории развития отечественной нефтяной промышленности. С. 211；Ахундов Б. Ю. Монополистический капитал в дореволюционной бакинской нефтяной промышленности. С. 172；Мир-Бабаев М. Ф. Краткая история Азербайджанской нефть. С. 49；Ахундов Б. Ю. Монополистический капитал в дореволюционной бакинской нефтяной промышленности. С. 172；Берзин Р. И. Мировая борьба за нефть. С. 12.

② Нанишвили Н. Л. Экспансия иностранного капитала в Закавказье（конец XIX – начало XX вв.）. С. 195；Лисичкин С. М. Очерки по истории развития отечественной нефтяной промышленности. С. 211；Ахундов Б. Ю. Монополистический капитал в дореволюционной бакинской нефтяной промышленности. С. 172；Мир-Бабаев М. Ф. Краткая история Азербайджанской нефть. С. 49；Ахундов Б. Ю. Монополистический капитал в дореволюционной бакинской нефтяной промышленности. С. 172；Берзин Р. И. Мировая борьба за нефть. С. 12.

③ Лисичкин С. М. Очерки по истории развития отечественной нефтяной промышленности. С. 211；Ахундов Б. Ю. Монополистический капитал в дореволюционной бакинской нефтяной промышленности. С. 172.

法国石油市场。19 世纪末, 法国市场上从俄国进口煤油的数量逐年增加, 俄国进口煤油的业务由罗斯柴尔德家族垄断。罗斯柴尔德家族为法国大型金融集团, 最先发展母国市场, 法国市场上俄国煤油进口量迅速增加, 由 1892 年的 35.3 万普特增至 1895 年的 270 万普特, 到 1892 年法国市场上俄国煤油的比例已达 70%。[①] 这一趋势一直持续到 20 世纪初, 1904 年法国市场上俄国煤油占据主导地位, 俄美两国煤油的比例分别为 71.1% 和 28.9%。[②] 此后, 因巴库石油工业停滞不前和罗斯柴尔德家族业务每况愈下, 法国市场上俄国煤油的进口量逐年降低, 但其数量仍十分可观。

奥地利石油市场。欧洲市场上俄国石油产品一直垄断诸多国家石油进出口业务, 如 1895 年奥地利市场上俄国煤油的市场份额为 100%, 这主要是因诺贝尔兄弟集团垄断该国石油业务, 美国石油不能入驻该国市场。1889 年、1890 年和 1891 年奥地利进口俄国煤油数量为 564 万普特、648 万普特和 651 万普特[③], 虽然此后俄国煤油进口量逐渐降低, 但俄国煤油在奥地利的影响仍不可小觑。

欧洲其他国家石油市场。除上述主要国家外, 俄国煤油还出口至土耳其、比利时、荷兰、意大利、希腊、科西嘉、马耳他和多瑙河沿岸各国。到 19 世纪末, 俄国煤油已经垄断了希腊、土耳其和多瑙河沿岸各国。1895 年, 俄国煤油在上述国家或地区石油市场上所占的比例分别为 92.3%、92.3% 和 100%。[④]

20 世纪初, 世界石油市场上俄国石油产品比例急剧下降。受世界经济危机和俄国石油工业萧条的影响, 20 世纪初俄国石油产品不但从一些国家市场上消失, 而且以前畅销国家中俄国石油产品的进口量也迅速下

---

① Наниташвили Н. Л. Экспансия иностранного капитала в Закавказье (конец XIX – начало XX вв.). С. 195; Карпов В. П., Гаврилова Н. Ю. Курс истории отечественной нефтяной и газовой промышленности. С. 61.

② Ахундов Б. Ю. Монополистический капитал в дореволюционной бакинской нефтяной промышленности. С. 172; Лисичкин С. М. Очерки по истории развития отечественной нефтяной промышленности. С. 213; Мир-Бабаев М. Ф. Краткая история Азербайджанской нефть. С. 49; Берзин Р. И. Мировая борьба за нефть. С. 14.

③ Наниташвили Н. Л. Экспансия иностранного капитала в Закавказье (конец XIX – начало XX вв.). С. 195, 199.

④ Лисичкин С. М. Очерки по истории развития отечественной нефтяной промышленности. С. 213.

滑。总体而言，19 世纪末俄国煤油出口量逐年提高，至 1901 年俄国煤油出口量达最高点，但自 1904 年起出口量逐年下滑，地位一落千丈，此前俄国曾满足欧洲市场 20% 的煤油需求量，甚至长期垄断一些国家的石油市场，可谓战果辉煌。

（二）粮食贸易

因笔者掌握数据有限，只能以零星数据来阐释 19 世纪俄国粮食出口状况。1861～1865 年，俄国商品粮的总价值约 3.0 亿卢布，出口粮食的价值占粮食产品总值的 75%～80%。农奴制改革之后，粮食出口量大增，一度在出口货物中占主导。1864 年，俄国粮食出口总值占出口货物总值的33%，1877 年，增长至 51.8%。1855～1875 年俄国向世界市场上输出的粮食数量增长 2 倍，1876～1880 年，粮食输出量达 2.9 亿普特，[①] 1896～1900 年，粮食年均出口量约为 4.4 亿普特。[②] 20 世纪初，俄国粮食年均出口量约为 7.3 亿普特，粮食出口量跃居世界第一位，到一战前，粮食出口量约占世界粮食总出口量的 1/3，阿根廷和美国分列第二和第三位。

20 世纪初，俄国是世界主要粮食出口国之一，粮食出口结构亦可反映出其经济发展水平滞后，即以皮粮出口为主，粮食加工产品所占比重较低。1911 年美国粮食出口结构中，面粉所占比重为 81.2%，俄国粮食出口结构中皮粮比重达 97.9%，面粉比重仅为 2.1%。[③] 因农业生产技术落后，国际粮食市场上俄国农产品的竞争力下降。除技术原因外，粮食单产水平低、交通基础设施滞后和运输能力严重不足等因素也制约了俄国农业的发展。

19 世纪末，国内市场上边远地区农产品开始销售至俄国东南、伏尔加河中下游、欧俄地区和波罗的海等地，乌拉尔、中亚和西伯利亚等地区都被拉入全俄市场。1861 年农奴制改革之后，俄国工业化开启，国内外贸易蓬勃发展，贸易发展主要意义如下：一是增加国民收入；二是促

---

①　Соловьева А. М. Железнодорожный транспорт России во второй половине XIX в. С. 12；孙成木、刘祖熙、李建主编《俄国通史简编》（下），第 128 页。

②　Хромов П. А. Экономическая история СССР. Период промышленного и монополистического капитализма в России. С. 86.

③　Селихов М. Н. Русское мукомолье в борьбе с германскою конкуренциею на международном рынке. СПб.，Типография Министерства Финансов，1912. С. 1，11，14，18.

进资本主义发展，为资本主义工商业发展积累了资金；三是居民的购买力水平提高，促进国内市场的进一步完善；四是推动了俄国金融业的发展。

第三节 推动金融业的发展

俄国金融业产生较早，早期因社会经济落后金融业长期停滞不前，工业化开启后金融业才蓬勃发展。19世纪下半叶，二元制银行体系最终形成，一是国家银行成立；二是股份制商业银行、信用社和城市抵押银行陆续建立。银行体系逐步确立的同时，俄国证券市场也日趋繁荣，证券交易所的数量增加，证券产品的种类逐渐多样化，与国际金融市场的联系也日趋紧密。

一 银行业

彼得一世在出国游历期间接触到荷兰的银行和金融交易所，迁都圣彼得堡后创办俄国首家金融交易所，还着手创建银行，但因国内外形势所迫，彼得一世力主创建的银行并未建立。彼得一世去世后，俄国政府高官曾多次提出建立国家银行的提案，至18世纪中叶，俄国才创建了国立官办银行。因俄国银行业发展滞后，在与其他国家进行贸易核算和货物进出口业务时多仰赖欧洲其他国家银行，1860年国家银行才建立。

（一）国家银行

克里米亚战争后俄国落后面貌暴露无遗，在学习西方技术和引进外资的同时，银行业逐步发展，国家银行的成立标志着以国家银行为核心的金融体系逐渐形成。1860年，亚历山大二世签署法令成立国家银行，7月俄国国家银行正式营业，最初的注册资本为1500万卢布，1879年注册资本达2500万卢布。[①] 国家银行建立的主要目的是恢复经济、促进工商业发展，调整、巩固和确立俄国金融体系；国家银行的主要业务范围为储蓄和贷款、票据贴现和提供抵押贷款等；国家银行还有权从事国有证券业务，在国际金融市场上销售国家债券；还可从事黄金和白银等重

---

① Ананьич Б. В., Беляев С. Г., Лебедев С. К. Кредит и банки в России до начала XX в. М., Изд-во Спетербургсгого университета, 2005. С. 198.

金属买卖业务，其行长由沙皇直接任命，负责银行的全面工作。

国家银行的发展可划分为两个阶段，第一阶段为 1860~1894 年，此时国家银行为财政部的辅助机构，大部分业务是为国家服务，此阶段亦是国家银行从官方信贷机构向商业银行转变的阶段；第二阶段为 19 世纪末至十月革命期间，因俄国经济飞速发展，国家银行成为俄国经济改革的重要工具之一，也是政府稳定汇率、维持卢布外汇牌价、推行金本位制的主要依托。一战前，国家银行的主要业务仍是依靠国家资金拓展贴现和贷款，但随着俄国经济的发展，诸多大型商业银行建立，国家银行不断向现代意义的国家银行转变，最终成为国家的银行、银行中的银行。

19 世纪下半叶，俄国二级金融体系彻底形成，一级为国家银行，二级为 60 年代开始形成的商业银行体系。俄国第一家商业银行为圣彼得堡私人商业银行，1866 年和 1867 年又陆续成立莫斯科商业银行、哈尔科夫贸易银行和基辅私人商业银行。俄国二级金融体系是由股份制商业银行、国家不动产抵押贷款银行、土地股份银行、信用合作社和城市银行共同组成的，其中股份制商业银行的作用最大。

（二）商业银行

股份制商业银行诞生于 1861 年农奴制改革之后，其建立和发展与俄国工业化进程密切相关，股份制公司建立、铁路大规模修建和外资的涌入都需要银行业的繁荣，基于此背景俄国商业银行迅速崛起。俄国股份制商业银行大多集中于圣彼得堡、莫斯科、华沙和哈尔科夫等大城市。俄国第一家商业银行始建于 1864 年，至 1873 年商业银行的数量增至 36 家，1917 年其数量达至 53 家[①]，其中 15 家位于圣彼得堡，8 家位于莫斯科。[②] 20 世纪初，俄国较大的商业银行有圣彼得堡国际商业银行、圣彼得堡核算及信贷银行、圣彼得堡私人商业银行、莫斯科商人银行、里加交易银行、华沙商业银行、圣彼得堡—莫斯科商业银行、莫斯科工商银行和里加市政核算银行等。本节主要分析商业银行和工业的关系，探讨商业银行之于经济发展的作用。

---

① Саломатина С. А. Комерческие банки в России: динамика и структура операций, 1864 – 1917. М., РОССПЭН, 2004. С. 107 – 108.

② Грегори П. Поиск истины в исторических данных//Экономическая история. Ежегодник. М., РОССПЭН, 1999. С. 478.

　　圣彼得堡国际商业银行、圣彼得堡核算及信贷银行是俄国商业银行的龙头。自 1880 年起，俄国境内和国际金融市场上所有的国有、铁路和抵押证券业务几乎由二者垄断。19 世纪 80 年代，商业银行开始大规模投资俄国工业。各大商业银行争相抢购新建大公司的股票，如布良斯基轨道轧件、铁路零件和机械制造集团，普季洛夫斯克工厂集团，谢尔盖—乌法列伊斯基山体工厂集团，里加俄国—波罗的海车厢制造工厂集团，索尔莫沃铁路零件制造厂、钢板及机械制造厂集团，玛利佐夫斯基工厂集团，里海集团石油公司和巴库石油工业集团等公司的股票十分畅销，上述两家银行持有这些公司的股票数量最高。

　　20 世纪初，仅圣彼得堡国际商业银行资金所投资的企业就达数十家，涵盖的多为关系国计民生的工业部门大企业，如冶金、煤炭开采、石油、机器制造、电力和化学等工业部门。圣彼得堡国际商业银行投入资金最多的企业为加尔特曼俄国机器制造厂集团、尼科波里—玛里乌波里斯克山体和冶金集团、俄国采金工业集团、比比—艾巴托夫斯基石油集团、莫斯科玻璃工业集团、列韦利斯克酒精工厂。此外，布良斯基轨道轧件、铁路零件和机械制造集团，普季洛夫斯克工厂集团，土拉铜制轧件和子弹工厂集团，俄国电力技术工厂集团等企业也有该银行资金注入。[①] 圣彼得堡核算及信贷银行也热衷于投资工业，该银行购买多家公司股票，如巴库石油集团、硅酸盐水泥工厂集团、顿涅茨克—尤里耶夫斯克冶金集团、列谢涅尔机器制造厂、马祖特及曼塔舍夫石油贸易公司、俄比冶金集团、索尔莫沃铁制零件和机械工厂股份集团等。

　　圣彼得堡国际商业银行、圣彼得堡核算及信贷银行、圣彼得堡私人商业银行、圣彼得堡—莫斯科商业银行和圣彼得堡—亚速银行为俄国规模最大的商业银行，19 世纪末上述银行都进军工业领域。通过证券交易介入工业获取高额利润，个别银行年利润率高达 30% ~ 35%。1890 年，圣彼得堡私人商业银行、圣彼得堡国际商业银行和圣彼得堡核算及信贷银行的该项业务利润率为 4.2%、3.8% 和 3.1%。俄国商业银行的资金来源多为居民存款，据统计，1898 年圣彼得堡国际商业银行、圣彼得堡

　　① Бовыкин В. И. Зарождение финансового капитала в России. С. 208 – 260，276 – 291；
　　　Бовыкин В. И. ，Петров Ю. А. Коммерческие банки Российской империи. С. 102 – 105.

核算及信贷银行、圣彼得堡私人商业银行的私人存款占银行的负债比例分别为 38%、23% 和 36%。[①] 在所有商业银行中圣彼得堡国际商业银行、圣彼得堡核算及信贷银行业务总量居首位，圣彼得堡私人商业银行、圣彼得堡—莫斯科商业银行和圣彼得堡—亚洲商业银行的实力也不容小觑。虽然俄国对外贸易银行和俄国工商业银行在国内外有众多分支机构，但投资实业的比例低于上述银行。即便大多数银行都投资实业，但传统信贷业务仍是圣彼得堡国际商业银行和圣彼得堡核算及信贷银行的主导业务。[②]

二 证券市场

1861 年农奴制改革之前，圣彼得堡交易所业务已初具规模，除传统的圣诞节、新年、复活节和主显节等重大节日外圣彼得堡交易所每日开放，但营业时间较短，为每日的 14~17 时，冬季仅开放 2 小时，为 14~16 时。圣彼得堡交易所的宗旨是创造一个公开、公平的交易环境，调解争端和分歧，保障交易有序进行且监督交易是否合法。[③] 随着圣彼得堡交易所业务规模的不断扩大，俄国其他城市也纷纷成立交易所，雷宾斯克交易所和下诺夫哥罗德交易所最为著名。雷宾斯克交易所以粮食交易为主，在所有交易所中口碑最好；下诺夫哥罗德交易所兴起主要源于下诺夫哥罗德展销会，其影响明显大于其他交易所。

19 世纪之前，俄国交易所很少涉足证券业务，主要从事商品买卖业务。随着俄国工业化进程的开启，其与国际市场联系日趋紧密，证券交易逐渐纳入交易所的业务范畴。俄国有价证券交易始于 1809 年，并且于该年度政府发行年利率为 7% 的 300 万卢布国债，1810 年又发行年利率为 6% 的 2000 万卢布国债，国债开始在国内市场上销售。连年征战导致国债发行量激增，1817~1819 年俄国先后发行 5 次国债，总额达 3.3 亿

① Саломатина С. А. Коммерческие банки в России: динамика и структура операций, 1864 – 1917 гг. С. 164 – 171.

② Бовыкин В. И., Петров Ю. А. Коммерческие банки Российской империи. С. 117 – 125, 190 – 211.

③ Лизунов П. В. Биржи в России и экономическая политика правительства (XVIII – XX в.). Архангельск., Поморский государственный университет, 2002. С. 74.

卢布。[1] 19 世纪 20 年代，圣彼得堡交易所的业务结构发生变化，除商品、期货和外汇外，开始从事证券业务。

19 世纪 30 年代，圣彼得堡交易所证券业务蓬勃发展，除买卖外汇和汇票外，有价证券开始在交易所内流通，虽然交易量远落后于西欧国家，但有价证券交易市场已颇具规模。1861 年农奴制改革之后，俄国金融市场更为繁荣，19 世纪 60 年代除圣彼得堡交易所外，私营公司的股票开始在莫斯科交易所挂牌上市。随着国家经济的快速发展，19 世纪 90 年代有价证券业务交易量不断增加，证券产品种类也不断丰富，交易程序日趋规范化。尽管如此，19 世纪末俄国仍然没有一家专业化的证券交易所。1900 年，在维特力主之下，圣彼得堡交易所证券部成立，俄国证券交易所揭开全新的一页。

股票也是俄国证券市场的主要交易商品之一。俄国金融市场上的股票主要分为两种：一是公司类股票，二是银行类股票，其中公司类股票所占比重最高。俄国股份制公司大多分为合伙公司或股份公司，一般股份公司股票面额较小，合伙公司股票面额较大。俄国很多公司的股票十分紧俏，如石油和煤炭公司股票，不但在国内市场上大量销售，在国际金融市场上也常被抢购一空。一战前，俄国股份公司股票价值由 5 亿卢布增加至 13.2 亿卢布，股份公司注册资本由 9 亿卢布增加至 19.6 亿卢布。[2] 19 世纪末，经济提升时期股票交易热潮凸显，但 20 世纪初经济危机时俄国股票市场一片狼藉。公司类股票多由股份公司发行，股票面额较小，多为 100 卢布或 250 卢布。合伙公司股票面额为 500 至数千卢布不等，此类股票属于记名股票。股份公司的股票可在金融市场上销售，红利与公司经营状况直接挂钩。19 世纪末 20 世纪初，俄国单位股份公司的固定资本额约为 100 万卢布，固定资本额为 50 万~100 万卢布的股份公司数量为 43 家，固定资本额为 20 万~30 万卢布的股份公司数量为 42 家，二者占全部股份公司的比例分别为 24% 和 23%；上述股份公司的股票面值一般在 100~500 卢布。1914年，俄国金融市场上股票的交易值已达 13.2 亿卢布，股份公司的固定资本

①　Лизунов П. В. Биржи в России и экономическая политика правительства（XVIII – XX в.）. С. 79.

②　Бородкин Л. И.，Коновалова А. В. Российский фондовый рынок в начале XX века. СПб.，Алетейя，2010. С. 37 – 38.

已增加至 19.6 亿卢布①，由此可见俄国公司股票交易规模较大。

俄国金融业快速发展始于 1861 年农奴制改革之后，金融业发展状况是衡量一个国家经济发展水平的重要指标之一。俄国金融业发展主要体现于两个方面，一是建立银行，为企业提供贷款，为工农业发展保驾护航，同时成为俄国政府殖民扩张的工具；二是金融市场不断完善，证券和股票交易日趋繁荣。

第四节　铁路的作用日益显著

19 世纪下半叶，铁路对工业化的影响最为突出，上文已阐述工业化开启后铁路的建设状况，本部分以铁路为例探究交通运输对俄国工业化的影响，具体影响如下：一是铁路大大缩短了各地区间的商品交换距离，扩大了全俄市场的规模和容量；二是带动了诸多工业部门的发展，冶金和机器制造业最具代表性；三是促进了国内外贸易的发展，为工商业发展积累资金。

（一）铁路推动全俄市场的进一步深化

交通运输对商品流通的影响最大，除水路外，铁路的作用不容忽视。18 世纪末，全俄统一市场初步形成，但全俄市场的范围、规模和容量有限，铁路和水路两种运输方式相互补充、相互协调共同促进全俄市场的最终形成。铁路对全俄市场的影响主要体现在如下几个方面：一是货物运输里程显著增加；二是促进了各地区间商品的流通；三是铁路货物的种类不断丰富。

就货物里程而言，1893～1900 年铁路的货物运输量增加 1.22 倍，由9470 亿普特/俄里增加至 20980 亿普特/俄里，旅客运输量由 58.7 亿人次/俄里增加至 144 亿人次/俄里。② 20 世纪初，俄国铁路的货运总量继续增长，1905 年货物里程达 42164 亿普特/俄里，1912 年增加至 71108 亿普特/俄里。粮食、煤炭和木材的运输量增速最快，其增长比例分别为 38.2%、

---

①　Бородкин Л. И. ，Коновалова А. В. Российский фондовый рынок в начале XX века. С. 37 – 40.

②　Соловьева А. М. Железнодорожный транспорт России во второй половине XIX в. С. 286.

86.3% 和 107.4%。[1]

因掌握数据有限，仅以伏尔加河流域铁路的粮食运输状况为例探究铁路对全俄市场的影响。19 世纪末，铁路运输粮食的主要方向如下：第一，从东向西"面向国内外的消费者"，粮食运输距离最长，贯穿整个俄国，伏尔加河流域的喀山、辛比尔斯克、萨马拉、萨拉托夫码头与莫斯科、圣彼得堡，以及波罗的海的诸港口相通，运输线路繁忙；第二，沿铁路或水路将粮食运至黑海和亚速海各港口，除供给哥萨克部队外，还经此出口国外；第三，伏尔加河流域与西伯利亚地区的粮食经水路或铁路向北可运至阿尔汉格尔斯克。总之，伏尔加河流域的粮食由铁路运达整个欧俄地区，除满足国内诸省、莫斯科和圣彼得堡的粮食供应外，还出口国外。20 世纪初，伏尔加河流域铁路的运粮范围更广，萨马拉、萨拉托夫、奔萨、辛比尔斯克和喀山的皮粮与面粉供应国内诸多城市和港口。[2] 除上述路线外，萨拉托夫和萨马拉的粮食也运往北部（阿尔汉格尔斯克和沃洛格达）和西部（明斯克、契尔尼戈夫、库尔斯克和奥廖尔）地区。伏尔加河流域粮食还使用铁路运至爱斯特兰、里夫兰、奥廖尔和契尔尼戈夫等省份，以小麦和黄米数量最多；喀山和辛比尔斯克的粮食也使用铁路运往列维尔、莫斯科和圣彼得堡，燕麦的数量最多。

铁路运输货物的种类甚多，如伏尔加河流域的粮食和农产品、中部工业区的工业品、乌拉尔地区的金属产品、高加索地区的石油产品、南俄的金属制品和煤炭、中亚的棉花、乌克兰的经济作物，以及西伯利亚的黄油和粮食等。以西伯利亚大铁路为例，铁路加强了西伯利亚和欧俄地区间的经济联系，打破了西伯利亚地区相对孤立的经济状态，便于农牧产品的输出和工业品的输入，扩大了全俄统一市场的规模和容量。奥伦堡—塔什干铁路修建后俄国与中亚地区的经济联系日趋加强，铁路修建后奥伦堡成为中亚棉花的中转站。1909～1913 年，奥伦堡—塔什干铁路年均棉花运输量达 590 万普特，该铁路棉花运输量占中亚棉花运出总量的 60%。[3]

① 逯红梅：《1836—1917 年俄国铁路修建及其影响》，第 209 页。
② Тагирова Н. Ф. Рынок Поволжья（вторая половина XIX – начало XX вв.）. С. 194.
③ Горюнов Ю. А. Воздействие ташкентской железной дороги на экономическую жизнь оренбуржья первой трети XX века. С. 146.

（二）铁路拉动国内外贸易的发展

铁路网的不断完善推动了国内外贸易的发展，还加快了商品流通速度，缩短了商品运输距离，扩大了商品的销售市场。本部分以铁路对粮食贸易的影响为例进行探究。

铁路是刺激农业生产专门化的重要因素。农产品依靠铁路大量外运，19 世纪下半叶，西南和南部铁路网建立后中部黑土区和南部产粮省份的粮食可运至国内各大港口。1894～1911 年，俄国铁路的年均粮食运输量由 6.6 亿普特增至 12.0 亿普特，伏尔加河流域铁路粮食运输量比重最大。[①] 1898～1902 年，伏尔加河流域铁路的年均粮食运输量为 9490 万普特，皮粮和面粉的运输量分别为 6770 万普特与 2720 万普特，皮粮中小麦、黑麦、燕麦和大麦的运输量比例分别为 31.6%、22.7%、16.6% 和 0.4%，小麦粉和黑麦粉的比例为 17.7% 和 11%。[②] 1909～1913 年，伏尔加河流域铁路的粮食输出量迅速增加，年均达 1.4 亿普特。[③]

铁路推动了俄国粮食出口量的大幅度增加，铁路建成后中部黑土区各省份的粮食可直接运往波罗的海各港口，波罗的海沿岸各港口的粮食出口比例由 1869 年的 18% 提高至 1876 年的 40%。1871 年，察里津—奥廖尔铁路建成后，奥廖尔省和伏尔加下游各省的粮食直接运至里加，1868～1870年里加—迪纳堡铁路运往里加站的燕麦数量增长 83.5%。[④] 1882～1884 年铁路运输的近 2.1 亿普特小麦中 1.3 亿普特用于出口，用于国内消费的数量只有 7870 万普特。与 1882～1884 年相比，1908～1911 年粮食出口量增加 6600 万普特，增长比例约 48.4%。[⑤] 20 世纪初，铁路的粮食运输量已明显超过水路，二者共同作用推动了国内外粮食贸易的快速发展。

① Давыдов М. А. Всероссийский рынок в конце XIX – начале XX вв и железнодорожная статистика. С. 166 – 169.

② Тагирова Н. Ф. Рынок Поволжья（вторая половина XIX – начало XX вв.）. С. 191.

③ Кондратьев Н. Д. Рынок хлебов и его регулирование во время войны и революции. С. 323 – 326; Тагирова Н. Ф. Рынок Поволжья（вторая половина XIX – начало XX вв.）. С. 192.

④ Лященко П. И. Очерки аграрной эволюции России. Т. I. М-Л., Изд. Мин. Фин, 1926. С. 156.

⑤ Давыдов М. А. Всероссийский рынок в конце XIX – начале XX вв и железнодорожная статистика. С. 196.

（三）铁路带动诸多工业部门的发展

铁路推动了俄国诸多工业部门的发展，冶金、机器制造业和能源工业最具代表性，冶金工业为铁路提供轨道和相关配件；机器制造业则为铁路提供车厢和蒸汽机车，能源工业则为铁路提供燃料，本部分主要分析铁路对冶金业和机器制造业的影响。

俄国第一条铁路全部依靠进口金属修建，原材料基本上从英国进口。即便乌拉尔冶金基地，早期在进行矿场铁路建设时所需的金属也靠进口，甚至绝大部分连接件，如螺丝、螺栓和道钉都由英国进口。因此，建立本国冶金工业，打造机器制造业和燃料基地已迫在眉睫。俄国铁路大规模修建之后，铁制品和钢轨的产量大增。据统计，19世纪90年代，铁路部门的年均机车、货运车厢和客运车厢的需求量分别为800~1000台、2万~2.5万节和1000~1300节，钢轨和固定件的需求量为2000万~2200万普特。修建每俄里铁路所需钢轨和固定件的数量为4500~5000普特，铁路部件需求量为200普特，修建每俄里铁路的生铁需求量为1.1万普特，铁路年均生铁需求量为1500万~2000万普特。[①] 修建铁路需要的生铁和钢，迅速带动了俄国冶金工业的发展。

19世纪末，西伯利亚大铁路开始修建，冶金产品的需求量大幅增加，乌拉尔冶金业重新崛起。乌拉尔和中部工业区的诸多冶金企业又重新恢复生产，乌拉尔地区的铸铁产量增加56.2%，土拉省多年停用的高炉又恢复生产，莫斯科近郊地区的铸铁产量增加1倍。[②] 19世纪末，虽然乌拉尔冶金工业的发展速度和规模远逊于南俄冶金业，但部分冶金工业部门仍取得显著成就，金属产量大增。

19世纪90年代，俄国迎来第二次铁路建设热潮，冶金产品需求量大增。以南俄亚历山大冶金工厂为例，19世纪90年代，该工厂的高炉数量增加到5个，年均生铁产量为1150万普特。此外，该工厂还有140个焦炭炉、6个马丁炼钢炉、5个轧钢机和4个熔炉。为保证原料的供

---

① Соловьева А. М. Железнодорожный транспорт России во второй половине XIX в. С. 218.

② Кафенгауз Л. Б. Эволюция прошмышленного производства России（последняя треть XIX в – 30 - е годы XX в.）. С. 36.

应，该工厂又在克里沃罗日租赁 5 个铁矿，工人数量达 5700 名。[①] 19 世纪 90 年代的铁路建设热潮致使俄国钢轨产量激增，1888 年，钢轨产量仅为 380 万普特，1892 年其产量已达 1180 万普特。[②] 19 世纪 90 年代，俄国冶金业发展速度更快，1890～1900 年，生铁产量已由 5600 万普特增加到 1.8 亿普特，增长 2.2 倍；钢产量由 2600 万普特增加到 1.4 亿普特，增加 4.4 倍。铁路的轨道和金属产品需求量大增促进俄国冶金业的进一步繁荣，除带动冶金工业发展外，还拉动机器制造业发展。

19 世纪末，俄国机器制造业蓬勃发展，铁路建设为其主要诱因之一。1890 年，俄国共有大型机器制造厂 331 家，其中俄国企业主和外国企业主所属的企业数量分别为 221 家和 100 家。[③] 19 世纪末，车厢和蒸汽机车的产量明显增加，1890～1900 年上述产品的产量增长 6 倍。[④] 19 世纪 70 年代，俄国共有 5 家机车制造厂，1869～1880 年共生产铁路蒸汽机车 1957 台，大部分机车由圣彼得堡的涅夫斯基厂建造。19 世纪 90 年代，俄国已有 8 家大型机车制造厂。[⑤] 20 世纪初，俄国已有 7 家大型蒸汽机车制造厂，年产火车机车 1200 台；同期法国境内火车机车的年产量为 500 台，德国和美国分别为 1400 台和 3153 台，俄国机车产量已超过法国，追赶德国，但仍逊于美国。[⑥]

铁路建设同样带动车厢制造业的发展。19 世纪 90 年代，俄国的大部分车厢由 15 家工厂生产，如中部地区的梅季西和特维尔工厂、波罗的海边疆区的菲尼克斯公司和"发动机"公司、俄国南部地区的尼古拉耶夫和基辅工厂，以及乌拉尔地区的乌斯季—卡塔夫斯克工厂和圣彼得堡车厢制造厂等。19 世纪 90 年代末，大型车厢制造厂普吉洛夫工厂、索尔莫夫斯克工厂、克罗缅斯克工厂、布良斯克工厂的货运车厢产量分别

① Соловьева А. М. Железнодорожный транспорт России во второй половине XIX в. С. 273.

② Гиндин И. Ф. Государственный банк и экономическая политика царского правительства (1861 - 1892 гг.). С. 264.

③ Фабрично-заводская промышленность и торговля России. С. 152.

④ Кафенгауз Л. Б. Эволюция прошмышленного производства России (последняя треть XIX в - 30 - е годы XX в.). С. 40.

⑤ Соловьева А. М. Железнодорожный транспорт России во второй половине XIX в. С. 280.

⑥ Кафенгауз Л. Б. Эволюция прошмышленного производства России (последняя треть XIX в - 30 - е годы XX в.). С. 40.

为 2500 节、1700 节、1400 节和 1500 节。1899 年，铁路车厢的产量达到最高值，分别为 2.6 万节货运车厢和 934 节客运车厢。随着铁路的大规模修建，车厢修配厂的数量不断增加。20 世纪初，俄国共有 11 家大型车厢修配厂，分别设在别洛夫、里加、科韦利、罗斯拉夫利、华沙、下第聂伯夫斯克、科列缅丘克、新罗西斯克、唐波夫、普鲁什库夫和叶卡捷琳堡等地。19 世纪末，国产车厢已基本满足国内市场需求，1890 ~ 1899 年，进口车厢的数量急剧缩减，年均车厢进口量仅为 235 节。[①]

第五节 全俄统一市场最终形成

19 世纪末全俄市场最终形成，其主要依据如下：一是商品的种类日趋多样化，流通速度加快，商品交易规模不断扩大；二是金融市场逐步繁荣，外资大规模涌入；三是劳动力市场逐渐完善，无产阶级最终形成。

一 商品市场

18 世纪末至 19 世纪上半叶全俄市场初步形成，商品种类日趋多样化，固定贸易迅速发展，商品市场日趋繁荣。19 世纪上半叶，俄国市场的规模和容量十分有限，很多商品并未纳入全俄范畴，如巴库的石油、南俄的煤炭和冶金产品、乌克兰的糖产品以及中亚的棉花，巴库石油产品、顿巴斯煤炭的流通状况能反映 19 世纪末商品市场的状况，因此下文主要论及这些内容。

（一）石油产品销售状况

石油产品的销售状况足以证明全俄市场的发展情况，究其原因如下：一是石油产品成为 19 世纪末 20 世纪初俄国市场上最主要的商品之一；二是石油产品销售范围足以证明全俄市场是密不可分的整体。随着高加索石油工业的发展以及运输方式和运输工具的不断完善，俄国石油市场也不断扩展。巴库油田地处里海西岸，具有发展石油贸易的便利条件，石油产品首先运至里海—伏尔加河流域，然后转运至俄国内陆地区。本

---

① Соловьева А. М. Железнодорожный транспорт России во второй половине XIX в. С. 281 - 282.

部分主要从输油方向、主要消费区和货物种类等方面进行阐述。

巴库石油产品主要使用两条线路运往国内市场，即高加索铁路和里海—阿斯特拉罕—伏尔加河水路。高加索铁路石油产品的主要流向有二，一是巴统车站，二是里海各港口。高加索铁路与国内主要铁路衔接后可将石油产品直接运至俄国内地，但输油量有限，石油产品仍主要运至里海沿岸，后经伏尔加河水路运至国内市场。

因地理位置、产业结构和运输状况不同，各地区燃料结构不同，俄国主要石油消费区为中部工业区、伏尔加河中游地区、俄国东南部地区、北高加索和南高加索等地，1913 年上述地区燃料结构中石油燃料的比例分别为 30.8%、7.2%、78.6%、44.7% 和 99.1%。虽然各地燃料结构不同，但石油需求量十分巨大。就需求领域而言，俄国主要石油需求部门为工业、铁路和河运部门，1890 年、1900 年和 1913 年俄国国内石油燃料的总需求量分别约为 6500 万普特、2.4 亿普特和 1.9 亿普特，其中，上述三个部门石油燃料需求量分别为 900 万普特、2200 万普特和 3500 万普特，1.1 亿普特、6500 万普特和 6700 万普特，9000 万普特、6400 万普特和 4000 万普特，各部门石油燃料需求比例分别为 29.2%、16.9% 和 53.9%，45%、27.1% 和 27.9%，46%、34% 和 20%。[①]

高加索地区石油产品种类众多，其中重油、煤油、原油、润滑油和汽油所占的比例最高，19 世纪末在巴库地区石油产品中煤油、重油、汽油和润滑油的比例分别为 33%、40%、50% 和 3%。[②] 1894 年以前，石油产品中煤油的比重最高，1893 年巴库地区煤油外运量比上年度增长近 10%，与 1888 年相比增长 42%。[③] 1894 年以后，巴库地区煤油的产量和外运量都有所降低，重油外运量却大幅度增加。因重油具有价格低廉、散热性能高、便于运输等优点，很快获得消费者青睐，诸多炼油厂纷纷

① Дьяконова И. А. Нефть и уголь в энергетике царской России в международных сопостав-лениях. С. 100；Иголкин А.，Горжалцан Ю. Русская нефть о которой мы так мало занаем. С. 91；Ахундов В. Ю. Монополистический капитал в дореволюционной бакинской нефтяной промышленности. С. 9.

② Карпов В. П.，Гаврилова Н. Ю. Курс истории отечественной нефтяной и газовой про-мышленности. С. 60.

③ Наниташвили Н. Л. Экспансия иностранного капитала в Закавказье（конец XIX – начало XX вв.）. С. 151.

放弃生产煤油，转产重油。重油主要需求领域为交通、工业和民用部门，1884～1890年铁路部门重油需求量由390万普特增至1760万普特，1890年，河运部门的需求量为3510万普特，各工业部门的重油需求量达4890万普特，重油总需求量约1亿普特。[1] 1894年，运往伏尔加河流域的重油数量为1.7亿普特，用于高加索地区本地消费的重油数量为700万普特，国内市场重油需求量增加迅速。[2]

巴库地区外运石油产品中原油数量不高，主要通过里海码头发往伏尔加河流域。如1894年，运往伏尔加河流域的原油数量为1400万普特，原油消费者主要为国内炼油厂。[3] 润滑油外运量也不容忽视，润滑油中机油比例最高，其次为锭子油和气缸油等。巴库地区润滑油大量运往国内外市场，1913年国内市场润滑油需求量为900万普特，但因润滑油大量出口，国内供应量不足，当时国内很多地区，诸如乌拉尔和西伯利亚地区机器润滑油供应不足，各工厂不得已使用燃料油和动物油润滑。随着石油加工业的发展，汽油需求量也大幅提高，但汽油出口量常年高于国内需求量，如1913年，俄国国内汽油的需求量只有400万普特，出口量达500万普特。[4] 巴库地区石油产品外运量快速增加主要依赖煤油和重油，1900年、1910年和1914年巴库地区石油产品中煤油和重油的比例分别为94.5%、84.7%和87.5%[5]，汽油和润滑油等产品处于从属地位，因此巴库石油工业产品结构较为单一。

伏尔加河流域石油产品运输状况是国内石油市场范围不断扩大的最好例证。伏尔加河石油运输方向有三：一是伏尔加河下游各港口，如阿斯特拉罕、察里津、萨拉托夫和萨马拉等地；二是伏尔加河中游地区，

① Бовыкин В. И. Зарождение финансового капитала в России. М.，Изд. Моск. ун-та，1967. С. 15；Наниташвили Н. Л. Экспансия иностранного капитала в Закавказье（конец XIX – начало XX вв.）. С. 152.

② Наниташвили Н. Л. Экспансия иностранного капитала в Закавказье（конец XIX – начало XX вв.）. С. 152.

③ Наниташвили Н. Л. Экспансия иностранного капитала в Закавказье（конец XIX – начало XX вв.）. С. 153.

④ Лисичкин С. М. Очерки по истории развития отечественной нефтяной промышленности. С. 207.

⑤ Ахундов В. Ю. Монополистический капитал в дореволюционной бакинской нефтяной промышленности. С. 16.

石油产品先运至下诺夫哥罗德和喀山码头，喀山码头的石油产品主要输入卡马河流域，石油产品于下诺夫哥罗德码头发生分流，一部分运至中部工业区，另一部分转至雷宾斯克码头；三是雷宾斯克码头，石油产品运至该码头后也发生分流，主要输油方向为西北部的圣彼得堡、北部的阿尔汉格尔斯克和北德维纳河港口，以及特维尔和乌格里奇等地。石油输出路线完全可勾勒出俄国商品市场范围、规模和容量的扩大。

（二）顿巴斯煤炭销售状况

19世纪下半叶，工业和运输业煤炭需求量与日俱增，国内煤炭市场不断扩大。除顿巴斯煤炭外，其他地区煤炭多用于本地消费，本部分仅以顿巴斯煤炭为例阐述俄国煤炭市场，借此探究19世纪末商品市场状况。顿巴斯铁路与国内铁路线路连为一体后，煤炭运输规模急剧扩大，商品种类日趋多样化，俄国煤炭市场的规模和容量也随之扩大。顿巴斯煤炭需求量较大，南俄地区的需求量最高，其次为中部工业区和伏尔加河流域，20世纪初，顿巴斯煤炭也运往波罗的海地区，但数量有限。

1. 南俄本地市场

20世纪初，顿巴斯煤炭的主要消费市场为南俄地区，1903年，顿巴斯的煤炭销售量为5.5亿普特，用于本地消费的数量为3.9亿普特，本地市场所占比例为71%。[1] 1905年和1911年，南俄本地采矿、冶金和铁路等部门的煤炭需求量和比例分别为2.8亿普特和55.1%、9.4亿普特和52%[2]，顿巴斯煤炭销售以本地市场为主，但外运量也逐年提高。

消费区和消费群体是影响煤炭市场的首要因素。就消费群体而言，工业领域煤炭消耗量最大，如1892年、1900年和1908年，诸多工业部门燃料以煤炭为主，其需求量分别为4.8亿普特、7.5亿普特和11.2亿普特，石油需求量分别为1.6亿普特、3.8亿普特和3.1亿普特，明显逊于煤炭。此外，交通运输等领域的煤炭需求量也不容忽视，冶金业和运输业的煤炭需求量由1860年的1769万普特增至1900年的6.7亿普特，

① Шполянский Д. И. Монополии угольно-металлургической промышленности юга России в начале XX века. С. 25.

② Фомин П. И. Горная и горнозаводская промышленность Юга России. Том II. С. 151.

增长近 37 倍。① 就消费区而言，南俄、波兰和波罗的海地区工业燃料中煤炭比重最高，中部工业区煤炭需求量也不容忽视，1908 年上述各地煤炭需求量分别达 3.2 亿普特、1.9 亿普特、1.2 亿普特和 3780 万普特，消费范围扩大和消费群体增加后煤炭销售市场也随之扩大。②

19 世纪六七十年代初，顿巴斯煤炭全部用于本地需求。因交通设施较差，市场范围和规模也十分有限，此时顿巴斯煤炭仅在南俄地区销售。随着铁路的大规模修建，19 世纪 70 年代起，顿巴斯煤田采煤量迅速提高，顿巴斯地区的采煤量由 1870 年的 1564 万普特增至 1875 年的 5143 万普特，此后采煤量逐年提高。③ 顿巴斯煤炭成功取代罗斯托夫和塔甘罗格进口煤炭，敖德萨、尼古拉耶夫、基辅、莫斯科和土拉等省份也开始使用顿巴斯煤炭，顿巴斯煤炭的市场范围迅速扩大。

进口煤炭数量降低亦可证明顿巴斯煤炭销售市场扩大。随着煤炭工业的发展，顿巴斯煤炭将进口煤炭先后从黑海和亚速海、中部工业区等地排挤出去，进口煤炭数量急剧下降，但由于运费较高和国家政策的原因，英国煤炭一直垄断波罗的海市场。19 世纪 90 年代初期，顿巴斯煤炭销售市场已扩展到北部的哈尔科夫和库尔斯克等省份、西部的叶卡捷琳诺斯拉夫省、东部的伏尔加河流域、南部的亚速海港口，国外煤炭竞争优势下降，煤炭进口数量急剧降低。虽然采煤量逐年提高，每年仍需从国外进口大量燃料，但进口煤炭所占的比例逐年降低，由 1874 年的 44.2%降至 1911 年的 13.4%④，进口煤炭比例降低足以证明俄国煤炭销售市场范围扩大。黑海和亚速海地区最具代表性，19 世纪上半叶，各港口煤炭需求量巨大，因顿巴斯煤炭产量有限，主要从国外进口，随着顿巴斯煤炭工业的发展，该地年均煤炭进口量由 1866 ~ 1870 年的 770 万普特降至

① Баканов С. А. Угольная промышленность Урала: жизненный цикл отрасли от зарождения до упадка. С. 43.

② Фомин П. И. Горная и горнозаводская промышленность Юга России. Том II. С. 143.

③ Дьяконова И. А. Нефть и уголь в энергетики царской России в международных сопоставлениях. С. 165; Тихонов Б. В. Каменноугольная промышленность и черная металлургия России во второй половине XIX в. С. 133; Братченко Б. Ф. История угледобычи в России. С. 127.

④ Куприянова Л. В. Таможенно-промышленный протекционизм и российские предприниматели 40 – 80-е годы XIX века. С. 241; Фомин П. И. Горная и горнозаводская промышленность Юга России. Том II. С. 80.

1892 年的 210 万普特[①]，顿巴斯煤炭已垄断该地市场，但因价格、关税差异和地理环境的原因，顿巴斯煤炭无法占领波罗的海市场。

2. 中部工业区市场

顿巴斯煤炭以本地市场为主，但随着俄国煤炭工业发展，顿巴斯煤炭市场范围不断扩大，中部工业区、伏尔加河流域和白俄罗斯等地对顿巴斯煤炭的需求量不断提高。20 世纪初，因石油工业长期停滞不前，煤炭需求量迅速增加，中部工业区煤炭需求量增长最为显著。

顿巴斯煤炭运往中部地区和伏尔加河流域的主要线路为哈尔科夫—库尔斯克—莫斯科、哈尔科夫—莫斯科—下诺夫哥罗德、莫斯科—喀山、莫斯科—基辅—沃罗涅日和梁赞—乌拉尔等铁路。19 世纪下半叶，因石油工业崛起和莫斯科近郊煤田采煤量增加，运至中部工业区的顿巴斯煤炭数量有限，如 1900 年中部工业区企业燃料总需求量为 2.6 亿普特，但煤炭需求量仅为 2006 万普特[②]，虽然诸多铁路线路的煤炭需求量巨大，但顿巴斯煤炭市场占有率仍有限。20 世纪初，中部工业区顿巴斯煤炭需求量大幅增加，1905 年和 1911 年莫斯科省对顿巴斯煤炭的需求量和比例分别为 1945 万普特和 3.8%、5176 万普特和 5.5%。1913 年，中部工业区对顿巴斯煤炭的需求量为 1.1 亿普特，与 1905 年相比增长 8.1%[③]，顿巴斯煤炭销售市场也随之扩大。运至圣彼得堡和波罗的海等地的顿巴斯煤炭数量不多，煤炭首先由哈尔科夫—库尔斯克—莫斯科铁路运至莫斯科，然后经尼古拉耶夫和莫斯科—梁赞等铁路转运至西北部地区，波罗的海地区煤炭以进口为主。一战前运至波罗的海地区的顿巴斯煤炭数量激增，1905 年和 1913 年其数量为 1384.7 万普特和 1.1 亿普特。[④] 从俄国能源产品的销售状况可探究全俄市场的发展状况，因篇幅有限笔者仅以上述两个产品为例，探析 19 世纪末全俄商品市场的规模和发展状况。

① Бакулев Г. Д. Черная металлургия Юга России. С. 113.

② Кафенгауз Л. Б. Эволюция промышленного производства России. (последняя треть XIX в. – 30-е годы XX в.). С. 28.

③ Фомин П. И. Горная и горнозаводская промышленность Юга России. Том II. С. 145; Кафенгауз Л. Б. Эволюция промышленного производства России. (последняя треть XIX в. – 30-е годы XX в.). С. 27; Лившин Я. И. Монополии в экономике России. С. 298.

④ Лившин Я. И. Монополии в экономике России. С. 298.

二　资本市场

在商品市场快速发展的同时，资本市场也不断完善，俄国资本市场的发展主要表现如下：一是俄国金融业快速发展；二是外资大量涌入；三是股份公司大量建立，重工业尤甚。俄国工业快速发展需要建立与之相称的信贷体系，1860 年国家银行建立，随着工业的快速发展，私人商业银行、城市商业银行和互助信贷组织相继成立。俄国第一家私人商业银行成立于 1864 年，1869 年后商业银行数量不断增加，仅 1874 年就建成 33 家银行。[①]

1890 年，俄国经济飞速发展，商业银行率先开展证券交易业务，圣彼得堡成为俄国证券交易中心。20 世纪初，经济危机导致俄国信贷市场长期萧条，与信贷市场一样，俄国金融业于 1908 年才逐渐摆脱阴霾，本部分主要分析股份公司对资本市场的影响。

19 世纪下半叶，俄国出现股份公司创建热潮。1850 年，俄国还没有真正意义上的股份公司，1855 年股份公司数量已达 18 家，注册资本为 1640 万卢布，1860 年股份公司数量达 108 家，注册资本为 31.7 亿卢布。19 世纪 60 年代，西欧的创业热潮波及俄国，1871～1873 年成立 227 家股份公司，注册资本达 34.7 亿卢布。[②]

19 世纪 80 年代开始，股份公司的规模明显扩大，工业资本中股份资本所占的比例逐渐提高，20 世纪初其比例已达 2/3。[③] 俄国工业化进程中股份公司的发展历经两个阶段：第一阶段于 1881～1893 年表现最为突出，此时期俄国工业股份公司数量增长 16.2%，注册资本的数量增长 51.7%；1893～1900 年为第二阶段，上述数值分别为 131.8% 和 200.4%。[④] 20 世纪初，俄国采矿、冶金、机器制造和纺织等工业部门中股份公司的数量最多，生产集中程度也不断加强。如 1911 年，采矿和冶金企业、机

---

① Чунтулов В. Т. ，Кривцова Н. С. ，Тюшев В. А. Экономическая история СССР. С. 102.

② Туган-Барановский М. И. Русская фабрика в прошлом и настоящем：Историко-экономическое исследование. Т. 1. Историческое развитие русской фабрики в XIX веке. С. 258.

③ Шепелев Л. Е. Акционерное учердительство в России//Из истории империализма в России. М-Л. ，Академии наук СССР，1959. С. 156.

④ Шепелев Л. Е. Акционерное учердительство в России. С. 152－153.

器制造业和纺织企业的数量分别为 231 家、151 家和 273 家，上述生产部门中大型股份公司的数量分别为 17 家、11 家和 22 家，大型股份公司注册资本的比例分别为 29.5%、37.6% 和 31.5%。[①] 股份公司大量建立一则证明俄国资本市场不断完善，二则证明工业垄断程度不断提高。

股份公司对俄国工业的作用体现在如下两个方面。一是股份公司与私人企业不同，可发行股票吸收闲置资金，扩大企业的生产规模，仅 1881～1914 年俄国工业企业的股份资本就由 3.3 亿卢布增加至 32.2 亿卢布，占工业资本总量的 78%；[②] 二是股份公司的成立促进银行资本与工业资本相结合，银行通过购买各公司股票来涉足工业，如 1896 年俄国 855 家股份公司中金融资本参与的公司数量达 521 家，其比例约为 61%，1902 年该比例达 69%。19 世纪末，银行资本与工业资本的融合程度不断加强，如圣彼得堡国际银行通过涉足工业与 48 家股份公司联系密切，包括 5 家银行、3 家铁路公司和 30 多家工业企业。[③]

就石油工业而言，19 世纪末 20 世纪初，随着石油工业的不断发展，诸多企业主希望通过创建股份公司的方式扩大再生产，股份公司数量不断增加。1890 年，石油工业中仅有诺贝尔兄弟集团、里海—黑海石油工商业公司、巴库石油工业公司和里海公司为股份制企业。19 世纪末 20 世纪初，股份制公司于石油工业中普及，石油股份公司数量由 1893 年的 9 家增加至 1914 年的 109 家，其中俄国资本和外资控股的股份公司数量分别为 78 家和 31 家，90 年代巴库石油工业公司中股份资本的数额为 3350 万卢布，20 世纪初已达 1.7 亿卢布，分别占石油工业总资本的 60% 和 94%。[④] 股份制公司可吸收大量闲散资金扩大企业再生产，如利安诺佐夫石油生产股份公司凭借发行股票使其公司资本总额由 1906 年的 100 万卢布增加到 1912 年的 800 万卢布。[⑤]

[①]　Шепелев Л. Е. Акционерное учердительство в России. С. 157.

[②]　Шепелев Л. Е. Акционерное учердительство в России. С. 152 – 153.

[③]　Бовыкин В. И. Формирование финансового капитала в России. конец XIX в. – 1908 г. С. 120 – 121.

[④]　Монополистический капитал в нефтяной промышленности России. 1883 – 1914. Документы и материал. С. 27.

[⑤]　Сеидов В. Н. Архивы бакинских нефтяных фирм XIX – начало XX века. М., Модест колеров, 2009. С. 108 – 109.

　　19 世纪末，俄国银行开始投资冶金工业，外资也通过俄国银行入资冶金工业，俄国采矿和冶金工业的投资额中外资的比例由 1881 年的32.2% 增加至 1900 年的 61.8%。[①] 20 世纪初经济危机期间各大企业为摆脱困境纷纷求助商业银行，试图以其为中介在国内外金融市场上发行股票，如 1913 年伏尔加—卡马银行负责出售古卡索夫股份公司股票，为此银行获得该公司 6% 的股份。[②] 冶金企业与银行资本融合后冶金业快速发展，参与冶金工业最为积极的银行为亚速—顿河银行、圣彼得堡国际商业银行和圣彼得堡私人商业银行等。银行入股冶金企业后，持股份额不断提高，如 1912 年亚速—顿河银行持有苏林冶金工厂 42.8% 的股份，1915 年俄法商业银行、俄国对外贸易银行、西伯利亚商业银行等银行控制上伊谢季冶金公司 84% 的股份，1916 年巴黎荷兰银行、亚速—顿河银行和圣彼得堡贸易银行控制塔甘罗格冶金工厂 58% 的股份，1916 年圣彼得堡国际商业银行和俄亚银行控制尼科波利—马里乌波里冶金工厂 44%的股份。[③] 银行资本入驻冶金工业后诸多银行家在冶金企业中任职，并担任公司高管，如法国银行集团代理人兼任俄国冶金工业产品销售公司委员会主席，俄亚银行董事会主席兼任布良斯克工厂董事，亚速—顿河银行董事会主席兼任塔甘罗格冶金工厂董事等，由此可见，银行与冶金工业联合日趋紧密。

　　在俄国股份资本中外国资本所占的比例较高，1861～1914 年其比例为 41.6%，具体而言，1890 年股份资本中外资的数额为 2.1 亿卢布，1900 年达 9.1 亿卢布。1881 年，采矿、冶金和金属加工工业中外资的比例为 32.2%，1900 年其比例达 61.8%，不但推动了工业化进程，也促进了生产集中化进程。[④] 20 世纪初，法国资本控制南俄 38% 的采煤量，涉足

①　Цукерник А. А. Синдикат « Продамет ». М. ， Издательство социально экономической литературы，1959. С. 40 – 41.

②　Вяткин М. П. Монополии в металлургической промышленности России. 1900 – 1917. Документы и материалы. С. 288.

③　Вяткин М. П. Монополии в металлургической промышленности России. 1900 – 1917. Документы и материалы. С. 184 – 185.

④　Бовыкин В. И. К вопросу о роли иностранного капитала в России//Вестник Московоского университета，1964. № 1. С. 71 – 78；白述礼：《试论近代俄国铁路网的发展》，《世界历史》1995 年第 6 期，第 152 页；刘爽：《19 世纪末俄国的工业高涨与外国资本》，《社会科学战线》1996 年第 4 期，第 221 页。

南俄、乌拉尔和波兰地区诸多冶金工厂，在石油工业中的地位更是举足
轻重；德国资本控制俄国 10 家大型电力公司中的 6 家，英国资本控制巴
库的 11 家和格罗兹尼的 7 家石油公司。[①] 俄国资本市场形成的主要媒介
为商业银行，通过商业银行一方面为企业提供贷款，促进工商业发展；
另一方面入股工业，加速俄国资本市场的形成。

三　劳动力市场

1861 年农奴制改革后，俄国劳动力市场规模不断扩大，改革后农民
与土地的联系逐渐中断，无土地者离开农村外出务工，劳动力市场最终
形成。农民外出务工促进了全俄劳动力市场的最终形成，本部分以不同
工业部门为例，分析俄国劳动力市场的规模。

1861 年农奴制改革后，无产阶级的主要来源如下：一是改革前手工
工场的工人转变为改革后大工厂的熟练技术工人，1861 年农奴制改革致
使手工工场相当部分工人摆脱了农奴依附地位，社会地位发生变化，他
们可迁徙至城市内，转变为产业工人。以往世袭工厂、领有工厂的农奴
工人、国有采矿业工人属于这种工人之列，总数逾百万人。二是农奴制
改革后的破产农民纷纷到城市内务工，他们是工人阶级最主要的来源。
1861～1880 年政府颁发的农民外出证件增加了 3 倍，达到 500 万份[②]，
这是农民外出打工者持续增加的有力证明。农业经济与城市、工业、运
输业等部门联系日益密切，而农民脱离农村的程度是城市化的重要方面。
三是破产手工业者，手工业者破产后为生计仅能到工厂内务工，如古容
冶金工厂的半数工人是下诺夫哥罗德、土拉、梁赞诸省的小手工业者。
四是农奴制改革后工人的后代也是无产阶级的重要来源之一。此外，俄
国工业无产阶级具有如下特点：一是无产阶级高度集中，如 1879 年，欧
俄 40 座工业城市集中俄国产业工人的 35%[③]，圣彼得堡产业工人占全俄

①　Бовыкин В. И. Формирование финансового капитала в России. конец XIX в. – 1908 г. С.
　　181 – 182.

②　Панкратова А. М. Рабочий класс России. М. , Наука, 1983. С. 186.

③　Соловьева А. М. Промышленная революция в России в XIX в. С. 194.

工人的 12% ①，1880 年，俄国有 125 万产业工人②；二是农奴制改革后俄国资本家大量雇用女工、童工等廉价劳动力。19 世纪 70 年代末 80 年代初，圣彼得堡和莫斯科女工占 15%～17%③，雇用童工现象更是频繁；三是农奴制改革后初期小型企业和手工业工人的比例较高，随着工业革命进程的不断深化，无产阶级力量不断壮大。

就运输工人而言，随着全俄市场逐步强化、地区间经济联系加强、劳动分工日趋专业化，俄国水路运输工人队伍形成。水路运输工人较为集中，主要分布在各码头和航线上，但因俄国造船和航行技术落后，工人的劳动强度较大，主要工种为引航员、排水工、水手、桨手及纤夫等，纤夫和桨手数量最多，引航员的工资待遇最高，其余工人待遇较低，纤夫工作强度最大、待遇最低。伏尔加河流域河运工人数量最多，他们大多是农民，主要来自特维尔、科斯特罗马、下诺夫哥罗德、喀山、奔萨、辛比尔斯克、梁赞、唐波夫和萨拉托夫等省。14～15 世纪，伏尔加河出现船工，16 世纪下半叶整个伏尔加河流域约有 5 万名纤夫，17 世纪末伏尔加河流域约有纤夫 10 万人。据统计，1854 年欧俄地区各河流中约工作着 4.7 万名引航员和 1.4 万名船长。单位通航期引航员的工资为 200～300 卢布，工人月工资仅为 8～12 卢布。④ 18 世纪末，船工数量达 20 万人，纤夫数量庞大，19 世纪初国内所有河流纤夫数量为 60 万人⑤，仅伏尔加河流域就有 40 万名纤夫，40 年代这一数字达到 60 多万。⑥ 1854 年，欧俄地区河运工人数量为 70.5 万人，其中国家农民 31.9 万人，地主农民有 21.3 万人，皇室农民 4.8 万人。⑦ 虽然农奴制改革前俄国河运工人数

---

① Соловьева А. М. Промышленная революция в России в XIX в. С. 197.

② Соловьева А. М. Промышленная революция в России в XIX в. С. 119.

③ Рашин А. Г. Формирование рабочего класса России: Ист. экон. очерки. М.，Соцэкгиз，1958. С. 221.

④ Истомина Э. Г. Водный транспорт России в дореформенный период（Историко-географическое）. М.，Наука，1991. С. 63，67.

⑤ Экономическая история России с древнейших времен до 1917г. Энциклопедия. Том. первой. С. 304，306；Истомина Э. Г. Водный транспорт России в дореформенный период. М.，Наука，1991. С. 146.

⑥ 张广翔、刘文山：《俄国自然地理条件与封建经济发展特征》，《东北师大学报》2000 年第 6 期，第 54 页。

⑦ Марухин В. Ф. История речного судоходства в России. М.，Орехово-Зуевский педагогический институт，1996. С. 90，100.

量不断增加，但占主体的农民没有人身自由，并未形成真正的劳动力市场。19 世纪下半叶，俄国铁路工人数量迅速增加，铁路工人数量从 1865 年的 3.2 万人增加至 1880 年的 19 万人，1890 年达 140 万人，且相对集中①，运输行业的劳动力市场已十分完善。

19 世纪 90 年代初期，圣彼得堡、莫斯科、华沙、弗拉基米尔、哈尔科夫和基辅等几大工业区固定工人数量约占工人总数的 71.8%，工人集中程度不断提高，20 世纪初俄国工人阶级数量已超过 2200 万人，约占全俄人口总量的 18%，产业工人数量达 300 万人。② 总体而言，1900 年俄国企业数量达 2.5 万家、企业总产值约 32 亿卢布、工人近 205 万人，1913 年其数量分别为 2.9 万家、74 亿卢布和 311 万人。③ 如此庞大的工人阶级数量足以证明俄国劳动力市场已经形成。

随着商品市场的日趋繁荣、资本和劳动力市场的不断完善，在俄国工业革命基本完成之际，全俄市场最终形成。18 世纪末至 19 世纪上半叶，因俄国商品市场规模有限，资本和劳动力市场尚未成熟，俄国版图并未最终奠定，因此，此时是全俄市场的初步形成阶段，囊括三大市场的全俄市场于 19 世纪末才最终形成。

第六节　农业现代化进程开启

商品性农业发展是俄国工业化的前提之一，工业化开启又促进农业的快速发展，工业化对农业的影响如下：一是粮食播种面积不断扩大，农产品产量大幅度提高；二是农产品的贸易规模扩大，上文已有所阐释，此处不再赘述；三是农业生产工具改善，生产技术不断革新。

一　商品性农业发展

1861 年农奴制改革后俄国主要的产粮区为中部黑土区、伏尔加河中

①　Соловьева А. М. Железнодорожный транспорт России вовторой половине XIX в. С. 144, 227.

②　张建华：《俄国史》，人民出版社，2006，第 126 页。

③　Ковнир В. Н. История экономики России. С. 284. Кондратьев Н. Д. Рынок хлебов и его регулирование во время войны и революции. С. 25；Ахундов В. Ю. Монополистический капитал в дореволюционной бакинской нефтяной промышленности. С. 7.

下游各省、乌拉尔和南部草原等地，中部工业区各省份的谷物播种面积缩减，但马铃薯和经济作物的播种面积大幅增加。农奴制改革初期地主的土地播种面积虽有所缩减，但19世纪末其农作物种植面积仍占主导，因其不断革新生产技术，农业中资本主义生产关系得以发展。19世纪末，农民所产粮食多用于自身需求，地主粮食大多在国内外市场销售，地主的农产品商品率远高于农民。农奴制改革后俄国农业的商品化特征愈加明显，究其原因如下，一是农产品的商品率提升，土地和劳动力亦成为商品；二是地区分工逐渐明显，很多地区专门从事谷物、经济作物和蔬菜的种植。就农业的地区分工而言，早期作为俄国主要商品粮食生产中心的中部黑土区、伏尔加河流域、北部和中部工业区已转换为粮食加工区，其中面粉加工业最具代表性，波罗的海和西部省份主要从事动植物产品加工业，南俄等地主要从事商品粮生产、烟草和酿酒等行业，大城市和工业中心周边地区主要从事蔬菜种植业。

就农作物种类而言，20世纪初中部非黑土区、南部草原地带和中部工业区盛产黑麦，欧俄中部省份采取四区轮作制，春季播种作物多为黑麦、大麦和燕麦，秋季也播种冬小麦。伏尔加河下游地区以种植小麦为主，南部草原地带多种植大麦。黑麦主要种植区为俄国西部省份、伏尔加河中下游地区和南部黑土区等地，燕麦于南部草原和伏尔加河下游地区大规模种植。农奴制改革后各主要农作物的种植面积普遍扩大，南俄等地区向日葵和甜菜等经济作物的种植面积也迅速增加。

1861年农奴制改革前，俄国农业生产的粗放型特征显著，主要依靠扩大播种面积来增加产量。1850～1860年，俄国粮食产量稳步增长，年均增长率为7.4%，此时欧俄居民数量增长12%～13%，农民仍食不果腹。[①] 即便农奴制改革前俄国农产品产量不断增加，但农业真正崛起于工业化开启之后。

1861年改革后，俄国农作物播种面积迅速增加，1881年欧俄50省农作物播种面积达6220万俄亩，1861～1891年俄国各省粮食播种总面积增加25%。20世纪初，随着移民数量的不断增长，农作物播种面积迅速扩大，1914年俄国可耕作土地面积已达1.1亿俄亩，占农业用地总

①　Нифонтов А. С. Зерновое производство России во второй половине 19 века. С. 90.

面积的 21.9%，草场和森林面积的比例分别为 7% 和 71.1%。1896～1900 年，欧俄地区农作物播种面积达 6410 万俄亩，一战前其数量为 7200 万俄亩。①

1887 年，俄国政府开始对欧俄 50 省粮食播种面积进行统计，此后逐步收集高加索、波兰、西伯利亚，南俄、中亚等地农作物播种面积和农业发展状况等数据。据统计，1881～1912 年，欧俄 50 省播种面积总增长率超过 20%。播种面积增长最快的省份为萨马拉省，增长率为 86.1%，阿斯特拉罕、塔夫里达、叶卡捷琳诺斯拉夫、比萨拉比亚、赫尔松、顿河哥萨克军区、乌法省、摩尔多瓦、维杰布斯克、波多利斯克、伏尔加格勒、彼尔姆和萨拉托夫省粮食播种面积增长率分别为 80.3%、76.7%、76.4%、72.8%、63.3%、58.9%、41.8%、38.8%、30%、28.9%、28.3%、27.7% 和 26.5%。② 但也有很多省份粮食播种面积减少，如黑土区的库尔斯克和奥廖尔省，工业中心莫斯科、弗拉基米尔、特维尔、雅罗斯拉夫、科斯特罗马、卡卢加、土拉和梁赞等省。与此同时，因经济作物的利润高于粮食，其播种面积迅速扩大。1914 年，中部黑土区经济作物播种的面积占耕地总面积的 71%，占欧俄地区种植总面积的 39.6%③，经济作物播种面积的扩大程度可见一斑。

20 世纪初，顿河流域的粮食播种面积增加最为显著，其数量达 500 万俄亩，萨马拉、赫尔松和叶卡捷琳诺斯拉夫省的播种面积居其后，分别为 450 万俄亩、390 万俄亩和 310 万俄亩。播种面积达 200 万～300 万俄亩的省份如下：萨拉托夫省、塔夫里达省、沃罗涅日省、比萨拉比亚省、唐波夫省、彼尔姆省、哈尔科夫省、波尔塔瓦省、乌法省和奥伦堡省。有 15 个省的播种面积为 100 万～200 万俄亩，还有 20 个省的播种面积低于 100 万俄亩。维斯瓦河附近各省份的播种面积从 458.6 万俄亩增

---

① Сборник статистико-экономических сведений по сельскому хозяйству России и иностранных государств. Пг., М-во земледелия. Отд. Сел. экономии и Статистики, 1917. С. 2；孙成木、刘祖熙、李建主编《俄国通史简编》（下），第 128 页。

② Давыдов М. А. Всероссийский рынок в конце XIX – начале XX вв. и железнодорожная статистика. С. 180；Хромов П. А. Экономическая история СССР. Период промышленного и монополистического капитализма в России. С. 217.

③ Мухина Н. Е. История создания юго-восточной железной дороги и ее роль в экономическом развитии центрального черноземья. С. 109.

至 520 万俄亩，增长 13.4%。华沙省播种面积增长 44.1%、谢德尔采省播种面积增长 36.0%、拉多姆省增长 24.1%、沃姆扎省播种面积降低 20.4%、普沃茨克省播种面积降低 5.6%。高加索山前地带各地区播种面积从 352 万俄亩增至 637.7 万俄亩，增长 81.2%，库班省播种面积增长 50%，捷列克和斯塔夫罗波尔省播种面积增长 127% ~ 129%。草原地带各省粮食播种面积增加 135.1%，1906 年以后，欧俄各省粮食播种面积开始下降，亚洲各省粮食播种面积开始增加，主要粮食作物的播种面积增加 85%。[①]

20 世纪初，北高加索和西西伯利亚地区粮食播种面积增长迅速，1900 ~ 1913 年，上述地区的粮食产量分别由 3900 万普特和 3400 万普特增加至 6700 万普特和 5900 万普特。草原地区粮食播种面积增加最为明显，由 78.9 万俄亩增加至 260 万俄亩，总体而言，俄国 72 省粮食播种面积由 1900 年的 7880 万俄亩增加至 1913 年的 9260 万俄亩，1913 年谷物和马铃薯的播种面积达 1.1 亿俄亩。一些地区的粮食播种面积下降较为明显，如西北部工业区、各工业省份、波罗的海地区和北部黑土区，但经济作物播种面积明显增加，如棉花和甘蔗等。1915 年，俄国棉花产量达 3980 万普特，1913 年谷物产品的价值为 38.4 亿卢布，经济作物价值为 7.8 亿卢布。[②]

二　农业生产技术不断提高

19 世纪下半叶，工业化开启之后，工业快速发展，但俄国仍是农业国，农业人口所占比例仍为 3/4 左右。在俄国农业现代化开启的过程中，农业生产技术不断改良，农机制造业快速发展。部分地区农业机器已广泛普及，铁犁等农具的使用范围更广，脱粒机和铡草机等机器也步入国人视野。因幅员辽阔，各地农民的农具使用水平差异较大，黑土区和非黑土区的西部各省资本主义生产方式稍显发达，铁犁已广泛使用。非黑土区和黑土区中部各省份的土壤肥力较差，农民大多使用木犁，北方各省农业耕作中木制工具仍占主导。农业生产工具的不断完善和精耕细作

① Давыдов М. А. Всероссийский рынок в конце XIX – начале XX вв. и железнодорожная статистика. С. 174.

② Хромов П. А. Экономическая история СССР. Период промышленного и монополистического капитализма в России. С. 218 – 220.

也是粮食产量提高的重要因素。就生产工具而言，19世纪中叶以前，农民仍使用木犁翻地，80年代后铁犁大规模推广后深耕农具开始广泛使用。以萨马拉省为例，80年代中期，该省使用铁犁农户比例为1.8%，20世纪初，其比例已达77.5%。除铁犁外，新型农具和农业机器也大规模推广，20世纪初，萨马拉省的8204家农户共有442台脱粒机、1884台簸谷机、195台收割机、150台割草机和1.1万台重犁，农业生产工具快速更新。① 20世纪初，俄国农民的铁犁使用率迅速增长，以特维尔省为例，1896年该省共有5万余部铁犁，1900年其数量已增加到10.4万部。② 随着俄国粮食出口量的大幅增加，各地农庄户纷纷更新农业生产机器和引进先进生产技术，商品性农业迅速发展。

随着商品性农业的发展，俄国地主开始改善土壤加工工序，改良播种工具。19世纪中叶以前，农民仍使用木犁翻地，80年代后铁犁大规模推广，深耕农具开始广泛使用。俄国铁犁使用量由70年代的1.5万部增加至90年代的7.5万个，收割机由780台增加至2.7万台。1875年，俄国农业部门已有1300台锅驼机，1901年增加至1.2万台，其中1万台以上分布于南俄地区。20世纪初，俄国农业大省梁赞、唐波夫和奔萨等省新式农具的使用率不足10%；奥廖尔、圣彼得堡、雅罗斯拉夫和辛比尔斯克等省新式农具的使用率仅为13.4%～17.9%，喀山、库尔斯克、土拉和沃罗涅日等省新式农具使用率较高，其比例已达20%～29.8%，萨拉托夫和库尔兰省的比例为35.6%～43.1%，基辅、明斯克新式农具使用率也较高，达60.7%～63.1%，奥伦堡和斯塔夫罗波尔省新式农具使用率最高，分别为72.5%和99.4%，俄国农业生产技术革新成绩显著。③

19世纪下半叶，俄国农机需求量大增，农机需求量亦可佐证农业生产技术不断提高。因俄国农机产量有限，只能从国外进口。具体而言，与1869～1872年相比，1896～1898年俄国的农机进口数量增加5倍，与

①　Целиков С. А. Строительство и эксплуатация Самаро-Златоустовской железной дороги и ее влияние на развитие экономики самарской, оренбургской и уфимской губерний. Диссертация. Самара. , 2006. С. 107.

②　Анфимов А. М. Крестьянское хозяйство Европейской России（1881 - 1904）. М. , Наука, 1980. С. 160.

③　Давыдов М. А. Всероссийский рынок в конце XIX - начале XX вв. и железнодорожная статистика. С. 528 - 529.

此同时，国内农机产量也大幅提高。[1] 据统计，1905～1913 年俄国铁路的农机运输量增长 100%，1808 年、1910 年和 1913 年的增长率分别为 142.7%、190.1% 和 269.0%，因战争影响，1914 年农机运输量仅增长 188.3%。[2] 20 世纪初，俄国农机进口数量迅速增加，1906～1912 年农机的进口额由 1830 万卢布增长至 6362 万卢布，增长 2.5 倍。[3] 19 世纪末，农机制造业逐渐发展为独立的工业部门，1914 年俄国已有 514 家农机制造厂，产品价值达 6050 万卢布，还有大量小手工业作坊也生产农业机器。据统计，进口农机占俄国农机需求总量的一半左右，1879～1912 年农机销售额增长 14 倍，国外农机设备进口额增长近 16 倍。[4]

　　尽管农产品产量不断提高，生产工具有所改善，但 19 世纪末俄国农业仍十分落后，农业的机械化普及过程非常缓慢，与发达国家的差距仍很大。随着农业的快速发展，农产品销售市场的不断扩张，农产品商品率也逐步提高。

　　20 世纪初，欧俄地区传统的三区轮作制仍占主导（78.4%），四区轮作制和多区轮作制的比例已提高至 20%，资本主义生产关系促进俄国农业快速发展。[5] 虽然俄国政府采取诸多措施改善农业生产环境，但农业的资金投入量远低于西方国家。以 1913 年为例，俄国单位耕地的资金投入量为 8.6 卢布，而德国的投入量达 31 卢布。十月革命前，俄国半数以上的农民仍使用木犁进行农业生产，中农和贫农基本上无能力使用农机，耕地不超过 9 俄亩的农户基本上没有脱谷机和清粮机。中部地区无农具农户约占 1/3，农业发展水平十分滞后，现代化农具的普及程度较低。1887～1888 年，畜力劳动在粮食总产值中的比重为 61.2%，1912～1914 年该数值降至 60.2%[6]，因此，俄国农业的机械化程度仍很低。

①　Хромов П. А. Экономичесое развитие России. С. 70.

②　Дубровский С. М. Сельское хозяйство и крестьянство России в период империализма. М., Наука, 1975. С. 260.

③　Чаянов А. В. Капиталы крестьянского хозяйства и его кредитование при аграрной реф-орме. М., Типо-литогр. Н. Желудковой, 1918. С. 7.

④　Измайлова Е. И. Русское сельскохозяйственное машиностроение. М., Высш. сов. нар. хозяйства, 1920. С. 13.

⑤　Анфимов А. М. Крестьянское хозяйство Европейской России. 1881 – 1904. С. 176, 178.

⑥　Струмилин С. Г. Условия производства хлебов в СССР//План. хоз-во, 1926. № 2. С. 346, 352.

19 世纪末 20 世纪初，随着俄国工业资本主义的不断发展，农业资本主义也开始向纵深方向发展。农业不但为工商业发展提供原料和粮食，农村也是工业品、农业机器、肥料和建筑材料的消费市场。因此，工业化的不断深入除促进各工业部门、金融业和贸易的发展外，也推动了农业现代化的进程。1861 年开启的工业化除推动俄国经济的快速发展外，其政治和文化影响也不容忽视。

第七节　俄国工业化的文化和政治影响

除经济影响外，俄国工业化还产生重要的政治和文化影响，其政治影响表现如下：一是虽然俄国仍是沙皇专制政体，农奴制残余犹在，但历任沙皇为维系君主专制政体纷纷调整政治制度；二是西方的政治制度开始传入俄国，国务会议、部级体制和地方自治机构纷纷建立；三是政体改革滞后是俄国工业化的特征之一，下文将详细分析，此处不再多说。工业化的文化影响如下：一是伴随俄国工业化进程，教育体系不断完善；二是职业教育不断兴起。

一　工业化推动了俄国政治现代化进程

19 世纪初，为缓解国内矛盾，亚历山大一世就进行政治体制改革，虽然斯佩兰斯基改革以失败告终，但其诸多政治制度和机构被保留。19 世纪末 20 世纪初，这些机构仍发挥重要作用，其中影响最大的是国务会议、大臣委员会和参政院等机构。

国务会议是集立法、行政和司法权于一体的最高行政机构。国务会议是凌驾于国家杜马、大臣委员会和各部委之上的国家机构，是国家最高权力机构。国务会议由法律厅、军事厅、军事宗教事务厅和国民经济厅组成。国务会议在俄国具有历史传承，即早期采邑制度时期的亲兵卫队、大贵族杜马和彼得一世时期的参政院、后期的沙皇陛下办公室和最高宫廷会议等机构。1810 年，国务会议正式成立，下设三个国家机构，即国家杜马、参政院和部委，分别执行国家立法、司法和行政权，但此时国务会议只是一个空壳，所有权力均属于沙皇。国务会议主席由沙皇任命，国务会议实行委员会制度，由四个司、全体会议、国务办公厅和两个委员会组成。四个司分别是法律司、军事司、民事宗教司和国家经济司，各司设主席一名，另设三名以上成员。参加全体会议的成员包括各司成员、各部大臣等，沙皇出席会议时由沙皇亲自主持。国务办公厅负责处理日常公文和日常事务，办公厅由国务秘书领导。两个委员会分别是法律编撰委员会和呈文委员会。国务会议由沙皇主持召开，其职责是审查法律、章程、条例和提案，沙皇审批后颁布施行；国务会议还负责统计国家财政预算和财政执行状况，将信息告知相关部门，处理外交事务，等等。1861 年农奴制改革后国务会议仍是最高立法咨询机构，保留法律司、民事宗教司和国家经济司。

斯佩兰斯基改革还成立大臣委员会。1802 年大臣委员会成立，大臣委员会主要负责协调各部委和大臣的工作。大臣委员会是国家最高行政机构，在沙皇外出时负责管理各部门工作。大臣委员会主席和国务会议主席一般由同一人兼任。大臣委员会事务主要涉及国家安全问题、财政问题、社会问题，以及军事和官员任免等问题。大臣委员会成员包括大臣和副大臣，主席由各部大臣轮流担任，大臣委员会的日常事务由大臣委员会办公厅负责。大臣委员会是国家最高执行机关，个别时期具有立法职能。大臣委员会处理各类事务，但 19 世纪下半叶只是名义上的最高机构。

俄国参政院始建于彼得一世时期，19 世纪初，参政院职能发生变化，系俄国最高司法机构，可对政府机构进行监督，虽然其地位逊于国务会议和大臣委员会，但在国家管理机构中仍有具有重要作用。参政院设院长一人，即司法大臣，参政官若干人，总检察官一人，高等文官若干人，其成员大多都由选举产生。参政院还设最高刑事法院一个，专门负责审判违法的高级官吏和重大国事犯，法院院长由沙皇任命。参政院享有民事、刑事和土地测量事务的最高监察权，还负责监督税收。19 世纪中叶，参政院共有 12 个司，第 1 司主管行政事务，负责颁布法律和监督法律实施，第 2～10 司是最高司法诉讼机构，此外还有两个无正式番号的司。2～5 司设置于圣彼得堡，2～4 司负责民事案件，5 司负责刑事案件，6～8 司设在莫斯科，9～10 司设置于华沙。农奴制改革之后参政院虽然仍是俄国最高司法和监督机构，但其职能和组织机构发生一些变化。农奴制改革后俄国参政院共有 8 个司，沙皇陛下办公厅仍具有一定的独立地位，仍是国家的重要机构。

1861 年工业化开启为俄国资本主义发展创造条件，为适应国内外局势，19 世纪六七十年代亚历山大二世进行地方自治改革。俄国地方自治机构改革是一个渐进的过程，地方自治机构并未覆盖全国各地。1865 年 1 月 7 日，地方自治改革首先于部分省份实行，如沃罗涅日省、喀山省、卡卢加省、科斯特罗马省、库尔斯克省、莫斯科省、下诺夫哥罗德省、诺夫哥罗德省、唐波夫省、哈尔科夫省、赫尔松省、契尔尼戈夫省和雅罗斯拉夫省；1866 年又有 9 个省份建立地方自治机构，分别是弗拉基米尔省、叶卡捷琳诺斯拉夫省、奥廖尔省、萨拉托夫省、辛比尔斯克省、斯摩棱斯克省、塔夫里省、特维尔省和土拉省；维亚特卡省、奥洛涅茨和比萨拉比亚省、沃洛格达省、彼尔姆和乌法省分别于 1867 年、1869 年、1870 年和 1875 年建立地方自治局；1911 年维堡省、沃伦省、基辅省、明斯克省、莫吉廖夫省和波多利斯克省也成立地方自治局；1912 年阿斯特拉罕、奥伦堡和斯塔夫罗波尔省也成立地方自治局。

1905 年革命之前，俄国中央和地方机构大多沿袭 19 世纪的管理模式，20 世纪初国家权力机构也发生变化，具体内容如下。

第一，行政方面，废除大臣委员会，大臣会议成为唯一常设性的最高行政机构，大臣会议由各部大臣，以及与之权力相当的部门首脑组成。大臣会议主席由沙皇从大臣或其他人员中选任，大臣会议主席地位较高，可直接向沙皇转呈奏折。大臣会议的职责如下，一是处理国家最高行政事务；二是组织相关立法会议，颁布法律；三是原大臣委员会的主要事务都由大臣会议处理，大臣会议所行使的职权相当于现代意义上的内阁，但其直接隶属于沙皇，所有官员均由沙皇任免。

第二，立法权由沙皇、国务会议和国家杜马共同行使。1905 年革命后，国务会议也进行改革，对国务会议的人员构成、组织机构和职能都进行改革。国务会议讨论国家杜马的法律方案，实际上其职权远大于国家杜马。国务会议包括全体会议、两个司、两个议事处和国务办公厅，还成立常设和专门委员会。第 1 司负责行政、民事和司法事务，第 2 司负责铁路建设和农民事务。1906 年之后，国务会议一半成员由沙皇任命，另一半成员由贵族、地方自治局、工商业资产阶级和僧侣中选举产生，选举出的国务会议成员任期 9 年，每 3 年选举更换 1/3 成员，沙皇任命主席和副主席各 1 名。

国家杜马与国务会议享有同等的立法权，国家杜马也是重要的立法机构，杜马代表由选举产生，每届杜马的任期为 5 年，沙皇有权在每届杜马法定任期结束前将其解散，但解散杜马前必须指定下届杜马选举和召集时间，杜马会议的法定人数不得小于该届成员总数的 1/3。国家杜马设有代表大会全体会议、常设委员会和临时委员会，此外，还有主席团和办公厅等附属机构。国家杜马的领导人员分别为杜马主席、副主席、杜马秘书长和秘书长助理。主席和副主席任期为一年，杜马的官方领导机构是主席团，处理杜马日常事务。杜马办公厅负责处理杜马的公文事务，杜马办公厅由全体会议和公共事务处、法律处和财政处组成。国家杜马机构还包括警卫队、图书委员会和医疗机构。

一定程度上说，国务会议是议会中的上院，国家杜马则是议会中的下院，一般的立法程序为立法草案由大臣、杜马成员和国务会议提交给国家杜马。国家杜马的决议需经全体会议多数成员投票通过，国家杜马通过的法律草案转交给国务会议，国务会议研究后将通过的草案转交给国家杜马，未被国家杜马或国务会议通过的草案即被否决，经国家杜马和国务会议通过的草案由国务会议主席提交给沙皇。因此，沙皇垄断的立法权力已逐步丧失，国务会议则从过去的咨议机构转变成与国家杜马地位相同的立法权力机构。因诸多著述都涉及上述问题，此处仅做简单分析。

二 工业化推动了俄国教育的发展

亚历山大二世之前，历任沙皇也进行教育改革。1802 年亚历山大一世成立国民教育部，管理全国文化、教育和书刊审查事务。1803 年，俄国成立 6 大教学区，分别为莫斯科教学区、维尔诺教学区、捷尔普茨克教学区、哈尔科夫教学区、喀山教学区和圣彼得堡教学区。莫斯科教学区包括 11 省，圣彼得堡教学区包括 8 个省，每个学区都建立一所大学和若干所学校。1804 年，政府规定国民教育体系包括四个等级，即教区学校、县级学校、专门中学和大学。尼古拉一世十分重视教育，采取诸多措施改善俄国教育状况，1826 年，成立学校建设委员会，专门负责全国从教区学校到大学的各类学校建设工作，由教育部长担任委员会主席。

此时俄国共分为 8 个大的教学区,分别为圣彼得堡教学区、白俄罗斯教学区、莫斯科教学区、哈尔科夫教学区、喀山教学区、敖德萨教学区、维尔诺(维尔纽斯)教学区和捷尔普茨克教学区。1828 年,政府颁布《中学、县级学校和教区学校章程》,重申将学校划分为中学、县级学校和教区学校三种类型,中学仅招收贵族和官员子弟,县级学校招收商人、手工业者和城市居民子女,教区学校学生多为农村子弟。

从 19 世纪 30 年代开始,其他政府机构也积极建立学校,国家财产部创建的学校多在农村。具体而言,1836 年俄国农村学校少于 60 所,1848 年全国农村学校已达 1654 所,学生数量为 4.9 万人;1855 年农村学校数量增长至 2642 所,学生数量为 13.9 万人。亚历山大二世改革前国家财产部所建学校数量为 3000 所,学生数量约为 15 万人。[①] 尼古拉一世统治末期,俄国共有 8 所大学、4 所贵族政法学校、40 所男子和女子学校、59 所中学、43 所士官武备学校、45 所中等教会学校和各类机构创办的 1 万余所中小学校。1856 年,俄国共有初等国民学校 8227 所,学生总数为 45 万人。[②] 1863 年,俄国各类学校的数量已达 3.5 万所,学生近百万人。[③]

俄国国民教育可分为学校教育和校外教育,学校教育包括初等教育、中等教育、职业教育和师范教育。校外教育为针对成人的社会教育,泛指地方自治局为促进社会各阶层的进步而采取的一系列文化措施,如设立图书馆和博物馆、组建成人培训班和出版书籍等,但俄国学校教育是教育改革的重心。1864 年 7 月,政府出台《初等国民教育教学条例》,该条例规定,国民教育部、国家财产部、内务部和其他相关部门都可开办农村学校、教区学校、星期日学校和私人学校。初级学校的教学内容为神学、宗教和非宗教书籍阅读、写作、算术等。政府在每个县成立县级学校委员会,在各省成立省级学校委员会。县级学校委员会包括国民教育部、内务部和教会代表各 1 人,县级地方自治会议议员 2 人、城市

---

① 李青:《1865—1913 年俄国地方自治机构的民生活动》,第 35～36 页。

② Григорьев В. В. Исторический очерк русской школы. М. , Товарищество типографии А. И. Мамонтова, 1900. С. 387.

③ Галкин П. В. Земство и народное образование во второй половине XIX века//Земское самоуправление в России. 1864 - 1918. М. , Наука, 2005. С. 364.

公社代表 1 人；省级学校委员会成员包括主教区的 1 名高级僧侣代表、省长、校长和省地方自治会议议员 2 名。①

亚历山大二世的教育改革包括小学、中学、大学、妇女和成人教育改革。就小学教育改革而言，亚历山大二世颁布《国民小学条例》，条例规定设置国民小学，在国民教育部主管的所有城市、城郊、村镇建立教区小学，私人亦可建立小学；国家财产部、内务部等部委下属机构都可筹集资金建立各类小学；教会也可在城市和乡村依靠各类资金建立东正教小学；政府、城乡社会团体和私人工厂主不能完成全日制学习者，可在周末去业余学校学习。学校课程教学使用俄语，主要课程为神学、读写、算术和文学等，少数民族地区禁止用本民族语言教学。改革后俄国小学数量迅速增加，1880 年欧俄地区有 2.3 万所小学，学生数量为114 万人。②

就中学教育改革而言，1864 年亚历山大二世批准《中学和不完全中学条例》，条例规定中学分为 7 个年级，各省根据自身情况，至少建立一所中学，筹建中学经费主要来自政府拨款、社会团体和各阶层的捐助，中学分为古典中学和实科中学，古典中学课程主要为神学、俄文、文学、拉丁语、希腊语、数学、物理、历史、地理和生物等；实科中学主要课程为神学、俄文、历史、地理、写作、数学、化学、物理、绘图、德语、法语、拉丁语和希腊语等。所有居民子女，无论宗教信仰出身都可进入中学学习，入学前须会俄文读写，完成小学基本教育，一年级学生不得低于 10 岁，学生必须缴纳学费。

就职业教育而言，亚历山大二世改革后，政府开始重视商业教育，因笔者掌握材料有限，仅以商业学校的发展状况加以说明。19 世纪末，俄国商业教育体系最终确立。农奴制改革之后俄国社会经济发展非常迅速，工业化开启后商业人才需求量增加与教育机构毕业生数量有限的矛盾日渐突出，商业教育机构的组建问题迫在眉睫。19 世纪末 20 世纪初在俄国商业教育体系形成过程中财政大臣维特功不可没，商业教育解决

---

① Григорьев В. В. Исторический очерк русской школы. С. 475；Галкин П. В. Земство и народное образование во второй половине XIX века. С. 366 – 367.
② 陶慧芬：《俄国近代改革史》，第 223 页。

了国内私人商业活动中高水平人才的供应问题。商业教育机构包括各部委下属商业大学、私人筹建和资助的商业院校，以及各种培训机构。1905年，教育大臣托尔斯泰伯爵以报告形式将《私人和高等商业教育机构组建规章》呈给沙皇尼古拉二世。1905年12月3日，沙皇正式批准此报告，该报告也可称为非国立教育机构建立的基础，该规章确认了俄国境内成立高等教育机构及私人培训班的合法性。1906～1907年俄国境内新建36所私人大学。[①] 至1917年，俄国已经形成稳固的非国立大学教育体系，该体系由综合性高等教育机构、师范大学、艺术院校、国民经济大学等组成。俄国境内共成立89所非国立高等教育机构，至1917年2月俄国19个城市内共有59所非国立高等教育机构，约占俄国大学总数的50%。[②]

在经济类大学中，商业大学占据主导地位，1913年共有15所高等商业院校，1917年2月降至6所，莫斯科和圣彼得堡各两所，基辅和哈尔科夫各一所，共有8000名大学生。其中，莫斯科商学院规模最大，1913年该学校共有4500名大学生。[③] 高等商业教育由三大学科组成，即经济学、法律和商业科学。早期商学院的教学大纲过于烦琐，如商业院校中不但在法律系传授相关法律知识，经济系也重复授课，此外还增授其他商业知识，增设语言学、教育学、民族学、心理学、哲学、物理学、微生物学和卫生学等课程，后期经过改革，商学院学生素质明显提高。随着社会经济发展，1896～1916年商业教育机构从8所增至602所，其中包括260所商业学校、169所贸易学校、38个贸易班级和135个商业知识培训班。商业教育机构内学生人数也快速增长，1896年商业院校内学生数量为2500人，1899年其数量增至1.1万人，1903年初其数量增至3.2万人。1913～1914学年末商业教育机构各类学生的数量达9.1万名。学生人数快速增长主要源于教育机构数量增加和相应培训机构的开设。[④]

---

① Дмитриев А. Университет и город в России (начало XX века). М., Новое литературное обозрение, 2009. С. 120.

② Солоницын В. А. Негосударственное высшее образование в России. М., МОСУ, 1998. С. 109.

③ Высшее образование в России. Очерк истории до 1917 года. М., НИИВО, 1995. С. 177.

④ Маслов Ю. Н. Коммерческое образование в России в конце XIX – начале XX в. Диссертация. Курск., 2001. С. 20 – 21.

俄国商业教育机构除教育作用外，还具有重要的经济和社会作用。此类院校不但进行商业基础教育，而且培育具有商业知识的综合性专业人才，高等商业学校的另一个重要功能是为中等及普通商业学校培养教师。19世纪末20世纪初，俄国商业学校的建设虽然不够完善，但在为俄国商业领域培养人才方面功不可没。

俄国工业化的成就十分显著，其直接影响为推动工商业的飞速发展，轻重工业都在此契机下蓬勃发展，工业取得骄人成绩，20世纪初，俄国的国民生产总值增速跃居世界第二位，仅次于美国。工业化开启之后，俄国与国际市场的联系日趋紧密，贸易和金融业发展迅速，就贸易而言，不但国内贸易规模逐步扩大，俄国商品在国际市场上也获得一席之地，粮食长期供应至欧洲市场，一段时间内其煤油甚至垄断国际石油市场；就金融业而言，二元制银行体系的建立保障了国内金融市场的稳健发展，随着证券交易量的不断增加，证券市场亦逐步繁荣，金融业开始为经济保驾护航。工业化开启后交通运输革命也逐步深化，俄国迎来两次铁路建设热潮，铁路建设又推动工业化的进一步深化，随着交通运输工具的不断完善，全俄市场也最终形成。此外，俄国工业化的政治文化影响也不容忽视，加速了俄国政治机构和教育体系的现代化进程，工人阶级的影响力逐步增长，开始登上历史舞台。

第五章　俄国与西方工业化的对比研究

工业化是传统农业社会向现代工业社会转变的过程，并不是孤立存在的，而是与城市化和农业现代化等历史进程相辅相成。因地理位置、资源禀赋、交通状况和政治体制等因素的差异，不同国家和地区的工业化起步时间和发展速度各异，工业化前提条件也各不相同，但资源禀赋、前期工业积淀和交通运输条件改善等都十分重要。因此，无论各国工业化模式如何，仍有一些共性可循。前文已经初步分析了俄国工业化的特征和成就，本章以西方主要国家的工业化进程为参照，对比其差异，探寻规律，凸显俄国和西方国家工业化进程的不同之处。

第一节　各国工业化模式概述

18世纪下半叶，主要资本主义国家就开始工业化进程，国情不同，各国家的工业化模式也各异，但仍有一些共同因素促进工业革命的顺利开展。本节重点对主要资本主义国家的工业化模式和特征进行分析，探析其工业化模式的成就和不足。

一　工业化理论简述

现代化是一个国家或地区通过各种方式由传统社会向现代社会转变的过程，它是工业化、城市化、职业化和社会功能逐步完善的总和。现代化是一个漫长的过程，在此进程中经济发展的主要特征如下。一是过渡时间较长，且该过渡具有渐进性特征；二是大多数国家的工业化模式都有前车之鉴，但经济发展过程中不稳定因素过多，其发展并非一帆风顺；三是在过渡过程中逐渐在众多发展模式中选择适合本国的发展方向；四是一段时间内仍保留落后的经济形式，但新经济模式已经萌芽；五是经历长期的博弈后，新经济模式最终成熟；六是旧式生产关系逐步衰落，社会生产关系开始变化；七是居民虽然仍保持传统的价值观和生活方式，但新思想已开始影响社会生活，一般过渡时期为早期工业化的开端。现代化最重要的标志是工业化，也是促进落后国家转变为先进国家的主要手段。工业化泛指大工业的发展进程，也是逐步取代手工业的过程。国外学者认为，工业化是一个漫长的过程，文艺复兴、宗教改革和新航路开辟都是生产力发展、生产方式转变和农业社会过渡到工业社会的基础。

俄国学者将本国工业化划分为如下阶段：一是前工业化时期，为农业社会时期，自然经济占据主导地位；二是原始工业化时期，大型手工工场开始建立，资本主义已经萌芽；三是早期工业化时期，是现代社会的形成阶段，轻重工业部门蓬勃发展，国内外市场进一步扩大，金融市场彻底形成；四是晚期工业化时期，工业化已基本完成，城市化也初步完成，国民总收入中工业的比重远超农业；五是后工业化时期，工业化彻底完成，第三产业蓬勃发展，在国民总收入中的比重不断提升，其产值和就业人数超过工业和农业，经济已由商品经济转变为服务经济。

基于以上理论，可以认为，1861~1917年为俄国早期工业化阶段，诸多工业部门迅速崛起，工业化成就十分显著。除前文阐述的特征外，早期工业化阶段是农业社会向工业社会的过渡阶段，还具有如下特征：一是国民经济中农业所占的比重仍较高，但工农业间联系加强；二是商品生产已达到较大规模，贸易初步繁荣；三是早期工业化时期工业生产模式为城市手工业、小手工业、农民手工业和大工业并存；四是劳动力分工的地区性特征凸显，工业中心已经形成；五是各地商品不只在当地市场销售，还远销至国内外市场，国内商品市场的规模不断扩大，资本和劳动力市场也初步繁荣；六是传统的自然经济模式（农业和手工业生产模式占主导）开始向现代经济模式（大工业占主导）过渡；七是人身依附关系发生变化，居民对市场、货币和商品的依附度增强。

十月革命之前俄国工业化可划分为两个阶段，一是原始工业化阶段，为17世纪至19世纪中叶；二是早期工业化阶段，为1861年农奴制改革至20世纪初。从生产力和生产关系角度说，俄国的工业化还具有如下特征：一是保留了农奴制生产方式，农奴制为旧式生产方式在新生产关系中的寄生创造了条件，进而导致部分生产部门的发展并非以市场关系为准则；二是封建生产关系仍发挥作用，农奴制的后遗症长期存在；三是新式生产关系虽产生，但手工业和现代意义上的大工厂并存；四是雇佣劳动力数量虽然大增，但农业中强制劳动仍长期存在；五是工业部门中新式工业企业与传统的手工作坊相结合。

欧洲最先发生工业革命的国家为英国，随后迅速传播至多个国家，其工业化的主要特征如下：一是各工业部门的劳动方式由手工生产逐步向机械生产转变，机器制造业蓬勃发展，机器在工业和运输业中大规模运用，生产力飞速提升；二是经济结构发生变化，由农业社会开始向工业社会过渡，国民经济中农业所占的比重逐渐降低，工业所占的比重逐渐提升；三是居民数量增加，农业居民的比重明显下降，农业中资本主义生产方式逐渐推广，城市化进程加剧；四是燃料结构发生变化，木柴被石煤等矿物燃料所代替；五是经济改革过程中社会阶层结构不断变化，居民的生活水平明显提高；六是教育水平提升，居民识字率提高，人力资源为工业化成功开启和实施提供了有力保障；七是早期工业化结束后国内建立了现代化的社会和文化秩序。

俄国工业化始于 1861 年农奴制改革，但旧式生产方式仍长期存在，19 世纪七八十年代该特征仍较明显，致使俄国的经济发展水平明显落后于西欧。英国工业革命崛起于臻于成熟的资本主义生产关系的土壤之上，与其相比，俄国的工业化还具有如下特征：一是工业化开启进程较晚；二是工业化前期的社会文化积淀不足；三是工业化所需的内部积累欠缺；四是各地区经济发展不平衡；五是工业中资本主义生产关系与落后的农奴生产模式并行；六是在工业化进程中外资具有重要作用；七是国家作用显著，1880～1890 年的关税保护政策等措施保障了工业化的顺利实施；八是农业焕然一新，19 世纪末 20 世纪初，俄国农业开始由粗放型向集约型生产方式过渡；九是十月革命之前农业在国民经济中的作用一直较为显著，大部分居民从事该行业，在国民收入中所占的比例很高；十是 19 世纪末 20 世纪初的经济改革并不彻底，后遗症明显。因此，20世纪，俄国工业化并未真正完成，经济的快速发展与现代化的社会价值观和行为模式相悖。

二 英美工业化模式

英国是世界上第一个开启工业革命的国家，其他国家都是跟随其脚步相继完成工业化进程的，英国的工业组织形式和市场模式都是其他国家模仿的样本。17世纪，英国开始崛起，在海外侵占了较多的殖民地，为本国工业的发展获取了丰富的原材料和广阔的市场，英属北美殖民地独立后也以英国为模板开始工业化进程。虽然英美两国工业化模式差异较大，但两国具有共同的语言，加上早期的政治和经济联系密切，二者工业化模式具有诸多共性。英美两国工业化的最大差异在于英国是在相对发达的市场经济条件下开启的工业化进程，其广大殖民地为其提供了丰富的原材料和市场；圈地运动又保障了劳动力的供应，资产阶级革命后建立了适合资本主义生产关系发展的政治体制，美国则不具备上述优势，下文主要探讨英国工业革命特征，从而与俄国形成对比。

　　首先，商品性农业的发展为英国工业化奠定了基础，农业资本主义生产关系也逐步向手工业、商业和工业部门渗透。诸多国家在前工业化时期的国民收入都依赖农业，比如英国、美国和中国等。英国东南部地区以平原为主，土地肥沃，适合农作物生长，其气候为海洋性温带阔叶林气候，降水量充足。18世纪，英国农业生产技术不断提高，开始由小农经济向商品经济转变，即便如此，工业化开启之前，农业仍占主导地位。据统计，17世纪末，英国国民总收入为2970万英镑，其中77.8%来自农业，14.1%来自商业，8.1%来自手工业。[①] 随着新航路的开辟和国内外贸易的发展，英国农业与世界市场的联系愈加紧密，农产品的商品率也不断提高。虽然圈地运动造成大量农民无家可归，产生很多后遗症，但在一定程度上促进了英国农业的快速发展。庄园制经济快速普及，英国农业紧跟欧洲毛纺织业步伐，与国外市场联系日趋紧密，谷物大量出口至欧洲市场，羊毛制品也大量出口国外。圈地运动虽然造成数以万计农民流离失所，但破坏了英国农村小农经济的基础，农村封建生产方式逐渐转变为资本主义性质的大地产。随着大土地所有制的诞生，农业革命也相继开展，除资本主义经济模式在农村中推广外，新贵族还注重改善耕作制度，引进新品种，使用农业机器和提高生产技术。随着商品性农业的快速发展，居民的购买力水平不断提高，农业现代化进程开启后农机需求量大增，这些都为工业发展提供了巨大的市场。此外，新贵

---

① Ден В. Э. Каменноугольная и железоделательная промышленность. СПб. , Студ. касса взаимопомощи при Спб. политехн. ин-те имп. Петра Великого, 1912. C. 5 – 6.

族手中聚集大量的资金，因投资工业和金融业的利润十分可观，他们将手中的闲散资金投入工业之中，推动了工商业的发展。18 世纪末，资本主义生产方式已在农业中占主导地位，这使英国农业领先于其他国家。19 世纪初，虽然英国工业的发展速度更快，但农业仍十分发达，粮食基本可以自给。

其次，生产技术提高是工业化顺利进行的动力。英国农业的发展和人口数量的增加为工业提供了广阔的国内市场，殖民地的不断扩张则为本国商品提供了巨大的海外市场。传统的小工业，特别是纺织工业，因运输、资金和原材料等因素的制约不能满足国内外市场的需求，建立大工厂已迫在眉睫。为满足国内外市场的需求，工厂主不断寻求改善生产技术。为获取高额利润，英国工厂主改进生产技术，大规模的机器生产开始普及。1733 年，凯伊发明了飞梭，推动了织布业快速发展。1760 年，哈格里夫斯发明珍妮纺纱机后，纺织业中纱锭的数量大增。1769 年，水力织布机使用后，英国织布业真正步入机械化时期。1799 年，骡机可一次带动三四百个纱锭，棉纱的生产效率大幅提高。英国纺织业技术革命最主要的标志是蒸汽机的发明和使用，蒸汽机可以突破人力、水力和畜力的局限，实现真正的机械化生产。短短数年，英国纺织工业就全面实现了机械化和大工厂生产。工业发展对运输业的要求更高，19 世纪 30 年代，英国出现兴建铁路的热潮，至 50 年代英国铁路网雏形建立。此外，造船业迅速发展，富尔顿发明了蒸汽船，交通运输革命又为工业革命提供了保障。

再次，英国工业化进程中外资作用不大。与其他诸多国家不同的是，英国工业化是依靠本国实力完成的，工业所需资金多源自农业和工商业等部门的原始积累。此外，海外掠夺也是重要的资金来源。很多大工厂是在手工作坊或手工工场的基础上发展起来的，资金大多来源于工厂主早期的原始积累。工厂主还利用延长工时、克扣工资等方式提高工作效率、降低生产成本，借此获取高额利润。

最后，英国工业化推动了本国经济结构的转变。英国工业革命最早发端于纺织业，随着新技术的不断采用和生产成本的降低，其他工业部门的技术革新进程也随之开启，工业革命开始在其他工业部门拓展。纺织业大规模使用蒸汽机后，为提高生产效率，其他工业部门也纷纷效仿，采煤业、冶金业和机器制造业等工业部门开始技术革命，其中煤炭和冶金业最具代表性。以冶金业为例，工业革命之前英国长期从国外进口铁制品，俄国就是其主要进口国之一，工业革命之后英国不但停止从国外进口铁制品，其产品还大量出口国外。18世纪至19世纪末，英国的煤炭产量一直稳居世界首位，煤炭大量出口至国际市场，俄国就是其主要出口国之一。

美国的工业化模式和英国趋同，但美国工业革命的条件优于英国，主要表现如下：一是美国不存在封建生产关系，自然经济的阻碍相对较小，在一定程度上说，美国越过了封建社会直接步入资本主义社会；二是英美两国具有共同的语言和种族渊源，所以英国的经济、政治和文化模式的影响十分深远，英国社会中的新元素可快速传入北美；三是美国工业革命快速发展还得益于其优越的自然条件和丰富的矿产资源，大量移民也是北美大陆开发和经济发展的重要推力；四是政府政策在美国工业化进程中的作用不容忽视，美国独立之后政府为扶持本国工业采取诸多措施，如提高关税、改进生产技术和改善交通运输业等。与英国相比，美国工业革命的资金来源如下：一是奴隶贸易积累了大量的资金，也获得了大量的劳动力；二是掠夺印第安人的土地，获取了大量的原材料和矿藏资源；三是西进运动，推动了工业主早期原始资本积累的进程；四是联邦政府的金融政策，政府资金扶持也是美国工业革命的前提之一。

英国的工业化是通过自身努力不断实现的，具有自发性特征，资本主义政体的建立亦是资本主义生产关系发展的有力保障。基于以上原因，英国模式可称为内生型现代化模式，后期各国的工业化很多是以其为样本的模仿型或应激型工业化模式。因各国国情特殊，不能照抄照搬英国模式，实行完全宽松的自由放任政策，美国的工业化未像英国一样漫长。美国工业化也近似属于内生型的发展模式，在一定程度上说，美国工业化模式可看作英国工业化模式在北美的延伸。

三　法国模式

英国工业革命很快传播至其他国家，欧洲大陆都受其影响，欧洲各国或主动或被迫引进英国的先进技术、模仿英国的工业化模式，进行经济变革；但各国因地理位置、资源禀赋、政治制度、交通运输和民族特征的差异，工业化模式也各异，法国最具代表性。路易十四时期法国雄霸欧洲大陆，但其大国地位已开始下滑，因专制制度十分牢固，法国工业革命的进程明显滞后。18 世纪初，法国人口近 2000 万，工商业十分发达，为欧洲大陆最强大的国家，但国内矛盾也十分突出，如战争导致国家财政长期赤字、民不聊生；此外，法国的封建制度十分牢固，是工业资本主义生产关系发展最主要的障碍，也是法国工业革命进程明显滞后的主要原因之一。法国工业化的主要特征如下。

首先，法国封建专制制度十分稳固，不利于工业化的顺利开启。英国工业革命开启之时法国仍是中央集权国家，专制制度臻于顶峰，各地关卡林立，货币和度量衡并未统一，统一的国内市场并未形成，严重阻碍了商品流通和经济发展。法国等级制度森严，法律禁止各阶层随意流动，第一等级奢华享乐，第三等级生活困难，等级森严的专制制度严重阻碍了工商业的快速发展。法国农民除长期被禁锢于土地上外，徭役也十分严重。贵族拥有大量的土地，不能像英国贵族一样圈地，改良土地耕作制度和引进新技术更无从谈起。此外，城市中中世纪的行会制度仍在，严重制约了大企业的建立和技术革新进程。

其次，法国大革命客观上促进了资本主义生产关系的发展。随着法国国内矛盾的不断激化，18 世纪末法国大革命爆发，虽然造成国内政局长期不稳，但客观上为工业革命扫清了障碍。1789 年《八月法令》规定农民成为自由劳动者，可随意流动，同时颁布一系列法律推动经济发展，如颁布废除国内关卡和统一度量衡等政策来推动国内统一市场的形成。拿破仑帝国建立后，颁布法典扶持工商业发展，保护私有财产，建立法兰西银行巩固金融制度，大陆封锁政策的实施致使法国资本独占欧洲大陆市场。大革命爆发和拿破仑帝国的建立摧毁了旧制度，客观上推动了资本主义经济的发展，但长期动乱致使法国海外殖民地大量丧失，国内外市场规模有限，严重制约了法国工业革命的进程。

再次，法国的工业革命也起源于纺织工业。19 世纪初，法国纺织业快速发展，1806～1808 年，阿尔萨斯省棉锭数量就增加 1 倍，1806～1812 年全国纱锭数量增长 4 倍，诸多地区建立起大型呢绒工厂和棉纺织工厂。此外，铁制品的产量快速增加，为法国工业革命的开展奠定了基础。虽然法国纺织工业有所发展，但传统的手工劳动仍占主导。19 世纪中叶，阿尔萨斯地区才出现大型棉纺织工厂，工业和工人不断集中。19世纪60年代，法国的工业产值虽居世界第二位，工业中也出现了千人以上的大企业，但75%的企业为10名工人以下的小企业，手工作坊还大量存在。同时，因原材料短缺，煤炭长期不能自给，19世纪中叶，法国蒸汽机使用量有限，铁路长度不足1100俄里，上述因素都制约了工业的快速发展。

复次，小企业大量存在是法国工业革命进程缓慢的主要特征之一。与英国的大工厂相比，法国的工厂规模较小，大型企业的形成速度和规模远逊于其他国家。19世纪末，工业革命完成之际法国千人以上的大企业只有近百家，大企业的数量不要说逊于英美等国家，甚至少于俄国。

最后，法国工业革命的特征之一是高利贷资本盛行。高利贷资本发达是法国社会经济发展的一大特征，大革命之前高利贷资本就盛行。工业革命开启后高利贷资本几乎渗透到所有的工业部门，大银行家主要从事有价证券交易，以及对外投机活动，并不注重工业发展。从事高利贷者长期以食利为生，致使法国生产力严重滞后。农村中因高利贷资本盛行，数以万计的小农户沦为无产者，地主并不热衷改善农业耕作技术和引进生产工具，农业资本主义进程十分缓慢。

法国的工业革命历时近百年，且工业革命十分不彻底。法国工业革命真正的突破点始于19世纪五六十年代，动乱和战争的破坏是工业革命长期停滞的主要原因。总体而言，法国工业革命主要经历四个时期，一是执政府和法兰西第一帝国时期；二是七月王朝时期；三是法兰西第二帝国时期；四是19世纪八九十年代。第一时期是原始工业化时期，并未发生技术革命；第二时期法国经济虽稳步增长，但长期低迷，农业生产也严重滞后；法兰西第二帝国时期才是工业革命真正开启之时，铁路长度增加显著，重工业迅速发展，农业也取得一定成就；第四时期法国工业革命取得巨大成就，其工业增长速度超过同期的英国和德国。法国的工业化不像英国和德国一样具有典型性，但融合特征明显，1815～1848年的法国工业革命基本上是英国工业化模式的翻版，第二帝国时期又具有德日工业化模式的某些特征，政府的作用更不容忽视，第三共和国时期又回到第一阶段的老路，因此，法国与俄国一样，长期在二流工业国家的队伍中徘徊。

四　德日模式

西欧主要资本主义国家陆续实现工业革命时，德国仍是封建国家，城市人口数量较少，手工业繁荣，行会制度稳固，经济发展滞后。德国工业化模式的主要特征如下。

首先，德国工业化并未牺牲农业。圈地运动是英国工业化开启的有力保障，圈地运动后资本主义类型农场或者牧场建立，农民也从土地上分离出来，为工业提供充足的劳动力。德国却恰恰相反，在工业化开启过程中政府十分关注农业发展，当其他国家的农产品威胁德国的农业生产时，政府就实施关税保护政策来保障本国农业的稳步发展。1870 年至一战前夕德国的农业快速发展，一是因为农作物耕种面积大幅增加，二是因为农业生产技术不断革新，从而为工业化提供了重要保障，不仅为工业化提供了原料和资金支持，农业机器需求量的增加也推动了工业化进程。

其次，德国没有广阔的海外殖民地，所需资金也多来源于掠夺国内居民，很大一部分资金源于地主解放农奴时获取的赎金——成为德国工业化的重要资金来源之一。贵族除将部分资金用于改善农业生产，将庄园改成资本主义类型的农场或牧场外，还投资于工业，地主手中的资金也因此转化为工业资本，农民因失去土地被迫离开农村到城市中务工。在一定程度上说，德国的工业化是建立在剥削农民的基础之上的，这点与俄国十分类似。

再次，德国交通运输业革命发生的时间和规模都与其他国家不同。英法等国的交通运输革命于技术革命开启之后才陆续进行，但德国工业革命中交通运输革命处于核心地位，铁路最具代表性。19 世纪 30 年代，德意志主要邦国就已开始交通运输革命，至德国统一时其铁路长度已超过英国和法国。此外，德国还注重公路和水路运输，对海上运输也十分关注。交通运输的崛起促进诸多工业部门的发展，相继带动采矿、冶金、煤炭和机器制造业等工业部门，德国经济重心也由轻工业转向重工业，军事工业的发展成就最为显著。值得一提的是，德国的轻重工业比重并未失衡，但重工业的发展规模一直高于轻工业。

最后，政府干预也是德国工业化的主要特征之一。为扶持本国经济发展，德国政府采取的主要措施如下：一是实施保护性关税政策，抑制国外同类产品的竞争；二是兴办国有企业，政府掌控诸多重要的工业部门；三是派遣官员出国考察并学习先进经验，招聘国外工程技术人员。就政府支持程度而言，德意志各邦国中普鲁士的工业保护级别最高，工业革命准备阶段就颁布专利法，此后又颁布铁路法，借此扶持本国工业发展。值得一提的是，德国政府政策中最重要的一项措施是教育改革，一方面大力引进新技术，推进技术研发工作；另一方面普及义务教育制度并设立各类学校，这也是第二次工业革命始于德国的重要原因之一。

19 世纪中叶，日本逐渐沦为半殖民地半封建国家，为挽救民族危机，开始学习西方先进国家的技术和经验，日本的工业化在一定程度上具有"全盘西化"的特征。明治政府先后移植西欧的教育制度进行教育改革，还派遣专业技术人员到西方考察，尤其青睐于德国的政治和经济制度。日本的工业化特征如下：第一，日本并未引进西方的民主政治，而是强化幕府的权威政治；第二，就经济领域而言，日本政府的工业政策包括废除农业中的封建关系、鼓励现代化工业发展和开放口岸发展对外贸易，推动本国资本主义工业的发展；第三，日本因资源贫瘠和资金匮乏，又不希望过多地引进外资，所以将对外扩张作为基本国策，企图通过掠夺资源和资金来发展本国经济；第四，在大肆发动侵略战争的同时，也引进西方国家的资金和技术，亦引入先进的管理经验，发展教育，为日本的工业化提供保障。在这些国家的工业化模式中，德日模式相对比较成功，两国迅速跻身于世界一流工业强国之列。但是，德日模式的弊端也十分突出，即在学习其他国家发展模式之时，并未弃其糟粕，致使两国军国主义思想盛行，最终成为战争的策源地。

第二节　俄国与西方国家工业化模式的异同

因国情差异，俄国与西方各国的工业化模式差异较大，又因篇幅和资料有限不能一一阐述，本节选择重点进行分析。首先，政治制度差异是俄国工业化落后和不彻底的最主要原因，尤其是农奴制和俄国政府政策的多变等因素；其次，与英美两国工业革命不同的是，俄国两次工业革命交叉进行，电力工业最具代表性；最后，经济改革先行，政治改革滞后亦是俄国工业化的主要特征之一。

一　俄国与西方国家工业化的相同点

各国工业化虽然模式不同，但仍具有一些共同特征，综观各国工业化模式，其主要特征如下：一是各国工业化都伴随着铁路建设的热潮；二是农业是各国工业化顺利开启的有力保障；三是大多国家的工业化源于纺织工业。因资料有限，仅对上述几个方面进行分析。

（一）铁路是工业革命顺利进行的前提

交通运输革命是工业化的重要组成部分，亦是衡量一个国家工业化成就的重要指标之一。19 世纪初，主要资本主义国家相继完成第一次工业革命，作为工业革命标志之一的铁路更是蓬勃发展，世界铁路长度由1850 年的 4.3 万俄里增加到 1875 年的 32.3 万俄里，增长 6.5 倍。[①] 铁路是工业的重要保障，即便建设成本较高，各国仍十分重视铁路建设，铁路极大地刺激了生产力的发展，其中重工业发展最为迅速。因此，在工业化开启之后，各国政府都十分重视铁路建设。因资料和篇幅有限，下文以英、法、美、德等国的早期铁路建设状况加以说明。

1. 英国早期铁路建设状况

18 世纪下半叶，英国铁路长度居世界首位。1825 年 9 月 27 日，英国第一条铁路斯托克顿—达林顿铁路通车，全长 61.6 俄里，世界铁路时代由此开启。第一趟列车包括 33 节装载面粉和煤炭的货运车厢，并且除了全体乘务人员还有 450 名乘客，总载重量为 5499 普特。[②] 铁路的修建带动了经济发展，成为推动英国资本主义工商业发展的重要因素。1830~1850年，英国的铁路长度已达 1 万俄里，大规模的铁路建设促进了重工业快速发展，金属产量提高 3 倍。1826~1846 年，英国煤炭和生铁的出口量增加 7.5 倍。19 世纪 40 年代初，英国的采煤量已是法国的 4 倍，为比利时和普鲁士采煤量的总和。1852 年，英国生铁产量约占世界生铁总产量

---

① Соловьева А. М. Железнодорожный транспорт России во второй половине XIX в. С. 82.

② Виргинский В. С. История техники железнодорожного транспорта. М.，Государственн-ое транспортное железнодорожное изд-во，1949. С. 77 – 78.

的52%，而此前英国金属长期依靠进口。[①]

19世纪中叶，英国铁路建设速度明显放缓，但作为世界工厂，英国开始向全世界供应钢轨、机车和输出资本。英国开始参与法国、意大利、西班牙、瑞士、挪威、丹麦、德国、比利时和美国的铁路建设工作，在各国建立铁路公司和股份制企业。19世纪下半叶，英国铁路机车的出口量迅速增加，机车的出口价值由1851年的6万英镑增加到1860年的23万英镑、1870年的48万英镑，即便在1873~1875年的世界经济危机期间，英国机车产品的出口总值仍为37万~44万英镑。世界铁路建设热潮为英国带来高额的利润，英国工业总产值的40%来自其为世界各国提供的铁路建设商品。19世纪50年代是世界铁路建设的繁荣时期，英国生铁产量增加1.0亿普特，其他各国生铁总产量仅增加5499万普特。1860年，英国生铁产量占世界生铁总产量的一半以上，其采煤量为世界总采煤量的70%，世界市场上近一半的棉纺织品也源于英国[②]，英国成为世界工厂。

19世纪初至19世纪中叶，世界各国的铁路长度由9460俄里增长至4.2万俄里，欧洲的铁路长度由3300俄里增长至2.6万俄里。[③] 铁路大规模建设需耗费大量资金，为筹集资金，世界范围内兴起股份公司建立热潮，带动世界金融市场的进一步繁荣。铁路还是英国进行殖民统治的手段。19世纪60年代，英国开始在殖民地建设铁路，在印度和澳大利亚分别建成5500俄里和1100俄里铁路，从而借助铁路有效地控制殖民地。[④]

2. 其他国家的铁路建设状况

巴尔的摩—俄亥俄铁路是美国第一条铁路线，全长107俄里，1831年初正式通车。早期美国铁路质量极差，路基不稳、铁轨质量参差不齐、临时铁路桥众多、机车库和车站设备落后是美国铁路的突出特征，火车时速仅为17~28俄里。即便如此，19世纪下半叶，稠密的铁路网已贯穿整个美国，促进了美国资本主义经济的快速发展。1850~1870年，美国

①　Соловьева А. М. Железнодорожный транспорт России во второй половине XIX в. С. 19.

②　Мендельсон Л. А. Теория и история экономических кризисов и циклов. Т. II. М. , Издательство социально-экономической литературы, 1959. С. 549.

③　Соловьева А. М. Железнодорожный транспорт России во второй половине XIX в. С. 18.

④　Мендельсон Л. А. Теория и история экономических кризисов и циклов. С. 570 – 571.

的铁路长度增长 7.2 倍，由 1850 年的 1.6 万俄里增加至 1870 年的 13.1 万俄里，但主要从英国进口金属和零件修建铁路。① 英国重工业产品充斥美国市场，严重阻碍了美国工业发展，成为美国爆发内战的诱因之一。19 世纪 70 年代初，美国年均投入运营的铁路长度达 1.1 万俄里，铁路建设带动了本国冶金工业的发展。具体而言，1872 年，铁路建设需 3494.9 万普特生铁，老铁路维修还需生铁 5950.6 万普特，美国生铁产量已达 1.1 亿普特，钢产量为 427.7 万普特，基本可以自给。19 世纪 70 年代的铁路建设热潮推动了美国冶金业的快速发展，此期间美国共建成 200 多座使用焦炭冶铁的高炉，采煤量也翻一番。在铁路的带动下，美国工业成就显著，冶金、炼钢、石油和煤炭等新兴工业部门快速崛起，1866～1875 年，美国的采油量就增加 2.5 倍。② 19 世纪 70 年代，无论是工业发展速度，还是工业中的发动机功率，美国都居首位。

1832 年，法国第一条铁路圣艾蒂安—昂德雷济铁路通车，全长 564 俄里。19 世纪 50～70 年代，欧洲大陆主要国家的工业革命蓬勃发展，而法国的第一次工业革命接近尾声，工业生产总值几乎翻一番，但仍明显落后于英国。因铁路建设速度加快，金属需求量大增，1850～1870 年法国钢轨需求量由 2547.9 万普特增加到 7943 万普特，增长 2.1 倍。因本国冶金业规模有限，只能从国外进口金属产品，但同期国内金属产量也日渐提高。③ 19 世纪 50 年代末，因铁路部门利润较高，法国成立 6 家大型铁路公司，分别为北方、东方、巴黎—奥尔良、巴黎—里昂—地中海、南方和西方铁路公司，此后，法国铁路长度迅速增加。

就德国而言，普法战争胜利之后普鲁士的工业面貌可谓发生了翻天覆地的变化。19 世纪五六十年代，德国铁路建设速度和规模虽无法与美国等国家相较，但仍推动了各邦国的经济发展。法国的巨额赔款为德国铁路建设带来便利，1870～1874 年德国铁路长度迅速增加，1.1 万俄里新建铁路通行。19 世纪 70 年代中期，德国投入铁路部门的资金达 75 亿马克，此后又有 350 万马克投入铁路④，铁路建设规模不断扩大。

---

① 　Мендельсон Л. А. Теория и история экономических кризисов и циклов. C. 570 – 571.

② 　Соловьева А. М. Железнодорожный транспорт России во второй половине XIX в. C. 85.

③ 　Соловьева А. М. Железнодорожный транспорт России во второй половине XIX в. C. 85.

④ 　Соловьева А. М. Железнодорожный транспорт России во второй половине XIX в. C. 86.

铁路不但成为重要的交通工具，也促进了各国生产力的深刻变革，推动了国内市场进一步扩展，铁路建设规模还是衡量欧洲各国工业发展速度的重要杠杆。被卷入世界资本主义市场的俄国，也开始大规模建设铁路，促进了其经济的发展。

（二）农业为工业化的基础

在诸多国家的工业化进程中，农业都是早期资本积累的主要方式，英国最具代表性。前工业化时期各国经济的发展对农业的依赖性较强，如需依靠农业和农村获取食物、原材料和市场等。

18 世纪是英国农业革命兴起和农业迅速发展的时期，圈地运动达到高潮，改变了土地所有权和土地经营模式，推动了资本主义农场和牧场的建立。诺福克四圃耕作制度的广泛推广，新作物的不断引入，牲畜品种的不断改良，新型农具的大规模使用，促进了农业的快速发展。农业保障了生产和生活资料供应，为资本主义早期原始积累和国内外市场规模的扩大做出了巨大贡献。英国的农业革命主要体现于圈地运动和农业生产技术提高两方面。英国的圈地运动于 14 世纪开始，至 19 世纪中叶彻底完成，该运动使封建地产遭到严重破坏，资本主义类型的农场或牧场最终建立。在圈地运动过程中，大批农民失去土地，沦为雇佣劳动力，为工业提供了劳动力。与此同时，农业生产技术也得到了改进，其主要表现如下：一是各地纷纷采用三圃或四圃轮作方式取代传统的休耕制度；二是引进诸多新作物，如马铃薯等；三是改良牲畜种类，养羊业最具代表性；四是农业生产技术水平不断提高，脱粒机和收割机等新型机器逐步推广。到 19 世纪中叶，英国的农业机械化水平已经很高。基于以上因素，英国农产品的产量大幅提高，谷物产量由 1700 年的 1300 万普特增加至 1750 年的 1500 万普特、1800 年的 1900 万普特、1820 年的 2500 万普特，粮食除满足本国居民的需求外，还出口到国际市场。①

英国工业革命开启之后，城市化水平不断提高，大量居民由农村转移到城市，这致使农业发展受限，开始从国外进口粮食。即便如此，19世纪初，英国的粮食基本可以自给，农业仍是国民经济中的最重要的部门之一，占国民收入总值的 1/3，其重要性不言而喻。农业对英国工业

---

① Phylis Deane, "The First Industrial Revolution", Cambridge, 1979, p. 63 – 65.

的主要影响如下：一是农业生产力水平大幅提高后，农产品价格降低，工人的实际收入增加，购买力水平提高，商品需求大增，一定程度上带动了工业的发展；二是农业为资本主义工商业发展提供充足的粮食，保障人口的持续增长和劳动力的供应；三是商品性农业的发展增加了地主的收入，保障了资本主义的原始积累过程，地主将资金投向工商业、采矿业和金融业等部门，又进一步推动了各工业部门的发展。

商品性农业发展亦是俄国工业化的前提之一。15 世纪下半叶至 17 世纪，农业仍是俄国最主要的经济部门，虽然农业生产技术革新缓慢，但生产力仍有所提升。三轮耕作制度已在全俄普及，肥料也逐渐运用到农耕之中，粮食产量大幅增加。16 世纪下半叶至 17 世纪，俄国主要的农业区已开始专业化生产，中部黑土区和伏尔加河流域部分省主要生产粮食，西部和西北部地区各省主要生产经济作物，即亚麻和大麻。与西欧不同的是，俄国农业生产力水平不断提高的同时封建土地所有制逐步强化，国家需要强大的军队，而政府缺乏召集军队的资金，因此将土地分配给领主，领主为大公提供资金和召集军人，领主土地所有制得以巩固。

18 世纪下半叶，随着城市经济的发展和手工工场数量的增加，农产品的销售市场迅速扩大，不但在国内销售，还大量出口至国际市场，主要出口国为英国。出海口的获得为俄国农产品和谷物的出口带来契机，农产品商品率不断提高。18 世纪末，俄国农业播种面积扩大、南部和东部地区新土地不断开发、犁和有机肥料大规模使用，经济作物广泛种植，都促使农业快速发展。为提高农产品商品率，部分地主开始改善农业生产技术，但因农业以农奴劳动为基础，效果有限。

19 世纪初，俄国农业与市场的联系愈发紧密，富农开始发展手工业，从事大麻和亚麻手工业加工，发展畜牧业，种植蔬菜等经济作物。富农还创办各类手工作坊和手工工场，部分贫苦农民也从事小手工业生产。19 世纪中叶，俄国农业快速发展，资本主义生产关系逐渐在农业中普及。

商品性农业发展是俄国工业化的有力保障，其主要影响如下：第一，农业完成了由自然经济向商品经济转变的过程；第二，农业生产技术提高，使其成为工业革命的有机组成部分；第三，商品性农业发展加速了资本主义早期资本积累的进程，农业发展又推动了工业化的进程；第四，农产品价格降低后居民的实际购买力水平提高，工业品销售市场扩大；第五，农业发展保障了工业所需的原材料和劳动力。

（三）多国的工业化始于纺织工业

众所周知，英国工业革命始于纺织工业。1773 年，凯伊发明了飞梭，改造了织布机；1760 年，哈格里夫斯发明了珍妮纺纱机，纱锭数量迅速增加；1769 年，阿克莱特发明了水力纺纱机，用水力取代手工劳动，此后英国棉纺织业开始步入机械化生产时期，棉纺厂数量大幅增加；1779 年，克朗普顿发明骡机，用水力做动力，棉纱质量不断提高，产品价格不断降低。第一次工业革命的标志为瓦特发明蒸汽机，1769 年瓦特就发明了单动式蒸汽机，1782 年又发明了复式蒸汽机，该机器突破了人力、畜力和水力等动力的局限性，推进蒸汽动力大规模使用。蒸汽机的广泛推广使工业生产的组织形式发生变化，由手工工场逐渐过渡至现代意义上的大工厂。在纺织工业技术革新的过程中，生产效率和产品质量不断提高，生产成本降低，产品价格下跌，这些促使英国纺织产品的竞争力大幅增强。

随着棉纺织工业的发展，英国棉纺织品的年均产值由 1772～1774 年的 420 万英镑增加至 1815～1817 年的 9970 万英镑、1849～1851 年的 6.2 亿英镑，可见棉纺织工业的成就。棉纺织工业的发展引发诸多连锁反应，蒸汽机被迅速应用到纺织业外的其他工业部门。19 世纪 20 年代，英国的工业品出口量不断提高，工人数量大幅增加，工厂的规模不断扩大。以煤炭工业为例，随着工业化的开启和蒸汽动力的广泛使用，英国的采煤量迅速增加，仅英国中部地区的煤炭产量就由 1815 年的 7.9 亿普特增加至 1830 年的 18.3 亿普特、1850 年的 639.7 亿普特。[①] 19 世纪上半叶，英国的采煤量是世界其他国家采煤量的总和，至 1898 年英国的采煤量一直居世界首位。[②]

就冶铁业而言，1780 年，英国的铁制品产量远逊于俄国，甚至落后于法国；工业革命开启后英国冶金业迅速发展，1848 年英国的铁制品产量已是其他国家的总和，其采煤量为世界采煤总量的 2/3，棉布产量占世界总产

---

① 陈晓律：《世界各国工业化模式》，南京出版社，1998，第 73～74 页。

② Ден В. Э. Каменноугольная и железоделательная промышленность. С. 5 - 6.

量的 1/2 以上。1801～1851 年，英国的国民生产总产值增长 125.6%，1851～1901 年增长 213.9%，1700～1780 年工业的年均增长率约为 1%，1780～1870 年已超过 3%。① 英国是世界上第一个完成工业化的国家，其模式成为多个国家效仿的对象，但各国均有其特殊性。

二　俄国与西方国家工业化的不同点

俄国工业化虽与西方国家有相似之处，但其自身特征也较为明显：首先，政治制度差异不容小觑，在专制制度影响下俄国工业化模式的独特性凸显；其次，两次工业革命同时进行为俄国工业化的特征之一；最后，西欧大多数国家都是资本主义制度确立后才开始工业化进程，但经济改革先行、政治改革滞后是俄国工业化乃至现代化的重要特征之一。

（一）政治制度的差异

第一次工业革命正式开启之前，诸多西方国家都陆续完成资产阶级革命，如 17 世纪初，尼德兰革命完成后建立了世界上第一个资本主义国家荷兰，英国也于 1689 年完成资产阶级革命，建立资产阶级君主立宪制政体。美国独立战争后也建立资本主义共和制政体。19 世纪 70 年代，德国统一之后虽然国王仍掌握诸多权力，但首相的地位得以巩固；明治维新之后日本也走上了资本主义道路。与上述国家相比，农奴制改革后俄国资本主义经济虽快速发展，但十月革命之前俄国一直是君主专制国家，沙皇独揽国家的一切大权。

随着海外贸易的蓬勃发展和早期资本积累的不断增加，英国资本主义生产关系迅速发展；资本主义发展又促使资产阶级和新贵族形成，为维系其共同利益，国内矛盾进一步激化，最终英国于 1640 年爆发了资产阶级革命。1688 年的光荣革命标志着英国资产阶级革命的结束，1689 年《权利法案》颁布后英国确立了君主立宪制政体，从而为英国工业化的顺利开启提供了有力保障。英国工业化开启之前，资本主义的原始积累已达到一定的规模，手工工场林立；圈地运动又为资本主义发展提供了充足的劳动力，保障了工业发展所需的劳动力资源；光荣革命的完成更是为资本主义发展保驾护航；殖民地为英国资本主义发展提供了丰富的

---

① 钱乘旦、许洁明：《英国通史》，上海社会科学院出版社，2012，第 221 页。

原料和广阔的市场。总体上看，随着资本主义制度的确立和资本主义生产关系的发展，英国的工业革命取得了非凡成就。

北美独立战争为英属北美13块殖民地反抗英国统治、争取民族独立的革命战争，又称美国革命战争或美国革命，其直接原因为反抗英国的经济政策，最终由经济和政治斗争发展为武装斗争。1773年的波士顿倾茶事件为北美独立战争的导火线，1783年《巴黎条约》的签订为北美独立战争的终结。独立战争结束后美国确立了资本主义政体，在丰富的自然资源、大量移民、外资和技术等因素的共同作用下工业化得以顺利实施，可以说，资产阶级政体的确立也是美国工业革命的前提之一。

19世纪初，俄国封建农奴制生产关系就已开始瓦解，商品经济不断发展，资本主义萌芽已在农村中产生，封建农奴制成为资本主义经济发展的主要阻力，生产力与生产关系的矛盾异常激化。与西方国家不同的是，工业化开启之时俄国并未确立资本主义政体，1861年农奴制改革只是一场自上而下的资产阶级改良运动，之所以说具有资产阶级性质，是因农奴制改革客观上否定封建制度，一定程度上肯定了资本主义制度，为俄国资本主义工业发展提供了大量的劳动力和广阔的市场；之所以说具有封建性质，主要在于农奴制改革的主观目的是维护专制制度，仍保留了大量农奴制残余。虽然农奴制改革保留了大量的农奴制残余，但顺应了历史发展的潮流，符合资产阶级的利益和要求，为资本主义发展开辟了道路，加速了俄国社会阶层的分化和重新组合。农奴制改革是典型的政府行为，具有应付危机的性质，后期因国内形势的逐步严峻，政府又开始推行反动政策。俄国与西方政治制度的差异在于英美两国在工业革命蓬勃发展之时资本主义制度已彻底建立，可为资本主义工业发展保驾护航，俄国工业化开启之时虽也进行了资产阶级的改良运动，但并未确立资本主义政治体制。

（二）两次工业革命交叉进行

第二次工业革命开启之后人类进入了电气时代，内燃机的发明和使用更是让大工业步入全新阶段，在此基础上各工业部门蓬勃发展，第二次工业革命过程中科学和技术紧密结合，自然科学的诸多理论直接用于实践。第二次工业革命开启之时，除英国和美国已完成第一次工业革命外，法国的第一次工业革命接近尾声，其他国家大多都处于第一次工业革命的高潮期，因此诸多国家两次工业革命同时进行，俄国就是如此。

第一次工业革命期间崛起的主要工业部门为纺织工业、机器制造业、交通运输业和煤炭工业，第二次工业革命开启之后一些新工业部门蓬勃发展，如电力工业、化学工业、石油工业和汽车工业等。此外，部分旧工业部门的生产技术也不断革新，冶金工业最具代表性。与日德等国一样，俄国也是两次工业革命交叉进行，诸多工业部门都具有此特征，本部分以电力工业为代表进行分析。

19世纪末，俄国电力工业发展迅速，80年代电灯发明之后已建立工厂生产白炽灯，但因生产技术落后无力与国外同类产品相竞争，白炽灯生产厂家纷纷倒闭，如1900年俄国的电灯需求量约为400万个，但大部分由国外进口。第二次工业革命带动了发电机制造业的发展，19世纪90年代，西梅尼斯工厂和圣彼得堡科里斯克工厂就开始生产发电机，1900年，又成立3家工厂专门生产发电机（两家位于波罗的海工业区，一家位于莫斯科）。在俄国电力工业发展过程中巴库电力工业居功至伟，直接推动了石油工业的发展。电力发动机用于巴库石油钻探业务后，为保障电能的供应，1897年巴库地区建立第一家发电站，为油田和工业企业供电，此后还成立电力公司保障石油企业的电能供应，至1900年巴库地区已有5家电站，专门为石油企业供电。①

20世纪初，电力更广泛地应用于石油工业。1903年，格罗兹尼油田的阿赫维尔多夫工厂也开始使用发电机采油，同年该地区成立希比斯发电站，此后格罗兹尼油田的发电量大幅增加。1906年、1910年和1911年巴库油田的电力消耗量为2038万千瓦时、3746万千瓦时和1.4亿千瓦时。1911年使用电力发动机采油的油田比例已达26%，使用蒸汽发动机采油的油田比例为58.2%，电力工业对石油工业的影响可见一斑。② 20世纪初，巴库地区的发电量大增，1908年巴库油田的发电量约占全俄总发电量的1/3，除一部分用于企业和居民日常照明外，大部分电力用于石油开采、钻探和加工业务。俄国电力工业虽然相对滞后，但其发展速

① Ахундов В. Ю. Монополистический капитал в дореволюционной бакинской нефтяной промышленности. С. 12.

② Лисичкин С. М. Очерки по истории развития отечественной нефтяной промышленности. С. 151，156.

度较快，电力工业除改善了居民的日常生活外，还促进了其他工业部门的快速发展。

19世纪末，发电机已广泛用于工业企业，俄国发电机的总功率明显增加，总功率由1900年的8231马力增加至1908年的7.8万马力，增长847.6%。与1897年相比，1908年俄国发电站的数量已从21家增至46家，工人数量由717人增至3134人。1908年，电站内发动机的功率已达13万马力，同期发电量价值由1897年的195.5万卢布增至1908年的1463万卢布。[①] 1908年，俄国50家电站的供电量达17.5亿千瓦时，5家圣彼得堡电站和1家莫斯科电站的发电量就为8.6亿千瓦时，约占总发电量的50%。3家巴库电站的发电量为3.5亿千瓦时，其余电站的发电量有限。

20世纪初世界经济危机期间，俄国电力工业虽经历短暂的停滞期，但仍有所发展。具体而言，电动机、变压器和其他电力设备的产品价值由1913年的448.0万卢布增至1916年的764.6万卢布。电话和电报仪器产品的价值由1913年的99.8万卢布增至1916年的149.8万卢布。无线电设备和仪器的产量也有所增加，此类设备产品的价值由1913年的19.6万卢布增至1914年的359.8万卢布、1915年的1200.2万卢布、1916年的1847.0万卢布和1917年的3321.0万卢布。[②]

（三）经济改革先行，政治改革滞后

1861年农奴制改革之后俄国工业化正式开启，但政治现代化进程并未跟进。20世纪初，俄国的最高国家机构具有咨议性质，并无实权，只有沙皇享有完全的立法权和行政权。尽管存在与西方国家相近的中央部委，但并非真正意义上的现代政体。加上国家机构重叠，职能混乱，事务庞杂，各部门间缺乏统一的协调机制，因此，官僚机构办事效率十分低下。随着国内外政治经济形势的变化，君主专制制度已不能适应社会发展需求，十二月党人起义后的近百年间，沙皇专制制度遭受日益严重的挑战，克里米亚战争后俄国政府进行自上而下的改革，但也只能延缓

---

①　Кафенгауз Л. Б. Эволюция промышленного производства России. (последняя треть XIX в. –30 – е годы XX в.). С. 81

②　Кафенгауз Л. Б. Эволюция промышленного производства России. (последняя треть XIX в. –30 – е годы XX в.). С. 188.

专制政府灭亡的时间。20世纪初，俄国专制制度已是强弩之末，国内矛盾日趋激化，加上经济危机波及范围广，持续时间长，工人运动不断爆发，大规模农民起义也随之而来。为转移国内矛盾，俄国政府试图发动对外战争转移视线，但日俄战争失败让百姓丧失对政府的最后信心，国内矛盾进一步加剧，1905年爆发革命。

为缓解国内矛盾，挽救专制制度，1905年3月尼古拉二世签署诏书，委托大臣布里根拟定成立具有咨询权的杜马法案，以平息百姓不满情绪，瓦解革命力量。同年8月沙皇正式颁布《国家杜马章程》和《国家杜马选举法》，随着国内革命形势的变化和社会各界的反抗，12月末俄国政府颁布新版《国家杜马选举法》，1906年3月颁布重新修订的《国家杜马章程》和《国家会议章程》，随后又颁布宪法性文件《国家根本法》，根据上述法令，沙皇决定进行政治体制改革。

1906年第一届国家杜马召开，5月第一届国家杜马通过杜马行动纲领，主要内容如下：一是解决土地问题，主要方式是强制进行土地国有化；二是取消国务会议，建立对国家杜马负责的内阁；三是改革选举制度，实行普选制；四是停止一切非常法，实行政治大赦，废除死刑；五是实现公民平等，消灭等级限制和废除特权；六是司法权独立。因杜马的纲领与沙皇意图相悖，第一届杜马仅存在72天就被解散。

1907年1月，开始第二届杜马的选举工作，主要讨论国家预算、人民权力、监狱和废除死刑等问题，斗争的焦点为土地问题，但就土地问题仍未达成任何协议。1907年6月，因政府就土地问题难以和杜马达成协议，尼古拉二世遂寻找借口解散国家杜马，保安部门捏造罪名，诬陷社会民主党杜马代表团蓄谋发动政变，并要求审判社会民主党代表，6月3日发表宣言解散国家杜马，第二届杜马存在103天就被解散。

第二届杜马解散之后俄国建立六三政体，六三政体即六三政变后在俄国建立的地主和资产阶级联合专政的形式，不仅是指第三、四届国家杜马的内部机构，亦是1907年以来俄国政治制度的总和。6月3日俄国政府颁布《第三届国家杜马选举条例》，农民和工人复选人数减少一半，地主和资产阶级复选人数大增，保证地主和资产阶级在第三届国家杜马中的主导地位。六三政变标志着1905～1907年革命的失败，斯托雷平反动时期由此开始。第三届杜马于1907年11月开幕，也被称为听命于斯托雷平的国家杜马。第三届杜马存至 1912 年 6 月，完成 5 年任期，其间共召开 5 次定期例会，621 次小型会议。共审核 2432 项法案，通过法律 2197 项，被国务会议否决的提案仅 32 项，返回杜马的提案 26 项，经委员会讨论未被通过的仅有 3 项，国务会议不予审核的提案 37 项。[①] 第三届杜马中土地问题仍占重要地位，此时正值斯托雷平土地改革，颁布《十一月九日法令》，该项法案提交杜马审议经过长达半年的讨论、修改和补充，杜马最终通过，经国务会议批准和沙皇签署后正式以法律形式颁布，土地问题表面得以解决。

1912 年第三届杜马任期届满，沙皇颁布赦令解散杜马，同年 10 月进行第四届杜马的选举，11 月第四届国家杜马开幕，第四届杜马讨论的主要问题仍是土地、工人、民族和国家制度民主化等问题。一战爆发后第四届杜马开始与政府合作。1917 年 2 月，尼古拉二世颁布终止第四届国家杜马的法律，随后成立国家杜马临时委员会，第四届国家杜马届满后被资产阶级临时政府解散。虽然 20 世纪初为缓解国内危机俄国也进行了政治改革，但其目的仍是维系专制制度和沙皇统治，仍是资产阶级改良运动的继续，这也从一个侧面反映了俄国的政治改革明显滞后于经济改革。

三 工业化范式对比

19 世纪末 20 世纪初，俄国工业革命基本完成，生产力快速发展，工业化开启后机器制造业、冶金业和矿物燃料业等部门都蓬勃发展，各部门都采用资本主义生产模式，取得了显著成就。在能源工业的推动下，19 世纪 90 年代俄国燃料结构矿物化最终完成，矿物燃料成为工业和交通运输业的主导燃料，亦是俄国工业革命基本完成的标志之一，也是衡量俄国工业化成就的重要指标。与西方国家相比，俄国工业化既有普遍性也具有特殊性，为更好地分析俄国工业革命的特征，本部分主要研究英、法、德等国家的工业化模式及其特征，并进行对比分析。

第一，俄英对照。英国是工业革命的发起国，亦是世界各国工业化的楷模，俄英最突出的区别是英国工业化属于内源性工业化，而俄国属于外延性工业化。英国作为工业化的先驱，无经验可借鉴，在资本主义

---

① 陶慧芬：《俄国近代改革史》，第 371~372 页。

生产关系深入城市和农村之后，通过圈地运动，利用资本主义的原始积累，首先在纺织业开展变革，进而带动诸多工业部门发展，走上工业化道路。而俄国资本主义生产关系薄弱，只能借鉴其他国家的先进经验，吸引外资，外资和国外技术都是俄国工业化顺利完成的助推器。政府在俄英两国工业化进程中作用差异较大，英国工业革命进程中政府的作用较小，为自发性的经济变革；俄国工业化是在政府扶持下进行的，政府的作用不容忽视。此外，外资在两国工业化中的作用差异也较大，英国工业化主要依靠本国居民的原始积累和海外掠夺，而俄国工业化中外资发挥了较大的作用。即便如此，俄英两国工业化模式也具有一定的趋同性，主要表现如下。一是农业在两国工业革命中都发挥了较大作用，不但促进了资本主义的原始积累，还促进小农经济向资本主义商品性农业的转变。英国的圈地运动将农民驱逐出土地，为工业发展提供了大量的劳动力和广阔的市场；1861 年农奴制改革后，俄国农民因无力承担高额赎金，不得已纷纷外出务工，也同样为工业化提供了资金和市场，二者的区别在于俄国农民与农村的联系十分密切，不愿彻底脱离与农村的联系，英国农民与农村的联系完全中断，彻底成为产业工人。二是纺织业都是工业革命的先导。

第二，俄法对照。俄法两国作为雄霸欧洲大陆的两个大国，在工业革命乃至整个现代化进程中具有惊人的相似性，主要相似点如下。一是两国封建专制制度十分稳固，法国封建制度的顽固性丝毫不逊于俄国，等级制度森严且阶层分化严重，但法国人民的革命意识远高于俄国农民。俄国村社的稳固性较强，人民对于沙皇十分拥戴。二是俄法两国的工业化都起源于纺织业，两国都借鉴英国的先进经验，建立了诸多大型呢绒工厂和棉纺织厂，纺织业技术革新也随之而来。三是大工业与小手工业并存是两国工业化进程的又一特征，法俄两国大工厂的规模严重滞后，远逊于英美两国，同时大小手工业长期并存，小手工业一度成为俄国大工业发展的阻力。四是工业化进程中铁路发挥了巨大作用，成为工业化的重要推力，保障商品流通和巩固国内外市场。五是两国工业化都具有落后性和不彻底性特征，致使两国长期徘徊于二流工业国家队列。两者工业化的不同点如下。一是法国高利贷资本盛行，高利贷资本渗透至大部分工业部门，这是法国工业革命最显著的特征之一；二是政府政策多变，各沙皇对俄国工业革命态度差异较大，而法国则在不同时期采取不同的工业化模式。

第三，俄德对照。二者工业化模式相似点甚多。一是农业至关重要，为工业发展提供必要的资金、市场和劳动力；二是交通运输革命为工业化创造了条件，尤其是铁路建设，保障了国内市场范围和规模的进一步扩大，亦保障商品流通和货物运输；三是赎金都是双方资本主义原始积累的源泉之一，农民缴纳赎金成为俄国工业化重要的资金来源，德国的农民赎金也为工业革命提供了重要保障；四是政府的作用不容忽视，政府采取各种保护措施扶持本国工业发展，包括保护性关税政策和引进外资。两者工业化的不同点如下：一是德国十分重视教育；二是德国军国主义思想的影响不容忽视。

第三节　俄美工业化成就比较

19 世纪下半叶至 20 世纪初是俄美两国经济发展的转折期，1861 年农奴制改革后俄国国内市场不断扩大，雇佣劳动力数量大幅增加，经济快速发展；19 世纪 60 年代，美国南北战争结束后全美市场初步形成，黑人奴隶获得自由为工业提供了所需的劳动力，美国经济蓬勃发展。因工业化涉及的工业部门众多，本部分仅以能源工业为例进行分析，对比两国工业化的成就。

一　俄美两国能源工业总体概述

第一次工业革命爆发后，主要资本主义国家的能源工业都快速发展，煤炭工业取得的成就最为显著。19 世纪，英国采煤量最高，1898 年前，其采煤量一直居世界首位。英国煤炭工业改变了本国经济面貌，为第一次工业革命奠定了基础。[①] 19 世纪下半叶，美国能源工业快速发展，采煤量逐年增加，1899 年其采煤量已超过英国，跃居世界首位。

美国工业化真正勃发于南北战争之后，4 年内战给经济社会造成了巨大破坏，内战之后在政府的扶持下，经济快速发展。美国政府扶持工业发展的主要措施如下：一是实施关税保护政策，如 1861 年美国国会通

---

① Ден В. Э. Каменноугольная и железоделательная промышленность. С. 5–6.

过《莫里尔关税法》，大幅提高冶金产品的进口关税，1862~1864 年又 4 次提高关税；二是为扶持工商业发展，美国国会废除煤炭、冶金和纺织等工业部门的国产税，工业主的税额大幅降低；三是 1863 年美国国会通过《国民银行法》，保障了金融系统的稳健发展，借此扶持工商业；四是政府大规模修建铁路促进全美统一市场的形成；五是内战之后美国废除奴隶制，为工业发展提供了大量雇佣劳动力；六是南部各州的棉花大量供应至本国市场，促进美国纺织工业的进一步崛起。

美国内战之后经济快速发展，由农业国转变为工业国。1894 年，美国的工业产值居世界首位，工业化成就显著。美国工业化开启之后，各工业区的规模不断扩大，内战之前主要工业区集中于新英格兰等大西洋沿岸中部地区。内战后，中西部和南部地区建立了诸多工业区，其中五大湖工业区的作用最为显著，成为重要的生铁、钢轨和农机等产品的生产基地，工业中心开始向西部地区转移。1898 年美国的工业产值占其工农业总产值的 3/4 以上，工业化成就十分显著。因煤炭是第一次工业革命的主导燃料，本部分以各国的采煤量佐证其工业发展状况，19 世纪 50~80 年代，世界主要国家的采煤量详见表 5-1[①]。

表 5-1 19 世纪 50~80 年代世界主要国家的采煤量

单位：百万吨，%

国家	19 世纪 50 年代		19 世纪 60 年代		19 世纪 70 年代		19 世纪 80 年代	
	产量	比例	产量	比例	产量	比例	产量	比例
英国	4980	64.6	8330	60.4	11220	51.0	14930	41.3
美国	813	10.5	1540	11.2	3680	16.7	7170	19.8
德国	680	8.8	1700	12.3	3400	15.5	5910	16.4
法国	450	5.8	847	6.2	1320	6.0	1940	5.4
奥匈帝国	203	2.6	360	2.6	920	4.2	1930	5.3
比利时	590	7.7	980	7.1	1370	6.3	1690	4.7
俄国	—	—	30	0.2	70	0.3	2570	7.1
总量	7710	100	13780	100	21980	100	36140	100

---

① Бакулев Г. Д. Развитие угольной промышленности Донецкого бассейна. М., Гос. изд-во политической лит-ры, 1955. С. 67.

就煤炭工业而言，美国煤层不仅分布广泛，且距地表近，蕴藏浅，部分地区的煤层甚至直接裸露于地面，开采成本很低。英国的煤矿开采条件相对复杂，18 世纪，英国矿工就已在 400 英尺的地下采煤。美国的采煤量在工业革命开启后开始迅速增加，1822～1850 年美国采煤量增长 118.7 倍；1851～1900 年又增长 29.9 倍。英国因国土有限，土壤相对贫瘠，采煤量增长速度明显放慢。① 南北战争之后，美国采煤量增加主要依靠西部地区，主要在于该地区煤炭存储量巨大，煤层较厚，且容易开采。

美国 80% 的煤炭分布于 7 个大煤田，如东部阿巴拉契亚山附近各煤田的商业价值最高，中西部的下伊利诺煤田的采煤量逐年增加，西部东堪萨斯和南堪萨斯地区各煤田以煤层沥青含量高而闻名，后因石油工业崛起，该地煤炭工业的发展速度放缓。19 世纪下半叶，俄国煤炭工业取得骄人成绩，1850～1900 年采煤量虽然增长 278 倍，但仍远逊于英国和美国。② 19 世纪下半叶至 20 世纪初，俄美两国的采煤量增速详见表 5－2。

表 5－2　19 世纪下半叶至 20 世纪初俄美两国的采煤量增速③

单位：%

年份	俄国	美国
1859	—	112
1860	—	93
1861	129	113
1862	90	106
1863	104	122
1864	111	111

---

① Ден В. Э. Каменноугольная и железоделательная промышленность. С. 36；Дьяконова И. А. Нефть и уголь в энергетике царской России в международных сопоставлениях. С. 41.

② Ден В. Э. Каменноугольная и железоделательная промышленность. С. 36；Дьяконова И. А. Нефть и уголь в энергетике царской России в международных сопоставлениях. С. 42；Бакулев Г. Д. Развитие угольной промышленности Донецкого бассейна. С. 67.

③ Дьяконова И. А. Нефть и уголь в энергетике царской России в международных сопоставлениях. С. 42－43；Фомин П. И. Горная и горнозаводская промышленность Юга России. Том I. С. 25－28.

年份	俄国	美国
1865	96	101
1866	119	122
1867	96	106
1868	103	107
1869	134	100
1870	115	100
1871	120	142
1872	131	110
1873	107	112
1874	110	91
1875	132	99
1876	107	102
1877	98	96
1878	141	118
1879	116	105
1880	113	120
1881	106	122
1882	108	112
1883	106	104
1884	98	104
1885	109	93
1886	107	102
1887	99	115
1888	115	114
1889	120	95
1890	97	112
1891	104	107
1892	111	106
1893	110	102
1894	115	94
1895	104	113
1896	103	99

续表

年份	俄国	美国
1897	119	104
1898	110	110
1899	113	115
1900	116	106
1901	102	109
1902	100	103
1903	108	118
1904	110	98
1905	95	112
1906	116	105
1907	123	116
1908	100	87
1909	100	111
1910	96	109
1911	114	99
1912	110	108
1913	115	107

　　总体而言，19 世纪俄国石油工业却可与美国一较高下。19 世纪下半叶至 20 世纪初，俄美两国采油量增速详见表 5 - 3。

表 5 - 3　19 世纪下半叶至 20 世纪初俄美两国采油量增速[1]

单位：%

年份	俄国	美国
1859	99	200
1860	95	250
1861	100	423
1862	100	147
1863	154	85

---

[1]　Дьяконова И. А. Нефть и уголь в энергетике царской России в международных сопоставлениях. С. 44 - 46.

年份	俄国	美国
1864	158	81
1865	103	118
1866	125	144
1867	144	93
1868	74	109
1869	229	116
1870	101	125
1871	81	99
1872	112	121
1873	262	157
1874	123	110
1875	121	109
1876	205	76
1877	128	146
1878	133	115
1879	114	129
1880	105	132
1881	165	105
1882	126	110
1883	116	77
1884	149	103
1885	129	90
1886	107	128
1887	130	101
1888	114	98
1889	105	127
1890	118	130
1891	121	118
1892	105	93
1893	113	96
1894	92	102
1895	127	107

年份	俄国	美国
1896	102	115
1897	109	99
1898	115	91
1899	108	103
1900	114	111
1901	112	109
1902	95	126
1903	94	113
1904	103	116
1905	67	115
1906	109	94
1907	116	131
1908	102	107
1909	106	103
1910	104	114
1911	96	105
1912	101	101
1913	99	111

二　俄美石油工业之比较

人类使用石油由来已久，古代石油主要作为取暖和照明材料使用，大多用于家庭取暖。据俄国史料记载，基辅罗斯时期乌赫特河口居民就使用石油取暖和充当润滑材料，阿普歇伦半岛居民也有使用石油取暖和照明的传统，伊朗和阿拉伯国家诸多史料中也曾记载上述信息。巴库石油很早就得到开发，早期主要用作照明燃料和在宗教仪式中使用。公元前6世纪，阿普歇伦半岛上拜火教文化已十分盛行，当时点燃圣火的材料就是巴库石油。巴库居民使用石油和天然气烧烤食物和取暖的历史更是久远。当地早就有"白石油"和"黑石油"之分，"白石油"为天然气，"黑石油"即现在所说的石油，随着石油使用范围的不断扩展，巴库油田的采油量不断增加。最初取油方式十分简单，主要是用皮囊捞油法，因取油方法十分落后，采油量停滞不前。尽管石油需求量增加，但此时的石油产品多用于本地居民需求，因缺少专业的运输工具石油产品很难长距离运输。本部分从巴库地区纳入俄国版图、巴库石油工业的开端、19世纪上半叶巴库石油工业状况等几方面展开分析。

18世纪，高加索地区原属波斯帝国巴库汗国所有，巴库为汗国都城，汗国与俄国冲突不断。1801年，东格鲁吉亚地区并入俄国，1806年巴库汗国汗王战败而亡，巴库居民投降后并入俄国，1813年俄国与波斯签署《古利斯坦条约》，高加索地区正式并入俄国版图。为保持在高加索地区的政治优势，俄国政府对该地区进行经济和贸易开发。高加索地区地处边陲，民族成分复杂，俄国政府在开发该地区的同时还需缓和与波斯和土耳其等国的矛盾。为维系高加索地区的政治经济稳定，俄国政府做出诸多努力，1861年俄国内地就已开始农奴制改革，19世纪70年代也对高加索地区进行行政改革，但高加索地区因改革较晚经济滞后。农奴制改革前，高加索地区的工业模式已从家庭手工业过渡到大型手工工场阶段，但工业基础十分薄弱。19世纪下半叶，高加索地区工商业蓬勃发展，与全俄市场的联系也日趋紧密，成为全俄市场的有机组成部分。巴库地区自古就盛产石油，波斯统治时期就曾在此开采石油。巴库地区并入俄国版图后在该地推行包税制度，买主只能获得土地临时所有权，政策多变导致采油量长期停滞不前。

巴库油田初步纳入国人视野。1823年，俄国工程师杜宾指出，巴库石油适用于照明，可作为工业燃料使用，且开采容易，巴库油田遂引起社会各界人士的关注。19世纪20年代，俄国政府对巴库石油工业的兴趣大增，开始推行包税制度。因巴库石油开采技术落后，主要使用人工挖井或坑内取油法，石油产量有限，俄国长期从美国进口煤油。19世纪50年代，美国石油工业快速崛起，煤油广泛用于照明，俄国科学家也开始关注石油问题。莫斯科大学研究生埃伊赫列尔通过实验证实巴库石油蒸馏后可直接炼化煤油，并在巴库地区建立石油加工厂。俄国中部市场煤油需求量逐年增加，因利润较高，很多企业主纷纷到巴库考察和建厂。

1854年12月，美国成立世界上第一家石油公司，即纽约的宾夕法尼亚岩石油公司；1858年又成立塞尼卡石油公司，1859年8月，该公司于宾夕法尼亚州泰特斯维尔城的石油溪旁发现石油，美国石油工业由此崛起。1862 年，宾夕法尼亚州的采油量已超过 2505.1 万普特。美国内战之后，大批美国人涌入西部，肯塔基州、田纳西州、伊利诺伊州、堪萨斯州、得克萨斯州、科罗拉多州和加利福尼亚州均发现油田。1860 年，美国的采油量已跃居世界首位。

随着美国石油工业的发展，涌现出诸多大型垄断集团，其中最大的垄断集团是洛克菲勒家族的标准石油公司。1865 年洛克菲勒耗资 7.3 万美元购买合伙人克拉克的股份，将公司更名为"洛克菲勒—安德鲁斯公司"。1870 年 1 月 10 日洛克菲勒兄弟、弗拉格勒夫和安德鲁斯 5 人创建了标准石油公司。1872 年洛克菲勒欲将所有的炼油厂合并成联合体，以抑制石油价格回落，挽救石油行业。1879 年标准石油公司的煤油产量为全美煤油总产量的 90%，还控制全部石油管道运输业务。

1882 年 1 月 2 日，洛克菲勒及其合伙人正式签署"标准石油公司托拉斯协定"，成立世界上第一家大型托拉斯集团。洛克菲勒兼并了 40 多家炼油厂，垄断全美 80% 的炼油工业和 90% 的石油管道生意，19 世纪 80 年代中期，标准石油公司已控制美国近 80% 的石油销售业务。

因森林资源丰富，加上使用原始的人工挖井法采油，俄国的采油量落后于美国。1871 年俄国的采油量仅为美国的 1/36。[1] 1872 年美国的采油量占世界总产量的 81%，为俄国采油量的 34 倍。[2] 随着包税制度废除、政府出台扶持政策和钻探技术的提高，俄国的采油量迅速增加。1873 年起，俄国石油工业增长速度超过美国，至 1888 年俄国采油量的绝对值已接近美国。因巴库油田的出油量高于宾夕法尼亚油田，可容纳较大的抽油桶，俄国采油量与美国的差距逐年缩小。1877 年俄国政府提高煤油进口关税，规定使用黄金进行外汇业务结算，美国煤油的进口数量迅速下降。

1902～1913 年美国石油工业的状况明显好于俄国。虽然宾夕法尼亚油田日渐枯竭，但加利福尼亚和得克萨斯等地新油田的产量迅速增加，弥补

---

[1]　Першке С. и Л. Руссская нефтяная промышленность, ее развитие и современное положение в статистических данных. С. 10；Дьяконова И. А. Нефть и уголь в энергетике царской России в международных сопоставлениях. С. 49.

[2]　Дьяконова И. А. Нефть и уголь в энергетике царской России в международных сопоставлениях. С. 50.

了宾夕法尼亚油田的不足。1913 年新油田的采油量已是宾夕法尼亚油田的
15 倍。1913 年美国的采油量已为世界总采油量的 65.1%，俄国的比例仅为
15.9%，其次分别为墨西哥（6.7%），罗马尼亚（3.5%）和荷属印度尼
西亚（3.1%），俄国石油工业已大不如前。[①]

三　俄国工业化的评价

19 世纪末 20 世纪初，俄国工业化取得显著成就，国民生产总值增
速曾一度名列前茅，但工业化的深度和广度远逊于英国和美国，甚至落
后于德国和日本。但是，工业化取得的成就是有目共睹的。

1861～1917 年俄国工业化的成就毋庸置疑，20 世纪初其工业化基本
完成，国民生产总值增速已跃居欧洲第一位，世界第二位，仅次于美国。
从宏观角度看，俄国工业化奠定了工业发展的基础，推动俄国由农业国
向工业国转变；从微观角度看，俄国燃料结构最终完成矿物化转型，木
制燃料占主导的时代一去不复返，大型垄断集团形成，工业化呈现了集
中化的趋势。

第一，工业化推动了俄国由农业国向工业国转变。俄国以农业立国，
村社是最基层的社会经济组织，工业化开启前后农业都是国民收入的主
要来源。十月革命之前，俄国人口总结构中农业居民占主导，加上社会
的封闭性和交通滞后，一直徘徊于二流国家行列。俄国由农业国向工业
国转变不仅使俄国农产品市场与国际接轨，而且更新了技术。同时，农
业居民比重下降，城市化水平不断提高。

工业化开启后俄国农业取得巨大成就，首先是农产品出口量大幅提
高，国际粮食市场上俄国粮食的比重增加。虽然 18 世纪俄国粮食就已出
口至西欧各国，但因交通运输滞后和政府政策限制，出口量长期停滞不
前。工业化开启后俄国交通运输条件明显改善，除传统的水路和土路运
输外，铁路成为粮食运输的主力，粮食出口量大增，农产品商品率提高，
俄国农产品在欧洲诸多国家的市场占有一席之地，其中小麦的出口量最
高。其次，农民收入增加，对纺织品和日用品等生活必需品的需求量增

---

① Дьяконова И. А. Нефть и уголь в энергетике царской России в международных сопост-
авлениях. С. 81.

加，推动了工业的发展。农民的生活方式和生活习惯有所改变，居民的文化水平也明显提高。最后，随着商品性农业的发展，除引进新品种，改善播种方式外，农业机器的普及程度也大幅提高，农产品加工工业蓬勃发展，面粉加工业和榨油业最具代表性。

长期以来，国民收入中工农业的比重较高，1861 年农奴制改革之前，俄国近 3/4 的国民收入依赖农业。工业化开启之后俄国工业快速发展，轻重工业都取得显著成绩。20 世纪初，国民生产总值中工农业的比例已基本持平，20 世纪初世界经济危机过后，国民生产总值中工业的比重已超农业。

第二，十月革命前俄国工业的基础基本奠定。就工业区划而言，工业化开启后高加索地区成为俄国的石油生产基地；南俄工业区则发展为全俄最大的煤炭和冶金基地；以圣彼得堡为代表的西北部工业区仍是俄国重要的纺织、机器制造和化学工业基地；乌拉尔工业区虽经济发展滞后，但仍是俄国重要的冶金基地；伏尔加工业区是重要农业区，发展成为重要的粮食加工基地；中亚和西伯利亚等工业区的作用也逐渐提升。

第三，俄国燃料结构的矿物化进程完成。能源工业在俄国工业化进程中的作用十分显著，高加索石油工业和南俄煤炭工业较有代表性。俄国地广人稀、森林资源丰富，工业革命之前木柴是工业、运输业和居民取暖的主要燃料，即便 19 世纪末俄国工业革命基本完成之际乌拉尔冶金基地因森林资源丰富仍以木制燃料为主。伴随着世界工业革命的浪潮，1861 年农奴制改革前，俄国燃料结构中木制燃料的比例虽然逐年下降，但因能源工业发展滞后，矿物燃料并未占据主导地位。即便如此，工业化进程开启后俄国燃料结构中矿物燃料比重仍逐年提高，19 世纪末，因能源工业的勃兴矿物燃料的比重已达 70%，石油和煤炭所占比例分别为 41% 和 28%。20 世纪初，工业危机后煤炭作用逐渐强化，1908 年石油和煤炭所占比例分别为 12% 和 55%，一战前矿物燃料的比例已达 77.1%[①]，除个别工业部门外，交通运输业和大部分工业部门的燃料都以石油和煤炭为主。19 世纪末

① Баканов С. А. Угольная промышленность Урала：жизненный цикл отрасли от зарожд-ения до упадка. С. 42；Кафенгауз Л. Б. Эволюция промышленного производства России.（последняя треть XIX в. – 30 – е годы XX в）. С. 131.

20世纪初，虽然燃料结构中石油和煤炭所占的比例有所差异，但工业化开启后俄国燃料结构最终实现了由传统木制燃料向矿物燃料的转变。

第四，俄国工业化和交通运输革命促进全俄市场规模和容量的进一步深化。18世纪末全俄统一市场初步形成，因交通运输滞后市场规模和容量有限，商品流通和交换受到限制。19世纪下半叶，俄国开始大规模修建铁路，铁路的修建弥补了传统水路运输的不足，全俄市场进一步深化，19世纪末全俄统一市场最终形成。

第五，大型垄断集团形成。工业化开启后俄国诸多工业部门快速发展，轻重工业中都形成大型垄断集团，但垄断程度和垄断组织的作用各异。重工业的垄断程度明显高于轻工业，能源和冶金等工业部门垄断程度最高。以能源工业为例，19世纪80年代俄国石油工业中就形成垄断组织，早期垄断集团的作用有限，19世纪90年代末至20世纪初，石油工业的垄断程度不断强化，卡特尔和辛迪加等类型的石油垄断组织先后建立，凭借资金和技术等优势摄取高额利润。

俄国工业化在取得非凡成绩的同时，也具有很多缺陷和不足，很多经验值得我们借鉴，俄国工业化的不足主要包括如下几个方面。

第一，俄国工业化的外资依赖程度较高。以石油工业为例，外国企业主垄断俄国的石油开采和销售业务，19世纪末，外资集团中诺贝尔兄弟集团和罗斯柴尔德家族的里海—黑海石油工商业公司掌控俄国的国内外石油市场和运输业务。1917年以前俄国60%的采油量和75%的石油贸易都由外国人掌控，外国公司的资金投入占石油工业股份资本的70%。[1]煤炭工业也是如此，法国和比利时资本掌控南俄煤炭和冶金工业，1914年，法国和比利时染指煤炭企业的采煤量占全俄总采煤量的60%。[2] 虽

[1] Лисичкин С. М. Очерки по истории развития отечественной нефтяной промышленности (дореволюционный период). С. 367；История предпринимательства в России. Книга вторая (вторая половина XIX – начало XX века). С. 111；Маевский И. В. Экономика русской промышленности в условиях первой мировой войны. М.，Госполитиздат，1957. С. 16；Мир-Бабаев М. Ф. Краткая история Азербайджанской нефть. Баку.，Азернешр，2009. С. 54；История социалистической экономики СССР. Т. I. Советская экономика в 1917–1920 гг. М.，Наука，1976. С. 19.

[2] Гиндин И. Ф. Банки и экономическая политика в России XIX – начало XX в. С. 172；Братченко Б. Ф. История угледобычи в России. С. 151；Маевский И. В. Экономика русской промышленности в условиях первой мировой войны. С. 17.

然外资的流入推动了俄国经济的快速发展，但却导致其工业发展严重依赖于外资。

第二，轻重工业比重失衡。彼得一世时期俄国就出现重视重工业、轻视轻工业的态势，其主要目的是保障国防安全和军事物资的供应。俄国工业化开启之后更是重点发展重工业，石油、煤炭、冶金、机器制造和化学工业都获得了长足发展。俄国在快速发展重工业的同时，轻工业发展略显不足，不但纺织工业落后于西方国家，食品、烟草、酿酒和制糖业等工业部门发展势头也不足。20世纪初的世界经济危机重创了俄国重工业，诸多重工业部门停滞不前，轻工业在此契机下获得了一定的发展，即便如此，俄国轻重工业比重失衡的特征一直存在。

第三，政府干预对国家经济发展至关重要。政府诸多政策可保障工业化的顺利完成，如保护性关税政策的实施可扶持本国工商业发展，增强本国产品的竞争力，扩大产品销售市场。政府干预虽推动了工商业发展，但产品竞争力较弱，科技含量低，不利于工业的长足发展。

参考文献

一 中文文献

(一) 专著

1. 孙成木、刘祖熙、李建主编《俄国通史简编》，人民出版社，1986。

2. 刘祖熙：《改革和革命——俄国现代化研究（1861～1917)》，北京大学出版社，2001。

3. 刘祖熙：《波兰通史简编》，人民出版社，1988。

4. 姚海、刘长江：《当代俄国——强者的自我否定与超越》，贵州人民出版社，2000。

5. 张建华：《俄国史》（修订本），人民出版社，2004。

6. 张建华：《激荡百年的俄罗斯——20 世纪俄国史读本》，人民出版社，2010。

7. 白建才：《俄罗斯帝国》，三秦出版社，2000。

8. 陶惠芬：《俄国近代改革史》，中国社会科学出版社，2007。

9. 李迈先：《俄国史》，台湾：正中书局，1969。

10. 曹维安：《俄国史新论》，中国社会科学出版社，2002。

11. 贺允宜：《俄国史》，台湾：三民书局，2004。

12. 何汉文：《俄国史》，东方出版社，2013。

13. 赵士国、杨可：《俄国沙皇传略》，湖南师范大学出版社，2001。

14. 张广翔：《18～19 世纪俄国城市化研究》，吉林人民出版社，2006。

15. 王晓菊：《俄国东部移民开发问题研究》，中国社会科学出版社，2003。

16. 曹维安、郭响宏：《俄国史新论》，科学出版社，2016。

17. 陈之骅：《俄国沙皇列传》，东方出版社，1999。

18. 徐景学编著《俄国征服西伯利亚纪略》，黑龙江人民出版社，1984。

19. 孙成木：《俄罗斯文化一千年》，东方出版社，1995。

20. 姚海：《俄罗斯文化之路》，浙江人民出版社，1992。

21. 赵振英：《俄国政治制度史》，辽宁师范大学出版社，2000。

22. 王治来：《中亚通史》近代卷，新疆人民出版社，2004。

23. 蓝琪：《中亚史》第五卷，商务印书馆，2018。

24. 邓沛勇：《俄国能源工业研究（1861—1917）》，科学出版社，2019。

25. 于沛、戴桂菊、李锐：《斯拉夫文明》，中国社会科学出版社，2001。

26. 王海军：《近代俄国司法改革史》，法律出版社，2016。

27. 徐向梅：《俄罗斯银行制度转轨研究》，中国金融出版社，2005。

28. 黄定天：《中俄关系通史》，黑龙江人民出版社，2007。

29. 张维华、孙西：《清前期的中俄关系》，山东教育出版社，1999。

30. 郭蕴深：《中俄茶叶贸易史》，黑龙江教育出版社，1995。

31. 米镇波：《清代中俄恰克图边境贸易》，南开大学出版社，2003。

32. 孟宪章主编《中苏贸易史资料》，中国对外经济贸易出版社，1991。

33. 刘民声：《十七世纪沙俄侵略黑龙江流域史资料》，黑龙江教育出版社，1992。

34. 王铁崖编《中外旧约章汇编》，三联书店，1959。

35. 郭蕴静：《清代经济史简编》，河南人民出版社，1984。

36. 孟宪章主编《中苏经济贸易史》，黑龙江人民出版社，1992。

37. 张凤鸣：《中国东北与俄（苏联）经济关系史》，中国社会科学出版社，2003。

（二）译著

1. 〔苏〕B.T. 琼图洛夫：《苏联经济史》，郑彪等译，吉林大学出版社，1988。

2. 《苏联社会主义经济史》（第一卷），复旦大学经济系译，生活·读书·新知三联书店，1979。

3. 〔苏〕波克罗夫斯基：《俄国历史概要》，贝璋衡、叶林、葆煦译，生活·读书·新知三联书店，1978。

4. 〔苏〕潘克拉托娃：《苏联通史》，山东大学翻译组译，生活·读书·新知三联书店，1980。

5. 〔苏〕诺索夫：《苏联简史》（第一卷），武汉大学外文系译，生活·读书·新知三联书店，1977。

6.〔美〕尼古拉·梁赞诺夫斯基、马克·斯坦伯格：《俄罗斯史》，杨烨、卿文辉等译，上海人民出版社，2007。

7.〔美〕沃尔特·G.莫斯：《俄国史》（1855～1996），张冰译，海南出版社，2008。

8.〔苏〕B.B.马夫罗金：《俄罗斯统一国家的形成》，余大钧译，商务印书馆，1991。

9.〔苏〕M.B.涅奇金娜：《十二月党人》，黄其才、贺安保译，商务印书馆，1989。

10.〔苏〕И.И.斯米尔诺夫：《十七至十八世纪俄国农民战争》，张书生等译，人民出版社，1983。

11.〔法〕亨利·特罗亚：《彼得大帝》，郑其行译，世界知识出版社，2001。

12.〔法〕B.B.亨利·特罗亚：《风流女皇叶卡特琳娜二世》，冯志军译，世界知识出版社，1983。

13.〔俄〕Б.Н.米罗诺夫：《俄国社会史》，张广翔等译，山东大学出版社，2006。

14.〔俄〕米格拉尼扬：《俄罗斯现代化与公民社会》，徐葵等译，新华出版社，2002。

15.〔俄〕巴甫洛夫－西利万斯：《俄国封建主义》，吕和声等译，商务印书馆，1998。

16.〔俄〕普列汉诺夫译：《俄国社会思想史》，孙静工译，商务印书馆，1990。

17.〔苏〕波克罗夫斯基：《俄国历史概要》，贝璋衡等译，生活·读书·新知三联出版社，。

18.〔俄〕瓦·奥·克柳切夫斯基：《俄国史教程》（第一卷），张草纫等译，商务印书馆，2013。

19.〔俄〕瓦·奥·克柳切夫斯基：《俄国史教程》（第二卷），贾宗谊等译，商务印书馆，2013。

20.〔俄〕瓦·奥·克柳切夫斯基：《俄国史教程》（第三卷），左少兴等译，商务印书馆，2013。

21. 〔俄〕瓦·奥·克柳切夫斯基:《俄国史教程》(第四卷),张咏白等译,商务印书馆,2013。

22. 〔俄〕瓦·奥·克柳切夫斯基:《俄国史》(第五卷),刘祖熙等译,商务印书馆,2015。

23. 〔苏〕斯拉德科夫斯基:《俄国各民族与中国贸易经济关系史:1917 年以前》,宿丰林译,社会科学文献出版社,2008。

24. 〔苏〕Б. Б. 卡芬加乌兹、Н. И. 巴甫连科:《彼得一世的改革》,郭奇格等译,商务印书馆,1997。

25. 〔俄〕Б. Н. 米罗诺夫:《帝俄时代生活史:历史人类学研究,1700—1917》,张广翔等译,商务印书馆,2013。

26. 〔俄〕А. 恰亚诺夫:《农民经济组织》,萧正洪译,中央编译出版社,1996。

27. 〔苏〕П. И. 梁士琴科:《苏联国民经济史》,中国人民大学编译室译,人民出版社,1959。

28. 〔苏〕П. А. 札依翁契可夫斯基:《俄国农奴制度的废除》,叔明译,生活·读书·新知三联书店,1957。

29. 〔英〕杰弗里·霍斯金:《俄罗斯史》,李国庆等译,南方日报出版社,2013。

30. 〔俄〕谢·尤·维特,《俄国末代沙皇尼古拉二世——维特伯爵的回忆》,张开译,新华出版社,1985。

31. 〔法〕加恩:《彼得大帝时期的俄中关系史 (1689~1730)》,江载华译,商务印书馆,1980。

32. 〔俄〕瓦西里·帕尔申:《外贝加尔边区纪行》,北京第二外国语学院俄语编译组译,商务印书馆,1976。

33. 〔英〕拉文斯坦:《俄国人在黑龙江》,陈霞飞译,商务印书馆,1974。

34. 〔俄〕П. И. 卡巴诺夫:《黑龙江问题》,姜延祚译,黑龙江人民出版社,1983。

35. 〔俄〕瓦西里耶夫:《外贝加尔的哥萨克》,徐滨等译,商务印书馆,1979。

36. 〔俄〕苏联科学院远东研究所:《十七世纪的俄中关系》,黑龙江大学俄语系翻译组等译，商务印书馆，1978。

37. 〔俄〕尼古拉·班蒂什－卡缅斯基：《俄中两国外交文献汇编》，中国人民大学俄语教研室译，商务印书馆，1982。

38. 〔苏〕奥扎：《俄美公司》，俞启骧译，商务印书馆，1982。

39. 〔苏〕雅科夫列娃：《1689 年的第一个俄中条约》，贝璋衡译，商务印书馆，1973。

40. 〔荷〕伊台斯、〔德〕勃兰：《俄国使团使华笔记》，北京师范学院俄语翻译组译，商务印书馆，1980。

（三）中文论文

1. 张广翔、王子晖：《俄中两国早期工业化比较：先决条件与启动模式》，《吉林大学社会科学学报》2011 年第 6 期。

2. 尼·米·阿尔辛季耶夫、季·弗·多连克：《关于俄罗斯现代化的若干问题》，张广翔译，《吉林大学社会科学学报》2008 年第 6 期。

3. 张广翔：《伏尔加河大宗商品运输与近代俄国经济发展（1850—1913)》，《历史研究》2017 年第 3 期。

4. 张广翔：《亚历山大二世改革与俄国现代化》，《吉林大学社会科学学报》2000 年第 1 期。

5. 张广翔：《19 世纪俄国工业革命的特点——俄国工业化道路研究之三》，《吉林大学社会科学学报》1996 年第 2 期。

6. 张广翔：《19 世纪俄国工业革命的发端——俄国工业化道路研究之二》，《吉林大学社会科学学报》1995 年第 2 期。

7. 张广翔：《19 世纪俄国工业革命的前提——俄国工业化道路研究之一》，《吉林大学社会科学学报》1994 年第 2 期。

8. 张广翔：《19 世纪俄国工业革命的影响》，《吉林大学社会科学学报》1993 年第 2 期。

9. 张广翔：《论 19 世纪俄国工业蒸汽动力发展历程及其工业革命特点》，《求是学刊》1990 年第 4 期。

10. 杨翠红：《俄国早期工业化进程解析》，《贵州社会科学》2013 年第 9 期。

11. 赵士国、刘自强：《中俄两国早期工业化道路比较》，《史学月刊》2005 年第 8 期。

12. 万长松:《论彼得一世改革与俄国工业化的肇始》,《自然辩证法研究》2013 年第 9 期。

13. 邓沛勇:《19 世纪下半叶至 20 世纪俄国工业发展特征》,《俄罗斯研究》2017 年第 6 期。

14. 张建华:《俄国近代石油工业的发展及其特点》,《齐齐哈尔师范学院学报》(哲学社会科学版) 1994 年第 6 期。

15. 张广翔:《19 世纪 60～90 年代俄国石油工业发展及其影响》,《吉林大学社会科学学报》2012 年第 6 期。

16. 张丁育:《19 世纪 90 年代至 20 世纪初俄国与欧洲的石油贸易》,《西伯利亚研究》2009 年第 1 期。

17. 王然:《阿塞拜疆石油工业史述略》,《西安石油大学学报》2013 年第 6 期。

18. 邓沛勇:《俄国能源工业发展的影响因素》,《西伯利亚研究》2017 年第 1 期。

19. 邓沛勇:《1917 年前俄国石油工业中外资垄断集团及其影响》,《俄罗斯研究》2017 年第 3 期。

20. 张广翔、邓沛勇:《论 19 世纪末 20 世纪初俄国石油市场》,《河南师范大学学报》(哲学社会科学版) 2016 年第 3 期。

21. 王绍章:《俄国石油业的发展与外国资本》,《东北亚论坛》2007 年第 6 期。

22. 张广翔、白胜洁:《论 19 世纪末 20 世纪初俄国的石油工业垄断》,《求是学刊》2014 年第 3 期。

23. 张广翔:《19 世纪末～20 世纪初欧洲煤炭市场整合与俄国煤炭进口》,《北方论丛》2004 年第 1 期。

24. 张广翔、邓沛勇:《19 世纪下半期至 20 世纪初俄国煤炭工业的发展》,《史学月刊》2016 年第 3 期。

25. 张广翔、回云崎:《18 至 19 世纪俄国乌拉尔黑色冶金业的技术变革》,《社会科学战线》2017 年第 3 期。

26. 董小川:《俄国的外国资本问题》,《东北师大学报》1989 年第 3 期。

27. 张广翔:《外国资本与俄国工业化》,《历史研究》1995 年第 6 期。

28. 刘爽：《19 世纪末俄国的工业高涨与外国资本》，《社会科学战线》1996 年第 4 期。

29. 刘爽：《19 世纪俄国西伯利亚采金业与外国资本》，《学习与探索》1999 年第 2 期。

30. 邓沛勇：《1917 年前俄国石油工业中外资垄断集团及其影响》，《俄罗斯研究》2017 年第 3 期。

31. 张广翔、范璐祎：《19 世纪上半期欧俄河运、商品流通和经济发展》，《俄罗斯东欧中亚研究》2012 年第 2 期。

32. 张广翔：《19 世纪至 20 世纪初俄国的交通运输与经济发展》，《社会科学战线》2014 年第 12 期。

33. 张广翔、范璐祎：《18 世纪下半期至 19 世纪初欧俄水运与经济发展——以伏尔加河—卡马河水路为个案》，《贵州社会科学》2012 年第 4 期。

34. 张广翔、逯红梅：《论 19 世纪俄国两次铁路修建热潮及其对经济发展的影响》，《江汉论坛》2016 年第 12 期。

35. 张广翔、逯红梅：《19 世纪下半期俄国私有铁路建设及政府的相关政策》，《贵州社会科学》2016 年第 6 期。

36. 李宝仁：《从近代俄国铁路史看铁路建设在国家工业化进程中的地位和作用》，《铁道经济研究》2008 年第 2 期。

37. 白述礼：《试论近代俄国铁路网的发展》，《世界历史》1993 年第 1 期。

38. 陈秋杰：《西伯利亚大铁路对俄国东部地区开发的意义》，《西伯利亚研究》2011 年第 2 期。

39. 陈秋杰：《西伯利亚大铁路修建中的外国因素》，《西伯利亚研究》2011 年第 6 期。

40. 陈秋杰：《西伯利亚大铁路修建中机车供应状况述评》，《西伯利亚研究》2013 年第 5 期。

41. 张广翔、王学礼：《19 世纪末～20 世纪初俄国农业发展道路之争》，《吉林大学社会科学学报》2010 年第 6 期。

42. 张福顺：《资本主义时期俄国农民租地活动述评》，《西伯利亚研究》2007 年第 4 期。

43. 唐艳凤：《1861 年改革后俄国农民土地使用状况探析》，《北方论丛》2011 年第 1 期。

44. 曹维安：《俄国 1861 年农民改革与农村公社》，《陕西师范大学学报》（哲学社会科学版）1996 年第 3 期。

45. 曹维安：《评亚历山大二世的俄国大改革》，《兰州大学学报》2000年第 5 期。

46. 楚汉：《近代德、俄农业发展之比较》，《郑州大学学报》（哲学社会科学版）1996 年第 6 期。

47. 付世明：《论帝俄时期村社的发展变化》，《广西师范大学学报》（哲学社会科学版）2006 年第 4 期。

48. 金雁：《俄国农民研究史概述及前景展望》，《俄罗斯研究》2002年第 2 期。

49. 唐艳凤：《俄国 1861 年改革后俄国农民赋役负担探析》，《史学集刊》2011 年第 3 期。

50. 王茜：《论俄国资本主义时期的农业经济》，《西伯利亚研究》2002 年第 6 期。

51. 张爱东：《俄国农业资本主义的发展和村社的历史命运》，《北京大学学报》（哲学社会科学版）2001 年第 S1 期。

52. 张福顺：《资本主义时期俄国农民土地问题症结何在》，《黑龙江社会科学》2008 年第 1 期。

53. 张广翔、齐山德：《18 世纪末—20 世纪初俄国农业现代化的阶段及其特征》，《吉林大学社会科学学报》2009 年第 6 期。

54. 张广翔：《俄国资本主义农业关系起源的特点》，《河南师范大学学报》（哲学社会科学版）2001 年第 6 期。

55. 张广翔：《十月革命前的俄国地主经济》，《史学集刊》1990 年第 4 期。

56. 张建华：《亚历山大二世和农奴制改革》，《俄罗斯文艺》2001 年第 1 期。

57. 张敬德：《论农奴制改革后俄国经济政策的性质》，《江西社会科学》2002 年第 12 期。

58. 张广翔、刘玮：《1864～1917 年俄国的股份商业银行》，《西伯利亚研究》2011 年第 2 期。

59. 钟建平：《19～20 世纪初俄国粮食运输问题研究》，《俄罗斯东欧中亚研究》2014 年第 3 期。

60. 钟建平：《19～20 世纪初俄国农业协会的兴农实践探析》，《贵州社会科学》2015 年第 3 期。

61. 罗爱林：《维特货币改革评述》，《西伯利亚研究》1999 年第 5 期。

62. 张广翔：《19 世纪俄国政府工商业政策基本趋势》，《西伯利亚研究》2000 年第 8 期。

63. 张广翔、齐山德：《革命前俄国商业银行运行的若干问题——列别杰夫博士吉林大学讲学侧记》，《世界历史》2006 年第 1 期。

64. 钟建平：《俄国农民土地银行的运作模式》，《西伯利亚研究》2008 年第 8 期。

65. 钟建平：《俄国贵族土地银行运行机制初探》，《黑龙江教育学院学报》2007 年第 6 期。

66. 张广翔、刘玮：《1864～1917 年俄国股份商业银行研究》，《西伯利亚研究》2011 年第 4 期。

67. 张广翔、李旭：《19 世纪末至 20 世纪初俄国的证券市场——Л. И. 鲍罗特金吉林大学讲学综述》，《世界历史》2012 年第 4 期。

68. 张广翔、李旭：《十月革命前俄国的银行业与经济发展》，《俄罗斯东欧中亚研究》2013 年第 2 期。

69. 刘玮：《试论 19 世纪俄国币制改革》，《西伯利亚研究》2011 年第 1 期。

70. 杨翠红：《俄国早期工业化进程解析》，《贵州社会科学》2013 年第 9 期。

71. 赵士国、刘自强：《中俄两国早期工业化道路比较》，《史学月刊》2005 年第 8 期。

72. 万长松：《论彼得一世改革与俄国工业化的肇始》，《自然辩证法研究》2013 年第 9 期。

73. 詹方瑶：《试论俄国产业革命的道路》，《郑州大学学报》（哲学社会科学版）1984 年第 1 期。

74. 陶慧芬：《俄国工业革命中的对外经济关系》，《世界历史》1994

年第 3 期。

75. 张恩博：《俄国工业革命刍议》，《沈阳师院学报》（社会科学版）1984 年第 2 期。

76. 叶同丰：《试论彼得一世改革的特点》，《福建师大学报》（哲学社会科学版）1987 年第 3 期。

77. 李显荣：《试论彼得一世改革及其评价》，《史学月刊》1985 年第 1 期。

78. 赵士国：《近代俄国资本主义的困窘》，《史学月刊》1991 年第 6 期。

79. 贾文华：《彼得一世改革与俄国近代化》，《商丘师专学报》（社会科学版）1988 年第 4 期。

80. 孙成木：《19 世纪中叶后俄国资本主义迅速发展的原因》，《世界历史》1987 年第 1 期。

81. 宋华：《十九世纪九十年代俄国发展工业的措施述评》，《河南大学学报》（哲学社会科学版）1985 年第 1 期。

82. 张广翔：《俄国 1861 年改革新论》，《社会科学战线》1996 年第 4 期。

83. 张桂荣：《1861 年俄国农奴制改革的再思考》，《潍坊教育学院学报》2002 年第 3 期。

84. 张建华：《亚历山大二世和农奴制改革》，《俄罗斯文艺》2001 年第 3 期。

85. 赵士国、杨兰英：《亚历山大二世与林肯之比较》，《湖南师范大学社会科学学报》2004 年第 2 期。

86. 赵士国：《近代晚期俄国改革述论》，《湖南师范大学社会科学学报》2004 年第 2 期。

87. 张广翔：《俄国村社制度述论》，《吉林大学社会科学学报》1997 年第 4 期。

88. 曹维安：《评亚历山大二世的俄国大改革》，《兰州大学学报》2000 年第 5 期。

89. 曹维安：《俄国农村公社的土地重分问题》，《陕西师范大学学报》（哲学社会科学版）1987 年第 3 期。

90. 郭永胜、姚雅锐：《俄国农奴制改革和日本明治维新的历史启示》，《内蒙古师大学报》（哲学社会科学版）2001 年第 5 期。

91. 陶惠芬：《俄国工业革命中的对外经济关系》，《世界历史》1994 年第 3 期。

92. 吴清修、王玲：《俄国废除农奴制原因的再思考》，《历史教学》2000 年第 7 期。

93. 徐景学：《俄罗斯吸收外国资本的历史与现状》，《学习与探索》1995 年第 5 期。

94. 邓沛勇：《19 世纪下半期至 20 世纪初俄国能源工业研究——以石油和煤炭工业为例》，博士学位论文，吉林大学，2016。

95. 刘琼：《19 世纪末 20 世纪初外国资本对俄国石油工业的影响》，硕士学位论文，辽宁大学，2012。

96. 白胜洁：《19 世纪末 20 世纪初俄国的工业垄断研究——以石油、冶金和纺织工业部门为例》，博士学位论文，吉林大学，2015。

97. 李非：《19 世纪末～20 世纪初石油工业中的垄断资本》，硕士学位论文，吉林大学，2008。

98. 范璐祎：《18 世纪下半期～19 世纪上半期的俄国水路运输》，博士学位论文，吉林大学，2014。

99. 陈秋杰：《西伯利亚大铁路修建及其影响研究（1917 年前）》，博士学位论文，东北师范大学，2011。

100. 李青：《论 1865～1913 年俄国地方自治机构的民生活动》，博士学位论文，吉林大学，2012。

101. 钟建平：《俄国国内粮食市场研究（1861～1914）》，博士学位论文，吉林大学，2015。

102. 刘玮：《1860～1917 年的俄国金融业与国家经济发展》，博士学位论文，吉林大学，2011。

103. 李旭：《1861～1914 年俄国证券市场》，博士学位论文，吉林大学，2016。

104. 逯红梅：《1836～1917 年俄国铁路建设及其影响》，博士学位论文，吉林大学，2017。

二 俄文文献

(一) 俄文书籍

1. Алексеев В. В. , Гаврилов Д. В. Металлургия Урала с древнейших времен до наших дней. М. , Наука, 2008.

2. Ананьич Б. В. , Беляев С. Г. Лебедев С. К. Кредит и банки в России до начала XX в. СПб. , Изд-во Спетербурсгого университета, 2005.

3. Ананьич Б. В. Российское самодержавие и вывоз капитала. 1895 – 1914 гг. (По материалам Учетно-ссудного банка Персии). Л. , Наука, 1975.

4. Ахундов Б. Ю. Монополистический капитал в дореволюционной бакинской нефтяной промышленности. М. , Изд-во социально-экономической литературы, 1959.

5. Баканов С. А. Угольная промышленность Урала: жизненный цикл отрасли от зарождения до упадка. Челябинск. , Издательство ООО «Энциклопедия», 2012.

6. Бакулев Г. Д. Черная металлургия Юга России. М. , Изд-во Гос. техники, 1953.

7. Беляев С. Г. П. Л. Барк и финансовая политика России. 1914 – 1917 гг. СПб. , Изд-во СПбГУ, 2002.

8. Берзин Р. И. Мировая борьба за нефть. М. , Типография Профгортоп, 1922.

9. Блиох И. С. Влияние железных дорог на экономическое состояние России, СПб. , Типография М. С. Вольфа, 1878.

10. Бовыкин В. И. Иностранное предпринимательство и заграничные инвестиции в России. М. , РОССПЭН, 1997.

11. Бовыкин В. И. Формирование финансового капитала в России конец XIX в. – 1908 г. М. , Наука, 1984.

12. Бовыкин В. И. Предпринимательство и предприниматели России от истоков до начала XX века. М. , РОССПЭН, 1997.

13. Бовыкин В. И. Иностранное предпринимательство в России//История предпринимательства в России. М. , РОССПЭН, 2002.

14. Бовыкин В. И. Финансовый капитал в России накануне первой мировой войны. М. , РОССПЭН, 2001.

15. Бовыкин В. И. Зарождение финансового капитала в России. М. , Изд-во МГУ, 1967.

16. Бовыкин В. И. Французкие банки в России: конец XIX – начало XX в. М. , РОССПЭН, 1999.

17. Бовыкин В. И. , Петров Ю. А. Коммерческие банки Российской империи. М. , Перспектива, 1994.

18. Борковский И. Торговое движение по Волжско-маринскому водной пути. СПб. , Типография Бр. Пантелевых, 1874.

19. Бородкин Л. И. , Коновалова А. В. Российский фондовый рынок в начале XX века. СПб. , Алетейя, 2010.

20. Братченко Б. Ф. История угледобычи в России. М. , ФГУП «Производственно-издательский комбинат ВИНИТИ», 2003.

21. Бубликов А. А. Современное положение России и железнодорожный вопрос. СПб. , Тип. М-ва пут. Сообщ, 1906.

22. Виды внутреннего судоходства в России в 1837 году. СПб. , Печатано в типография 9 дуарда Праца и Ко, 1838.

23. Виргинский В. С. История техники железнодорожного транспорта М. , Трансжелдоризда, 1938.

24. Виргинский В. С. Возникновение железных дорог в России до начала 40 – х годов XIX века. М. , Государственное транспортное железнодорожное изд-во, 1949.

25. Витте С. Ю. Принципы железнодорожных тарифов по перевозке грузов, СПб. , Типография Акц. Общ. Брокгауз-Ефрон, 1910.

26. Витте С. Ю. Собрание сочинений и документальных материалов. Т. 3. М. , Наука, 2006.

27. Верховский В. М. Исторический очерк развития железных дорог России с их начала по 1897 г. СПБ. , Типография Министерства путей

сообщения，1897 – 1899. Вып. 1 – 2.

28. Вяткин М. П. Горнозаводский Урал в 1900 – 1917 гг. М-Л.，Наука，1965.

29. Гаврилов Д. В. Горнозаводский Урал XVII – XX вв. Екатеринбург. УрО РАН，2005.

30. Гагозин Е. И. Железо и уголь на юге России. СПб.，Типография Исидора Гольдберга，1895.

31. Георгиевский П. Финансовые отношения государства и частных железнодорожных обществ в России и западноевропейских государствах. СПб.，Тип. М-ва пут. Сообщ，1887.

32. Гиндин И. Ф. Банки и экономическая политика в России XIX – начало XX в. М.，Наука，1997.

33. Горбунов А. А. Политика развития железнодорожного транспорта в XIX – начале XX вв：компартивно-ретроспективный анализ отечественного опыта. М.，МИИТ. 2012.

34. Грегори П. Экономический рост Российской империи（конец XIX – начало XX в.）. М.，РОССПЭН，2003.

35. Гронский П. Е. Единственный выгодный способ развития сети русских железных дорог. М.，Типо-лит. Н. И. Куманина，1889.

36. Гусейнов Р. История эконоики России. М.，Изд-во ЮКЭА，1999.

37. Гудкова О. В. Строительство северной железной дороги и ее роль в развитии северного региона（1858 – 1917）. Вологда.，Древности Севера，2002.

38. Давыдов М. А. Всероссийский рынок в конце XIX – начале XX вв. и железнодорожная статистика. СПб.，Алетейя，2010.

39. Доннгаров А. Г. Иностранный капитал в России и СССР. М.，Международные отношения，1990.

40. Дьяконова И. А. Нефть и уголь в энергетике царской России в международных сопоставлениях. М.，РОССПЭН，1999.

41. Дьяконова И. А. Нобелевская корпорация в России. М.，Мысль，

1980.

42. Дубровский С. М. Сельское хозяйство и крестьянство России в период Империализма. М. , Наука, 1975.

43. Дулов А. В. Географеческая среда и история России. Конец ⅩⅤ – середина ⅩⅨ вв. М. , Наука, 1983.

44. Дякин В. С. Германские капиталы в России. электроиндустрия и электрический транспорт. Л. , Наука, 1971.

45. Иголкин А. , Горжалцан Ю. Русская нефть о которой мы так мало занаем. М. , Нефтяная компания Юкос/Изд-во Олимп-Бизнес, 2003.

46. Ионичев Н. П. Иностранный капитал в экономике России (ⅩⅧ – начало ⅩⅩ в.). М. , МГУП, 2002.

47. История Железнодорожного транспорта России. 1836 – 1917. СПб. , Изд-во Иван Федоров, 1994.

48. История Урала с древшейщих времен до 1861 г. М. , Наука, 1989.

49. Истомина. Э. Г. Водные пути России во второй половине ⅩⅧ – начале ⅩⅨ века. М. , Наука, 1982.

50. Истомина. Э. Г. Водный транспорт России в дореформенный период. М. , Наука, 1991.

51. Кабузан В. М. Изменения в размещении насления России в ⅩⅧ – первой половине ⅩⅨ в. М. , Наука, 1971.

52. Карнаухава Е. С. Размещение сельского хозяйства России в период капитализма (1860 – 1914). М. , Изд-во Акад. наук СССР, 1951.

53. Карпов В. П. , Гаврилова Н. Ю. Курс истории отечественной нефтяной и газовой промышленности. Тюмень. , ТюмГНГУ, 2011.

54. Кафенгауз Б. Б. Очерки внутреннего рынка России первой половины ⅩⅧ века. М. , Изд-во Академии наук СССР, 1958.

55. Кафенгауз Л. Б. Эволюция прошмышленного производства России (последняя треть ⅩⅨ в. – 30 – е годы ⅩⅩ в.). М. , Эпифания, 1994.

56. Кафенгауз Б. Б. История хозяйства Демидовых в ⅩⅧ – ⅩⅨ вв. М-Л. , АН СССР, 1949.

57. Китанина Т. М. Хлебная торговля России в конце ⅩⅨ – начале ⅩⅩ века. СПб., Дмитрий Буланин, 2011.

58. Ковальченко И. Д. Аграрный сторой России второй половины ⅩⅨ – начала ⅩⅩ в. М., РОССПЭН, 2004.

59. Ковнир В. Н. История экономики России: Учеб. пособие. М., Логос, 2005.

60. Кондратьев Н. Д. Рынок хлебов и его регулирование во время войны и революции. М., Наука, 1991.

61. Кондратьев Н. Д. Мирное хозяйство и его конъюнктуры во время и после войны. Вологда., Обл. отделение Гос. издательства, 1922.

62. Конотопов М. В., Сметанин М. В. История экономики России. М., Логос. 2004.

63. Корсак А. Ф. Историческо-статистическое обозрение торговых сношений России с Китаем. Казань., Издание книготорговца Ивана Дубровина, 1857.

64. Кульжинский С. Н. О развитии русской железнодорожнй сети. СПб., Невская Лито-Типография, 1910.

65. Кушнирук С. В. Монополия и конкуренция в угольной промышленности юга России в начале ⅩⅩ века. М., УНИКУМ-ЦЕНТР, 1997.

66. Лаверычев В. Я. Военный государственно-монополистический капитализм в России. М., Наука, 1988.

67. Лившин Я. И. Монополии в экономике России. М., Изд-во Социально-экономической литературы. 1961.

68. Лившиц Р. С. Размещение промышленности в дореволюционной России. М., Из-во АН СССР, 1955.

69. Лизунов П. В. Биржи в России и экономическая политика правительства (ⅩⅧ – ⅩⅩ в.). Архангельск., Поморский государственный университет, 2002.

70. Лисичкин С. М. Очерки по истории развития отечественной нефтяной промышленности (дореволюционный период). М., Государственное научно-техническое издательство, 1954.

71. Лукьянов П. М. История химической промыслов и химической промышленности России до конца XIX в. Т 5. М-Л. , Из-во АН СССР, 1955.

72. Матвейчук А. А, Фукс И. Г. Истоки российской нефти. Исторические очерки. М. , Древлехранилище, 2008.

73. МавейчукА. А. , Фукс И. Г. Иллюстрированные очерки по истории российского нефтегазового дела. Часть 2. М. , Газоил пресс, 2002.

74. Маевский И. В. Экономика русской промышленности в условиях первой мировой войны. М. , Изд-во Дело, 2003.

75. Марухин. В. Ф. История речного судоходства в России. М. , Орехово-Зуевский педагогический институт, 1996.

76. Менделеев Д. И. Проблемы экономического развития России. М. , Изд-во социально-экономической литературы. 1960.

77. Межлаука В. И. Транспорт и топливо. М. , Транспечать, 1925.

78. Милов Л. В. Великорусский пахарь и особенности российского исторического процесса. М. , РОССПЭН, 2006.

79. Мильман Э. М. История первой железнодорожной магистрали Урала (70 – 90 – е годы XIX в.). Пермь. , Пермское книжное издательство, 1975.

80. Мизис Ю. А. Формирование рынка Центрального Черноземья во второй половине XVII – первой половине XVIII вв. Тамбов. , ООО «Издательство Юлис», 2006.

81. Мир-Бабаев М. Ф. Краткая история Азербайджанской нефти. Баку. , Азернешр, 2009.

82. Миронов Б. Н. Внутренний рынок России во второй половине XVIII – XIX в. СПб. , Наука, 1981.

83. Миронов Б. Н. Хлебные цены в России за два столетия, XVIII, XIX в. СПб. , Наука, 1985.

84. Монополистический капитал в нефтяной промышленности России 1883 – 1914. Документы и материалы. М. , Изд-во Академии наук ССР, 1961.

85. Монополистический капитал в нефтяной промышленности России 1914 – 1917. Документы и материалы. Л. , Наука, 1973.

86. Наниташвили Н. Л. Экспансия иностранного капитала в Закавказье (конец XIX – начало XX вв.). Тбилисск. , Издательство Тбилисского университета, 1988.

87. Нардова В. А. Монополистические тенденция в нефтяной промышленности и 80 – х годах XIX в. и проблема транспортировки нефтяных грузов//Монополии и иностранный капитал в России. М-Л. , Изд-во Академии наук СССР, 1962.

88. Нардова В. А. Начало монополизации бакинской нефтяной промышленности//Очерки по истории экономики и классовых отношений в России конца XIX – начала XX в. М-Л. , Наука, 1964.

89. Нифонтов А. С. Зерновое производство России во второй половине 19 века. М. , Наука, 1974.

90. Обухов Н. П. Внешнеторговая, таможенно-тарифная и промышленно-финансовая политика России в XIX – первой половине XX вв. (1800 – 1945). М. , Бухгалтерский учет, 2007.

91. Оль П. В. Иностранные капиталы в народном хозяйстве Довоенной России. Л. , Изд-во академии СССР, 1925.

92. Осбрник Б. Империя Нобелей. История о знаменитых шведах, бакинской нефти и революции в России. М. , Алгоритм, 2014.

93. Очерк месторождения полезных ископаемых в Евройской России и на Урале. СПб. , Типография В. О. Деаков, 1881.

94. Пайпс. Р. Россия при старом режиме. М. , Независимая Газета, 1993.

95. Пажитнов К. А. Очерки истории текстильной промышленности дореволюционной России. М. , Изд-во академии наук СССР, 1958.

96. Першке С. и Л. Русская нефтяная промышленность, ее развитие и современное положение в статистических данных. Тифлис. , Тип. К. П. Козловского, 1913.

97. Погребинский А. П. Государственно-монополистический капита-

лизм в России. М. , Изд-во социально-экономической литературы, 1959.

98. Потолов С. И. Начало моноплизации грозненской нефтяной проышленности （1893 – 1903）//Монополии и иностранный капитал в России. М-Л. , Изд-во Академии наук СССР, 1962.

99. Погребинский А. П. Строительство железных дорог в пореформенной России и финансовая политика царизма （60 – 90 – е годы XIX в. ）. // Исторические записки. Т. 47. М. , Изд-во. АН СССР, 1954.

100. Прокофеьев М. Наше судоходство. СПб. , Типография министерства Путей Сообщения. Выпуск 6. 1884.

101. Прокофеьев М. Наше судоходство. СПб. , Типография А. М. Котомина. Выпуск 5. 1877.

102. Прокофеьев М. Наше судоходство. СПб. , Типография Глазунова. Выпуск 4. 1872.

103. Прокофеьев М. Наше судоходство. СПб. , Типография П. И. Глазунова. Выпуск 3. 1870.

104. Прокофеьев М. Наше судоходство. СПб. , Типография П. И. Глазунова. Выпуск 2. 1870.

105. Прокофеьев М. Наше судоходство. СПб. , Типография П. И. Глазунова. Выпуск 1. 1870.

106. Проскурякова Н. А. Земельные банки Российской империи. М. , РОССПЭН, 2012.

107. Пушин В. М. Главные мастерские железных дорог. М-Л. , Государственное изд-во, 1927.

108. Рагозин Е. И. Железо и уголь в Урале. СПб. , Типография Исидора Гольдберга, 1902.

109. Рашин А. Г. Население России за 100 лет （1813 – 1913 гг）. Статистические очерки. М. , Государственное статистическое издательство, 1956.

110. Рихтер И. Личный состав руссих железных дорог, СПб. , Типография Штаба Отдельного Корпуса Жандармов, 1900.

111. Рихтер И. Десять лет железнодорожной ревизии. СПб. , Тип. бр.

Пантелеевых, 1900.

112. Родригес А. М. История стран Азии и Африки в Новейшее время: учебник. М. , Проспект, 2010.

113. Рожкова М. К. Экономическая политика царского правительства на среднем Востоке во второй четверти XIX века и русская буржуазия. М-Л. , Изд-ва Акад. наук СССР, 1949.

114. Рындзюнский П. Г. , Крестьянская промышленность пореформенной России. М. , Наука, 1966.

115. Рубакин Н. А. Россия в цифрах. СПб. , Вестник знания, 1912.

116. Рямтчников В. Г. , Дерюгина И. В. Урожайность хлебов в России 1795 – 2007. М. , ИВ РАН, 2009.

117. Рязанов В. Т. Экономическое развитие России. Реформы и российское хозяйство в XIX – XX вв. СПб. , Наука, 1999.

118. Саломатина С. А. Коммерческие банки в России: динамика и структура операций, 1864 – 1917 гг. М. , РОССПЭН, 2004.

119. Салов В. В. Некоторые данные к вопросу о финансовых результатах эксплуатации железных дорог в России, СПб. , Тип. М-ва пут. сообщ. , 1908.

120. Самедов. В. А. Нефть и экономика России (80 – 90 – е годы XIX века) Баку. , Элм, 1988.

121. Сеидов В. Н. Архивы бакинских нефтяных фирм (XIX – начало XX века). М. , Модест колеров, 2009.

122. Силин Е. П. Кяхта в XVIII в. Иркутск. , Иркутское областное издательство. 1947.

123. Сигов С. П. Очерки по истории горнозаводской промышленности Урала. Свердловск. , Свердлгиз, 1936.

124. Соловьева А. М. Железнодорожный транспорт России вовторой половине XIX в. М. , Наука, 1975.

125. Соловьева А. М. Промышленная революция в России в XIX в. М. , Наука, 1990.

126. Соболев А. Н. Железные дороги в России и участие земств в их постройке. СПб. , Тип. Л. Н. Соболев, 1868.

127. Степанов В. Л. Контрольно-финансовые мероприятия на частных железных дорогах России （конец XIX – начало XX в. ）. //Экономическая история. Ежегодник 2004. М. , РОССПЭП, 2004.

128. Струмилин С. Г. История черной металлургии в СССР. Феодальный период （1500 – 1860 гг. ）. М-Л. , Изд-во АН СССР, 1954.

129. Струмилин С. Г. Черная металлургия в России и в СССР. М-Л. , Изд-во Академии наук СССР. 1935.

130. Сучков Н. Н. Внутреные пути сообщения России//Федоров В. П. Россия в ее прошлом и настоящем （1613 – 1913）. М. , Типография В. М. Саблина, 1914.

131. Тарновский К. Н. Формирование государственно-монополистического капитализма в России в годы первой мировой войны. М. , Изд-во МГУ, 1958.

132. Таранков В. И. Ценные бумаги государства российского. М. , Автовазбанк, 1992.

133. Тагирова Н. Ф. Рынок поволжья （вторая половина XIX – начало XX вв. ）. М. , ООО «издательский центр научных и учебных программ», 1999.

134. Тихонов Б. В. Каменноугольная промышленность и черная металлургия России во второй половине XIX в. （историко-географические очерки）. М. , Наука, 1988.

135. Тихвинский С. Л. Русско-китайские отношения в XVIII в. Материалы и документы. Т. I. М. , Памятники исторической мысли. 1973.

136. Тридцать лет деятельности товарищества нефтяного производства Бр. Нобеля 1879 – 1909. СПб. , Типография И. Н. Скороходова, 1910.

137. Трусевич Х. Посольские и торговые сношения России с Китаем до XIX века. М. , Типография Г. Малинского, 1882.

138. Туган-Барановский М. И. Русская фабрика в прошлом и насто-

ящем: Историко- экономическое исследование. Т. 1. Историческое развитие русской фабрики в XIX веке. М., Кооперативное издательство «Московский рабочий», 1922.

139. Упорядочение железных тарифов по перевозке хлебных грузов. М., Тип. Министерства внутренних дел, 1890.

140. Федоров В. А. История России 1861 – 1917. М., Высшая школа, 1998.

141. Фомин П. И. Горная и горнозаводская промышленность Юга России. Том I. Харьков., Типография Б. Сумская, 1915.

142. Фомин П. И. Горная и горнозаводская промышленность Юга России. Том II. Харьков., ХозяйствоДонбасса, 1924.

143. Фурсенко А. А. Династия Рокфеллеров. Нефтяные войны (конец XIX – начало XX века). М., Издательский дом Дело, 2015.

144. Фурсенко А. А. Первый нефтяной экспертный синдикат в России (1893 – 1897)//Монополии и иностранный капитал в России. М-Л., Изд-во Академии наук СССР, 1962.

145. Халин А. А. Система путей сообщения нижегородского поволжья и ее роль в социально-экономическом развитим региона (30 – 90 гг. XIX в.). Нижний Новгород., Изд-во Волго-вятской академии государственной службы, 2011.

146. Хейфец Б. А. Кредитная история России. Характеристика суверного заемщика. М., Экономика, 2003.

147. Хромов П. А. Экономическое развитие России. Очерки экономики России с древнейших времен до Великой Октябрьской революции. М., Наука, 1976.

148. Хромов П. А. Экономика России периода промышленного капитализма. М., Изд-во ВПШ и АОН при ЦК КПСС, 1963.

149. Хромов П. А. Экономическая история СССР. М., Высшая школа, 1982.

150. Цветков М. А. Изменение лесистости Европейской России с конца XVII столетия по 1914 год. М., Из-во АН СССР, 1957.

151. Чунтулов В. Т. , Кривцова Н. С. , Чунтулов А. В. , Тюшев В. А. Экономическая история СССР. М. , Высшая школа, 1987.

152. Шаров Н. О безотлагательной необходимсти постройки железнодорожных линий в интересах самостоятельного развития России. СПб. , Тип. В. С. Балашева, 1870.

153. Шадур Л. А. Развитие отечественного вагонного парка, М. , Транспорт, 1988.

154. Шполянский Д. И. Монополии угольно-металлургической промышленности юга России в начале XX века. М. , Изд-во академии наук СССР, 1953.

155. Шухтан Л. Ф. Наша железнодорожная политика, СПб. , Тип. Н. Я. Стойков, 1914.

156. Эдмон Т. Экономическое преобразование России. М. , РОССПЭП, 2008.

157. Ямзин И. Л. Вощинин В. П. Учение о колонизации и переселениях. М-Л. , Государственное издательство, 1926.

(二) 俄文论文

1. Абрамова Н. Г. Из истории иностранных акционерных обществ в России (1905 – 1914 гг.)//Вестник Московского университета, История. 1982. №2.

2. Алияров С. С. Истории государственно-монополистического капитализма в России. Особое совещание по топливу и нефтяные монополии// История СССР, 1977. №6.

3. Бовыкин В. И. , Бабушкина Т. А. , Крючкова С. А. , Погребинская В. А. Иностранные общества в России в начале XX в. //Вестник Московского университета, История. 1968. №2.

4. Бессолицын А. А. Поволжский региона на рубеже XIX – XX вв. (основны тенденции и особенности экономического развития)//Экономическая история России: проблемы, поиск, решения: Ежегодник. Вып5. Волгоград. , Изд-во ВолГУ, 2003.

5. Бовыкин В. И. Банки и военная промышленность России накануне первой мировой войны//История СССР, 1959. №64.

6. Бовыкин В. И. Монополистические соглашения в русской военной промышленности//История СССР, 1958. №1.

7. Волобуев П. В. Из истории монополизации нефтяной дореволюционной промышленности России. 1903 – 1914//Исторические записки. Т. 52. М. , Изд-во АН СССР, 1955.

8. Горюнов Ю. А. Воздействие ташкентской железной дороги на экономическую жизнь оренбуржья первый трети XX века. Диссертация. Оренбург. , 2010.

9. Гертер М. Я. Топливно-нефтяной голод в России и экономическая политика третьеиюньской монархии//Исторические записки. Т. 83. М. , Изд-во АН СССР, 1969.

10. Грегори П. Экономическая история России, что мы о ней знаем и чего не знаем. Оценка экономиста//Экономическая история. Ежегодник. М. , РОССПЭН, 2001.

11. Дякин В. С. Из истории экономической политики царизма в 1907 – 1914гг. //Исторические записки. Т. 109. М. , Изд-во АН СССР, 1983.

12. Дьяконова И. А. Исторические очерки. За кулисами нобелевской монополии//Вопросы истории, 1975. № 9.

13. Кириченко В. П. Роль Д. И. Менделеева в развитии нефтяной промышленности//Вопросы истории народного хозяйства СССР. М. , Изд-во Академии наук СССР, 1957.

14. Кондратьев Н. Д. Большие циклы конъюнктуры//Вопросы конъюнктуры, 1925. №1.

15. Клейн Н. Л. Факторы развития хозяйства Поволжья на рубеже XIX – XX веков. НИИ проблем экономической истории России XX века волгоградского государственного университеиа//Экономическая история России: проблемы, пойски, решения. Ежегодник. Вып. 2. Волгогрод. , Изд-во Вол ГУ, 2000.

16. Косторничеко В. Н. Иностранный капитал в нефтяной промышленности дореволюционной России: к разработке периодизации процесса//Экономическая история: обозрение. Вып. 10. М. , Изд-во МГУ, 2005.

17. Кондратьев Н. Д. Спорные вопросы мирного хозяйства и кризиса//Социалистическое хозяйство, 1923. № 4 – 5.

18. Корелин А. П. Аграрный сектор в народнохозяйственной системе пореформенной России (1861 – 1914)//Российская история, 2001. №1.

19. Лаверычев В. Я. Некоторые особенности развитии монополии в России (1900 – 1914)//История СССР, 1960. №3.

20. Мовсумзаде Э. , Самедов В. Бакинская нефть как топливо для российского военного флата//Черное золото Азербайджана, 2014. №5.

21. Милов Л. В. Если говоритъ серьезно о частной собственности на землю//Свободная мысль, 1993. №2.

22. Потолов С. И. Начало моноплизации грозненской нефтяной промышленности (1893 – 1903)//Монополии и иностранный капитал в России. М-Л. , Изд-во Академии наук СССР, 1962.

23. Сидоров А. Л. Значение Великой Октябрьской социалистической революции в эконоических судьбах нашей родины//Исторические записки. Т. 25. М. , Изд-во АН СССР, 1947.

24. Фурсенко А. А. Первый нефтяной экспертный синдикат в России (1893 – 1897)//Монополии и иностранный капитал в России. М-Л. , Изд-во Академии наук СССР, 1962.

25. Фурсенко А. А. Парижские Ротшильды и русская нефть//Вопросы истории, 1962. №8.

26. Халин А. А. Московско-нижгородская железная дорога//Исторические записки. Т. 111. М. , Изд-во АН СССР, 1983.

27. Чшиева М. Ч. Кавказская нефть и Нобелевская премия//Человек, Цивилизация, Культура, 2005. №1.

28. Яго К. Русско-Китайский банк в 1896—1910 гг. : международный финансовый посредник в России и Азии//Экономическая история. Ежегодник. М. , РОССПЭН, 2012.

附录一　工业发展相关统计数据

附表 1　1897 年和 1909 ~ 1914 年俄国固定居民数量（源自内务部数据）

单位：千人

区域	1897 年	1909 年	1910 年	1911 年	1912 年	1913 年	1914 年
欧俄地区	94244.1	116505.5	118690.6	120558.0	122550.7	125683.8	128864.3
波兰	9456.1	11671.8	12129.2	12467.3	12776.1	11960.5	12247.6
高加索	9354.8	11392.4	11735.1	12037.2	12288.1	12512.8	12921.7
西伯利亚	5784.4	7878.5	8220.1	8719.2	9577.9	9788.4	10000.7
中亚	7747.2	9631.3	9973.4	10107.3	10727.0	10957.4	11103.5
芬兰	2555.5	3015.7	3030.4	3084.4	3140.1	3196.7	3241.0
总计	129142.1	160095.2	163778.8	194733.0	171059.9	174099.6	178378.8
除芬兰外小计	126586.6	157079.5	160748.4	163889.0	167919.8	170902.9	175137.8

附表 2　1908 ~ 1914 年部分国家城市和农村居民比例

单位：%

国家或地区	城市居民比例	农村居民比例
俄国	15.0	85.0
欧俄地区	14.4	85.6
波兰	24.7	75.3
高加索	14.5	85.5
西伯利亚	11.9	88.1
中亚	14.5	85.5
芬兰	15.5	84.5

续表

国家或地区	城市居民比例	农村居民比例
英国和威尔士	78.0	22.0
挪威	72.0	28.0
德国	56.1	43.9
美国	41.5	58.5
法国	41.2	58.8
丹麦	38.2	61.8
荷兰	36.9	63.1
意大利	26.4	73.6
瑞典	22.1	77.9
匈牙利	18.8	81.2

附表3　1913年部分国家的人口再生产状况

单位：‰

国家	结婚率	出生率	死亡率	自然增长率	1908～1913年自然增长率
俄国（除芬兰和波兰）	8.5	47.0	30.2	16.8	15.6
德国	7.8	27.5	15.1	12.4	13.0
奥地利	7.0	24.1	18.4	5.7	8.9
匈牙利	8.8	33.8	22.3	11.5	11.4
法国	7.5	19.0	17.5	1.5	0.9
瑞士	6.9	23.1	14.3	8.8	9.4
比利时	8.0	22.4	14.6	7.8	7.7
荷兰	7.9	28.2	12.3	15.9	15.2
英国	7.5	24.2	14.3	9.9	10.8
瑞典	5.9	23.2	13.7	9.5	10.4
挪威	6.2	25.1	13.3	11.8	12.4
丹麦	7.2	25.6	12.5	13.1	11.9
捷克斯洛伐克	7.5	28.9	19.3	9.6	10.0

续表

国家	结婚率	出生率	死亡率	自然增长率	1908~1913年 自然增长率
罗马尼亚	9.2	42.1	26.1	16.0	14.2
意大利	7.5	31.7	18.7	13.0	12.0
西班牙	6.8	30.4	22.1	8.3	9.5
葡萄牙	6.8	32.3	20.5	11.8	13.8
保加利亚	5.7	25.7	—	—	18.6
爱尔兰	5.1	22.8	17.1	5.7	6.4
美国	—	25.0	13.2	11.8	—
加拿大	9.6	29.1	13.6	15.5	—
阿根廷	7.2	38.0	16.3	21.7	—
澳大利亚	8.2	28.2	10.8	17.5	15.8
墨西哥	—	32.0	33.3	0.7	—

附表4 19世纪下半叶至20世纪初欧俄部分省份男性农民的份地数额

单位：俄亩

省份	每个男性的份地数额		
	1860年	1880年	1900年
莫斯科	3.1	2.9	2.5
弗拉基米尔	4.0	3.3	2.6
特维尔	4.2	3.4	2.6
卡卢加	3.6	2.7	2.1
斯摩棱斯克	4.6	3.5	2.5
土拉	2.7	2.0	1.6
梁赞	3.1	2.2	1.7
欧俄地区	5.1	3.8	2.7

附表5 俄国各地区工业生产比重

单位：%

区域	各地区工业生产比重					
	采矿工业		加工工业		所有工业部门	
	1908年	1912年	1908年	1912年	1908年	1912年
北部地区	—	—	0.7	0.7	0.6	0.6
西北部地区	0.1	—	10.6	10.2	9.8	9.3
波罗的海地区	—	—	5.6	5.9	5.2	5.3
白俄罗斯—立陶宛地区	—	—	2.1	1.9	1.9	1.7
中部工业区	1.6	1.4	29.6	32.3	27.4	29.3
中部黑土区	0.2	—	3.8	2.9	3.5	2.6
乌克兰	27.6	24.4	16.1	15.2	17.0	16.1
乌克兰西部地区	—	—	7.2	6.2	6.7	5.6
乌克兰东部地区	28.4	24.8	9.6	9.7	11.0	11.1
比萨拉比亚	—	—	0.3	0.3	0.2	0.3
顿河流域和北高加索地区	11.7	16.4	3.3	3.7	4.0	5.0
伏尔加河中下游流域	0.4	0.4	4.9	4.4	4.6	4.0
乌拉尔	7.9	8.1	4.5	3.4	4.8	3.9
欧俄地区总计	50.3	51.1	82.8	81.6	79.7	78.7
波兰	5.9	4.6	11.5	13.0	11.0	12.1
南高加索地区	29.5	31.7	2.9	2.9	5.0	5.7
西伯利亚地区	13.9	11.5	1.7	0.9	2.7	2.0
土尔克斯坦	0.4	1.1	1.7	1.6	1.6	1.5

附表6 19世纪末20世纪初部分国家的工业产值比例

单位：%

国家	1881～1885年	1896～1900年	1913年
俄国	3.4	5.0	5.3
美国	28.6	30.1	35.8
英国	26.6	19.5	14.0
德国	13.9	16.6	15.7
法国	8.6	7.1	6.4

附表7　1909~1913年部分国家的人均铸铁和钢生产量

单位：普特

国家	铸铁					钢				
	1909	1910	1911	1912	1913	1909	1910	1911	1912	1913
俄国	1.1	1.0	1.1	1.5	1.6	0.9	0.9	0.9	1.3	1.4
奥匈帝国	2.4	2.4	2.5	2.4	3.3	2.4	2.6	2.9	3.2	—
德国	12.4	14.0	14.2	16.4	17.5	11.6	12.9	14.0	15.9	—
法国	5.6	6.3	6.8	7.5	8.2	4.7	5.4	5.7	6.3	—
英国	13.6	14.1	13.3	13.2	14.2	8.2	8.9	8.9	9.1	—
比利时	13.6	14.9	17.2	18.2	20.0	11.4	12.0	12.6	15.9	—
瑞典	5.0	6.7	7.0	7.7	7.3	3.5	5.2	5.0	5.6	—
美国	17.6	18.3	15.7	19.1	19.8	16.4	17.6	15.7	20.0	—
加拿大	6.2	6.7	7.2	—	—	7.0	7.4	7.6	—	—

附表8　20世纪初俄国大小工业规模

工业种类	官方统计数据				雷布尼科夫统计数据			
	产值（百万卢布）	占比（%）	工人数量（千人）	占比（%）	产值（百万卢布）	占比（%）	工人数量（千人）	占比（%）
1908年大工业	4900	72	2680	36	4900	67	2700	34
乡村手工业	1350	20	3755	51	1700	23	4000	51
城市手工业（1910年）	530	8	910	12	700	10	1200	15
所有工业部门	6780	100	7345	100	7300	100	7900	100

附表9　1860~1900年俄国各大煤田的采煤量比例

单位：%

煤田	1860	1870	1880	1890	1900
顿涅茨克	33	36.9	43	49.9	68.1
东布罗夫	59.3	47.3	39	41.1	25.5
莫斯科近郊	3.5	12	12.5	3.9	1.8
乌拉尔	2.2	0.9	3.6	4.1	2.3

续表

煤田	1860	1870	1880	1890	1900
哈萨克斯坦和中亚	1	1.3	0.8	0.1	0.6
西伯利亚和远东地区	1	1.1	0.6	0.5	1.3
高加索	—	0.5	0.3	0.3	0.4

附表10　20世纪初俄国各地区的顿巴斯煤炭需求量

单位：万普特,%

各需求区域	1905 年		1911 年	
	数量	占比	数量	占比
顿涅茨克矿区	28000	55.0	49000	52.0
西南部地区	14000	27.2	22000	23.9
中部工业区	1945	3.8	5176	5.5
白俄罗斯—立陶宛地区	1338	2.6	3018	3.2

附表11　1890～1913年俄国各地区的煤炭进口数量

单位：百万普特

年份	欧俄地区						俄国亚洲各省份
	总进口量	白海流域	波罗的海流域	黑海流域	亚速海流域	西部地区	
1890	87.2	0.3	74.6	9.5	0.01	1.6	0.2
1895	118.1	0.6	98.5	5.9	0.02	12.6	0.5
1900	250.1	1.0	160.0	17.8	0.01	71.1	0.2
1905	226.0	0.9	154.3	3.3	0.003	64.4	3.1
1910	259.4	0.7	181.7	4.9	0.003	69.8	2.3
1911	280.6	2.0	190.5	1.2	—	81.4	5.5
1912	324.2	2.3	227.5	0.4	—	88.3	5.7
1913	456.6	2.8	321.1	1.7	3.7	119.4	7.9

附表 12　19 世纪 50～80 年代部分国家的采煤量和占比

单位：万普特，%

国家	1850 年		1860 年		1870 年		1880 年	
	产量	比例	产量	比例	产量	比例	产量	比例
英国	4980	64.6	8330	60.4	11000	51.0	15000	41.3
美国	81.3	10.5	1540	11.2	3680	16.7	7170	19.8
德国	680	8.8	1700	12.3	3400	15.5	5910	16.4
法国	450	5.8	847	6.2	1320	6.0	1940	5.4
奥匈帝国	203	2.6	360	2.6	920	4.2	1930	5.3
比利时	590	7.7	980	7.1	1370	6.3	1690	4.7
俄国	—	—	30	0.2	70	0.3	2570	7.1

附录二 贸易发展相关统计数据

附表 1 19 世纪七八十年代俄国煤油的进口量和国内需求量

单位：普特

年份	美国煤油进口量	巴库地区煤油产量	俄国煤油的总需求量
1871	1720418	380000	2100418
1872	1790334	400000	2190334
1873	2701093	832800	3533893
1874	2521160	1336675	3860835
1875	265326	1990045	4643171
1876	2662486	3145075	3807561
1877	1701502	2594766	6296268
1878	1989034	62559410	8244944
1879	1711811	6963658	8675469
1880	1445558	7858750	9304308

附表 2 1899~1913 年俄国零售贸易交易额

单位：百万卢布，%

年份	按当时的卢布价值	与 1899 年的比值	按可比价格	与 1899 年的比值
1899	4461	100.0	4461	100
1901	4397	98.6	4068	91.2
1903	4630	103.8	4539	101.7

续表

年份	按当时的卢布价值	与1899年的比值	按可比价格	与1899年的比值
1905	4975	111.5	4564	102.3
1907	4982	111.7	4034	90.4
1909	5415	121.4	4420	99.1
1911	6221	139.5	5078	113.8
1913	7141	160.1	5464	122.5

附表3 1900～1913年俄国粮食出口状况

单位：百万普特

年份	所有粮食 数量	五种主要粮食 数量
1900	418.8	304.7
1903	650.4	477.6
1906	588.9	470.5
1909	760.7	748.3
1912	548.5	547.1
1913	647.8	589.9

附表4 20世纪初俄国出口货物价值和比例

单位：百万卢布，%

国家	1899～1903年 价值	1899～1903年 占比	1904～1908年 价值	1904～1908年 占比	1909～1913年 价值	1909～1913年 占比	1913年 价值	1913年 占比
德国	193.3	24.4	269.0	25.7	435.1	29.0	453.6	29.8
英国	167.2	21.1	230.8	22.1	307.4	20.5	267.8	17.6
荷兰	81.4	10.3	108.5	10.4	181.1	12.1	177.4	11.7
法国	61.9	7.8	68.1	6.5	94.5	6.3	100.9	6.6
伊朗	22.7	2.9	28.0	2.7	45.1	3.0	57.7	3.8
比利时	28.0	3.5	40.3	3.9	62.0	4.1	64.7	4.3
意大利	41.6	5.2	46.4	4.4	64.4	4.3	73.8	4.9

国家	1899～1903 年		1904～1908 年		1909～1913 年		1913 年	
	价值	占比	价值	占比	价值	占比	价值	占比
奥匈帝国	31.1	3.9	44.6	4.3	63.4	4.2	65.3	4.3
中国	11.1	1.4	32.4	3.1	26.0	1.7	31.5	2.1
丹麦	22.3	2.8	29.2	2.8	34.7	2.3	36.4	2.4
土耳其	17.5	2.2	19.7	1.9	31.0	2.1	35.8	2.4
罗马尼亚	10.8	1.4	12.8	1.2	20.5	1.4	21.7	1.4
美国	6.6	0.8	5.0	0.5	13.3	0.9	14.2	0.9
瑞典	10.4	1.3	9.1	0.9	10.1	0.7	11.4	0.7
挪威	6.7	0.8	7.2	0.7	7.2	0.5	6.7	0.4
其他国家	40.2	5.1	48.7	4.7	55.0	3.7	45.9	3.0
芬兰	39.9	5.0	46.2	4.4	50.6	3.4	55.3	3.6

附表5　20 世纪初俄国进口货物价值和比例

单位：百万卢布，%

国家	1899～1903 年		1904～1908 年		1909～1913 年		1913 年	
	价值	占比	价值	占比	价值	占比	价值	占比
德国	221.8	35.2	290.6	37.8	497.1	43.6	652.2	47.5
英国	114.5	18.2	108.3	14.1	150.4	13.2	173.0	12.6
中国	48.9	7.8	78.7	10.2	79.2	7.0	84.1	6.1
美国	45.2	7.2	57.2	7.4	80.3	7.0	79.1	5.8
法国	28.5	4.5	29.4	3.8	56.1	4.9	57.0	4.1
伊朗	23.5	3.7	24.9	3.2	36.5	3.2	43.6	3.2
印度	8.2	1.3	13.0	1.7	26.8	2.4	34.6	2.5
奥匈帝国	26.7	4.2	22.6	2.9	33.0	2.9	35.7	2.6
荷兰	10.2	1.6	12.0	1.6	19.3	1.7	21.4	1.6
意大利	9.8	1.6	11.3	1.5	15.8	1.4	16.8	1.2
日本	1.9	0.3	9.1	1.2	4.7	0.4	4.8	0.3
瑞典	4.6	0.7	7.6	1.0	10.5	0.9	16.9	1.2

续表

国家	1899～1903 年		1904～1908 年		1909～1913 年		1913 年	
	价值	占比	价值	占比	价值	占比	价值	占比
土耳其	7.6	1.2	7.3	0.9	12.9	1.1	18.4	1.3
埃及	13.7	2.2	12.7	1.7	7.4	0.6	5.9	0.4
丹麦	4.7	0.7	6.4	0.8	8.5	0.7	12.9	0.9
挪威	6.0	1.0	7.5	1.0	8.8	0.8	9.8	0.7
其他国家	33.3	5.3	42.7	5.5	51.8	4.5	56.8	4.1
芬兰	21.1	3.3	28.2	3.7	40.5	3.6	51.0	3.7

附表 6　1910 年部分国家的总贸易额（货币计量）

单位：百万卢布

国家	贸易总额
英国	11449.9
德国	8154.7
美国	6420.1
法国	6372.9
比利时	4535.4
荷兰	4607.5
俄国	2539.5
印度	2256.2
奥匈帝国	2181.1
意大利	5087.2

附表 7　1909～1913 年部分国家的年对外贸易总额

单位：百万卢布

国家	1909 年	1910 年	1911 年	1912 年	1913 年
英国	8617	9496	9747	10585	11197
德国	7001	7597	8247	9097	9662
美国	5777	6411	6945	7490	8351

国家	1909 年	1910 年	1911 年	1912 年	1913 年
法国	2413	2842	2996	3300	3084
荷兰	4373	4642	4774	—	—
比利时	1993	2075	2202	2477	2420
俄国	2038	2257	2451	2507	2706
印度	2334	2533	2753	2691	2900
奥匈帝国	1916	2088	2170	2305	2322
意大利	4486	5028	5304	5648	5815

附表 8　1723～1727 年赴齐齐哈尔贸易的俄国商队一览

单位：人

序号	来齐齐哈尔时间	商队头目	商队人数
1	1723	费奥多尔	12
2	1724	巴什里	19
3	1725	马·别洛科伯托夫	20
4	1726	温多里	32
5	1726	马拉赫夫	11
6	1726	马·别洛科伯托夫	21
7	1727	里万泰	24
8	1727	伊班扎布拉布	20
9	1727	阿列克谢	6
10	1727	瓦·玉尔哈诺夫	18
11	1727	米哈伊罗	3
12	1727	萨伏雅洛夫	23

附表 9　《恰克图条约》签订后赴京俄国商队一览

单位：卢布

来华时间	归国时间	商队头目	商队携货值
1727	1728	莫洛科夫	200000
1732	1733	莫洛科夫	104390

续表

来华时间	归国时间	商队头目	商队携货值
1735	1736	菲拉索夫	175919
1741	1742	菲拉索夫	100000
1745	1746	卡尔塔索夫	100000
1754	1755	弗拉迪金	100000

附表 10　1755～1761 年恰克图市场的贸易额

单位：卢布

年份	俄国货价值	中国货价值	交易总额
1755	606084	230981	837065
1756	450768	241252	692020
1757	421878	418810	840688
1758	525999	511071	1037070
1759	718144	698895	1417039
1760	699940	658331	1358271
1761	391469	610597	1002066

附表 11　1756～1800 年恰克图市场的贸易额

单位：卢布

年份	贸易总额	年均贸易额
1756～1760	5345180	1069036
1770～1774	11601970	2320394
1780～1784	30416744	6083349
1796～1800	31168406	6233681

附表 12　19 世纪上半叶俄国对华呢绒出口额

单位：千俄尺

年份	恰克图市场呢绒产品交易量			其他港口的呢绒产品进口量	恰克图呢绒产品的增减量
	俄国	其他国家	总计		
1833	447.2	325.0	772.2	837.4	−65.2

年份	恰克图市场呢绒产品交易量			其他港口的呢绒产品进口量	恰克图呢绒产品的增减量
	俄国	其他国家	总计		
1834	555.9	247.3	803.2	1744.1	−940.9
1835	719.2	206.3	925.5	1840.5	−915.0
1836	923.9	181.5	1105.4	2272.9	−1167.5
1837	789.9	26.6	816.5	739.8	+76.7
1838	965.2	0.7	965.9	1392.9	−427.0
1839	1218.6	0.6	1219.2	820.9	+398.3
1840	1241.1	—	1241.1	238.0	+1003.1
1841	1550.5	—	1550.5	417.9	+1132.6
1842	1542.3	—	1542.3	202.4	+1339.9
1843	928.3	—	928.3	749.7	+178.6
1844	1324.2	2.1	1326.3	1486.3	−160.0
1845	1525.2	—	1525.2	1545.5	−20.3

附表 13　18 世纪下半叶俄国对华贸易额及其比重

单位：卢布，%

年份	俄国对外贸易总额	对华贸易额的比重	对华贸易额	对华贸易额占亚洲贸易额的比重	对亚洲贸易额
1758～1760	19058789	8.6	1642000（约）	67.4	2435587
1760	18600000（约）	7.3	1358271	—	—
1775	32196000（约）	8.2	2644409	—	—
1792	58711322（约）	7.4	4316183	61.2	7054299

附表 14　19 世纪下半叶中国新疆地区对俄贸易额

单位：银卢布

年份	中国货物价值	俄国货物价值	交易总额
1841	149980	132522	282502
1842	151330	143622	294952
1843	161712	208218	369930

续表

年份	中国货物价值	俄国货物价值	交易总额
1844	148340	192413	340753
1845	241268	238262	479530
1846	304919	209362	514281
1847	249171	174262	423433
1848	134482	118602	253084
1849	317709	204207	521916
1850	530538	211516	742054

附表 15　1909～1917 年黑龙江地区对俄贸易状况

单位：海关两

年份	出口额	进口额
1909	3770518	179227
1910	9808116	232753
1911	9880719	454617
1912	11203993	469933
1913	7969063	515030
1914	8349524	640868
1915	6252791	453384
1916	3790230	314505
1917	7085862	154193

附表 16　1896～1917 年中俄海上进出口贸易额

单位：卢布，%

年份	太平洋各港口		欧洲各港口		海路贸易比重	
	进口	出口	进口	出口	进口	出口
1896	193375	2325221	2032386	4265820	99	44.2
1897	207282	3013604	3234007	3926988	100	42.3
1898	199142	2997426	1454281	5004991	100	44.9
1899	189145	3225806	3233239	5343480	100	46.1

年份	太平洋各港口		欧洲各港口		海路贸易比重	
	进口	出口	进口	出口	进口	出口
1900	136956	5151382	4236507	6390272	100	93.2
1901	346979	2748354	3004315	4830632	99.7	81.1
1902	345518	2850611	889016	3793905	100	60.9
1903	393180	2255521	1959104	4138653	100	50.0
1904	53264	40972	4414212	2812261	100	56.4
1905	21946	2952661	1945066	3555978	100	69.1
1906	521595	10496492	32040	5724996	100	86.3
1907	885200	10770179	28131	5181658	100	92.8
1908	5487256	21129320	131795	5214301	65	89.0
1909	8855875	27021542	258602	4854235	59.1	78.6
1910	6023928	24632590	901553	6501485	43.1	67.7
1911	7320110	29585392	144962	8187577	43.2	73.8
1912	8720596	25699884	254105	4653035	42.2	67.1
1913	9086082	28868823	293596	4987725	42.3	75.3
1914	9267344	26784843	1068057	4238966	47.2	71.3
1915	9754190	42348810	29335	4550878	57.4	79
1916	18558221	37056545	25696	4222617	73.4	63
1917	8094348	28748557	35679	477813	72.3	59

后　记

工业化一直是国内外学术界长期关注的研究课题，但国内外就俄国工业化问题的研究略显薄弱，本书试图从俄国工业化的前提、特征和成就等几方面全面勾勒俄国工业化的发展脉络，以期为国内同人的研究提供一些借鉴，因本人水平有限，不足之处恳请各位指正。

本书是国家社科基金后期资助项目"1861—1917年俄国工业化研究"（项目号：17FSS002）的最终成果，历经2年多的撰写、梳理和校对工作即将出版，心情仍是忐忑不安。本书能够顺利出版，并不只有我自己的努力，还凝结着诸多人的心血。首先感谢吉林大学张广翔教授，恩师多年的教诲是我坚持学术之路的动力，仅将此书作为对恩师多年教导的回报。本书出版也得到贵州师范大学历史与政治学院各位领导和同人的大力帮助，一一表示感谢。此外，因本人的研究资历和学术能力有限，在撰写本书时引用了孙成木、刘祖熙、陶慧芬、曹维安、张广翔、张建华、赵士国、钟建平、白胜洁、梁红刚、禄红梅、回云崎、刘玮和李旭等学者的部分观点，在此一同表达谢意。

在本书将要出版之际，特别要感谢妻子孙慧颖数年来的默默支持，让我无后顾之忧，得以顺利完成本书。同时以本书告慰亡母，感谢她多年来的养育和教导。

最后，对本书编辑高雁老师的辛勤工作和认真负责的态度表示衷心感谢。

邓沛勇

2019年末于贵阳

图书在版编目（CIP）数据

俄国工业化研究：1861—1917 / 邓沛勇著. -- 北京：社会科学文献出版社，2020.7
国家社科基金后期资助项目
ISBN 978 - 7 - 5201 - 7008 - 6

Ⅰ.①俄…　Ⅱ.①邓…　Ⅲ.①工业化 - 研究 - 俄国 - 1861 - 1917　Ⅳ.①F451.29

中国版本图书馆 CIP 数据核字（2020）第 140797 号

国家社科基金后期资助项目
俄国工业化研究（1861～1917）

著　　者／邓沛勇

出 版 人／谢寿光
责任编辑／高　雁

出　　版／社会科学文献出版社·经济与管理分社（010）59367226
　　　　　地址：北京市北三环中路甲 29 号院华龙大厦　邮编：100029
　　　　　网址：www.ssap.com.cn
发　　行／市场营销中心（010）59367081　59367083
印　　装／三河市龙林印务有限公司

规　　格／开　本：787mm×1092mm　1/16
　　　　　印　张：19.75　字　数：314 千字
版　　次／2020 年 7 月第 1 版　2020 年 7 月第 1 次印刷
书　　号／ISBN 978 - 7 - 5201 - 7008 - 6
定　　价／158.00 元